SCHÄFFER POESCHEL

Ergänzende Unterlagen zum Buch bieten wir Ihnen unter **www.schaeffer-poeschel.de/webcode** zum Download an.
Für den Zugriff auf die Daten verwenden Sie bitte Ihre E-Mail-Adresse und Ihren persönlichen Webcode. Bitte achten Sie bei der Eingabe des Webcodes auf eine korrekte Groß- und Kleinschreibung.

Ihr persönlicher Webcode:  3126-ijXVn

Ute Vanini

Risikomanagement

Grundlagen – Instrumente –
Unternehmenspraxis

2012
Schäffer-Poeschel Verlag Stuttgart

Dozenten finden weitere Lehrmaterialien unter
www.sp-dozenten.de/3126 (Registrierung erforderlich).

Gedruckt auf chlorfrei gebleichtem, säurefreiem und alterungsbeständigem Papier

Bibliografische Information der Deutschen Nationalbibliothek
Die Deutsche Nationalbibliothek verzeichnet diese Publikation in der Deutschen
Nationalbibliografie; detaillierte bibliografische Daten sind im Internet
über http://dnb.d-nb.de abrufbar.

ISBN 978-3-7910-3126-2

Dieses Werk einschließlich aller seiner Teile ist urheberrechtlich geschützt.
Jede Verwertung außerhalb der engen Grenzen des Urheberrechtsgesetzes ist ohne
Zustimmung des Verlages unzulässig und strafbar. Das gilt insbesondere für
Vervielfältigungen, Übersetzungen, Mikroverfilmungen und die Einspeicherung
und Verarbeitung in elektronischen Systemen.

© 2012 Schäffer-Poeschel Verlag für Wirtschaft · Steuern · Recht GmbH
www.schaeffer-poeschel.de
info@schaeffer-poeschel.de

Einbandgestaltung: Melanie Frasch (Foto: Shutterstock.com)
Satz: Dörr + Schiller GmbH, Stuttgart
Layout: Ingrid Gnoth|GD 90
Druck und Bindung: CPI – Ebner & Spiegel, Ulm

Printed in Germany
Mai 2012

Schäffer-Poeschel Verlag Stuttgart
Ein Tochterunternehmen der Verlagsgruppe Handelsblatt

Meinen Eltern

Vorwort

Die negativen Folgen eines unzureichenden Risikomanagements sind vielen Unternehmen spätestens seit der Finanz- und Wirtschaftskrise 2008/2009 schmerzlich bewusst geworden. Aber auch hoch komplexe Risikomessmodelle, wie sie zweifelsohne in vielen Finanzinstituten und Banken vorhanden sind, bergen zahlreiche Modellrisiken und können somit selbst zum Risiko werden. Insbesondere eine unausgereifte Risikokultur und eine Einstellung der Unternehmensführung, dass Risikomanagement nur eine lästige, vom Gesetzgeber aufoktroyierte Pflicht sei, können zu einer fehlerhaften Risikoeinschätzung, zur Übernahme zu hoher Risiken und zu einer mangelnden Risikobewältigung führen. Andererseits bedeutet ein vollständiger Risikoverzicht auch den vollständigen Verzicht auf die damit verbunden Chancen und ist daher für Unternehmen nicht sinnvoll. Ziel eines betriebswirtschaftlich ausgerichteten Risikomanagements ist es vielmehr, dem Management durch die Herstellung einer Risikotransparenz das bewusste Eingehen von Risiken zu ermöglichen, rechtzeitig Veränderungen von Risiken und Chancen zu erkennen und damit Handlungsoptionen zur Risikosteuerung zu eröffnen. Außerdem bildet ein derartiges Risikomanagementsystem die Grundlage für die Erfüllung der immer zahlreicher werdenden gesetzlichen Anforderungen an das Risikomanagement auch außerhalb des Bankensektors.

Risikomanagement ist ein sehr komplexes Thema. Neben der Kenntnis zahlreicher gesetzlicher und quasi-gesetzlicher Anforderungen werden statistisches Know-how für die Risikobewertung und das Verständnis komplexer Risikomessmodelle benötigt. Qualitative Aspekte wie die Bedeutung und Ausgestaltung einer Risikokultur spielen dabei ebenso eine Rolle wie entscheidungstheoretische Grundlagen zum strukturierten Umgang mit unsicheren Situationen und verhaltenswissenschaftliche Erkenntnisse, die die menschliche Wahrnehmung und den Umgang mit Risiken erklären. Daher stehen dem Risikomanagement eine Vielzahl von Instrumenten und Methoden zur Risikoidentifikation, -bewertung und -steuerung zur Verfügung, über die dieses Buch letztendlich nur einen Überblick geben kann. An der Umsetzung eines Risikomanagements sind zahlreiche Bereiche im Unternehmen beteiligt. Neben der Unternehmensleitung, die die Gesamtverantwortung trägt, die Risikostrategie und die Risikoziele festlegt und den organisatorischen Rahmen vorgibt, sind Führungskräfte aus alle Unternehmensbereichen für die Identifikation, Kommunikation und Steuerung ihrer Risiken verantwortlich. Methodisch werden sie dabei von zentralen und dezentralen Stabstellen wie dem (Risiko-)Controlling unterstützt. Der Aufsichtsrat, die Interne Revision und Abschlussprüfer tragen zur unabhängigen Überwachung des Risikomanagements bei.

Das Buch eignet sich für Bachelor- und Master-Studierende, die einzelnen Themenschwerpunkten nachgehen wollen, und für Praktiker aus den angesprochenen Bereichen, die sich einen Überblick über Fragen, Ansätze und Probleme des Risikomanagements verschaffen möchten. Bachelor- und Masterstudiengänge haben zu einer größeren Arbeitsbelastung im Studium geführt, so dass sich Studierende in relativ kurzer Zeit in einzelne Themengebiete einarbeiten müssen. Auch Praktiker müssen den Einstieg in ein neues Themenfeld häufig parallel zum Berufsleben bewältigen. Dazu benötigen sie anwendungsorientierte, verdichtete Einführungen, die einen zuverlässigen Überblick geben. Das Lehrbuch folgt nach einem Grundlagenteil den Phasen des operativen Risikomanagement-Prozesses. Der Einstieg erfolgt jeweils anhand einer Begriffsabgrenzung und der Darstellung der Ziele und Aufgaben jeder Phase. Danach wird ein Überblick über die zur Verfügung stehenden Instrumente und Methoden gegeben, die anhand von zahlreichen Praxisbeispielen vertieft werden. Am Ende jedes Kapitels werden Probleme der jeweilgen Phase diskutiert und es erfolgt eine weitere Vertiefung des Stoffes anhand einer ausführlichen Praxisfallstudie. Jeder Abschnitt schließt mit einer kurzen Zusammenfassung. Abschließend kann der Lernerfolg anhand von Wiederholungsfragen überprüft werden. Musterlösungen zu den Wiederholungsfragen befinden sich im Downloadbereich dieses Buches.

Danken möchte ich an dieser Stelle Herrn Brückner und Frau Dreiseitel vom Schäffer-Poeschel Verlag für ihre tatkräftige und kompetente Unterstützung, meinem Mann Sven Vanini für seine Tätigkeit als kritischer Gesprächspartner, Motivator und Korrekturleser und meinen Studierenden, die sich in den letzten Jahren im Rahmen von Haus- und Abschlussarbeiten mit zahlreichen Aspekten des Risikomanagements auseinandergesetzt haben. Dank schulde ich auch meinen Kindern Milena, Rieke und Jonah, die mich immer wieder aus den akademischen Sphären auf den Boden der Realität zurückgeholt und somit die Bedeutung dieses Buchs für mich stets relativiert haben.

Kiel, im März 2012
Ute Vanini

Verzeichnis der ergänzenden Unterlagen zum Download

Für dieses Lehrbuch bieten wir ergänzende Unterlagen zum Download an. Den zum Abruf der Daten notwendigen Webcode finden Sie auf der ersten Seite des Buches. Mit diesem Webcode können Sie sich in Kombination mit Ihrer E-Mail-Adresse einloggen und die Daten abrufen.

Folgende Inhalte stehen zur Verfügung:

Musterantworten zu den Wiederholungsaufgaben in den einzelnen Kapiteln
Nach Durcharbeiten der jeweiligen Kapitel sollten Sie anhand der Musterantworten nachvollziehen können, ob Sie die Fragen richtig beantwortet und somit wesentliche Zusammenhänge verstanden haben.

Excel-Datei mit Wertpapierkursen
Die Excel-Datei umfasst die Schlusskurse ausgewählter Aktien an der Frankfurter Wertpapierbörse und bildet die Grundlage für die Berechnungen und Rechenaufgaben aus den Kapiteln 5 und 8. Die Kursdaten werden von der Deutschen Börse Frankfurt kostenfrei über ihre Internetseite veröffentlicht und dürfen mit ihrer Zustimmung im Rahmen des Lehrbuchs verwendet werden.

Inhaltsverzeichnis

	Vorwort	VII
	Verzeichnis der ergänzenden Unterlagen zum Download	IX
	Abbildungsverzeichnis	XV
	Abkürzungsverzeichnis	XIX
	Leserhinweise	XXII

1	**Einleitung**	1
	Wiederholungsfragen zu Kapitel 1	6

2	**Grundlagen des Risikomanagements**	7
2.1	Risikobegriff und Risikoarten	7
2.1.1	Risiken und Chancen	7
2.1.2	Risikoarten	12
2.1.3	Weitere Begriffsabgrenzungen	16
2.2	Risikomanagement und -controlling	19
2.2.1	Begriff, Ziele und Aufgaben des Risikomanagements	19
2.2.2	Begriff, Ziele und Aufgaben des Risikocontrollings	23
2.3	Anforderungen an das Risikomanagement	27
2.3.1	Rechtliche Anforderungen	27
2.3.2	Anforderungen der Wirtschaftsprüfer	36
2.3.3	Betriebswirtschaftliche Anforderungen	37
2.4	Risikomanagement-System (RMS)	39
2.4.1	Begriff und Ziele eines RMS	39
2.4.2	Aufbau und Elemente eines RMS	40
2.4.3	Implementierung eines RMS	47
2.5	Theoretische Fundierung des Risikomanagements	51
2.5.1	Notwendigkeit einer theoretischen Fundierung	51
2.5.2	Grundlagen der deskriptiven und schließenden Statistik	51
2.5.3	Portfoliotheorie und CAPM	58
2.5.4	Präskriptive Entscheidungstheorie	64
2.5.5	Prinzipal-Agenten-Theorie	72
2.5.6	Verhaltenswissenschaftliche Ansätze	75
2.6	Risikomanagement-Standards	82
2.6.1	Begriff, Nutzen und Anforderungen	82
2.6.2	Ausgewählte Risikomanagement-Standards	84
2.6.3	Evaluation der Risikomanagement-Standards	91
2.7	Fallstudie: Entwicklung eines Risikokatalogs für den Dräger-Konzern	93
	Wiederholungsfragen zu Kapitel 2	97

3	**Strategisches Risikomanagement**	99
3.1	Begriff, Aufgaben und Aufbau des strategischen Risikomanagements	99
3.2	Risikokultur und Risikoneigung	104
3.3	Risikostrategie, Risikoziele und risikopolitische Grundsätze	113
3.4	Risikodeckungspotenzial und Risikotragfähigkeit	116
3.5	Fallstudie: Umsetzung des strategischen Risikomanagements in der Praxis	120
	Wiederholungsfragen zu Kapitel 3	123
4	**Ansätze und Probleme der Risikoidentifikation**	125
4.1	Begriff und Ziele der Risikoidentifikation	125
4.2	Instrumente der Risikoidentifikation	127
4.2.1	Überblick	127
4.2.2	Besichtigung und Begehungen	128
4.2.3	Kreativitätstechniken	129
4.2.4	Risikochecklisten	130
4.2.5	Dokumentenanalysen	130
4.2.6	Experten- und Mitarbeiterbefragungen	132
4.2.7	Unternehmens- und Umweltanalysen	133
4.2.8	Früherkennungssysteme	134
4.2.9	Prozess- und Systemanalysen	140
4.2.10	Aggregation der identifizierten Risiken	144
4.2.11	Evaluation und Eignung der Instrumente	144
4.3	Probleme der Risikoidentifikation	149
4.4	Fallstudie: Risikoinventur in der HSH N Real Estate AG	150
	Wiederholungsfragen zu Kapitel 4	154
5	**Ansätze und Probleme der Risikobewertung**	157
5.1	Begriff und Ziele der Risikobewertung	157
5.2	Instrumente der Risikobewertung	161
5.2.1	Überblick	161
5.2.2	Risikoklassifikationen	162
5.2.3	Scoring-Modelle	164
5.2.4	Risikoportfolios	167
5.2.5	Risikomaße	169
5.2.6	Sensitivitätsanalysen und Werttreiberbäume	174
5.2.7	Szenarioanalysen	175
5.2.8	At-Risk-Modelle	181
5.2.9	Evaluation der Instrumente der Risikobewertung	195
5.3	Aggregation der bewerteten Risiken	198
5.4	Probleme der Risikobewertung	200

5.5	Fallstudie: Risikobewertung durch Werttreiberbäume in der Deutschen Stadt- und Grundstücksentwicklungsgesellschaft mbH (DSK)	201
	Wiederholungsfragen zu Kapitel 5.........................	206

6	**Ansätze und Probleme der Risikoberichterstattung**	209
6.1	Begriff, Ziele und Arten der Risikoberichterstattung..........	209
6.2	Gestaltung der Risikoberichterstattung.....................	213
6.2.1	Gestaltung der internen Risikoberichte.....................	213
6.2.2	Gestaltung der externen Risikoberichte	216
6.3	Probleme der Risikoberichterstattung......................	217
6.4	Fallstudie: Risikoberichterstattung im Beiersdorf Konzern	218
	Wiederholungsfragen zu Kapitel 6.........................	222

7	**Ansätze und Probleme der Risikosteuerung**	223
7.1	Begriff, Ziel und Kalküle der Risikosteuerung................	223
7.2	Strategien der Risikosteuerung...........................	225
7.2.1	Überblick	225
7.2.2	Aktive Strategien der Risikosteuerung	226
7.2.3	Passive Strategien der Risikosteuerung	228
7.2.4	Strategiemix der Risikosteuerung	230
7.3	Instrumente und Maßnahmen zur Risikosteuerung	232
7.3.1	Überblick	232
7.3.2	Ausgewählte Instrumente und Maßnahmen zur Risikosteuerung	232
7.3.3	Termingeschäfte zur Risikosteuerung	237
7.3.4	Auswahl der Instrumente zur Risikosteuerung	242
7.4	Probleme der Risikosteuerung............................	244
7.5	Fallstudie: Risikosteuerung im Volkswagen Konzern	245
	Wiederholungsfragen zu Kapitel 7.........................	247

8	**Ansätze und Probleme der Risikoüberwachung**	249
8.1	Begriff, Ziele und Arten der Risikoüberwachung..............	249
8.2	Ansätze der Risikoüberwachung	251
8.2.1	Prozessabhängige Risikoüberwachung.....................	251
8.2.2	Prozessunabhängige Risikoüberwachung durch die Interne Revision	252
8.2.3	Prozessunabhängige Risikoüberwachung durch den Aufsichtsrat	254
8.2.4	Prozessunabhängige Risikoüberwachung durch Abschlussprüfer	255
8.3	Probleme der Risikoüberwachung	258
8.4	Fallstudie: Backtesting des Value-at-Risk der Bayer Aktie......	258
	Wiederholungsfragen zu Kapitel 8.........................	260

9	**Weiterführende Fragen des Risikomanagements**	263
9.1	Organisation des Risikomanagements	263

9.1.1	Begriff, Ziele und Gestaltungsprinzipien der Organisation des Risikomanagements	263
9.1.2	Aufgabenträger der RM-Organisation	268
9.2	Weitere Aspekte des Risikomanagements	273
9.2.1	Risiko(-management)handbuch	273
9.2.2	IT-Unterstützung des Risikomanagements	275
9.2.3	Zukünftige Entwicklungen des Risikomanagements	279
9.3	Fallstudie: Organisation des Risikomanagements im Lufthansa Konzern	280
	Wiederholungsfragen zu Kapitel 9	283
10	**Anhang**	285
10.1	Prüfungshandlungen der Internen Revision nach dem IIR-Revisionsstandard Nr. 2	285
10.2	Anforderungen an ein RMIS	286
11	**Literaturverzeichnis**	287
	Sachregister	301

Abbildungsverzeichnis

Abb. 1:	Unternehmensinsolvenzen in Deutschland	4
Abb. 2:	Risikodefinitionen	8
Abb. 3:	Elemente des betriebswirtschaftlichen Risikobegriffs	11
Abb. 4:	Relativer Ergebnisbeitrag von Chancen, Risiken und Volatilitäten im BASF Konzern	11
Abb. 5:	Systematisierung von Risiken	12
Abb. 6:	Zusammenhang von Symmetrie und Risikoverständnis	13
Abb. 7:	Die 10 größten Unternehmensrisiken 2009	16
Abb. 8:	Zusammenhang zwischen Unternehmenszielen, Risikomanagementzielen und -aufgaben	21
Abb. 9:	Risikomanagement-Typen nach Mikes (2009)	22
Abb. 10:	Systembildung und Systemkopplung durch das Risikocontrolling	25
Abb. 11:	Abgrenzung zwischen Risikomanagement und Risikocontrolling	25
Abb. 12:	Elemente eines RMS nach dem KonTraG	28
Abb. 13:	Wesentliche Änderungen durch den DRÄS 5	32
Abb. 14:	Rechtliche Anforderungen an ein RMS	35
Abb. 15:	Elemente eines Risikofrüherkennungs- und -überwachungssystems nach IDW PS 340	36
Abb. 16:	RMS des Beiersdorf Konzerns	40
Abb. 17:	Kontingenztheoretisches Modell eines RMS	42
Abb. 18:	Phasen des operativen RM-Prozess	43
Abb. 19:	Differenzierung eines Internen Kontrollsystems nach dem IDW	46
Abb. 20:	Top-down-Vorgehensweise bei der Einführung eines RMS	49
Abb. 21:	Bottom-up-Vorgehensweise bei der Einführung eines RMS	49
Abb. 22:	Vor- und Nachteile der Vorgehensweisen zur Implementierung eines RMS	50
Abb. 23:	Torstatistik	53
Abb. 24:	Dichtefunktion der Normalverteilung	57
Abb. 25:	Effizienzkurve und optimales Portfolio	61
Abb. 26:	Kapitalmarktgerade	62
Abb. 27:	Entscheidungssituationen: Unsicherheit, Risiko und Ungewissheit	65
Abb. 28:	Vorgehensweisen bei der Messung von Wahrscheinlichkeiten	66
Abb. 29:	Lineare, konvexe und konkave Nutzenfunktionen	67
Abb. 30:	Risikoeinstellung und Krümmung der Nutzenfunktion	69
Abb. 31:	Entscheidungssituationen und Risiko	71
Abb. 32:	Formen der Informationsasymmetrie	73
Abb. 33:	Verhaltenswissenschaftliche Probleme während des operativen RM-Prozesses	81
Abb. 34:	Risk Management Process – Overview	85
Abb. 35:	Components of Enterprise Risk Management	87
Abb. 36:	Komponenten des Risikomanagementrahmens	89
Abb. 37:	Struktur der ONR-Norm	90

Abb. 38:	Qualitative Bewertung der Risikomanagement-Standards	91
Abb. 39:	Vorgehensweise bei der Ableitung eines Risikokatalogs	94
Abb. 40:	Risikofelder und ihre Beschreibung als Leitfaden für die Risikoerhebung	95
Abb. 41:	Vorgehensweise bei der Bildung der Risikokategorien	96
Abb. 42:	Bezugsrahmen des strategischen Risikomanagements	103
Abb. 43:	Abgrenzung zwischen strategischem und operativem Risikomanagement	103
Abb. 44:	Elemente einer modernen Risikokultur (Auswahl)	106
Abb. 45:	Risikoeinstellung der CFOs umsatzstarker österreichischer Unternehmen	112
Abb. 46:	Risikoziele als Teil der Unternehmensziele	114
Abb. 47:	Bestimmung des Risikodeckungspotenzials	117
Abb. 48:	Aufteilung des Risikodeckungspotenzials auf die Risikoposition	119
Abb. 49:	Zuteilung des Risikodeckungspotenzials auf einzelne Risikoarten	119
Abb. 50:	Studien zum strategischen Risikomanagement in deutschen Unternehmen	120
Abb. 51:	Systematisierung von Instrumenten und Methoden der Risikoidentifikation	127
Abb. 52:	Systematisierung von Kreativitätstechniken	129
Abb. 53:	Auszug aus einer produktbezogenen Checkliste	131
Abb. 54:	SWOT-Matrix	135
Abb. 55:	Arten der Früherkennung i. w. S.	136
Abb. 56:	Beispiele für externe Frühwarnindikatoren	138
Abb. 57:	Beispiele für schwache Signale	140
Abb. 58:	Zusammenhang zwischen der kumulierten Häufigkeit schwacher Signale und der Zahl der Handlungsmöglichkeiten	141
Abb. 59:	Vorgehensweise der strategischen Frühaufklärung	142
Abb. 60:	Beispiel einer Fehlerbaum-Analyse	143
Abb. 61:	Beispielhaftes Risikoinventar	145
Abb. 62:	Evaluation der Instrumente zur Risikoidentifikation	146
Abb. 63:	Einsatzmöglichkeiten der Instrumente zur Risikoidentifikation	148
Abb. 64:	Risikoklassifikation der HSH N Real Estate AG	152
Abb. 65:	Gesetzliche und betriebswirtschaftliche Anforderungen	153
Abb. 66:	Risikoidentifikationsbogen	153
Abb. 67:	Systematisierung von Instrumenten zur Risikobewertung	161
Abb. 68:	Datenanforderungen von Instrumenten der Risikobewertung	162
Abb. 69:	Relevanzskala	163
Abb. 70:	Mehrdimensionale Risikoklassifikation	163
Abb. 71:	Bewertungsschema	165
Abb. 72:	Beispiel für ein Risiko-Scoring (Auszug)	166
Abb. 73:	Beispiel eines qualitativen Risikoportfolios	167
Abb. 74:	Chancen-Risiken-Matrix	168
Abb. 75:	Nicht akzeptable Risiken im Risikoportfolio	169

Abb. 76:	Tornado-Diagramm	172
Abb. 77:	Ableitung eines Szenariotrichters	176
Abb. 78:	Szenario-Maßnahmen-Matrix	179
Abb. 79:	Integration von Szenario-Technik und Frühaufklärung	180
Abb. 80:	Grundlegende Verfahren zur VaR-Berechnung	182
Abb. 81:	Bestimmung des VaR der Tagesrendite der Bayer Aktie aus der Normalverteilung	184
Abb. 82:	Quantile der (Standard-)Normalverteilung	185
Abb. 83:	Häufigkeitsverteilung der stetigen Tagesrenditen der Bayer Aktie und der VW Aktie im Zeitraum von 12.05. bis zum 23.09.2011	187
Abb. 84:	Häufige Verteilungsformen	189
Abb. 85:	Gegenüberstellung ausgewählter VaR-Verfahren	190
Abb. 86:	Business Risk Modell	193
Abb. 87:	Vorgehensweise bei der CFaR-Ermittlung	194
Abb. 88:	Evaluation der Instrumente der Risikobewertung	196
Abb. 89:	Grundstruktur des Werttreiberbaums	203
Abb. 90:	Stark vereinfachtes Werttreibermodell für den S & E-Bereich	204
Abb. 91:	Früherkennungsindikatoren des S & E-Geschäfts und ihre Operationalisierung	205
Abb. 92:	Bewertungsmodell	206
Abb. 93:	Zusammenhang von interner und externer Risikoberichterstattung	212
Abb. 94:	Grundlegende Gestaltungsparameter der internen Risikoberichterstattung	213
Abb. 95:	Aufbauorganisation der Beiersdorf AG (vereinfachte Darstellung)	219
Abb. 96:	Struktur der Risikoberichterstattung (vereinfachte Darstellung)	220
Abb. 97:	Risikoreporting-Kalender der Beiersdorf AG	221
Abb. 98:	Risikokalküle	225
Abb. 99:	Strategien der Risikobewältigung	226
Abb. 100:	Eignung verschiedener Risikostrategien	231
Abb. 101:	Risikosteuerungsstrategien	231
Abb. 102:	Systematisierung der Instrumente zur Risikosteuerung	233
Abb. 103:	Risikobewältigungsmaßnahmen für leistungswirtschaftliche Risiken	234
Abb. 104:	Risikobewältigungsmaßnahmen für finanzwirtschaftliche Risiken	235
Abb. 105:	Risikobewältigungsmaßnahmen für Risiken aus Management und Organisation	236
Abb. 106:	Risikobewältigungsmaßnahmen für externe Risiken	237
Abb. 107:	Systematisierung von Termingeschäften	238
Abb. 108:	Gewinn- und Verlustprofil einer Kaufoption	239
Abb. 109:	Gewinn- und Verlustprofil einer Verkaufsoption	240
Abb. 110:	Gewinn- und Verlust-Profil eines Futures	242

Abb. 111:	Bestandteile der Risikokosten	243
Abb. 112:	Zusammensetzung der Risikokosten i.e.S.	244
Abb. 113:	Mögliche Risikosteuerungsmaßnahmen für den Volkswagen Konzern	246
Abb. 114:	Ansätze der Risikoüberwachung	250
Abb. 115:	Prüfung des Risikomanagements durch die Interne Revision	254
Abb. 116:	Backtesting des Value-at-Risk der Bayer Aktie (Varianz-Kovarianz-Ansatz)	259
Abb. 117:	Backtesting des Value-at-Risk der Bayer Aktie (historische Simulation)	260
Abb. 118:	Vor- und Nachteile der Integration und der Separation des Risikomanagements	265
Abb. 119:	Vor- und Nachteile der Zentralisierung bzw. Dezentralisierung des Risikomanagements	267
Abb. 120:	Struktur der zweistufigen RM-Organisation mit Reportingwegen	269
Abb. 121:	Zusammensetzung des Risikomanagement-Ausschusses	270
Abb. 122:	Kontrollinstanzen des Risikocontrollings	271
Abb. 123:	Risikomanagement- und Überwachungssystem unter Berücksichtigung der beteiligten Unternehmensinstanzen	272
Abb. 124:	Funktionen eines Risikomanagement-Handbuchs	273
Abb. 125:	Mögliche Inhalte des RM-Handbuchs	274
Abb. 126:	Von Daten zu entscheidungsrelevanten Informationen	276
Abb. 127:	Aufgaben einer IT-Unterstützung des Risikomanagements	277
Abb. 128:	Produktmatrix im Bereich der RMIS	278
Abb. 129:	Struktur des Lufthansa Konzerns	281
Abb. 130:	Organisationstruktur des Risikomanagements im Lufthansa Konzern	281
Abb. 131:	Verantwortlichkeiten innerhalb der Risikomanagement-Organisation	282

Abkürzungsverzeichnis

Abb.	Abbildung
Abs.	Absatz
AG	Aktiengesellschaft
AGB	Allgemeine Geschäftsbedingungen
AktG	Aktiengesetz
Anm. d. Verf.	Anmerkung des Verfassers
Art.	Artikel
AS/NZS	Australian Standards/New Zealand Standards
Aufl.	Auflage
B & E	Boden & Erschließung
BGBL	Bundesgesetzblatt
BilMoG	Bilanzrechtsmodernisierungsgesetz
BilReG	Bilanzrechtsreformgesetz
BIP	Brutto-Inlandsprodukt
CAPM	Capital Asset Pricing Model
CFaR	Cashflow-at-Risk
CEO	Chief Executive Officer
CFO	Chief Financial Officer
CRO	Chief Risk Officer
COSO	Committee of Sponsoring Organizations of the Treadway Commission
cov	Kovarianz
CRED	Centre for Research on the Epidemiology of Disasters
DAX	Deutscher Aktienindex
DCGK	Deutscher Corporate Governance Kodex
DIN	Deutsches Institut für Normung
DIS	Draft International Standard
DRÄS	Deutscher Rechnungslegungsänderungsstandard
DRS	Deutscher Rechnungslegungsstandard
DSR	Deutscher Standardisierungsrat
EaR	Earnings-at-Risk
EBA	Europäische Bankenaufsicht
EBIT	Earnings before Interest and Taxes
EBITDA	Earnings before Interest, Taxes and Depreciation
EK	Eigenkapital
ERM	Enterprise Risk Management
ESRB	Europäischer Ausschuss für Systemrisiken
et al.	et alia/alii/aliae
EU	Europäische Union
EW	Erwartungswert
EZB	Europäische Zentralbank
f.	folgende

FEI	Früherkennungsindikator
ff.	fortfolgende
FK	Fremdkapital
FMEA	Failure Mode and Effect Analysis
FTA	Failure Tree Analysis
FuE	Forschung und Entwicklung
GenG	Genossenschaftsgesetz
GmbH	Gesellschaft mit beschränkter Haftung
GmbHG	GmbH-Gesetz
GuV	Gewinn- und Verlustrechnung
HDAX	DAX
HGB	Handelsgesetzbuch
Hrsg.	Herausgeber
IAS	International Accounting Standard
ICV	Internationaler Controller Verein
i. d. R.	in der Regel
IDW	Institut der Wirtschaftsprüfer in Deutschland
i. e. S.	im engeren Sinne
IFRS	International Financial Reporting Standard
IGC	International Group of Controlling
IIR	Institut für Interne Revision
IKS	Internes Kontrollsystem
ISO	International Organisation for Standardization
IT	Informationstechnologie
i. V. m.	in Verbindung mit
i. w. S.	im weiteren Sinne
Jg.	Jahrgang
JÜ	Jahresüberschuss
k.A.	keine Angabe
KGaA	Kommanditgesellschaft auf Aktien
KMU	kleine und mittlere Unternehmen
KonTraG	Gesetz zur Kontrolle und Transparenz im Unternehmensbereich
kor	Korrelation
MaRisk	Mindestanforderungen an das Risikomanagement
max.	maximal
min.	minimal
Mio.	Millionen
MDAX	Mid-Cap-DAX
Mrd.	Milliarden
N	Number (Anzahl)
Nr.	Nummer
NV	Normalverteilung
o. g.	oben genannt
o. J.	ohne Jahr

ONR	Österreichisches Normungsinstitut Regel
o.O.	ohne Ortangabe
OTC	over the Counter
p	probability (Wahrscheinlichkeit)
p.a.	per anno
PS	Prüfungsstandard
RC	Risikocontrolling
rd.	rund
RM	Risikomanagement
RMA	Risikomanagement-Ausschuss
RMIS	Risikomanagement-Informationssystem
RMS	Risikomanagement-System
RORAC	Return on Risk Adjusted Capital
RP	Risikoprämie
RS	Rundschreiben
S.	Seite
S & E	Sanierung & Entwicklung
SÄ	Sicherheitsäquivalent
SDAX	Small-Cap-DAX
sec.	section
SEC	Securities and Exchange Commission
SOX	Sarbanes-Oxley Act
SWOT	Strengths-Weaknesses-Opportunities-Threats
TransPuG	Transparenz- und Publizitätsgesetz
Tsd.	Tausend
Tz.	Textziffer
u.a.	und andere
US	United States
VÄ	Vermögensänderung
var	Varianz
VaR	Value-at-Risk
vgl.	vergleiche
z.B.	zum Beispiel
ZCG	Zeitschrift für Coporate Governance
zfcm	Zeitschrift für Controlling & Management
zrfg	Zeitschrift für Risk, Fraud & Governance
zzgl.	zuzüglich

Leserhinweise

Das leserfreundliche Layout dieses Lehrbuchs verdeutlicht die inhaltliche Struktur des Buches, vermittelt Orientierung und erleichtert das Lernen und Arbeiten mit dem Text in vielfältiger Weise.

Marginalien: Marginalien direkt neben dem Text führen stichwortartig durch die wesentlichen Inhalte des jeweiligen Kapitels. Sie dienen der ersten Orientierung, verdeutlichen die Gliederung des Textes und fassen diesen zusammen. Darüber hinaus helfen die Marginalien, bestimmte Schlagworte und Abschnitte rasch aufzufinden. Außerdem finden die Studierenden hier in der Randspalte zusätzlichen Platz für eigene Notizen.

Abbildungen: Die zahlreichen Abbildungen veranschaulichen und ergänzen die im Text beschriebenen Sachverhalte. Im Text wird jeweils auf die Abbildungen Bezug genommen und an gegebener Stelle auf diese verwiesen. Im Abbildungsverzeichnis, das direkt hinter dem Inhaltsverzeichnis steht, finden die Leser eine komplette Liste aller Abbildungen.

Lernziele: Jedes Kapitel verfolgt mehrere »Lernziele«, die jeweils ganz zu Beginn des betreffenden Abschnitts aufgeführt sind. Diese Lernziele stimmen inhaltlich auf die nun folgenden Themen ein und verweisen auf die zu erwerbenden Kenntnisse und Fähigkeiten.

Literaturverzeichnis: Die Literaturverweise stehen direkt im Text, und zwar unter Nennung der Autoren und des Erscheinungsjahres. Im Literaturverzeichnis im hinteren Teil des Buches sind sämtliche Literatur- und Quellenangaben vollständig aufgeführt.

Leserhinweise

Definitionen: Die zentralen Begriffe des Risikomanagements werden in besonders hervorgehobenen Textkästen erläutert. Sie sind zum gezielten Lernen besonders geeignet.

Informationskästen: In den über das ganze Buch verteilten Informationskästen »Für Wissbegierige« findet der Leser eine Vielzahl an Zusatzinformationen, die der Vertiefung, Illustration oder Weiterführung des Themas dienen.

Zusammenfassungen: Am Ende von Kapiteln und Unterkapiteln findet der Leser kompakte Wiederholungen der wichtigsten Inhalte der vorangehenden Abschnitte. Die Zusammenfassungen können auch gut zur Prüfungsvorbereitung oder zum raschen »Aufwärmen« bereits vor längerer Zeit durchgearbeiteter Kapitel genutzt werden.

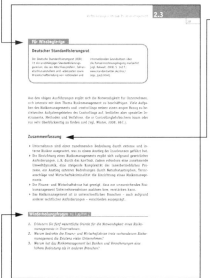

Aus der Praxis/Beispiele: Umfangreiche weiterführende Beispiele u. a. aus der Unternehmenspraxis veranschaulichen die Theorie und sind ebenfalls gesondert hervorgehoben.

Sachregister: Das Sachregister am Ende des Buches dient zum raschen Auffinden von Begriffen, Instrumenten und Definitionen (fett).

Wiederholungsfragen: Am Ende jedes Kapitels werden mittels zahlreicher Wiederholungsfragen die zentralen Elemente und Zusammenhänge der vorangegangenen Abschnitte abgefragt und auf Fälle aus der Praxis übertragen. Die Lösungen zu den Fragen finden Sie im Download-Bereich zum Buch. Bitte beantworten Sie zuerst selbständig die Fragen und schauen Sie erst dann in den Lösungen nach. Der Lerneffekt ist auf diese Weise umso größer. Sollten Sie auf Wissenslücken oder Unsicherheiten stoßen, wird empfohlen, die entsprechenden Abschnitte nochmals genau durchzuarbeiten und zu wiederholen.

1 Einleitung

> **Lernziele**
>
> Wenn Sie dieses Kapitel durchgearbeitet haben, können Sie
>
> ▸ Gründe für ein Risikomanagement aufzählen,
>
> ▸ die historische Entwicklung des Risikomanagements beschreiben,
>
> ▸ Zusammenhänge zwischen der globalen Finanz- und Wirtschaftskrise und dem Risikomanagement verstehen und
>
> ▸ die Bedeutung des Risikomanagements in verschiedenen Branchen unterscheiden.

Unternehmerisches Handeln ist immer mit Risiken verbunden, da die **Folgen vieler Entscheidungen** des Managements **unsicher** sind und nicht alle Entwicklungen der **Unternehmensumwelt** vollständig **prognostiziert** werden können.

Management birgt Risiken

So ist beispielsweise die Entwicklung und Markteinführung eines neuen Produkts immer riskant, da zu Entwicklungsbeginn nicht mit Sicherheit gesagt werden kann, ob das neue Produkt technisch realisierbar ist. Zudem lässt sich die Entwicklungsdauer nicht exakt planen. Selbst bei einer erfolgreichen technischen Umsetzung ist der Markterfolg eines Produkts unsicher, da trotz umfangreicher Marktforschungsaktivitäten die Akzeptanz der Kunden und alternative Produktentwicklungsaktivitäten des Wettbewerbs nicht vollständig bekannt sind. Ein Beispiel für Risiken, die mit der Entwicklung und Markteinführung eines neuen Produkts verbunden sind, liefert der Fall des Großraumflugzeugs A380 von Airbus.

Aus der Praxis — Entwicklung des A 380

▸▸▸ Der Airbus A 380 ist das größte Flugzeug der zivilen Luftfahrt. In der Basisversion finden 555 Fluggäste auf zwei Etagen Platz. Der A 380 wird u.a. von Singapore Airlines, Quantas, Emirates und der Lufthansa eingesetzt. Insgesamt hat die Entwicklung des A 380 mehr als 12 Mrd. € gekostet, ca. 4 Mrd. € mehr als ursprünglich geplant. Während der gesamten Entwicklungszeit traten technische Probleme auf, z.B. an den Triebwerken sowie in der Kabinenelektronik, sodass der Erstflug, der Produktionsbeginn und die Erstauslieferung an Singapore Airlines mehrfach verschoben werden mussten. Insgesamt beläuft sich die Verzögerung der Auslieferung des A 380 gegenüber dem ursprünglichen Plan auf 22 Monate. Die Lieferverzögerungen haben das Konzernergebnis von Airbus zwischen 2006 und 2010 mit 4,8 Mrd. € belastet. Bis jetzt haben die Kunden

Einleitung

ihre Bestellungen nicht storniert. Per Februar 2011 lagen 244 Bestellungen für den A 380 vor. Aufgrund der Produktions- und Lieferverzögerungen erreicht der A 380 erst ab etwa 420 entgegen der ursprünglich angenommenen 250 verkauften Flugzeuge die Gewinnzone. Zudem belasten weitere technische Pannen insbesondere bei den Triebwerken, den Treibstofftanks und den Stromkabeln den Betrieb des A 380.
Quelle: www.spiegel.de/thema/airbus_a380 ◄◄

Es stellt sich angesichts des Praxisbeispiels die Frage, ob die technischen Probleme und ihre finanziellen Auswirkungen nicht durch ein adäquates Risikomanagement hätten reduziert werden können.

Notwendigkeit eines Risikomanagements

In der Literatur werden zahlreiche **Gründe** für ein Risikomanagements genannt (vgl. Burger/Buchhart, 2002, S. 6 ff.; Denk et al., 2006, S. 10 ff.; Meyer, 2008a, S. 37 ff.; Diederichs, 2010, S. 1 ff.; Schneck, 2010, S. 15 ff.):

▸ Zunächst gibt es eine **gesetzliche Forderung** nach einem betrieblichen Risikomanagement. So lässt sich aus dem **Gesetz zur Kontrolle und Transparenz im Unternehmensbereich (KonTraG)** die Forderung nach einem Risikomanagement für Aktiengesellschaften ableiten. Zudem gibt es für bestimmte Branchen, z. B. Banken und Versicherungen, weitere gesetzliche Vorschriften wie z. B. Eigenkapitalvorschriften (Basel II und Basel III).

▸ Die **Internationalisierung, Deregulierung** und **Vernetzung** der Absatz-, Beschaffungs- und Kapitalmärkte haben zu einer zunehmenden Komplexität und Intransparenz der Unternehmensumwelt und zu einer Verschärfung des Wettbewerbs geführt. Die globale Finanz- und Wirtschaftskrise hat gezeigt, dass ökonomische Krisen in einem Land, wie z. B. die Immobilienkrise in den USA, weltweite Kettenreaktionen nach sich ziehen und auch Unternehmen negativ beeinträchtigen können, die auf diesen Märkten gar nicht aktiv sind.

▸ Die **Rohstoffknappheit** führt zu einem starken Preisanstieg bei einigen Ressourcen, wie z. B. Erdöl. Aufgrund des demografischen Wandels in vielen Industrieländern werden zukünftig auch qualifizierte Arbeitskräfte zu einer zunehmend knappen Ressource.

▸ Der **technologische Fortschritt** ermöglicht die Entwicklung immer leistungsfähigerer Produktionsanlagen. Diese erfordern aber höhere Investitionen und führen damit zu einem **Anstieg des Fixkostenblocks** in vielen Unternehmen, der im Krisenfall häufig nicht abgebaut werden kann und die Zahlungsfähigkeit von Unternehmen gefährdet. Außerdem führt der technologische Fortschritt zu einer **Verkürzung der Technologie- und Produktlebenszyklen** in vielen Branchen, was eine schnellere Amortisation von Investitionen notwendig macht und das Risiko von Fehlinvestitionen ansteigen lässt.

▸ Der **Prozess der Leistungserstellung** ist in vielen Industrieunternehmen **komplexer** geworden. Gründe hierfür sind moderne Konzepte in der Betriebsorganisation, wie z. B. Just-in-time-Konzepte, und die zunehmende Automatisierung. Diese binden mehr Kapital und erfordern daher eine hohe

Auslastung der Produktionsanlagen. Für Unternehmen bedeutet dies, dass sie noch stärker von der Funktionsfähigkeit ihrer Produktionssysteme abhängen. Die **technische Störanfälligkeit vieler Anlagen** hat zwar tendenziell abgenommen. Kommt es jedoch zu Störfällen, wächst das Schadensausmaß aufgrund der Komplexität und der zahlreichen Interdependenzen überproportional. Insgesamt resultiert aus diesen Entwicklungen eine **Verschärfung des Betriebsunterbrechungsrisikos**. Ein weiteres Risiko ergibt sich aus einer verschuldensunabhängigen **Produkt- und Umwelthaftung**.

- Die rasante **Entwicklung der Informations- und Kommunikationstechnologien** fördert einerseits die Markttransparenz, führt aber andererseits zu verstärkten Risiken in Bezug auf die Daten- und Systemsicherheit in vielen Unternehmen. So erbeuteten Cyber-Kriminelle Adressen, Passwörter und möglicherweise Kreditkartennummern von mehreren Millionen PlayStation Spielern bei Sony (vgl. www.sueddeutsche.de/digital/2.220/datenklau-bei-sony-hacker-stehlen-millionen-geheime-kundendaten-1.1089569). Schadensersatzansprüche und finanzielle Schäden aus einem Imageverlust können für die betroffenen Unternehmen schnell existenzbedrohend werden.
- Zudem ereignen sich **Naturkatastrophen und Terroranschläge** häufiger als in der Vergangenheit und verursachen auch höhere Schadenssummen. Nach Untersuchungen des Centre for Research on the Epidemiology of Disasters (CRED) steigen seit 1980 die Zahl der berichteten Naturkatastrophen, die Zahl der betroffenen und getöteten Personen und die finanziellen Schäden. Die finanziellen Auswirkungen der Hurrikans Katrina, Rita und Wilma, die 2005 die USA verwüsteten, werden auf über 173 Mrd. US-$ geschätzt. Enorme finanzielle Auswirkungen hatte auch das große Erdbeben in Sichuan/China mit über 86 Mrd. US-$ (vgl. CRED, 2011).
- Viele Unternehmen sehen sich Bedrohungen durch **Wirtschaftskriminalität** z. B. in Form von Unterschlagungen, Bilanzmanipulationen, Vermögensschädigungen, Korruptionssachverhalten und sonstigen Compliance-Verstößen durch die eigenen Mitarbeiter (Fraud) oder von außerhalb des Unternehmens ausgesetzt.
- Deutsche Unternehmen besitzen im internationalen Vergleich eher **geringe Eigenkapitalquoten**. Dies ist insofern problematisch, da Eigenkapital ein Puffer gegen die negativen Folgen von Risiken und die Grundlage der Risikotragfähigkeit eines Unternehmens ist.
- Die Existenz eines betrieblichen Risikomanagements wird von Banken und Ratingagenturen positiv bewertet und kann daher zu einer **Verbesserung des Ratings** und der Kreditkonditionen und somit zu einer **Senkung der Finanzierungskosten** führen.

Schlagend werdende Risiken können die Erfolgssituation eines Unternehmens negativ beeinflussen und das **Insolvenzrisiko** erhöhen (Abb. 1).

Insolvenzrisiko

Nach einem vorübergehenden Absinken 1999 erreichten die Insolvenzen 2003 ein Rekordniveau von 39.320 Unternehmen. Ab dem Jahr 2004 ist zwar ein deutlicher Rückgang zu verzeichnen, aktuell steigen die Insolvenzfälle auf-

Einleitung

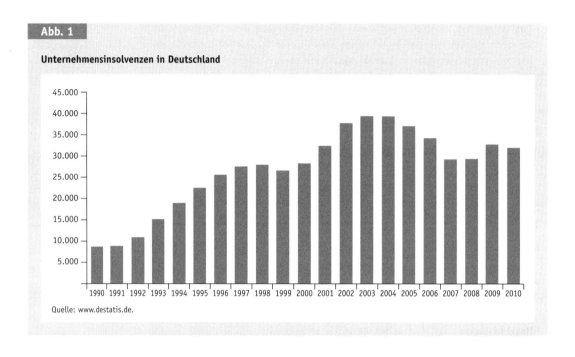

Abb. 1

Unternehmensinsolvenzen in Deutschland

Quelle: www.destatis.de.

grund der Finanz- und Wirtschaftskrise wieder an. Die Vermeidung einer Insolvenz ist ein zentrales Ziel des Risikomanagements (vgl. Rosenkranz/Missler-Behr, 2005, S. 1).

Historische Entwicklung

Unternehmen haben auf das Auftreten bestimmter Risiken stets mit Managementaktivitäten reagiert. So hat sich das Risikomanagement aus dem **betrieblichen Schadens- und Versicherungswesen** zur Absicherung gegen Schäden aus Naturkatastrophen entwickelt. Mit der Internationalisierung der geschäftlichen Aktivitäten vieler Unternehmen gewann das **finanzielle Risikomanagement** zur Absicherung gegen Preis-, Zins- und Währungskursschwankungen an Bedeutung. Mittlerweile sind mit dem **technischen Risikomanagement** zur Umsetzung einer angemessenen Maschinen- und Produktsicherheit, dem **Projekt- und dem IT-Risikomanagement** weitere Aufgabenbereiche hinzugekommen (vgl. Denk et al., 2006, S. 10 ff.).

Aufgrund dieser historischen Entwicklung liegt in vielen Unternehmen **kein ganzheitliches Risikomanagement vor**. Zudem wird das Risikomanagement nicht immer in die Unternehmenssteuerung integriert und auf die Unternehmensziele ausgerichtet, sodass eine Vernetzung von Risiken nicht erkannt wird und die Gefahr einer suboptimalen Steuerung von Einzelrisiken besteht (vgl. Denk et al., 2006, S. 13). Insgesamt erfordern die Vielzahl möglicher Risikoquellen und ihre Verflechtung ein integriertes Risikomanagement als Bestandteil der Unternehmensführung.

Globale Finanz- und Wirtschaftskrise

Ein Beispiel für die negativen Konsequenzen eines fehlerhaften Risikomanagements ist die globale Finanz- und Wirtschaftskrise von 2007 bis 2009, die aufgrund der Komplexität der Verflechtungen der Volkswirtschaften der einzelnen Länder in ihrem Ausmaß auch von Experten nicht richtig eingeschätzt wurde (zum Ablauf der internationalen Finanz- und Wirtschaftskrise vgl. detailliert Rudolph, 2008, S. 713 ff. sowie Fendel/Frenkel, 2009, S. 78 ff.). So gilt ein unzureichendes Risikomanagement teilweise als **Ursache für die Finanz- und Wirtschaftskrise**, teilweise als Verstärker der Auswirkungen auf die betroffenen Unternehmen (vgl. Gleißner/Romeike, 2010, S. 28 ff.):

- **Defizite in der Organisation** bzw. Umsetzung des Risikomanagements und der internen Kontrollsysteme führten insbesondere in Kreditinstituten dazu, dass Risiken nicht rechtzeitig erkannt wurden.
- Zusätzlich konzentrierten sich zu viele Finanzinstitute auf eine **hohe Renditeerzielung** bei ihren Investments, wobei deren Risiken vielfach vernachlässigt wurden. Dieser Aspekt wurde durch hohe renditebasierte Anreize und Prämien für das Management noch verstärkt.
- Eine **hohe Modellgläubigkeit** des Managements bei der Risikobewertung führte zu einer systematischen Unterschätzung von seltenen Extremereignissen.
- Eine **unzureichend entwickelte Risikokultur** des Managements bewirkte, dass Risiken nicht realisiert wurden und sich daher in den Unternehmen kumulieren konnten (vgl. Rudolph, 2008, S. 728).

Risikomanagement hat eine unterschiedliche Bedeutung in verschiedenen Branchen (vgl. Burger/Buchhart, 2002, S. 8 f.). Da in **Finanzdienstleistungsunternehmen**, wie Banken, Investmentgesellschaften und Versicherungen, **Risikotransformation ein integraler Bestandteil der Unternehmensleistung** ist und insbesondere Banken für das Funktionieren moderner Volkswirtschaften von zentraler Bedeutung sind, unterliegen diese Unternehmen restriktiven rechtlichen Regelungen und verfügen vielfach über ein umfassendes, überwiegend quantitativ ausgeprägtes Risikomanagement. In **Industrie-, Handels- und Dienstleistungsunternehmen** treten **Risiken überwiegend als Beeinträchtigung der betrieblichen Leistungserstellung** auf. Außerdem unterliegen diese Unternehmen weniger starken gesetzlichen Regelungen, sodass das Risikomanagement hier weniger quantitativ ausgerichtet ist.

Branchenspezifische Bedeutung des Risikomanagements

Aus den obigen Ausführungen ergibt sich die Notwendigkeit für Unternehmen, sich intensiv mit dem Thema Risikomanagement zu beschäftigen. Viele Aufgaben des Risikomanagements und -controllings weisen einen engen Bezug zu bestehenden Aufgabengebieten des Controllings auf, bedürfen aber spezieller Instrumente, Methoden und Verfahren, die in Controllinglehrbüchern kaum oder nur sehr überblicksartig zu finden sind (vgl. Winter, 2008, 86 f.).

Zusammenfassung

- Unternehmen sind einer zunehmenden Bedrohung durch externe und interne Risiken ausgesetzt, was zu einem Anstieg der Insolvenzen geführt hat.

Einleitung

- Die Einrichtung eines Risikomanagements ergibt sich aufgrund gesetzlicher Anforderungen, z. B. durch das KonTraG. Zudem erfordern eine zunehmende Umweltdynamik, eine steigende Komplexität der innerbetrieblichen Prozesse, ein Anstieg externer Bedrohungen durch Naturkatastrophen, Terroranschläge und Wirtschaftskriminalität die Einrichtung eines Risikomanagements.
- Die Finanz- und Wirtschaftskrise hat gezeigt, dass ein unzureichendes Risikomanagement Unternehmenskrisen auslösen bzw. verstärken kann.
- Das Risikomanagement ist in unterschiedlichen Branchen – auch aufgrund anderer rechtlicher Anforderungen – verschieden ausgeprägt.

Wiederholungsfragen zu Kapitel 1

1. Erläutern Sie fünf wesentliche Gründe für die Notwendigkeit eines Risikomanagements in Unternehmen.
2. Warum bedrohte die Finanz- und Wirtschaftskrise trotz vorhandenem Risikomanagement die Existenz vieler Unternehmen?
3. Warum hat das Risikomanagement bei Banken und Versicherungen eine höhere Bedeutung als in anderen Branchen?

2 Grundlagen des Risikomanagements

Lernziele

Wenn Sie dieses Kapitel durchgearbeitet haben, können Sie

- die Begriffe Risiko und Chancen definieren und von der Krise abgrenzen,
- Risiken nach verschiedenen Kriterien systematisieren,
- Begriffe, Ziele und Aufgaben des Risikomanagements und des Risikocontrollings erläutern und voneinander abgrenzen,
- wesentliche Anforderungen an das Risikomanagement nennen,
- den Aufbau und die Elemente eines Risikomanagement-Systems (RMS) beschreiben,
- die Phasen des operativen Risikomanagement-Prozesses unterscheiden,
- grundlegende Theorien und ihre Bedeutung für das Risikomanagement erläutern und
- Inhalt und Qualität verschiedener Risikomanagement-Standards beschreiben.

2.1 Risikobegriff und Risikoarten

2.1.1 Risiken und Chancen

Der **Risikobegriff** wird in der Literatur uneinheitlich verwendet (vgl. Winter, 2007c, S. 78). Die folgende Abbildung gibt einen Überblick über unterschiedliche Risikodefinitionen.

Unterschiedliche Risikodefinitionen

Im Folgenden werden die verschiedenen Risikobegriffe diskutiert sowie Gemeinsamkeiten und Unterschiede herausgearbeitet.

Allen Definitionen ist das Verständnis gemeinsam, dass ein Risiko eine **zukünftige Abweichung von den geplanten Unternehmenszielen** impliziert. Einige Autoren betonen zudem, dass Risiken sowohl kurzfristige operative Ziele als auch langfristige strategische Ziele beeinträchtigen können (vgl. Diederichs et al., 2009; BASF, 2011). Es besteht dagegen Uneinigkeit, inwieweit auch positive Zielabweichungen im Sinne von Chancen in den Risikobegriff einbezogen werden sollten, ob nur existenzgefährdende Entwicklungen relevant sind und ob Risiken nur finanzielle Ziele betreffen. Beispielsweise beschränken sich die International Group of Controlling (IGC) und der Internationale Controllerverein (ICV) auf die Verfehlung von finanziellen Zielen und schließen somit z. B. Imagerisiken aus ihrer Betrachtung aus.

Zielabweichung als Risiko

2.1 Grundlagen des Risikomanagements
Risikobegriff und Risikoarten

Abb. 2

Risikodefinitionen

Autor	Definition des Risikobegriffs	Zuordnung
Gesetzgeber		
KonTraG § 91 (2) AktG.	»... den Fortbestand der Gesellschaft gefährdende Entwicklungen«	Risiko i. e. S.
IDW PS 340 Nr. 2 (3).	»die Möglichkeit ungünstiger künftiger Entwicklungen«	Risiko i. e. S.
Unternehmenspraxis		
Beiersdorf AG in: Diederichs et al., 2009, S. 267.	»der Sachverhalt [...], dass Ereignisse oder Entscheidungen, Handlungen und Unterlassungen die Beiersdorf AG daran hindern, definierte Ziele zu erreichen bzw. Strategien erfolgreich zu realisieren«	Risiko i. e. S.
BASF, 2011, S. 103.	»jedes Ereignis, das das Erreichen unserer kurzfristigen operativen oder unserer langfristigen strategischen Ziele negativ beeinflussen kann. Als Chancen definieren wir mögliche Erfolge, die über unsere definierten Ziele hinausgehen«	Risiko i. w. S.
IGC/ICV in: Knuppertz/Ahlrichs, o. J., S. 6.	»die Kombination von Eintrittswahrscheinlichkeit und Größe der daraus entstehenden Konsequenzen [...] in Bezug auf die Abweichung von einem geplanten, meist finanziellem Ziel«	Risiko i. w. S.
Wissenschaft		
Bartram, 2000, S. 242.	»Schwankungen der betrachteten Variablen [...], die mittels der statistischen Maßgröße der Varianz oder Standardabweichung quantifiziert werden können«	Risiko i. w. S.
Mikus, 2001, S. 7.	»Gefahr von Fehlentscheidungen oder auf Entscheidungen folgendem Fehlverhalten, die bzw. das zur Nicht-Erreichung der gesetzten Ziele führen«	Risiko i. e. S.
Rosenkranz/Missler-Behr, 2005, S. 5 f.	»Wahrscheinlichkeit, dass die Unternehmensziele durch unternehmerische Entscheidungen entweder nicht erreicht oder übertroffen werden«	Risiko i. w. S.
Gleißner, 2011, S. 10.	»die aus der Unvorhersehbarkeit der Zukunft resultierende, durch »zufällige« Störungen verursachte Möglichkeit, von geplanten Zielen abzuweichen«	Risiko i. w. S.
Diederichs, 2010, S. 10.	»die Gefahr [...], dass Ereignisse (externe Faktoren) oder Entscheidungen und Handlungen (interne Faktoren) das Unternehmen daran hindern (ursachenbezogene Komponente), definierte Ziele zu erreichen bzw. Strategien erfolgreich zu realisieren (wirkungsbezogene Komponente)«	Risiko i. e. S.

Risiko i. e. S. versus Risiko i. w. S.

Das **Risiko im engeren Sinne** (Risiko i. e. S.) bildet lediglich die Möglichkeit eines Verlustes ab. Positive Abweichungen von einer geplanten Zielgröße werden als **Chancen** bezeichnet. Das **Risiko im weiteren Sinne** (Risiko i. w. S.) umfasst positive und negative Abweichungen von einem betrieblichen Ziel und somit Chancen und Risiken i. e. S. Das Risiko i. e. S. schließt dagegen eine Betrachtung von Chancen aus und betont das Risiko der Verlustgefahr (Downside Risk) (vgl. Gebhardt, 2002, S. 1714; Diederichs 2010, S. 9).

Die engste Begriffsauffassung vertritt der Gesetzgeber. Laut § 91 Abs. 2 AktG geht es bei Risiken nur um **Entwicklungen, die den Fortbestand einer Gesellschaft gefährden**, wobei der Gesetzgeber den Begriff des Risikos nicht explizit nennt. Der Fortbestand eines Unternehmens wird durch einen **Konkurs**, d. h. durch Zahlungsunfähigkeit oder Überschuldung, gefährdet. Als Risiko lassen sich somit jede Umweltentwicklung und jede Managemententscheidung interpretieren, die zur Zahlungsunfähigkeit oder Überschuldung eines Unternehmens führen. Auf die Möglichkeit von Chancen geht der Gesetzgeber nicht ein. Ob und in welchem Umfang Chancen genutzt werden sollen, bleibt der unternehmerischen Freiheit und somit dem Management überlassen.

<small>Risikobegriff des Gesetzgebers</small>

Das Institut der Wirtschaftsprüfer (IDW) erweitert das Risikoverständnis des Gesetzgebers und versteht unter einem Risiko generell die **Möglichkeit ungünstiger zukünftiger Entwicklungen**. Dabei muss nicht jedes Risiko zu einer Existenzbedrohung des Unternehmens führen. Das IDW berücksichtigt in seiner Definition, dass auch eine Verkettung mehrerer nicht-existenzgefährdender Risiken das Überleben eines Unternehmens beeinträchtigen kann.

Die Beiersdorf AG unterscheidet eine ursachen- und eine wirkungsbezogene Komponente in ihrer Risikodefinition. Die **ursachenbezogene Komponente** berücksichtigt, dass Quellen möglicher Zielverfehlungen entweder externe Ereignisse, wie z. B. eine Finanzmarktkrise, oder interne Entscheidungen, wie z. B. Fehlinvestitionen, sind. Die **wirkungsbezogene Komponente** bestimmt, dass sich Risiken in einer Verfehlung der Unternehmensziele niederschlagen. BASF unterteilt die wirkungsbezogene Komponente in eine Verfehlung der kurzfristigen operativen und der langfristigen strategischen Ziele.

<small>Risikobegriffe der Unternehmenspraxis</small>

Die enge gesetzliche Definition des Risikobegriffs ist für die Unternehmenssteuerung nicht ausreichend, da sie kaum Ansatzpunkte für ein Risikomanagement bietet. Da die Ausnutzung von Chancen ein wichtiger Aspekt der Unternehmenssteuerung in der Praxis ist, finden sich in Unternehmen und Verbänden häufig Risikobegriffe i. w. S.

Zudem nimmt die Risikodefinition der ICG sowie des ICV Bezug auf die **Eintrittswahrscheinlichkeit** und das **Schadensausmaß** als zwei wesentliche Beurteilungskriterien für ein Risiko. Die Eintrittswahrscheinlichkeit gibt an, mit welcher Wahrscheinlichkeit eine zukünftige Zielabweichung in einem bestimmten Zeitraum zu erwarten ist. Das Schadensausmaß misst die potenziellen finanziellen Konsequenzen eines Risikos, z. B. Umsatzminderungen oder Kostensteigerungen (vgl. Schneck, 2010, S. 24 f.).

Entscheidungsorientierte Risikobegriffe, wie die von Mikus oder Rosenkranz/Missler-Behr, gehen davon aus, dass Unternehmensrisiken dadurch entstehen, »dass der Entscheider die Wirkungszusammenhänge zwischen seinen Entscheidungen und der Umweltentwicklung nicht gut genug versteht. Die Informationen über solche Wirkungszusammenhänge können auch fehlen oder der Entscheider kann durch zu viele, zuweilen widersprüchliche oder unscharfe

<small>Risikobegriffe der Wissenschaft</small>

Grundlagen des Risikomanagements
Risikobegriff und Risikoarten

Informationen daran gehindert werden, adäquat zu handeln.« (Rosenkranz/Missler-Behr, 2005, S. 20).

Statistische Risikobegriffe, wie die von Bartram oder Gleißner, verstehen unter einem Risiko die Schwankung einer Variablen (hier eines geplanten Unternehmensziels) um ihren Erwartungswert, die sich mit statistischen Maßen wie der Varianz oder der Standardabweichung messen lässt. Statistische Risikodefinitionen verstehen zum einen externe Risikoeinflussgrößen, wie z. B. Wechselkurse oder Zinsen, als Zufallsvariablen und untersuchen deren Einfluss auf die Erreichung der geplanten finanziellen Unternehmensziele. Andererseits können auch die finanziellen Unternehmensziele, z. B. der Unternehmenswert, selbst als Zufallsvariablen interpretiert und mittels statistischer Maßgrößen analysiert werden (vgl. Bartram, 2000, S. 242; zu den statistischen Grundlagen des Risikomanagement vgl. Kapitel 2.5.2).

Im vorliegenden Lehrbuch wird die folgende **Arbeitsdefinition** des Risikobegriffs verwendet.

> Ein **Risiko** ist die Möglichkeit einer positiven Abweichung (Chance) oder negativen Abweichung (Risiko i. e. S.) von den geplanten Unternehmenszielen aufgrund eines Ereignisses oder einer Entscheidung des Managements. Unternehmensziele sind finanzielle Ergebnisziele, z. B. der Jahresüberschuss, das Betriebsergebnis oder der Cashflow, und nicht-finanzielle Ziele, z. B. das Unternehmensimage. Es kann sich um kurzfristige operative und langfristige strategische Ziele handeln. Risiken können durch ihre Eintrittswahrscheinlichkeit und ihr Schadensausmaß beschrieben werden. Wenn im Folgenden von Risiken gesprochen wird, wird stets ein Risikobegriff i. w. S. verwendet.

Die Elemente des Risikobegriffs werden in der Abb. 3 zusammengefasst.

Bedeutung von Chancen

Die o. g. Definition berücksichtigt, dass Risiken bewusst eingegangen werden, um Chancen zu realisieren. Daher ist es für die Unternehmensführung notwendig, bei einer Entscheidung Chancen und Risiken abzuwägen. Die Vernachlässigung von Chancen birgt die Gefahr der übermäßigen Risikovermeidung. Dies kann dazu führen, dass Chancen nicht erkannt und damit nicht ergriffen werden, was wiederum den zukünftigen Erfolg und damit die Existenz des Unternehmens gefährden kann (vgl. Fiege, 2009, S. 304). Zudem stellt die Definition auf die Messbarkeit von Risiken ab, da die Risikobewertung anhand von Eintrittswahrscheinlichkeit und Schadensausmaß eine wichtige Voraussetzung für die Risikosteuerung ist.

2.1 Risikobegriff und Risikoarten

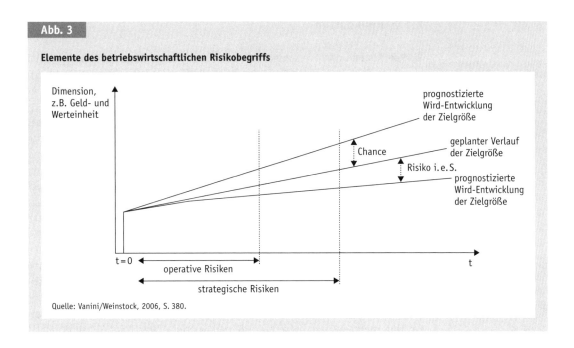

Abb. 3

Elemente des betriebswirtschaftlichen Risikobegriffs

Quelle: Vanini/Weinstock, 2006, S. 380.

Aus der Praxis **Berücksichtigung von Chancen bei BASF**

▶▶▶ Praktische Anwendung findet der betriebswirtschaftliche Risikobegriff u. a. im BASF-Konzern, der die Differenz zwischen Risiko i. e. S. und Chance als Volatilität definiert:

Abb. 4

Relativer Ergebnisbeitrag von Chancen, Risiken und Volatilitäten im BASF Konzern

	– Planwert +
Entwicklung der Konjunktur und der Absatzmärkte	
Verfügbarkeit und Preisvolatilität von Rohstoffen	
Volatilitäten von Wechselkursen	
Übrige finanzwirtschaftliche Risiken	
Spezifische Chancen und Risiken der einzelnen Bereiche	

Quelle: BASF, 2011, S. 103.

◀◀◀

2.1.2 Risikoarten

Risikoklassifikationen

Risiken können nach verschiedenen Kriterien systematisiert werden, wobei die einzelnen Systematisierungsansätze sich teilweise überschneiden (vgl. Abb. 5). Die Systematisierungsansätze und die einzelnen Risikoarten werden anschließend erläutert.

Symmetrie des Risikoprofils

Nach der Symmetrie ihres Risikoprofils werden **symmetrische Risiken**, bei denen der Verlustgefahr auch eine Chance gegenübersteht, und **asymmetrische Risiken** ohne Chancen unterschieden. Beispiele für symmetrische Risiken sind Aktienkursrisiken, da der Aktienwert in Relation zum Einstiegskurs sowohl fallen als auch steigen kann. Das Brandrisiko einer Produktionsanlage ist ein Beispiel für ein asymmetrisches Risiko. Asymmetrische Risiken werden als »reine Risiken«, symmetrische Risiken als »spekulative Risiken« bezeichnet (vgl. Burger/Buchhart, 2002, S. 3 f.; Kremers, 2002, S. 38; Rosenkranz/Missler-Behr, 2005, S. 7 f.; Gerpott/Hoffmann, 2008, S. 7).

Gefährdetes Unternehmensziel

Nach den relevanten Unternehmenszielen lassen sich Erfolgs-, Liquiditäts-, Wert- und Sachzielrisiken unterscheiden. **Erfolgsrisiken** betreffen die finanziellen Ergebnisziele eines Unternehmens, wie z. B. den Jahresüberschuss oder das Betriebsergebnis. **Liquiditätsrisiken** gefährden die Zahlungsfähigkeit eines Unternehmens und betreffen z. B. den Cashflow. **Wertrisiken** beeinträchtigen den Unternehmenswert. Erfolgs-, Liquiditäts- und Wertrisiken sind finanzielle Risiken, da sie sich auf den Finanzbereich eines Unternehmens beziehen. Möglich ist jedoch auch eine Bezugnahme auf nicht-finanzielle Ziele, wie z. B. das Unternehmensimage, die Kundenzufriedenheit oder die Qualität der Produkte und Dienstleistungen (**Sachzielrisiken**). Sachzielrisiken führen häufig zu Erfolgs-, Liquiditäts- oder Wertrisiken.

Abb. 5

Systematisierung von Risiken

Kriterium	Systematisierung				
Symmetrie des Risikoprofils	symmetrische Risiken		asymmetrische Risiken		
gefährdetes Unternehmensziel	Erfolgsrisiken	Liquiditätsrisiken	Wertrisiken	Sachzielrisiken	
Zeithorizont/Relevanz	strategische Risiken		operative Risiken		
Messbarkeit	quantifizierbare Risiken		nicht-quantifizierbare Risiken		
Quelle	externe Risiken	leistungswirtschaftliche Risiken		finanzwirtschaftliche Risiken	Risiken aus Management & Organisation
Geschädigter	Sachrisiken		Personenrisiken		

Quelle: In Erweiterung von Vanini, 2009, S. 199.

2.1 Risikobegriff und Risikoarten

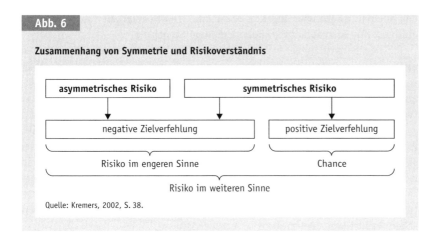

Abb. 6

Zusammenhang von Symmetrie und Risikoverständnis

Quelle: Kremers, 2002, S. 38.

Strategische und operative Risiken lassen sich nach zwei Kriterien abgrenzen: ihrem Zeitbezug und der Bedeutung bzw. Relevanz der zugrundeliegenden Ziele. **Strategische Risiken** entstehen durch langfristige Entscheidungen des Topmanagements, die die Positionierung des gesamten Unternehmens betreffen. Sie werden durch Veränderungen des wirtschaftlichen, politischen und technologischen Unternehmensumfelds sowie sozio-kulturelle Entwicklungen beeinflusst und führen zu einer Gefährdung der Umsetzbarkeit von Strategien und Erfolgspotenzialen. Erfolgspotenziale sind Ressourcen und Fähigkeiten eines Unternehmens, die dessen künftige Wettbewerbsvorteile begründen, z.B. die vom Kunden wahrgenommene Servicequalität oder besonders effiziente interne Arbeitsprozesse. Strategische Risiken können den langfristigen Unternehmenserfolg und den Bestand des Unternehmens gefährden (vgl. Gleißner, 2008a, S. 36). Je nach Unternehmenstyp und Umfeldsituation sind andere strategische Risiken relevant. So sind für stark wachsende Unternehmen vor allem finanzielle Risiken in Form eines Eigenkapitalmangels sowie Organisationsrisiken relevant, während für Familienunternehmen eher Nachfolgerisiken und Finanzierungsrisiken durch den eingeschränkten Zugriff auf Kapitalmärkte wichtig sind (vgl. Gleißner, 2011, S. 74 ff.).

Zeithorizont und Relevanz

Operative Risiken resultieren aus kurzfristig angelegten Entscheidungen des mittleren und unteren Managements und betreffen Teile des betrieblichen Leistungserstellungsprozesses, z.B. Produktionsausfälle durch Funktionsstörungen von Fertigungsmaschinen. Operative Risiken betreffen das Tagesgeschäft, sind nur für einen Teilbereich des Unternehmens relevant und gefährden den geplanten kurzfristigen Unternehmenserfolg (vgl. Burger/Buchhart, 2002 S. 4; Schneck, 2010, S. 57).

Nach ihrer Messbarkeit werden **quantifizierbare Risiken**, deren Auswirkungen auf die Unternehmensziele anhand ihrer Eintrittswahrscheinlichkeit und ihres Schadensausmaßes bewertet werden können, und **nicht-quantifizierbare Risiken** ohne direkt messbare Auswirkungen unterschieden. So sind strategische Risiken häufig nicht quantifizierbar. Nicht-quantifizierbare Risiken wer-

Messbarkeit von Risiken

Grundlagen des Risikomanagements
Risikobegriff und Risikoarten

den auch als **qualitative Risiken** bezeichnet. Die Messbarkeit von Risiken beeinflusst ihre Identifizierung, Bewertung und Steuerung.

Bei den quantifizierbaren Risiken werden subjektive und objektive Risiken unterschieden. **Objektive Risiken** sind durch Verteilungsfunktionen messbar, wobei die Verteilungsfunktion aus empirischen Daten ermittelt wird. **Subjektive Risiken** werden vom Entscheider aufgrund seiner Erfahrungen geschätzt (vgl. Rosenkranz/Missler-Behr, 2005, S. 27 ff.).

Risikoquellen

Risiken werden nach ihrer Quelle in externe und interne Risiken unterteilt. **Externe Risiken** resultieren aus unvorhergesehenen Marktentwicklungen, Gesetzesänderungen, gesellschaftlichen Entwicklungen sowie Naturkatastrophen und können somit in natürliche, ökonomische, politische, rechtliche und gesellschaftliche Risiken unterteilt werden. Beispiele sind Zerstörungen durch Naturkatastrophen oder die Änderung der Produktnachfrage durch den demografischen Wandel (vgl. Gleißner, 2011, S. 102 ff.).

Interne Risiken lassen sich in leistungswirtschaftliche und finanzwirtschaftliche Risiken sowie Risiken aus Management und Organisation untergliedern. **Leistungswirtschaftliche Risiken** werden durch die betriebliche Leistungserstellung verursacht, z. B. Absatz-, Beschaffungs- und Produktionsrisiken. Absatzrisiken werden in Absatzmengen- und Absatzpreisrisiken unterteilt. Sie resultieren z. B. aus einer falschen Einschätzung der Kundenwünsche, starker Abhängigkeit von wenigen Kunden oder intensivem Preiswettbewerb.

Finanzwirtschaftliche Risiken werden durch Probleme bei der Kapital- und Liquiditätsbeschaffung verursacht. Beispielsweise ergeben sich Liquiditätsrisiken aus der zeitlichen oder betragsmäßigen Abweichung der geplanten Liquidität. Zinsänderungsrisiken sind ein Beispiel für Kapitalrisiken und führen zu schlechteren Konditionen bei der Kapitalbeschaffung. Zu den finanzwirtschaftlichen Risiken zählen außerdem Kapitalmarktrisiken, die aus Kursschwankungen an den weltweiten Kapitalmärkten resultieren, Kredit- und Adressenausfallrisiken, die sich aus dem Ausfall eines Vertragspartners, z. B. in Form von Forderungsausfällen, ergeben, sowie Währungsrisiken aufgrund von Wechselkursschwankungen (vgl. Mikus, 2001, S. 8 f.; Diederichs et al., 2004, S. 190; Gleißner, 2011, S. 92 ff.).

Risiken aus Management und Organisation resultieren aus der internen Aufbau- und Ablauforganisation, z. B. aus Mängeln bei der Personalführung oder beim Management von Prozessen. Teilweise werden Risiken aus Management und Organisation als operationelle Risiken (vgl. Vanini/Weinstock, 2006, S. 380 f.) oder Risiken aus Corporate Governance (vgl. Gleißner, 2011, S. 103 f.) bezeichnet.

Geschädigter

Nach dem Geschädigten werden Sach- und Personenrisiken unterschieden. **Sachrisiken** betreffen Gegenstände oder nominelle Werte, z. B. das Risiko eines Maschinenschadens oder eines Forderungsausfalls. **Personenrisiken** betreffen in ihren Auswirkungen die Mitarbeiter, Kunden oder sonstige Personen, die mit dem Unternehmen in Verbindung stehen, z. B. bei Unfällen am Arbeitsplatz (vgl. Rosenkranz/Missler-Behr, 2005, S. 27 ff.).

2.1 Risikobegriff und Risikoarten

Risiken müssen klassifiziert werden, da sie mit unterschiedlichen Methoden und Instrumenten identifiziert, bewertet und gesteuert werden. Beispielsweise können externe Risiken nicht durch interne Steuerungsmaßnahmen verringert werden. Für eine **Risikosystematisierung bzw. -klassifikation** müssen aus den o.g. Ansätzen geeignete Systematisierungskriterien ausgewählt und eine unternehmensspezifische Klassifikation entwickelt werden (vgl. Fallstudie am Ende des Kapitels). Eine Risikoklassifikation veranschaulicht den Mitarbeitern den Gegenstand des Risikomanagements und unterstützt dadurch die Risikoidentifikation (vgl. Rosenkranz/Missler-Behr, 2005, S. 19; Schellenberger, 2008, S. 365 f.).

Notwendigkeit der Risikoklassifikation

Aus der Praxis: Risikoklassifikationen von Lufthansa und BASF

Risikoklassifikation Lufthansa-Konzern	Risikoklassifikation BASF-Konzern
▸ Gesamtwirtschaftliche Chancen und Risiken ▸ Branchenspezifische Chancen und Risiken (Markt- und Wettbewerbsrisiken mit Auswirkungen auf Kapazität und Auslastung, Rechts- und Haftungsrisiken, politische, geopolitische und regulatorische Risiken) ▸ Unternehmensspezifische Chancen und Risiken (u.a. Personal, IT, Qualität, Kommunikation, Rechnungslegung, steuerliche Risiken, operationelle Risiken) ▸ Finanzwirtschaftliche Chancen und Risiken (Treibstoffpreisrisiken, Währungsrisiken, Liquiditäts-, Finanzierungs- und Zinsrisiken, Kreditrisiken, Marktrisiken aus Kapitalanlagen)	▸ Gesamtwirtschaftliche und branchenspezifische Chancen und Risiken (Entwicklung der Nachfrage, Entwicklung des Angebots, regulatorische und politische Risiken, Witterung) ▸ Unternehmensspezifische Chancen und Risiken (Rohstoffverfügbarkeit, Rohstoffpreisvolatilität, Forschung und Entwicklung, Personal, Nachhaltigkeit, IT, rechtliche Risiken, Akquisitionsrisiken, technische Risiken) ▸ Finanzwirtschaftliche Risiken (Volatilität von Wechselkursen, Zinsänderungsrisiken, Risiken aus Metall- und Rohstoffhandel, Liquiditätsrisiken, Risiko von Forderungsausfällen, Wertminderungsrisiken, Risiken aus Pensionsverpflichtungen)
Quelle: Lufthansa, 2011, S. 133 ff.	Quelle: BASF, 2011, S. 106 ff.

Über die Bedeutung der verschiedenen Risikoarten in der Unternehmenspraxis informiert u.a. das **Risikoradar von Ernst & Young**. Das Risikoradar basiert auf einer mehrstufigen Befragung von Analysten, Branchenexperten u.a. aus 11 Branchen und umfasst Risiken, die in vielen Branchen von besonderer Bedeutung sind (vgl. Ernst & Young, 2009, S. 4 ff.).

Praktische Relevanz verschiedener Risikoarten

Der Abbildung 7 lässt sich entnehmen, dass neben der Finanzmarktkrise, deren Auswirkungen 2009 für die Unternehmen schwer abschätzbar waren, und einer Verschärfung der Rezession vor allem Risiken aus Regulierungsanforderungen und Compliance, insbesondere für die Branchen Life Science, Telekommunikation, Öl und Gas sowie Energieversorgung, Banken und Versicherungen, sowie Risiken aus steigenden ökologischen Anforderungen relevant sind. Allerdings gibt es starke branchenspezifische Unterschiede. Insgesamt lässt sich jedoch sagen, dass die meisten Risiken über alle Branchen im strategischen und operativen Bereich des Radars liegen (vgl. Ernst & Young, 2009, S. 7 ff.).

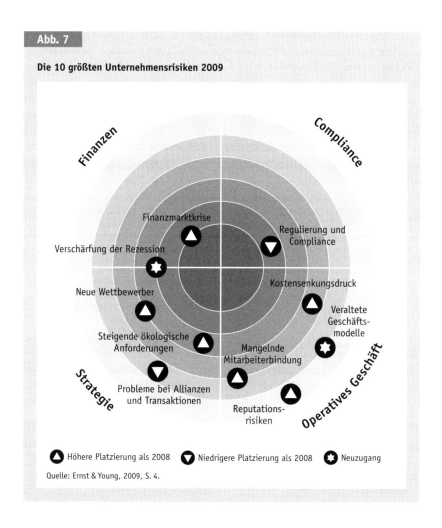

Abb. 7: Die 10 größten Unternehmensrisiken 2009
Quelle: Ernst & Young, 2009, S. 4.

2.1.3 Weitere Begriffsabgrenzungen

In der Wissenschaft und in der Unternehmenspraxis werden darüber hinaus die Begriffe Verlust, betriebliche Gefahr und Krise im Zusammenhang mit Risiken verwendet. Daher sind weitere Begriffsabgrenzungen erforderlich.

Verluste und Risiken

Treten Risiken ein und haben sie negative finanzielle Folgen, können sie zu Verlusten werden. Risiken beziehen sich somit stets auf potenzielle Zielabweichungen in der Zukunft und können noch entsprechend gesteuert werden. Bei Verlusten (bzw. Gewinnen) handelt es sich dagegen immer um **Ist-Werte**, die nicht mehr beeinflusst werden können. Zudem werden Verluste und Gewinne häufig in Relation zu Ist-Vergleichswerten, z. B. Vorjahreswerten oder Kaufpreisen, berechnet, während sich Risiken auf Planwerte beziehen.

Risikobegriff und Risikoarten 2.1

Beispiel **Unterschied zwischen Verlusten und Risiken**

▶▶▶ Ein Unternehmen plant für das Folgejahr einen Jahresüberschuss nach Steuern von 45 Mio. €. Aufgrund von Qualitätsproblemen in der Fertigung kommt es zu Absatz- und Umsatzrückgängen. Mitte des Jahres kalkuliert das Unternehmen, dass – wenn die Qualitätsprobleme nicht kurzfristig durch geeignete Maßnahmen behoben werden können – der Umsatz um 20 % und der Jahresüberschuss auf – 5 Mio. € sinken könnte. Das Erfolgsrisiko des Unternehmens beträgt somit am 30.06. 50 Mio. €. Die Qualitätsprobleme können durch eine Schulung der Mitarbeiter und einen Lieferantenwechsel bis zum Jahresende behoben werden. Allerdings verursachen beide Maßnahmen weitere Kosten. Zum Jahresende erzielt das Unternehmen jetzt einen Jahresüberschuss nach Steuern von 10 Mio. €. Trotz einer Verfehlung des geplanten Jahresüberschuss um 35 Mio. € liegt kein Verlust vor, da kein negatives Jahresergebnis erzielt wurde. ◀◀◀

Eine betriebliche Gefahr ist eine **Bedrohung des Leistungserstellungsprozesses** in einem Unternehmen, die u. a. durch Feuer und Explosionen aber auch durch technisch bedingte Maschinenausfälle, Überschwemmungen, Sturm- und Hagelschäden, Einbrüche und Vandalismus verursacht wird. Vor allem Brände und Explosionen können den Unternehmensfortbestand nachhaltig gefährden. Betriebliche Gefahren bilden somit eine **Teilmenge der Unternehmensrisiken**. Sie zählen zu den Betriebsrisiken bzw. operationellen Risiken und sind schwerpunktartig dem Produktionsbereich zuzuordnen (vgl. Helten/Hartung, 2002, S. 259).

Betriebliche Gefahren und Risiken

Betriebliche Gefahren sind durch folgende **Merkmale** charakterisiert (vgl. Gastmeyer/Vanini, 2008, S. 45 sowie Wolke, 2008, S. 202 ff.):

- Es handelt sich um **reine Risiken**, d. h. ihr Auftreten hat stets negative Folgen und ist nicht mit einer Chance verknüpft.
- Sie können das gesamte **Spektrum von Bagatell- bis Existenzrisiken** einnehmen. Für einen existenziellen Schaden ist keine Risikokumulation notwendig. Vor allem durch Katastrophen ausgelöste Risiken können ein sehr hohes Schadenspotenzial aufweisen.
- Die **Dominanz unternehmensinterner Risikoursachen** erschwert ihre Identifikation und Bewertung, da nur eingeschränkt auf Erfahrungswerte anderer Unternehmen zurückgegriffen werden kann.
- Zudem müssen aufgrund der **Verschiedenartigkeit der Einzelrisiken** unterschiedliche Identifikations- und Bewertungsverfahren kombiniert werden.
- **Zahlreiche Verflechtungen innerhalb des Leistungserstellungsprozesses** erschweren die Abschätzung der potenziellen Schadenshöhe.
- Sie sind **häufig versicherbar**, ihr Schadensausmaß wird jedoch nicht vollständig durch Versicherungen abgedeckt. Beispielsweise sichert eine Feuerversicherung nicht die Gefahr der Abwanderung von qualifiziertem Personal, einen Vertrauensverlust bei Kunden oder einen Verlust der Kreditwürdigkeit bei Investoren und Banken ab.

- Bei entsprechender Datenlage handelt es sich bei ihnen um **quantitativ-messbare Risiken**. Das Schadensausmaß lässt sich anhand entsprechender Szenarien abschätzen. Allerdings ist vor allem die Eintrittswahrscheinlichkeit von externen Risiken schwer prognostizierbar, da sie selten auftreten und dann sehr große Schadensausmaße aufweisen können.

Krisen und Risiken

Eine **Krise** ist ein sehr negativer Unternehmenszustand, der häufig mit einer starken Wertvernichtung für das Unternehmen verbunden ist und dessen **Existenz in Frage stellt**. Krisen entstehen durch Qualitätsprobleme, Verunsicherungen bei Kunden, Umsatzeinbrüche und Ertragseinbußen sowie erheblichen Kosten für Nacharbeit etc. Es werden **schleichende und plötzliche Unternehmenskrisen** unterschieden (vgl. Töpfer, 2009, S. 180 f.). Wenn Risiken nicht rechtzeitig erkannt und gesteuert werden, können sie zu Unternehmenskrisen im Sinne von überlebenskritischen Prozessen werden (vgl. Fiege, 2009, S. 304). Krisen resultieren somit aus eingetretenen Verlusten und beschreiben die Ist-Situation eines Unternehmens, während Risiken zukünftige Gefahrenpotenziale darstellen.

Zusammenfassung

- Risiken sind mögliche Abweichungen von geplanten Unternehmenszielen.
- Es werden Risiken i. e. S., die lediglich negative Zielabweichungen abbilden, und Risiken i. w. S., die auch positive Zielabweichungen (Chancen) umfassen, unterschieden.
- Die gesetzliche Risikodefinition des KonTraG, die nur negative und existenzgefährdende Abweichungen als Risiken bezeichnet, ist für ein betriebswirtschaftliches Risikomanagement zu eng gefasst, da auch mehrere kleinere Risiken bei gleichzeitigem Eintritt die Existenz eines Unternehmens gefährden können. Zudem vernachlässigt diese Definition die Existenz und das Management von Chancen.
- Risiken resultieren aus unvorhergesehenen Umweltentwicklungen und nicht-zielführenden Managemententscheidungen.
- Risiken lassen sich nach verschiedensten Kriterien systematisieren. Eine Risikoklassifikation ist die Grundlage einer Risikoidentifikation.
- Schlagend gewordene Risiken i. e. S. können zu Verlusten führen.
- Betriebliche Gefahren entstehen durch Gefährdungen des betrieblichen Leistungserstellungsprozesses.
- Eingetretene Risiken können die Ertrags- und die Liquiditätssituation eines Unternehmens nachhaltig beeinträchtigen und zu existenzbedrohenden Unternehmenskrisen führen.

2.2 Risikomanagement und -controlling

2.2.1 Begriff, Ziele und Aufgaben des Risikomanagements

Auch für das Risikomanagement (RM) gibt es zahlreiche Definitionen in Theorie und Praxis. Der Gesetzgeber verzichtet beispielsweise auf eine Legaldefinition und fordert in § 91 Abs. 2 AktG stattdessen ein »**Überwachungssystem** [...], damit den Fortbestand der Gesellschaft gefährdende Entwicklungen früh erkannt werden.« Das IDW konkretisiert den Begriff des Überwachungssystems in seinem Prüfungsstandard PS 340 Nr. 2 (4) als »Gesamtheit aller organisatorischen Regelungen und Maßnahmen zur Risikoerkennung und zum Umgang mit Risiken unternehmerischer Betätigung.«

Begriffsabgrenzung

Einigkeit besteht zwischen den Autoren über folgende **Merkmale** des Risikomanagements (vgl. Burger/Buchhart, 2002, S. 10 ff.; Wolf, 2004, S. 212; Diederichs, 2010, S. 15):

- Risikomanagement ist **Teil der Unternehmensführung** und damit Managementaufgabe. Das Management von Risiken umfasst ihre Planung, die Umsetzung einer geplanten Risikosituation, die Entscheidung über das (Nicht-) Eingehen bestimmter Risiken sowie die Kontrolle der Zielerreichung. Zudem muss das Management die Mitarbeiter zu einem risikoadäquaten Verhalten führen (vgl. Kapitel 3).
- Risikomanagement ist ein **unternehmensweiter Prozess** zur frühzeitigen Identifikation, Bewertung, Steuerung, Berichterstattung über und Überwachung von Risiken im Unternehmen.
- Risikomanagement umfasst alle **organisatorischen Regelungen und Maßnahmen** zur Umsetzung des Risikomanagement-Prozesses (vgl. Abschnitt 2.4. sowie Kapitel 9.1).
- Zur Umsetzung eines systematischen Risikomanagements werden **spezielle Instrumente und Methoden** der Risikoidentifikation, -bewertung, -berichterstattung, -steuerung und -überwachung benötigt (vgl. Kapitel 4 bis 8).

Die **Ziele des Risikomanagements** sind (vgl. Burger/Buchhart, 2002, S. 10; Gerpott/Hoffmann, 2008, S. 8 ff., Diederichs, 2010, S. 12 f.):

Risikomanagementziele

- **Langfristige und nachhaltige Existenzsicherung** des Unternehmens, d. h. es dürfen grundsätzlich nur tragbare Risiken eingegangen werden.
- **Eröffnen von Handlungsspielräumen** zur langfristigen Unternehmenssicherung, indem mögliche Zukunftsentwicklungen durchgespielt und deren Auswirkungen auf die Unternehmensziele analysiert werden.
- **Sicherung der geplanten Unternehmensziele** durch geeignete Maßnahmen. Dabei sollen Risiken nicht vollständig vermieden, sondern bewusst in Abhängigkeit von ihrem Chancenpotenzial und der Risikotragfähigkeit des Unternehmens eingegangen werden.
- **Senkung der Risiko- und Kapitalkosten**, da risikoreiche Unternehmen bei der Mittelbeschaffung am Kapitalmarkt und bei Banken eine höhere Risikoprämie und damit höhere Kapitalkosten zahlen müssen.

Grundlagen des Risikomanagements
Risikomanagement und -controlling

Aufgaben des Risikomanagements

Die langfristige und nachhaltige Existenzsicherung wird dabei auch als das **Meta-Ziel** des Risikomanagements bezeichnet.

Wesentliche Aufgaben des Risikomanagements zur Erreichung der o. g. Ziele sind (vgl. Burger/Buchhart, 2002, S. 16; Diederichs et al., 2004, S. 189 f.; Diederichs, 2010, S. 12 ff.)

- Schaffung einer unternehmensweiten **Risikokultur**, um das Risikobewusstsein der Mitarbeiter zu stärken und diese zu einem risikoadäquaten Verhalten zu motivieren,
- Formulierung und Umsetzung einer **Risikostrategie** und von **risikopolitischen Grundsätzen** als konkrete Leitlinien für alle Handlungen im Unternehmen,
- Implementierung eines **operativen Risikomanagement-Prozesses** zum systematischen und kontinuierlichen Umgang mit Risiken einschließlich ihrer Identifikation, Bewertung, Kommunikation, Steuerung und Überwachung,
- Aufbau einer **Risikomanagement-Organisation** inklusive eindeutiger Zuständigkeiten,
- Durchführung von **Maßnahmen zur Risikosteuerung und -bewältigung** auf der Grundlage der aktuellen Risikolage und der Risikotragfähigkeit des Unternehmens und
- **Dokumentation und Weiterentwicklung** des gesamten Risikomanagement-Systems.

Integrative Betrachtung

Im Rahmen des vorliegenden Lehrbuchs wird daher von folgendem Risikomanagement-Verständnis ausgegangen:

> **Risikomanagement (RM)** umfasst alle organisatorischen Regelungen und Aktivitäten zur systematischen, regelmäßigen und unternehmensweiten Umsetzung des Risikomanagement-Prozesses (RM-Prozesses) sowie dessen Unterstützung durch geeignete Instrumente und Methoden mit den Zielen der langfristigen Existenzsicherung, der Eröffnung von Handlungsspielräumen, der Erreichung der geplanten Unternehmensziele und der Senkung der Risiko- und Kapitalkosten. Die Umsetzung des RM ist Aufgabe der Unternehmensführung.

Die folgende Abbildung 8 verdeutlicht den Zusammenhang zwischen den Unternehmenszielen sowie den Zielen und Aufgaben des Risikomanagements.

Entwicklungsstufen des Risikomanagements

Es gibt unterschiedliche **Entwicklungsmodelle des Risikomanagements** (vgl. auch im Folgenden Gleißner/Mott, 2008, S. 55 ff. sowie Mikes, 2009, S. 23 ff.), die sich aber ineinander überführen lassen, sodass vier Entwicklungsstufen unterschieden werden können:

Auf der Stufe »**Risk silo management**« ist die Quantifizierung der verschiedenen Risikoarten die primäre Aufgabe des Risikomanagements. Dabei sollen zunehmend mehr Risiken einer quantitativen Messung zugänglich gemacht werden. Als ein wesentliches Verfahren zur Risikoquantifizierung wird der Value-at-Risk genannt. Auf dieser Stufe sind i. d. R. bereits die gesetzlichen Anforderungen an das Risikomanagement nach dem KonTraG erfüllt, die wichtigsten Risiken

2.2 Risikomanagement und -controlling

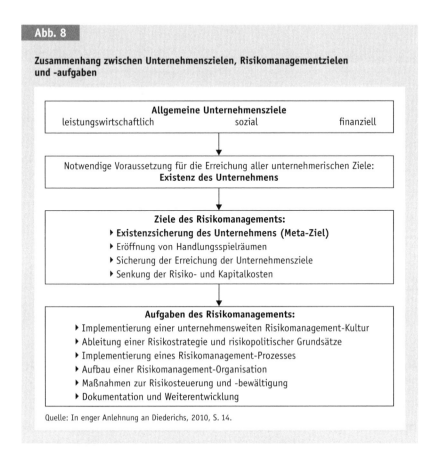

Abb. 8

Zusammenhang zwischen Unternehmenszielen, Risikomanagementzielen und -aufgaben

Allgemeine Unternehmensziele
leistungswirtschaftlich   sozial   finanziell

Notwendige Voraussetzung für die Erreichung aller unternehmerischen Ziele:
Existenz des Unternehmens

Ziele des Risikomanagements:
- Existenzsicherung des Unternehmens (Meta-Ziel)
- Eröffnung von Handlungsspielräumen
- Sicherung der Erreichung der Unternehmensziele
- Senkung der Risiko- und Kapitalkosten

Aufgaben des Risikomanagements:
- Implementierung einer unternehmensweiten Risikomanagement-Kultur
- Ableitung einer Risikostrategie und risikopolitischer Grundsätze
- Implementierung eines Risikomanagement-Prozesses
- Aufbau einer Risikomanagement-Organisation
- Maßnahmen zur Risikosteuerung und -bewältigung
- Dokumentation und Weiterentwicklung

Quelle: In enger Anlehnung an Diederichs, 2010, S. 14.

werden überwacht, bewertet und in einem Risikoinventar zusammengefasst. Zudem existieren Risikobewältigungsstrategien und ein Risikohandbuch.

Die nächste Entwicklungsstufe des Risikomanagements wird von Mikes als **»Integrated risk management«** bezeichnet. Auf dieser Stufe werden die zuvor quantifizierten Risiken unter Berücksichtigung ihrer Zusammenhänge zu einem Gesamtrisikostatus des Unternehmens zusammengefasst. Dabei ist die Integration unterschiedlich quantifizierter Risiken eine besondere Herausforderung für das Risikomanagement. Auch sind die Zusammenhänge zwischen einzelnen Risiken z. B. in Form von Korrelationen in der Praxis nicht immer messbar. Ein weiteres Merkmal dieser Entwicklungsstufe ist die Unterlegung der quantifizierten Risiken mit Risikokapital zur Deckung der Verluste bei Risikoeintritt. Gleißner und Mott (2008) bezeichnen diese Stufe auch als **ökonomisches Risikomanagement** und nennen als weitere Merkmale, dass die Auswirkungen von Risiken auf die Unternehmensziele und das Rating systematisch analysiert werden. Es gibt ein ausgeprägtes Risikobewusstsein bei allen Mitarbeitern, das Risikomanagement ist in die Unternehmensabläufe und insbeson-

Abb. 9

Risikomanagement-Typen nach Mikes (2009)

	risk silo management	integrated risk management	risk-based management	holistic management
verwandte Themen in Literatur	Risikoquantifizierung	Risikoaggregation	risikobasierte Performance Messung	Management von nicht quantifizierbaren Risiken
Fokus	Messung und Kontrolle von Einzelrisiken	Bestimmung einer Gesamtrisikoposition	Risiko-Integration im Performance Management	strategische Sicht auf Unternehmensrisiken
Techniken	Value-at-risk	Economic Capital Ansatz	risikoadjustierte Kennzahlen	Szenario- und Sensitivitätsanalysen

Quelle: Asel et al., 2010, S. 66.

dere in die Entscheidungsfindung integriert. Zudem erfolgt das Risikomanagement IT-basiert.

Die dritte Entwicklungsstufe umfasst das »**Risk-based management**«, d. h. sämtliche Risikomanagement-Prozesse sind in die operative Unternehmenssteuerung integriert. Risikobewertungen sind Bestandteil der Erfolgsrechnung des Unternehmens. Für jede betriebliche Entscheidung werden Risiko-Rendite-Kennzahlen berechnet. Es existieren eine stochastische Planung, ein Risikotragfähigkeitskalkül und eine systematische Risikodiversifikation im Unternehmen. Alternativ wird für diese Stufe auch der Begriff »**Integriertes wertorientiertes Risikomanagement**« verwendet.

Die vierte Stufe wird als »**Holistic risk management**« bezeichnet. Ziel des holistischen Risikomanagements ist die Bewertung und Steuerung von nicht quantifizierbaren Risiken, z. B. strategische Risiken oder Imagerisiken. Es wird eher eine strategische Sicht auf die Unternehmensrisiken eingenommen. Zudem wird die individuelle Risikopräferenz der Eigentümer durch Risiko-Nutzen-Kalküle in die Entscheidungsfindung einbezogen. Diese Entwicklungsstufe ist durch Corporate Governance- bzw. Risikomanagement-Standards getrieben.

Gleißner/Mott (2008, S. 55 ff.) stellen ihrem Modell zwei weitere Phase voran: In der ersten Stufe existiert **kein Risikomanagement** im Unternehmen. Es gibt kein ausgeprägtes Risikobewusstsein bei den Mitarbeitern, Risiken werden kaum bei Entscheidungen des Managements berücksichtigt, und es gibt kein formalisiertes Risikomanagement-System. In der zweiten Stufe wird ein **Schadensmanagement** für betriebliche Gefahren implementiert, d. h. es gibt ein Risikobewusstsein in Bezug auf existenzbedrohende Risiken, z. B. Brandrisiken, und Maßnahmen zu deren Abwehr wie z. B. durch Versicherungen. Es werden die notwendigen gesetzlichen Vorschriften zum Umwelt- und Arbeitsschutz eingehalten, allerdings gibt es keine organisatorische Verankerung von Risikomanagement-Aktivitäten.

2.2.2 Begriff, Ziele und Aufgaben des Risikocontrollings

Der Begriff des **Risikocontrollings (RC)** ist in der Wissenschaft ebenfalls nicht eindeutig definiert. Teilweise werden die Begriffe Risikomanagement und Risikocontrolling sogar gleichgesetzt. Der Begriff des Risikocontrollings lässt sich in zwei Elemente – Risiko und Controlling – unterteilen. Nachdem der Risikobegriff bereits ausführlich diskutiert wurde, stellt sich die Frage, was unter Controlling zu verstehen ist.

Begriffsabgrenzung

Es gibt eine **Vielzahl unterschiedlicher Controlling-Konzeptionen** (für einen Überblick vgl. Vanini, 2009, S. 4 ff.). Einigkeit besteht dahin gehend, dass das Controlling das Management bei der Unternehmensführung mit dem Ziel unterstützt, die Qualität der Managemententscheidungen zu verbessern und dadurch einen Beitrag zur Erreichung der Unternehmensziele zu leisten. Dafür versorgt das Controlling das Management mit den für die Unternehmenssteuerung notwendigen Informationen und Methoden und koordiniert die Planung, Kontrolle und Steuerung als zentrale Managementfunktionen. Durch die Entlastung der Führungskräfte von Routineaufgaben, die Übernahme spezieller Analyseaufgaben und das kritische Hinterfragen von Entscheidungen soll zudem die Rationalität des Managements sichergestellt werden (vgl. Vanini, 2009, S. 18 f. Zum rationalitätsorientierten Controlling-Konzept vgl. Weber/Schäffer, 2011, 33 ff.).

Aus den obigen Überlegungen lässt sich ableiten, dass das Risikocontrolling die Unternehmensführung mit Informationen und Instrumenten zur Planung, Steuerung und Kontrolle von Risiken unterstützt. Zudem entlastet das Risikocontrolling die Unternehmensführung durch die Übernahme einzelner Aktivitäten im operativen RM-Prozess. Es besteht jedoch Unklarheit über den Umfang der Unterstützungsaktivitäten und die Integration des Risikocontrollings in das unternehmensweite Controlling (vgl. die Diskussion unterschiedlicher Risikocontrolling-Begriffe bei Winter, 2007a, S. 26 ff. sowie Winter, 2007c, S. 172 ff.).

Risikocontrolling als Managementunterstützung

Das Risikocontrolling übernimmt folgende Aufgaben im Unternehmen (vgl. Burger/Buchhart, 2002, S. 12 ff.; Wolke, 2008, S. 239 f.; Winter 2007a, S. 26 ff.; Diederichs, 2010, S. 25 f.):

Aufgaben des Risikocontrollings

- **Informationsversorgung** des Managements mit risikorelevanten Informationen. Hierzu gehören auch der Aufbau einer hierarchieübergreifenden Risikoberichterstattung für interne Entscheider und externe Adressaten, das regelmäßige Risikoreporting und eine konsistente Risikodokumentation. Knuppertz/Ahlrich sprechen von einer Transparenzverantwortung des RC (vgl. Knuppertz/Ahlrich, o. J., S. 40 f.).

Grundlagen des Risikomanagements
Risikomanagement und -controlling

- **Koordination** der einzelnen Phasen und Aktivitäten des operativen Risikomanagement-Prozesses. Der operative RM-Prozess besteht aus den Phasen Risikoidentifikation, -bewertung, -reporting, -steuerung und -kontrolle. Durch die Einbindung in die operative und strategische Planung und Kontrolle kann das Risikocontrolling auch übergreifende und interdependente Risiken koordinieren.
- **Bereitstellung von Instrumenten und Methoden** zur Risikoidentifikation und -bewertung. Instrumente sind z. B. Risikochecklisten, Frühwarnsysteme, Risiko-Portfolios und Risikokennzahlen. Darüber hinaus führt das Risikocontrolling Schulungen und andere Informationsmaßnahmen durch, um bei den zuständigen Mitarbeitern die notwendige **Fach- und Methodenkompetenz** für das Risikomanagement aufzubauen.
- **Unterstützung des Managements**, indem Aufgaben der Risikobewertung und -aggregation sowie der Planung und Kontrolle von Risiken übernommen werden. Beispielsweise unterstützt das Risikocontrolling bei der Risikosteuerung und -überwachung, indem es ein Limitsystem für Unternehmensbereiche entwickelt und dessen Einhaltung überwacht. Zudem ist das RC für die Messung, Analyse und Überwachung von Risiken zuständig.

Koordination als Aufgabe des Risikocontrollings

Die folgende Abbildung 10 verdeutlicht die Koordinationsfunktion des Risikocontrollings.

Das Risikocontrolling ist für die Entwicklung eines geeigneten Risikomanagement-Ordnungsrahmens einschließlich der notwendigen Methoden und Instrumente und ihrer Dokumentation verantwortlich (Systembildung). Gleichzeitig muss es aber auch diesen Ordnungsrahmen auf den operativen RM-Prozess im Unternehmen abstimmen, damit geeignete Instrumente eingesetzt werden, und die einzelnen Aktivitäten des Prozesses koordinieren (Systemkopplung).

Im vorliegenden Lehrbuch wird folgende Definition des Risikocontrollings verwendet:

> Das **Risikocontrolling (RC)** unterstützt das Risikomanagement bei der Entscheidungsfindung und -umsetzung durch die Bereitstellung risikorelevanter Informationen sowie geeigneter Instrumente und Methoden, insbesondere zur Risikoidentifikation und -bewertung. Zudem entlastet das Risikocontrolling das Management durch die Übernahme ausgewählter Aufgaben und die Abstimmung der einzelnen Phasen und Aktivitäten des operativen RM-Prozesses. Direktes Ziel des Risikocontrollings ist die Verbesserung der Entscheidungsqualität des Risikomanagements, indirekt soll das Risikocontrolling auch zur langfristigen Existenzsicherung und Erreichung der Unternehmensziele beitragen.

2.2 Risikomanagement und -controlling

Abb. 10

Systembildung und Systemkopplung durch das Risikocontrolling

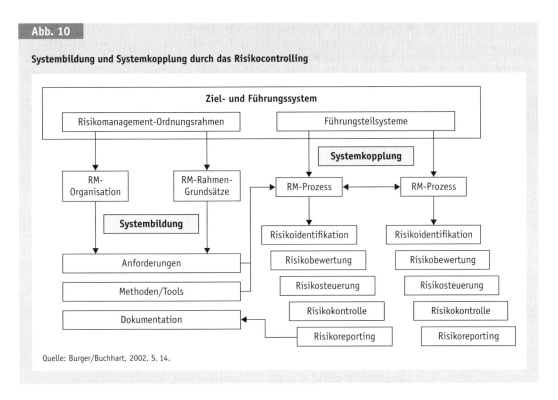

Quelle: Burger/Buchhart, 2002, S. 14.

In der folgenden Abbildung 11 werden die Aufgaben des Risikomanagements und des Risikocontrollings gegenübergestellt.

Abgrenzung Risikomanagement und -controlling

Abb. 11

Abgrenzung zwischen Risikomanagement und Risikocontrolling

Risikomanagement	Risikocontrolling
Unternehmerische Führung	Methodische Unterstützung
▸ Implementierung einer Risikokultur ▸ Ableitung einer Risikostrategie und risikopolitischer Grundsätze ▸ Initiierung des RM-Prozesses ▸ Aufbau einer RM-Organisation ▸ Risikosteuerung	▸ Schaffung betriebswirtschaftlicher Strukturen und einer technischen Infrastruktur ▸ Entwicklung und Umsetzung der Risikoberichterstattung und -dokumentation ▸ Entwicklung und Koordination eines operativen RM-Prozesses ▸ Übernahme einzelner Aktivitäten wie der Messung, Analyse und Überwachung von Risiken ▸ Implementierung eines geeigneten RC-Instrumentariums ▸ Aufbau der notwendigen Fach- und Methodenkompetenz im Unternehmen

Quelle: In Anlehnung an Hornung et al., 2000, S. 158; Burger/Buchhart, 2002, S. 16; Diederichs, 2010, S. 27.

Grundlagen des Risikomanagements
Risikomanagement und -controlling

Wichtig ist, dass die Gesamtverantwortung für die Implementierung und Durchführung des Risikomanagements bei der Unternehmensführung verbleibt. Das Management kann und sollte sich jedoch bei der Umsetzung der einzelnen Aktivitäten durch das Risikocontrolling organisatorisch, instrumentell und informatorisch unterstützen lassen.

Abgrenzung Risikocontrolling und Controlling

Zur Abgrenzung von Controlling und Risikocontrolling gibt es in der Literatur unterschiedliche Ansätze (vgl. die Diskussion bei Winter, 2007a, S. 26 ff. sowie Winter, 2007c, S. 175):

- Das Controlling unterstützt das Risikomanagement auf einer eher allgemeinen Ebene.
- Das Controlling ist offiziell für einen Teil der Risikomanagement-Aufgaben zuständig.
- Das Controlling wird zu einem risikoorientierten Controlling weiterentwickelt, das Risikocontrolling wird in das unternehmensweite Controlling integriert.
- Es wird ein spezieller Organisationsbereich für das Risikocontrolling im Unternehmen eingerichtet.

Im Rahmen der drei erstgenannten Ansätze übernimmt das Controlling teilweise oder vollständig die Aufgaben des Risikocontrollings. Teilweise wird von einem **risikoorientiertem Controlling** gesprochen. Eine Integration lässt sich durch eine Ähnlichkeit der verwendeten Methoden begründen. So werden einige Controlling-Instrumente wie Szenario- und Sensitivitätsanalysen auch im Risikocontrolling eingesetzt. Zudem sind Risiken immer Abweichungen von der Unternehmensplanung, die eine der zentralen Aufgaben des Controllings ist. Die Risikoidentifikation und -bewertung lässt sich demzufolge auch auf der Basis der Unternehmensplanung und Budgetierung durchführen (vgl. Knuppertz/Ahlrichs, o.J., S. 12; Horváth/Gleich, 2000, S. 109 ff.; Gleißner, 2011, S. 227 ff.). Alternativ kann ein **organisatorisch eigenständiges Risikocontrolling** aufgebaut werden. Dies ist dann sinnvoll, wenn das Unternehmen sehr vielen Risiken ausgesetzt ist, deren Identifikation, Bewertung und Steuerung eine spezifische Methodenkompetenz erfordert (vgl. Gleißner, 2011, S. 224 ff.).

Zusammenfassung

- Risikomanagement ist ein elementarer Bestandteil der Unternehmensführung und umfasst die zielgerichtete Planung, Steuerung und Kontrolle der Risiken eines Unternehmens. RM-Ziele sind die Existenzsicherung des Unternehmens, die Eröffnung von Handlungsspielräumen, die Sicherung der Umsetzung der Unternehmensziele und die Senkung der Risiko- und Kapitalkosten.
- Wichtige RM-Aufgaben sind die Etablierung einer Risikokultur, die Vorgabe einer Risikostrategie und von risikopolitischen Grundsätzen, die Implementierung eines operativen RM-Prozesses und einer RM-Organisation sowie einzelne Aktivitäten, wie die Risikoidentifikation und -steuerung.

- Es gibt unterschiedliche Entwicklungsstufen des Risikomanagements.
- Das Risicocontrolling unterstützt das (Risiko-)Management, indem es die Führungskräfte mit risikoorientierten Informationen sowie Methoden und Instrumenten versorgt, einzelne Aufgaben im RM-Prozess übernimmt und den RM-Prozess koordiniert.
- Wichtige Aufgaben des Risikocontrollings sind die Einrichtung von betriebswirtschaftlichen und technischen Strukturen zur Umsetzung des operativen RM-Prozesses, das Risikoreporting, die Durchführung einzelner RM-Aktivitäten und der Aufbau der notwendigen Fach- und Methodenkompetenz im Unternehmen.

2.3 Anforderungen an das Risikomanagement

Es gibt rechtliche und betriebswirtschaftliche Anforderungen sowie Anforderungen der Wirtschaftsprüfer an das Risikomanagement, die im Folgenden kurz erläutert werden.

2.3.1 Rechtliche Anforderungen

Die rechtlichen Anforderungen können in **nationale Rechtsnormen**, z. B. das Gesetz zur Kontrolle und Transparenz im Unternehmensbereich (KonTraG) oder das Bilanzrechtsmodernisierungsgesetz (BilMoG), **internationale Normen**, z. B. den Sarbanes-Oxley Act of 2002 (SOX) und **sonstige Vorgaben**, wie den Deutschen Corporate Governance Kodex (DCGK), unterschieden werden (zur Systematik vgl. Denk et al., 2006, S. 11; für eine Übersicht vgl. Gerpott/Hoffmann, 2008, S. 9). Nationale und internationale Rechtsnormen haben dabei verbindlichen Charakter für die Unternehmen.

Überblick und Systematik

Im Folgenden werden wesentliche rechtliche Anforderungen an das RM vorgestellt. Dabei wird vor allem auf die grundlegenden Anforderungen des KonTraG eingegangen. Danach werden weitere rechtliche Regelungen für das RM diskutiert. **Branchenspezifische Anforderungen**, z. B. Basel II oder die Mindestanforderungen an das Risikomanagement (MaRisk) für die Kreditwirtschaft, werden nicht behandelt. Zudem gibt es weitere spezielle Anforderungen insbesondere aus den International Financial Reporting Standards (IFRS), die hier ebenfalls nicht diskutiert werden (Für eine Zusammenfassung der wesentlichen Anforderungen an das Risikomanagement von Kreditinstituten und Versicherungen vgl. Lorenz, 2006, S. 7 ff.; für eine Übersicht über die rechtlichen Anforderungen im internationalen Vergleich vgl. Kajüter, 2004, S. 12 ff.; für die Bedeutung der IFRS für das RM vgl. Kalwait, 2008, S. 115 ff.).

Das KonTraG ist ein **Artikelgesetz**, welches Paragraphen bereits bestehender Gesetze – insbesondere des Aktien- und des Handelsgesetzes – ändert und ergänzt. Das KonTraG trat am 01.05.1998 in Kraft und sollte die Transparenz und

Ziele des KonTraG

Grundlagen des Risikomanagements
2.3 Anforderungen an das Risikomanagement

Publizität von Unternehmen erhöhen und die Kontrolle durch die Hauptversammlung stärken. Weitere **Ziele** sind eine Verbesserung der Qualität der Abschlussprüfung und der Zusammenarbeit zwischen Abschlussprüfer und Aufsichtsrat sowie eine kritische Prüfung der Beteiligungen von Kreditinstituten (vgl. auch im Folgenden Deutscher Bundestag Drucksache 13/9712, 1998, S. 11 ff. sowie von Hohnhorst, 2002, S. 93; Diederichs, 2010, S. 30 f.; Schneck, 2010, S. 33 ff.). Nachfolgend wird nur auf die für das Risikomanagement relevanten Inhalte des KonTraG eingegangen.

Bestandteile eines RMS nach KonTraG

Durch das KonTraG wurde § 91 AktG um folgenden Passus ergänzt: »Der Vorstand hat geeignete Maßnahmen zu treffen, insbesondere ein Überwachungssystem einzurichten, damit den Fortbestand der Gesellschaft gefährdende Entwicklungen früh erkannt werden.« Aus § 91 Abs. 2 AktG lassen sich **zwei Mindestbestandteile** eines Risikomanagement-Systems (RMS) ableiten:
- Zum einen müssen Aktiengesellschaften ein (internes) Überwachungssystem einrichten.
- Zum anderen benötigen sie ein Früherkennungs- oder Frühwarnsystem, damit existenzgefährdende Entwicklungen rechtzeitig erkannt werden.

Die Einrichtung eines **Risikobewältigungssystems** ist dagegen nicht zwingend vorgeschrieben, obwohl es zur Risikosteuerung erforderlich ist. In der Literatur wird zudem ein (Risiko-) Controllingsystem als zusätzliches eigenständiges Element eines RMS angesehen (vgl. von Hohnhorst, 2002, S. 98; Kajüter, 2008, S. 112; Kalwait, 2008, S. 112 f.). Der Wortlaut des § 91 Abs. 2 AktG ermöglicht es Unternehmen, ihr RMS unternehmensspezifisch umzusetzen (vgl. von Hohnhorst, 2002, S. 94). Abbildung 12 gibt einen Überblick über die Elemente eines RMS nach dem KonTraG.

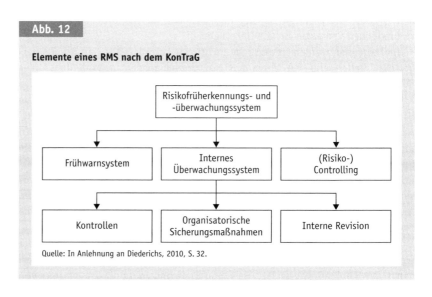

Abb. 12 — Elemente eines RMS nach dem KonTraG

Quelle: In Anlehnung an Diederichs, 2010, S. 32.

2.3 Anforderungen an das Risikomanagement

Aufgaben und Ziele des Risikocontrollings wurden bereits in Abschnitt 2.2. abgegrenzt, sodass im Folgenden die Elemente Frühwarnsystem und Überwachungssystem erläutert werden.

Frühwarnsystem

Laut Gesetzesbegründung zum KonTraG wird der Fortbestand der Gesellschaft durch risikobehaftete Geschäfte sowie Fehler in der Rechnungslegung und Verstöße gegen gesetzliche Vorschriften gefährdet, die sich **auf die Vermögens-, Finanz- und Ertragslage der Gesellschaft wesentlich auswirken**. Es ist die Aufgabe des Frühwarnsystems, solche Entwicklungen rechtzeitig zu erkennen, sodass geeignete Maßnahmen zur Sicherung des Fortbestandes der Gesellschaft ergriffen werden können. Ziel ist es somit nicht, existenzbedrohende Risiken von vornherein auszuschließen. Sollten diese jedoch das Unternehmen bedrohen, muss sichergestellt sein, dass der Vorstand von diesen Risiken rechtzeitig Kenntnis erhält, um Gegenmaßnahmen ergreifen zu können. In der Unternehmenspraxis ist eine Beschränkung auf bestandsgefährdende Risiken jedoch nicht möglich, da die Einstufung eines Risikos als nicht bestandsgefährdend, seine Identifikation und Bewertung sowie die Bewertung der Wechselwirkungen mit anderen Risiken erfordert (vgl. Kajüter, 2008, S. 112).

Überwachungssystem

Das Überwachungssystem soll gewährleisten, dass das Risikomanagement im Unternehmen angemessen umgesetzt wird. Es besteht aus internen Kontrollen, organisatorischen Sicherungsmaßnahmen und der Internen Revision (vgl. Lück, 1998, S. 8 ff.; Lück, 2001, S. 160 f.):

- **Interne Kontrollen** umfassen die mit den Arbeitsabläufen unmittelbar gekoppelten Überwachungsmaßnahmen und werden von den Prozessbeteiligten selbst durchgeführt, z. B. die Abstimmung von Konten oder ein Vergleich von Ausgangsrechnungen mit den Versandunterlagen der gelieferten Waren. Kontrollen können durch einen IT-Einsatz automatisiert werden. Durch Kontrollen sollen bereits eingetretene Fehler rechtzeitig entdeckt werden.
- **Organisatorische Sicherungsmaßnahmen** sind permanente, z. T. automatische Überwachungsmaßnahmen, z. B. die Umsetzung der Funktionstrennung und von Sicherungsmaßnahmen in der EDV. Sie werden in die Aufbau- und Ablauforganisation integriert und sollen präventiv mögliche Fehler verhindern.
- Die **Interne Revision** führt eine unabhängige interne Prüfung der Arbeitsabläufe und Prozesse im Auftrag der Unternehmensleitung durch. Auch sie dient vor allem der Identifikation von Fehlern.

Würdigung der Anforderungen des KonTraG

Durch § 91 Abs. 2 AktG werden die **allgemeine Leitungspflicht** nach § 76 AktG und die **Sorgfaltspflicht der Unternehmensleitung** nach §§ 93 AktG, 43 GmbHG und 34 GenG **konkretisiert**. Das Fehlen eines angemessenen RMS kann als eine Verletzung der Sorgfaltspflicht der Geschäftsleitung interpretiert werden und zu deren Entlassung oder zu Schadensersatzansprüchen führen. Dabei haftet der Vorstand gemeinschaftlich für Verstöße gegen die **Implementierungspflicht** (vgl. Lück, 1998, S. 8; Müller, 2007, S. 1182).

Zudem lässt sich eine **Dokumentationspflicht** des Vorstands für das RMS als Grundlage der Prüfung durch die Interne Revision und die Abschlussprüfer ab-

2.3 Grundlagen des Risikomanagements
Anforderungen an das Risikomanagement

leiten. Eine fehlende, unvollständige oder fehlerhafte Dokumentation lässt eine dauerhafte Funktionsfähigkeit des RMS fraglich erscheinen.

Weiter bestehen die **Pflicht zur regelmäßigen Überwachung von Effektivität und Effizienz** der Systeme, z. B. durch Vergleich mit anderen Unternehmen oder Simulationen, eine **Berichterstattungspflicht** über das RMS (§ 317 Abs. 4 HGB) sowie die Chancen und Risiken der zukünftigen Entwicklung (§ 289 Abs. 1 und 315 Abs. 1 HGB) und eine **Anpassungspflicht** des RMS an geänderte Unternehmens- und Umweltbedingungen (vgl. Ballwieser, 2009, S. 451 ff.).

Die Gesetzesbegründung fordert eine **konzernweite Anwendung** des § 91 Abs. 2 AktG. Ein Mutterunternehmen im Sinne des § 290 HGB muss Tochtergesellschaften jeder Rechtsform, von denen bestandsgefährdende Entwicklungen ausgehen können, in ihr Risikomanagement einbeziehen (vgl. Gampenrieder/Greiner, 2002, S. 287 f.; von Hohnhorst, 2002, S. 95; Ballwieser, 2009, S. 453 f.; Diederichs, 2010, S. 38 f.).

KonTraG gilt auch für andere Gesellschaftsformen

Die Vorstandspflicht zur Einrichtung eines angemessenen Risikofrüherkennungs- und -überwachungssystems beschränkt sich zunächst nur auf die Gesellschaftsformen der AG und KGaA unabhängig von ihrer Unternehmensgröße. Allerdings lässt sich aus den Vorschriften des § 93 Abs. 1 AktG i. V. m. § 43 Abs. 1 GmbHG für die GmbH eine implizite Anwendung des § 91 Abs. 2 AktG schlussfolgern. Hier wird auch von der **Ausstrahlungswirkung** des § 91 Abs. 2 AktG auf andere Gesellschaftsformen gesprochen. Die Ausführungen zur GmbH gelten analog für die Sorgfaltspflicht der Vorstände einer eingetragenen Genossenschaft sowie für Wirtschaftsbetriebe der öffentlichen Hand.

Anforderungen des BilReG

Eine weitere wichtige Änderung zur Förderung des Risikomanagements ist die Ergänzung des § 289 Abs. 1 HGB durch das **Bilanzrechtsreformgesetz (BilReG)**, das die **Lageberichterstattung** im Jahresabschluss konkretisiert. Somit müssen Kapitalgesellschaften **wesentliche Risiken und Chancen** der künftigen Entwicklung im Lagebericht erläutern, wobei weder die Reichweite noch der Detaillierungsgrad des Berichts im Gesetz präzisiert werden. Auch bleibt offen, ob nur eine verbale oder auch eine quantitative Berichterstattung zu erfolgen hat. Allerdings sind wesentliche Planungsprämissen anzugeben, sodass die Zukunftsplanung für externe Adressaten transparenter und nachvollziehbarer wird. Wesentliche Risiken können den Fortbestand des Unternehmens gefährden, wesentliche Chancen die zukünftige Unternehmensentwicklung maßgeblich beeinflussen. Um den Berichtspflichten angemessen nachkommen zu können, muss die Geschäftsleitung letztendlich dafür sorgen, dass ein RMS eingerichtet wird (vgl. Kalwait, 2008, S. 197 ff.; Gleißner 2011, S. 35 f.).

§ 289 Abs. 2 HGB fordert zudem die **Angabe der Risikomanagementziele und -methoden und der eingesetzten Maßnahmen zur Risikoabsicherung sowie der wesentlichen Preisänderungs-, Ausfall- und Liquiditätsrisiken**. Für den Konzernlagebericht gilt eine entsprechende Formulierung des § 315 Abs. 1 HGB. Die beiden Paragraphen sind in Zusammenhang mit dem durch das KonTraG neu hinzugekommenen § 317 HGB zu sehen. Dieser fordert im zweiten Absatz, dass bei der Jahresabschlussprüfung darauf geachtet wird, dass im (Konzern-) Lagebericht die Chancen und Risiken der künftigen Entwicklung zutreffend dargestellt werden. Gemäß § 317 Abs. 4 HGB müssen die Abschlussprüfer ebenfalls beurteilen, ob der Vorstand einer börsennotierten AG ein zweckmäßiges RMS eingerichtet hat (vgl. von Hohnhorst, 2002, S. 104 f.).

Insgesamt geht die Berichtspflicht nach BilReG über die Anforderungen des KonTraG hinaus. Das BilReG fördert die Entwicklung eines integrierten Chancen- und Risikomanagements, da neben den Risiken auch die Chancen betrachtet werden (vgl. Kalwait, 2008, S. 107 ff.).

Der **Deutsche Rechnungslegungsstandard (DRS) 5** wurde am 3. April 2001 verabschiedet. Er ist von allen Mutterunternehmen anzuwenden, die gemäß § 315 Abs. 1 HGB über die Risiken der künftigen Entwicklung berichten müssen. Der Deutsche Standardisierungsrat (DSR) empfiehlt eine Anwendung dieses Standards auf den Lagebericht nach § 289 Abs. 1 HGB.

Anforderungen des DRS 5 und DRS 15

Der DRS 5 konkretisiert die **Risikoberichterstattung** mit dem Ziel, den Adressaten entscheidungsrelevante, verlässliche Informationen zur Verfügung zu stellen, damit sie sich ein Bild von den Risiken des Unternehmens machen können (vgl. auch im Folgenden DRS 5 Nr. 3,8; Ettmüller, 2003, S. 689; Schneck, 2010, S. 38 f.). Nach DRS 5 soll der **Lagebericht** eine Beschreibung des RMS enthalten, die auf die Strategie, den Prozess und die Organisation des Risikomanagements eingeht. Dazu werden **Risikokategorien und -felder** definiert (DRS 5.16) und der **Aufbau eines RMS** festgelegt (DRS 5.28/29). Risiken und ihre möglichen Auswirkungen sind zu beschreiben und **nach anerkannten Methoden zu quantifizieren** (DRS 5.18 und DRS 5.20). Dabei müssen die Modellannahmen transparent gemacht werden. Risiken und Chancen dürfen nicht verrechnet werden. Der Standard fordert zudem, Risikointerdependenzen und -konzentrationen sowie RM-Maßnahmen darzustellen (DRS 5.21). Der DRS 5 interpretiert Risikomanagement als integralen Bestandteil der Geschäfts-, Planungs- und Kontrollprozesse, der mit vorhandenen Managementsystemen verknüpft und durch die Unternehmensplanung, das Controlling und die Interne Revision unterstützt werden soll (vgl. Gleißner, 2011, S. 39 ff.).

Der neuere Standard **DRS 15** baut auf dem BilReG auf und fordert die Aufnahme der Chancen im Prognosebericht sowie die Beschreibung der Prognoseannahmen. DRS 5 und DRS 15 gelten für alle Unternehmen, die nach HGB bilanzieren, sowie für deutsche IFRS-Bilanzierer, da diese nach § 315a HGB nicht von

---

Für Wissbegierige

Deutscher Standardisierungsrat

Der Deutsche Standardisierungsrat (DSR) ist ein unabhängiges Standardisierungsgremium, das aus Abschlussprüfern, Jahresabschlusserstellern und -adressaten sowie Wissenschaftlerndung von nationalen und internationalen Grundsätzen über die Konzernrechnungslegung erarbeitet (vgl. Kalwait, 2008, S. 142 f.; www.standardsetter.de/drsc/orga_gasb.html).

den Vorschriften zur Lageberichterstattung befreit sind (vgl. Kalwait, 2008, S. 145; Gleißner, 2011, S. 39).

Anlässlich des Bilanzrechtsmodernisierungsgesetzes (BilMoG, siehe unten) hat der DSR seine Standards überarbeitet. Die erste Phase wurde mit der Veröffentlichung des DRÄS 5 abgeschlossen, der die beiden Standards DRS 5 und DRS 15 ergänzt und für alle Geschäftsjahre ab dem 31.12.2009 gilt (vgl. Dobler, 2010, S. 101 ff.). Wesentliche Änderungen sind der folgenden Abbildung 13 zu entnehmen:

Anforderungen des DCGK

Der **Deutsche Corporate Governance Kodex (DCGK)** ist eine freiwillige Selbstverpflichtung von Unternehmen, die 2002 von der Regierungskommission »Deutscher Corporate Governance Kodex« verabschiedet wurde. Der Kodex enthält Empfehlungen zur Leitung und Überwachung deutscher börsennotierter Gesellschaften und regelt insbesondere die Rechte und Pflichten des Vorstands, des Aufsichtsrats und der Aktionäre. Er besteht aus Muss-Bestimmungen auf der Grundlage geltender Gesetze, Soll-Bestimmungen (Empfehlungen) und Anregungen. Jede Abweichung von den Sollbestimmungen muss vom Unternehmen benannt werden. Die Beachtung des DCGK wird auch nicht börsennotierten Gesellschaften empfohlen (vgl. Gleißner, 2011, S. 37 f.).

Wesentliche **Ziele** des DCGK sind eine höhere Transparenz und Publizität, strengere Kontrollen des Managements durch unabhängige Aufsichtsräte, eine Haftungsausweitung bei Vorstand und Aufsichtsrat sowie mehr Aktionärsrechte. Außerdem fordert der Kodex, dass der Vorstand für ein **angemessenes Risikomanagement und -controlling** im Unternehmen zu sorgen und dies auch in entsprechenden Handbüchern zu dokumentieren hat. Darüber hinaus muss der

Abb. 13

Wesentliche Änderungen durch den DRÄS 5

Regelung	Änderung durch DRÄS 5
DRS 15.31-32, .145-147	Betonung nicht-finanzieller Leistungsindikatoren als Prognosegrundlage
DRS 15.90,. 180	Zulässigkeit von zukunftsgerichteten Aussagen, die »weniger konkret als üblich« sind, unter besonderen Umständen »aufgrund gesamtwirtschaftlicher Rahmenbedingungen außergewöhnlich hoher[r] Unsicherheit«
DRS 15.92	Zulässigkeit der gemeinsamen Darstellung von Chancen und Risiken der voraussichtlichen Entwicklung
DRS 15.93-99	Regelungen zur Berichterstattung über Risiken aus Finanzinstrumenten und deren Risikomanagement
DRS 15.100-106,.174-176	Regelungen zur Berichterstattung über das rechnungswesenrelevante interne Kontroll- und Risikomanagement-System
DRS 15.142	Formulierungsvorschläge zur »Versicherung der gesetzlichen Vertreter« (Entsprechenserklärung)

Quelle: Dobler, 2010, S. 102

Für Wissbegierige

Definition Corporate Governance

Unter Corporate Governance sind alle Verhaltensgrundsätze zu verstehen, die für die Leitung und Überwachung eines Unternehmens relevant sind. Ziel einer guten Corporate Governance ist eine transparente und verantwortliche Unternehmensführung. Die konkrete Ausgestaltung der Coporate Governance erfolgt länderspezifisch, z. B. in Deutschland durch den DCGK (vgl. auch im Folgenden www.corporate-governance-code.de. Zu den grundsätzlichen Aspekten einer Corporate Governance vgl. v. Werder, 2009, S. 3 ff.).

Aufsichtsrat nach DCGK 3.4 durch den Vorstand regelmäßig, zeitnah und umfassend über alle relevanten Aspekte der Planung, der Geschäftsentwicklung, der Risikolage und des Risikomanagements informiert werden. Zudem soll der Aufsichtsratsvorsitzende mit dem Vorstand das Risikomanagement beraten (DCGK 5.2.). Der Aufsichtsrat soll ein Audit Committee einrichten (DCGK 5.3.2.), das sich u. a. mit Aspekten des Risikomanagements befasst. Die Bedeutung des Deutschen Corporate Governance Kodex wird durch das TransPuG verstärkt (vgl. Kajüter, 2008, S. 113 f.; Lutter, 2009, S. 123 ff.; Ballwieser, 2009, S. 447 ff.).

Das **Transparenz- und Publizitätsgesetz (TransPuG)** ist wie das KonTraG ein Artikelgesetz und trat 2002 in Kraft. In Verbindung mit dem Risikomanagement ergänzt es das AktG um § 161, der verlangt, dass Vorstand und Aufsichtsrat von börsennotierten Unternehmen jährlich erklären müssen, in welchem Umfang den Empfehlungen des Deutschen Corporate Governance Kodex entsprochen wird. Die Verhaltensregeln des DCGK haben durch das TransPuG quasi Gesetzescharakter erlangt (vgl. Ettmüller, 2003, S. 690; Gleißner, 2011, S. 37).

Anforderungen des TransPuG

Als Reaktion auf diverse Finanzskandale wurde 2002 in den USA der **Sarbanes-Oxley Act (SOX)** für alle an den US-Börsen notierten Unternehmen und deren Tochtergesellschaften sowie Prüfungsgesellschaften, die Prüfungsleistungen für diese Unternehmen erbringen, verabschiedet. Das Gesetz ist somit auch für deutsche Töchter amerikanischer Muttergesellschaften und für deutsche Konzerne mit Tochtergesellschaften in den USA relevant. Der SOX besteht aus elf Hauptabschnitten (Titles), die wiederum in zahlreiche Kapitel bzw. Paragrafen (Sections) untergliedert sind. Gemäß SOX Title IV Sec. 404 ist die Geschäftsleitung dazu verpflichtet, ein **internes Kontrollsystem (IKS)** mit dem Ziel zu implementieren, den Gesellschaftsorganen risikorelevante Informationen zur Verfügung zu stellen. Die Organe sind für die Effizienz und Funktionsfähigkeit des IKS verantwortlich und müssen ihre Aktivitäten entsprechend dokumentieren.

Anforderungen des SOX

Durch den SOX wurden wesentliche Elemente eines Risikomanagements und eines entsprechenden Reportings explizit in der amerikanischen Gesetzgebung verankert. Dabei geht das im SOX geforderte IKS über die Anforderungen des § 91 Abs. 2 AktG hinaus, da nicht nur bestandsgefährdende Risiken kontrolliert, sondern fast alle Transaktionen IT-mäßig erfasst und überwacht werden müssen (vgl. Färber/Wagner, 2005, S. 156; Kalwait, 2008, S. 131 ff.; Schneck, 2010, S. 43 f.).

Anforderungen des BilMoG

Das **Bilanzrechtsmodernisierungsgesetz (BilMoG)** trat am 29.05.2009 in Kraft und führte u. a. zu wesentlichen Änderungen des HGB und des AktG. Ziel des BilMoG ist die Stärkung der Informationsfunktion des Jahresabschlusses. Das BilMoG enthält u. a. Vorschriften zu Berichtspflichten bezüglich des internen Kontroll- bzw. Risikomanagement-Systems: So müssen kapitalmarktorientierte Kapitalgesellschaften im Lagebericht **wesentliche Merkmale ihres IKS und internen RMS im Hinblick auf den Rechnungslegungsprozess** beschreiben (§§ 289 Abs. 5; 315 Abs. 2 Nr. 5 HGB). Dabei wird der Begriff des IKS in der Gesetzesbegründung als die Gesamtheit der »Grundsätze, Verfahren und Maßnahmen zur Sicherung der Wirksamkeit und Wirtschaftlichkeit der Rechnungslegung, zur Sicherung der Ordnungsmäßigkeit der Rechnungslegung sowie zur Sicherung der maßgeblichen rechtlichen Vorschriften« definiert (Deutscher Bundesrat Drucksache 344/08, 2001, S. 167). Neben den Auswirkungen auf den Prozess der Rechnungslegung ist darzustellen, wie die Effizienz, Ordnungsmäßigkeit und Einhaltung der zentralen gesetzlichen Vorschriften der externen Rechnungslegung durch das IKS bzw. das interne RMS unterstützt werden (vgl. Hauschildt, 2009, S. 2 ff.; Dobler, 2010, S. 100 ff.).

Aus der Praxis **Internes Kontroll- und Risikomanagement-System des BASF-Konzerns**

▶▶▶ Das Interne Kontroll- und Risikomanagement im Hinblick auf den Konzernrechnungslegungsprozess bei BASF weist folgende Merkmale auf:
- gruppenweit einheitliche Richtlinie, die Bilanzierungsvorschriften, Prozesse und Termine festlegt,
- konsequente Umsetzung von Funktionstrennung, Vier-Augen-Prinzip und Regelung von Zugriffsrechten und
- jährliche Evaluierung des Kontrollumfelds bei wesentlichen Gesellschaften und Serviceeinheiten anhand eines zentralen Risikokatalogs.

Quelle: BASF, 2011, S. 104. ◀◀◀

Würdigung der Anforderungen des BilMoG

Das BilMoG verpflichtet die Unternehmen nicht, ein IKS bzw. internes RMS einzurichten und schreibt auch nicht vor, wie diese auszugestalten sind. Wenn kein entsprechendes System besteht, hat das Unternehmen dies jedoch anzugeben (Negativerklärung).

Zudem müssen die Unternehmen einen **Prüfungsausschuss** einrichten, sofern sie nicht bereits über einen Aufsichts- oder Verwaltungsrat verfügen, der die Voraussetzungen des § 100 Abs. 5 AktG erfüllt (§ 324 HGB). Sofern ein Aufsichts- oder Verwaltungsrat existiert, kann dieser die Aufgaben des Prüfungsausschusses wahrnehmen. Der Prüfungsausschuss von börsennotierten Aktiengesellschaften hat gem. § 107 Abs. 3 Satz 2 AktG die Aufgabe, die **Wirksamkeit** des IKS, des RMS und des Revisionssystems zu überwachen. Er prüft, ob die Einrichtung eines RMS bzw. dessen Ergänzung, Erweiterung oder Verbesserung er-

2.3 Anforderungen an das Risikomanagement

forderlich ist. Der **Abschlussprüfer** nimmt an Sitzungen des Aufsichtsrates und des Prüfungsausschusses teil. Über die Ergebnisse berichtet er insbesondere im Hinblick auf das interne Kontroll- und Risikomanagement-System im Rahmen der Abschlussprüfung.

Die Neuregelungen des BilMoG erfordern eine ständige Auseinandersetzung mit dem IKS und dem RMS. Durch deren **Wirksamkeitsüberprüfung** sollen die Unternehmen mit den Schwächen der Systeme konfrontiert und zur kontinuierlichen Weiterentwicklung angehalten werden. Problematisch ist, dass der Gesetzgeber die Begriffe RMS und IKS nicht weiter konkretisiert und sie daher von jedem Unternehmen individuell interpretiert werden müssen (vgl. Dobler, 2010, S. 100 ff.; Giebeler/Jaspers, 2010, S. 3 ff.).

Abbildung 14 fasst die rechtlichen Anforderungen an das Risikomanagement zusammen:

Überblick über die rechtlichen Anforderungen

Abb. 14

Rechtliche Anforderungen an ein RMS

Gesetz	Anforderungen
KonTraG	▸ Einrichtung eines Frühwarnsystems ▸ Einrichtung eines internen Überwachungssystems bestehend aus Interner Revision, Kontrollen und organisatorischen Sicherungsmaßnahmen ▸ (Einrichtung eines (Risiko-)Controllings)
BilReG	▸ Darstellung von Risiken und Chancen der künftigen Entwicklung im (Konzern-) Lagebericht ▸ Angabe der RM-Ziele, Methoden und Maßnahmen der Risikoabsicherung ▸ Angabe wesentlicher Preisänderungs-, Ausfall- und Liquiditätsrisiken
DRS 5	▸ Festlegung der Aufgaben des Risikomanagements ▸ Integration des Risikomanagements in die Geschäfts-, Planungs- und Kontrollprozesse ▸ Regeln für die Berichterstattung im (Konzern-)Lagebericht ▸ Beschreibung von Risiken und ihren Auswirkungen ▸ Quantifizierung der Risiken nach anerkannten Methoden ▸ Verbot einer Verrechnung von Risiken und Chancen ▸ Darstellung von Risikointerdependenzen und Risikokonzentrationen ▸ Darstellung von Risikobewältigungsmaßnahmen ▸ Beschreibung von Strategie, Prozess und Organisation des RMS
DRS 15	▸ Aufnahme von Chancen in den Prognosebericht ▸ Beschreibung der Prognoseannahmen
DRÄS 5	▸ Gemeinsame Darstellung von Chancen und Risiken im Lagebericht zulässig ▸ Regelungen zur Berichterstattung über das rechnungswesenrelevante interne Kontroll- und Risikomanagement-System
DCGK/ TransPuG	▸ Pflicht des Vorstands zur Einrichtung eines angemessenen RMS ▸ jährliche Erklärung, ob den Empfehlungen des DCGK entsprochen wird
SOX	▸ Einrichtung und Unterhaltung eines internen Kontrollsystems (IKS)
BilMoG	▸ Beschreibung der Merkmale des IKS und des RMS im (Konzern-) Lagebericht ▸ Implementierung eines Prüfungsausschusses, der die Wirksamkeit des IKS und des RMS überwacht ▸ Teilnahme der Abschlussprüfer an den Sitzungen des Prüfungsausschusses und Bericht bezüglich des IKS und des RMS

Quelle: In Erweiterung von Vanini, 2009, S. 207.

2.3.2 Anforderungen der Wirtschaftsprüfer

Durch die rechtlichen Anforderungen wurden auch Umfang und Inhalt der Jahresabschlussprüfung wesentlich erweitert. Da § 91 Abs. 2 AktG keine konkreten Vorgaben zur Ausgestaltung des RMS macht, hat das Institut der Wirtschaftsprüfer (IDW) mit den Prüfungsstandard IDW PS 340 eine eigene Richtlinie zur Beurteilung der Funktionsfähigkeit eines RMS entwickelt. Obwohl Prüfungsstandards keinen gesetzlichen Charakter haben, haben sie großen Einfluss auf die unternehmerische Praxis, da ihre Nichterfüllung bei den Wirtschaftsprüfern Zweifel an der Funktionsfähigkeit des RMS auslösen und damit eine negative Außenwirkung für das Unternehmen haben könnte (vgl. hierzu auch Lorenz, 2006, S. 5; Diederichs, 2010, S. 40 f.; Gleißner, 2011, S. 35).

Konkretisierung des KonTraG durch IDW PS 340

Im PS 340 hat das IDW die Systemelemente eines Risikofrüherkennungs- und -überwachungssystem konkretisiert (vgl. Abb. 15).

Inhalt des IDW PS 340

Folgende Anforderungen gibt es im Rahmen der einzelnen Elemente (vgl. IDW PS 340; Diederichs, 2010, S. 43 ff.):

- **Festlegung bestandsgefährdender Risiken bzw. Risikofelder**: Das Risikomanagement muss sich stets auf das gesamte Unternehmen beziehen. Unternehmen müssen als Grundlage der Risikoidentifikation unternehmensspezifische interne und externe Risikofelder und Risiken für alle Funktionsbereiche und Prozesse festlegen.
- **Risikoerkennung und -analyse**: Unter diesem Aspekt werden die Anforderungen der Schaffung und Weiterentwicklung eines Risikobewusstseins unter den Mitarbeitern, der Durchführung einer Risikoinventur, der Erstellung eines Risikoprofils, der Identifikation von Risikointerdependenzen, der Risikobewertung mit Wahrscheinlichkeit und Schadensausmaß sowie die Festlegung von Risikokennzahlen bzw. Frühwarnindikatoren zusammengefasst.
- **Risikokommunikation**: Der IDW PS 340 fordert den Aufbau einer Risikoberichterstattung. Es müssen Sender und Empfänger von Risikoberichten sowie

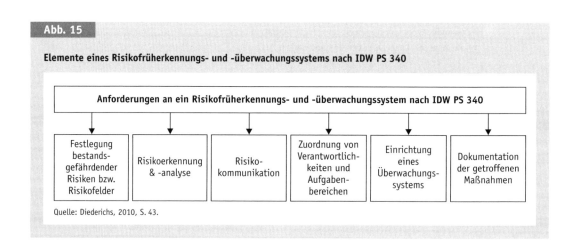

Abb. 15
Elemente eines Risikofrüherkennungs- und -überwachungssystems nach IDW PS 340

Quelle: Diederichs, 2010, S. 43.

2.3 Anforderungen an das Risikomanagement

Berichtsinhalte und Schwellenwerte für die Risikokommunikation festgelegt werden. Zusätzlich muss für neu auftretende wesentliche Risiken eine Ad-hoc-Berichterstattung implementiert werden.
- **Zuordnung von Verantwortlichkeiten und Aufgabenbereichen**: Es müssen Risikoverantwortliche in allen Unternehmensbereichen benannt werden, die für die Identifikation, Kommunikation und Steuerung der jeweiligen Risiken verantwortlich sind.
- **Errichtung eines Überwachungssystems**: Zudem muss eine RM-Organisation aufgebaut werden. Zum Überwachungssystem gehören auch prozessabhängige Kontrollen und die Einbindung der prozessunabhängigen Internen Revision sowie von externen Prüfern und Beratern. Zudem legt das IDW exemplarisch Prüfungsfelder fest, z. B. die Vollständigkeit der Risikoerfassung.
- **Dokumentation der getroffenen Maßnahmen**: Das IDW fordert zudem die Dokumentation der getroffenen Maßnahmen z. B. in Form eines Risikohandbuchs sowie eine Archivierung der Dokumente und Risikoberichte zum Nachweis der Pflichterfüllung der Unternehmensleitung. Außerdem werden exemplarisch Inhalte eines Risikohandbuchs, z. B. Grundsätze für die Risikoerkennung und Risikoanalyse sowie Risikokommunikation, genannt.

Das IDW hat in seinem Prüfungsstandard IDW PS 350 Anforderungen an die Prüfung des Lageberichts formuliert. So gehören folgende Elemente zu einer risikoorientierten Lageberichterstattung nach § 289 Abs. 1 HGB (vgl. Diederichs, 2010, S. 48 ff.):
- Darstellung des Geschäftsverlaufs als Überblick über die Entwicklung des Unternehmens und möglicher Ursachen in der Berichtsperiode,
- Darstellung der wirtschaftlichen Lage des Unternehmens,
- Darstellung der Risiken der künftigen Entwicklung, insbesondere
  - Darstellung bestandsgefährdender Risiken und Erläuterung möglicher Gründe der Bestandsgefährdung und
  - Darstellung sonstiger Risiken mit wesentlichem Einfluss auf die Vermögens-, Finanz- und Ertragslage des Unternehmens.

Anforderungen an die risikoorientierte Lageberichterstattung

Liegen keine bestandsgefährdenden oder wesentlichen Risiken vor, muss die Unternehmensleitung eine entsprechende Negativerklärung abgeben.

2.3.3 Betriebswirtschaftliche Anforderungen

Neben den rechtlichen Anforderungen und den Anforderungen der Wirtschaftsprüfung können noch weitergehende betriebswirtschaftliche Anforderungen an das Risikomanagement abgeleitet werden (vgl. Burger/Buchhart, 2002, S. 17 ff.; Knuppertz/Ahlrichs, o. J., S. 11 ff., Diederichs, 2010, S. 57 f.):

- **Effektivität:** Das Risikomanagement muss einen Beitrag zur Erreichung der Unternehmensziele, z. B. durch eine Vermeidung existenzgefährdender Risiken, leisten.
- **Prozessuale und instrumentelle Integration in die Unternehmenssteuerung:** Das Risikomanagement sollte nicht isoliert und parallel zu den Geschäfts- und Steuerungsaktivitäten im Unternehmen erfolgen, sondern in diese integriert werden. Ein Beispiel ist die Verzahnung des RMS mit dem IKS und der operativen Unternehmensplanung. Zudem sollten nicht primär zusätzliche RM-Instrumente entwickelt, sondern – soweit möglich – vorhandene Steuerungs- und Controllinginstrumente, z. B. Szenarioanalysen, eingesetzt werden. Beides fördert das Risikobewusstsein der Mitarbeiter sowie eine frühzeitige Risikoidentifikation.
- **Flexibilität:** Das Risikomanagement muss an sich ändernde interne und externe Rahmenbedingungen angepasst werden und die Identifikation, Bewertung und Steuerung neuer Risiken ermöglichen.
- **Kontinuität und Ganzheitlichkeit:** Das Risikomanagement muss als kontinuierlicher Prozess im Unternehmen durchgeführt werden, um Risiken rechtzeitig zu identifizieren, zu bewerten und zu steuern. Zudem müssen Risiken im Zusammenhang mit den Unternehmenszielen, der Risikopräferenz der Entscheidungsträger und der Risikotragfähigkeit des Unternehmens analysiert und gesteuert werden.
- **Wirtschaftlichkeit:** Das Risikomanagement sollte nicht alle Risiken in gleichem Umfang berücksichtigen, d. h. unbedeutende Risiken brauchen nur beobachtet, bedeutende Risiken müssen dagegen gesteuert werden. Insgesamt muss der monetäre Nutzen des Risikomanagements, z. B. in Form vermiedener finanzieller Verluste oder durch Zusatzerträge aus risikobehafteten Geschäften, größer sein als sein Aufwand.

Zusammenfassung

- Es lassen sich rechtliche Anforderungen an das Risikomanagement, die für alle Branchen gültig sind, wie z. B. das KonTraG und das BilMoG, und branchenspezifische Anforderungen, wie z. B. Basel II für Banken, unterscheiden.
- Branchenübergreifende rechtliche Anforderungen können aus dem KonTraG, dem BilReG, dem DRS 5 sowie DRS 15, dem DCGK, dem TransPuG, dem SOX und dem BilMoG abgeleitet werden. Sie beziehen sich vor allem auf die Implementierung eines Risikomanagements und daraus abgeleiteten Prüfungs- und Berichtspflichten.
- Das IDW konkretisiert den Aufbau eines RMS in seinem PS 340. Da der IDW PS 340 die Grundlage für die Prüfung des RMS durch externe Wirtschaftsprüfer bildet, erlangt er quasi-gesetzlichen Charakter. Der IDW PS 350 formuliert Anforderungen an die Prüfung des Risikoberichts im Lagebericht.

▸ Zu den zusätzlichen betriebswirtschaftlichen Anforderungen an das Risikomanagement gehören seine Effektivität, die prozessuale und instrumentelle Integration in die Unternehmenssteuerung, seine Flexibilität, Kontinuität, Ganzheitlichkeit und Wirtschaftlichkeit.

2.4 Risikomanagement-System (RMS)

2.4.1 Begriff und Ziele eines RMS

Eine Legaldefinition des Begriffs Risikomanagement-System (RMS) erfolgt weder im KonTraG noch in der Gesetzesbegründung. § 91 Abs. 2 AktG verpflichtet den Vorstand einer AG lediglich dazu, ein System zur Risikofrüherkennung und -überwachung im Unternehmen zu implementieren. Das RMS soll die frühzeitige Ableitung von Maßnahmen zur Vermeidung von existenzgefährdenden Entwicklungen ermöglichen und somit Unternehmenskrisen verhindern. Konkrete Vorschriften zur Ausgestaltung eines RMS werden vom Gesetzgeber nicht gemacht (vgl. Kajüter, 2008, S. 112).

RMS nach KonTraG

Das enge RMS-Verständnis des KonTraG ist **für ein betriebswirtschaftlich ausgerichtetes Risikomanagement nicht ausreichend**, da das KonTraG unter einem Risiko lediglich Entwicklungen versteht, die den Fortbestand eines Unternehmens gefährden, und somit nicht-bestandsgefährdende Risiken wie auch Chancen unberücksichtigt lässt. Zudem erfordert ein betriebswirtschaftlich ausgerichtetes RMS die Einrichtung eines **Risikobewältigungssystems** (vgl. Burger/Buchhart, 2002, S. 1 ff.; Wolf/Runzheimer, 2009, S. 28 ff.).

Im vorliegenden Lehrbuch wird folgende betriebswirtschaftliche Definition des Begriffs RMS verwendet (vgl. Wolf/Runzheimer, 2009, S. 21; Gleißner, 2011, S. 12):

Betriebswirtschaftliche Definition

> Ein **Risikomanagement-System (RMS)** wird als Gesamtheit aller Aufgaben, Aufgabenträger und Regelungen zur Umsetzung des Risikomanagements definiert. Ein RMS zielt darauf ab, durch dokumentierte organisatorische Regelungen sicherzustellen, dass die Risikosituation in regelmäßigen Abständen neu bewertet wird, die Ergebnisse an die Unternehmensführung kommuniziert und rechtzeitig adäquate Risikobewältigungsmaßnahmen eingeleitet werden.

Ein RMS weist folgende **Merkmale** auf (vgl. Müller, 2007, S. 1181 ff.):
▸ Ein RMS bezieht sich stets auf das gesamte Unternehmen.
▸ Ein RMS ist Bestandteil des Managementsystems.
▸ Ein RMS ist ein sozioökonomisches System.
▸ Ein RMS besteht aus einem Risikofrühwarn-, einem Risikoüberwachungs- und einem Risikobewältigungssystem. Die Funktionsfähigkeit des Risikofrühwarnsystems sowie des Risikobewältigungssystems ist durch das Überwachungssystem sicherzustellen.

Grundlagen des Risikomanagements
2.4 Risikomanagement-System (RMS)

> Ein RMS besteht sowohl aus formalen Strukturen, z. B. Verantwortlichkeiten für einzelne Aspekte des Risikomanagements, und konkreten Durchführungshandlungen.

Ob ein Unternehmen sich auf die Implementierung eines RMS nach KonTraG beschränkt oder sich stärker an betriebswirtschaftlichen Strukturen orientiert, liegt im Unternehmensermessen, wobei die gesetzlich geforderten Elemente als Mindestbestandteile eines RMS interpretiert werden können.

Aus der Praxis — **RMS der Beiersdorf AG**

▶▶▶ Das Risikomanagement-System der Beiersdorf AG ist wie folgt strukturiert:

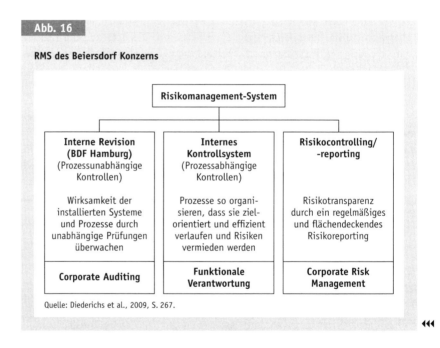

Abb. 16: RMS des Beiersdorf Konzerns
Quelle: Diederichs et al., 2009, S. 267.

2.4.2 Aufbau und Elemente eines RMS

Einflussfaktoren auf ein RMS

Es gibt keinen für alle Unternehmen optimalen Ansatz für die Konzeption eines RMS. Neben den in Kapitel 2.3 erläuterten **Anforderungen an das Risikomanagement** hängt die konkrete Ausgestaltung eines RMS von zahlreichen externen und internen Einflussfaktoren ab. Als **externer Einflussfaktor** wird in der Literatur z. B. die **Wettbewerbsintensität der Branche** genannt. Bei einem intensiven Wettbewerb ist das Risiko, Marktanteile an einen Konkurrenten aufgrund von besseren Produkt- oder Servicemerkmale zu verlieren, besonders hoch und erfordert daher ein umfassenderes Risikomanagement als in weniger wettbewerbsintensiven Branchen. Als **interner Einflussfaktor** gilt u. a. die **Unternehmensgröße**, da mit ihr auch die Komplexität der Leistungserstellungs- und Steuerungsprozesse und damit das Risiko von Fehlern zunimmt (vgl. Burger/Buchhart, 2002, S. 6 ff.).

Weitere **externe und interne Einflussfaktoren** auf die Ausgestaltung des RMS sind (vgl. Horvàth/Gleich, 2000, S. 107 f.):

- **Umweltdynamik und -komplexität**: Je turbulenter, d.h je komplexer und dynamischer, die Unternehmensumwelt ist, desto größer sind die Risiken für ein Unternehmen und desto umfassender muss das RMS ausgebaut sein.
- **Unternehmensdiversifikation**: Stark diversifizierte Unternehmen weisen ein geringeres Risiko auf und benötigen daher ein weniger stark ausgebautes RMS.
- **Organisationsstruktur**: Die Organisation des RMS hängt von der Unternehmensorganisation ab.
- **Unternehmensalter**: Je älter Unternehmen sind, desto stabiler sind sie häufig, da sie über einen festen Kunden- und Lieferantenstamm und über umfassende Erfahrungen bei der Leistungserstellung verfügen. Außerdem haben sie häufiger in der Vergangenheit aufgebaute finanzielle Reserven zur Risikodeckung als jüngere Unternehmen.
- **Fertigungstechnologie**: Je gefährlicher und komplizierter die Fertigungsprozesse sind, desto umfassender muss das Risikomanagement für die Prozesse sein.
- **Branche**: In einigen Branchen wie z. B. Banken und Versicherungen muss das RMS umfangreichen und sehr spezifischen gesetzlichen Anforderungen genügen.

Aufgrund des starken Einflusses externer und interner Faktoren auf die Gestaltung eines RMS ist die Verwendung eines kontingenztheoretischen Modells zu dessen Beschreibung sinnvoll. Die folgende Abbildung 17 zeigt ein kontingenztheoretisches Modell eines RMS.

Kontingenztheoretisches Modell eines RMS

Die Gestaltung und der Erfolg eines RMS werden durch interne und externe Einflussfaktoren sowie rechtliche, prüferische und betriebswirtschaftliche Anforderungen bestimmt. Die **Gestaltung eines RMS** kann anhand der fünf Ele-

---

Für Wissbegierige

Kontingenztheorie

Die Kontingenztheorie gehört zu den Organisationstheorien und beschreibt die organisatorische Gestaltung eines Systems in Abhängigkeit von den internen und externen Einflussfaktoren auf diese Organisation. Diese Einflussvariablen werden auch als Situationsvariablen bezeichnet. Wichtige Situationsvariablen sind die Unternehmensumwelt und -größe sowie die Technologien des Unternehmens (vgl. Höhne, 2009, S. 83 ff.).

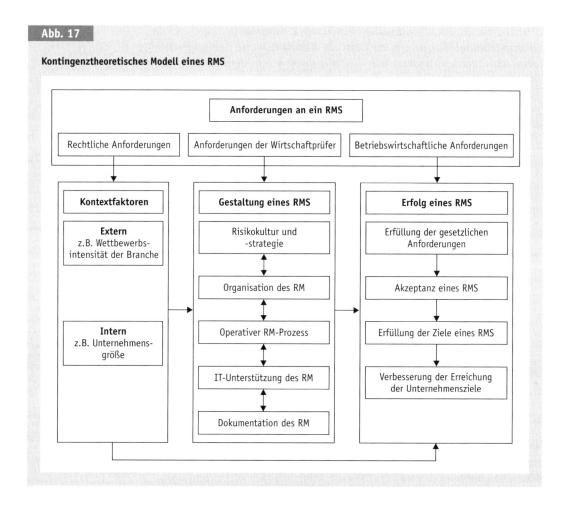

Abb. 17

Kontingenztheoretisches Modell eines RMS

mente: Risikokultur und -strategie, RM-Organisation, operativer RM-Prozess, IT-Unterstützung und Dokumentation des RMS beschrieben werden. Die fünf Elemente und Ansätze zur Evaluation des Erfolgs eines RMS werden im Folgenden näher beschrieben.

Risikokultur und -strategie

Grundlage eines RMS sind die Risikokultur und die Risikostrategie des Unternehmens. Die **Risikokultur** umfasst Faktoren wie die Risikobereitschaft und das Risikoverhalten der Führungskräfte sowie ihre impliziten Grundeinstellungen zu unternehmerischen und individuellen Risiken. Der Aufbau einer Risikokultur trägt entscheidend zu einem **risikobewussten Verhalten** aller Mitarbeiter im Unternehmen bei. Explizite Merkmale einer Risikokultur sind z.B. risikopolitische Verhaltens- und Entscheidungsregeln, die im Unternehmensleitbild und der strategischen Vision verankert sind und in den wesentlichen Führungsprozessen immer wieder eingefordert werden.

2.4 Risikomanagement-System (RMS)

Die **Risikostrategie** wird aus der Unternehmensstrategie abgeleitet und gibt die Risikoziele der Geschäftsleitung wieder. Sie wird durch Risikorichtlinien bzw. risikopolitische Grundsätze konkretisiert. Aufgabe einer Risikostrategie ist die Schaffung eines Risikobewusstseins und die Umsetzung einer Risikokultur bei den Mitarbeitern. Außerdem werden konkrete Vorgaben für den Umgang mit Risiken auf der operativen Ebene festgelegt (vgl. Denk et al., 2006, S. 15 ff., Knuppertz/Ahlrichs, o. J., S. 19 ff. Die Themenbereiche Risikokultur und Risikostrategie werden ausführlich im 3. Kapitel des Lehrbuchs behandelt.).

Zur Umsetzung eines RMS muss eine entsprechende **RM-Organisation** implementiert werden. Hierbei werden aufbau- und ablauforganisatorische Regelungen des betrieblichen Umgangs mit Risiken festgelegt und die Verantwortung für einzelne Aufgaben bestimmten Organisationseinheiten im Unternehmen eindeutig zugewiesen. Dabei muss u. a. geklärt werden,

Organisation des Risikomanagements

- welcher Aufgabenumfang dem Risikomanagement zugewiesen wird,
- ob die RM-Aufgaben zentral oder dezentral erfüllt werden sollen,
- wie das Risikomanagement in die Primärorganisation integriert wird und
- auf welcher Hierarchieebene es implementiert werden soll (vgl. Burger/Buchhart, 2002, S. 261 ff.; Wolf/Runzheimer, 2009, S. 171 ff.; Diederichs, 2010, S. 203 ff. Das Thema RM-Organisation wird ausführlich im 9. Kapitel des Lehrbuchs behandelt).

Risikomanagement ist keine einmalige Handlung im Unternehmen. Aufgrund der Umweltdynamik muss eine systematische und permanente Analyse und Steuerung der Risiken erfolgen. Daher werden die einzelnen RM-Aktivitäten als **operativer Risikomanagement-Prozess** mit den Phasen Risikoidentifikation, -bewertung, -berichterstattung, -steuerung und -überwachung strukturiert. Der operative RM-Prozess kann als **kybernetischer Regelkreis** aufgefasst werden, da die einzelnen Phasen aufeinander aufbauen und zwischen ihnen **zahlreiche Interdependenzen** bestehen (vgl. auch im Folgenden Burger/Buchhart, 2002, S. 31; Diederichs et al., 2004, S. 191; Wolke, 2008, S. 3 f.).

Operativer Risikomanagement-Prozess

Die einzelnen Phasen sind der folgenden Abbildung 18 zu entnehmen.

Während der **Risikoidentifikation** sollen alle wesentlichen Risiken und Chancen eines Unternehmens systematisch, vollständig und zeitnah erhoben

Phasen des operativen RM-Prozesses

Abb. 18

Phasen des operativen RM-Prozess

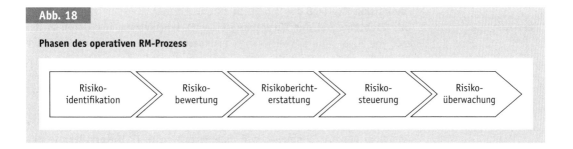

werden. Grundlage der Risikoidentifikation ist die unternehmensspezifische Definition und Klassifikation der Risiken auf der Basis eines Risikokatalogs. Die jährliche Risikoidentifikation wird auch als **Risikoinventur** bezeichnet. Zudem gehört die **Ad-hoc-Identifikation** neuer Risiken zur Risikoidentifikation. Ergebnis ist eine Chancen- und Risikoübersicht (Risikoinventar) des Unternehmens mit ersten Bewertungsansätzen (Weitere Informationen zu Zielen, Instrumenten und Problemen der Risikoidentifikation sind Kapitel 4 des Lehrbuchs zu entnehmen).

Die identifizierten Risiken müssen anschließend analysiert und bewertet werden. Während der **Risikobewertung** erfolgen sowohl eine qualitative Risikoeinschätzung für nicht messbare Risiken wie auch eine quantitative Messung anhand der Eintrittswahrscheinlichkeit und des Schadensausmaßes für messbare Risiken. Zudem erfolgt eine Bewertung der Abhängigkeit zwischen den Einzelrisiken und – soweit möglich – eine Zusammenfassung zum **Gesamtrisiko** des Unternehmens (Weitere Informationen zu Zielen, Instrumenten und Problemen der Risikobewertung sind Kapitel 5 des Lehrbuchs zu entnehmen).

Nachdem die Risiken bewertet wurden, müssen sie dem Management kommuniziert werden. Durch die **Risikoberichterstattung** soll das Management über die **Ist-Risikosituation** des Unternehmens informiert werden. Die Risikoberichte sind eine wichtige Entscheidungsgrundlage für die anschließende Risikosteuerung. Zudem sind wichtige externe Stakeholder mittels externer Risikoberichterstattung über die Risikosituation des Unternehmens in Kenntnis zu setzen (Weitere Informationen zu Zielen, Instrumenten und Problemen der Risikoberichterstattung sind Kapitel 6 des Lehrbuchs zu entnehmen).

Im Rahmen der **Risikosteuerung** ergreift das Management geeignete Maßnahmen zur aktiven und gezielten Beeinflussung der Risiken in Abhängigkeit von seiner Risikoneigung, der den einzelnen Risiken gegenüberstehenden Chancen sowie der Risikotragfähigkeit des Unternehmens (Weitere Informationen zu Zielen, Instrumenten und Problemen der Risikosteuerung sind Kapitel 7 des Lehrbuchs zu entnehmen).

Während der Phase der **Risikoüberwachung** kontrollieren Kontrollinstanzen wie die Interne Revision und externe Wirtschaftsprüfer, ob die geschäftspolitischen Vorgaben (Risikostrategie und Risikogrundsätze) eingehalten wurden. Zudem überprüfen sie die organisatorische Umsetzung des RMS, die verwendeten Methoden und die Umsetzung der beschlossenen Steuerungsmaßnahmen (Weitere Informationen zu Zielen, Instrumenten und Problemen der Risikoüberwachung sind Kapitel 8 des Lehrbuchs zu entnehmen).

IT-Unterstützung des RMS

Als **Probleme bei der Umsetzung** eines Risikomanagements treten in der Praxis vor allem eine unvollständige Risikoerfassung, der fehlende Überblick über die Gesamtrisikolage des Unternehmens, die redundante oder inkonsistente Erfassung und Speicherung von risikorelevanten Daten sowie die zeitverzögerte Information und Kommunikation der Risikosituation – insbesondere zur Unternehmensleitung – auf. Diese Probleme führen teilweise zu einer verspäteten oder nicht risikogerechten Entscheidungsfindung im Management. Zur Vermeidung der o. g. Probleme wird eine sachgerechte **IT-Unterstützung des**

Risikomanagements empfohlen (vgl. Gleißner, 2011, S. 268; für weitere Informationen vgl. Kapitel 9.3.).

Das RMS muss in einem **Risikohandbuch** dokumentiert werden, das allen Mitarbeitern zugänglich ist. **Mindestinhalte** eines Risikohandbuchs sind

Dokumentation des RMS

- die gesetzlichen Grundlagen des betrieblichen Risikomanagements,
- die unternehmensspezifische Risikodefinition und -klassifikation,
- die Risikostrategie und die risikopolitischen Grundsätze,
- Ziele und Aufgaben der Aufbau- und Ablauforganisation des Risikomanagements,
- die eingesetzten Instrumente zur Risikoidentifikation, -bewertung und -steuerung,
- Verhaltensregeln zur Risikokommunikation und
- die Dokumentation des Überwachungsprozesses.

Wichtig ist eine **regelmäßige Überarbeitung und Aktualisierung** des Risikohandbuchs (vgl. Burger/Buchhart, 2002, S. 176 f.; Diederichs et al., 2004, S. 196 f.; Wolf/Runzheimer, 2009, S. 188 ff. Für weitere Informationen vgl. Kapitel 9.2).

Der Erfolg eines RMS kann auf mehreren Ebenen gemessen werden. Die **Erfüllung gesetzlicher Anforderungen** kann dabei als Minimalziel definiert werden. Voraussetzung für die Erreichung der RM-Ziele ist eine hinreichende **Akzeptanz** des RMS bei den Mitarbeitern Außerdem muss evaluiert werden, inwieweit die **RM-Ziele** durch die Implementierung eines RMS **erreicht** wurden, z.B. die Existenzsicherung des Unternehmens oder die Senkung der Kosten für die Eigen- und Fremdkapitalbeschaffung. Letztendlich soll das Risikomanagement auch zu einer verbesserten Erreichung der Unternehmensziele beitragen (vgl. Burger/Buchhart, 2002, S. 17 ff.; Gerpott/Hoffmann, 2008, S. 8 f.).

Erfolg eines RMS

Neben dem RMS findet man in der Literatur auch den Begriff des Internen Kontrollsystems (IKS) (vgl. IDW PS 260, 2001; Hauschildt, 2009, S. 4 ff.), sodass die beiden Begriffe voneinander abgegrenzt werden müssen. Allerdings ist der Begriff des IKS in der Literatur nicht eindeutig definiert, sodass eine Begriffsabgrenzung entsprechend schwierig ist (vgl. Hömberg, 2002, S. 1228; Hübner, 2009, S. 276).

Abgrenzung zum IKS

Der Begriff des IKS ist durch entsprechende gesetzliche Vorschriften u. a. des KonTraG und des Bilanzrechtsmodernisierungsgesetzes (BilMoG) geprägt. Dabei wird der Begriff des IKS in der Gesetzbegründung zum BilMoG als die Gesamtheit der »Grundsätze, Verfahren und Maßnahmen zur Sicherung der Wirksamkeit und Wirtschaftlichkeit der Rechnungslegung, zur Sicherung der Ordnungsmäßigkeit der Rechnungslegung sowie zur Sicherung der maßgeblichen rechtlichen Vorschriften« definiert (Deutscher Bundestag Drucksache 344/08, 2001, S. 167). Da das IKS auch das interne Revisionssystem umfasst, entspricht es somit tendenziell dem Überwachungssystem nach KonTraG.

Betriebswirtschaftlich lassen sich dagegen zwei unterschiedliche Auffassungen zum IKS unterscheiden: der überwachungstheoretische Ansatz und das Internal-Control-Konzept (vgl. auch im Folgenden Hömberg, 2002, S. 1228 ff.).

2.4 Grundlagen des Risikomanagements
Risikomanagement-System (RMS)

Nach dem **überwachungstheoretischen Ansatz** ist das IKS neben der Revision ein Bestandteil des internen Überwachungssystems eines Unternehmens, wobei unter Kontrollen fest in den betrieblichen Arbeitsablauf integrierte Überwachungen durch unternehmenszugehörige Personen verstanden werden. Das angelsächsische **Internal-Control-Konzept** versteht unter control nicht nur die Kontrolle sondern auch die Steuerung betrieblicher Abläufe und hat somit ein **deutlich weiteres Begriffsverständnis**. Das Internal-Control-Konzept hat durch das Umsetzungskonzept des Committee of Sponsoring Organizations of the Treadway Commission (COSO) in der Praxis erhebliche Verbreitung gefunden (vgl. Hübner, 2009, S. 277). Das COSO definiert das IKS als umfassenden Steuerungsprozess mit den Zielen:

- die Wirksamkeit und Wirtschaftlichkeit der operativen Tätigkeiten (Operations),
- die Ordnungsmäßigkeit und Verlässlichkeit der Finanzberichterstattung (Financial Reporting) sowie
- die Befolgung von für das Unternehmen maßgeblichen Gesetzen und Vorschriften (Compliance) sicherzustellen.

Auch das IDW folgt im Grundsatz dem Internal-Control-Konzept, wie die folgende Abbildung 19 verdeutlicht.

Die uneinheitliche Definition des IKS macht eine Abgrenzung zum RMS sehr schwierig. Ausgehend vom Internal-Control-Ansatz ist der Begriff des IKS einerseits weiter gefasst als der des RMS, da neben der Überwachung auch die Steuerung Bestandteil eines IKS ist. Andererseits bezieht sich das IKS nach COSO primär auf die Ordnungsmäßigkeit der im Unternehmen durchgeführten,

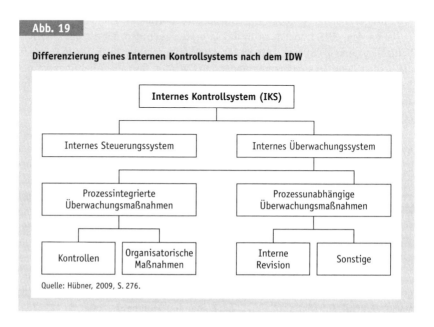

Abb. 19 Differenzierung eines Internen Kontrollsystems nach dem IDW

Quelle: Hübner, 2009, S. 276.

internen Prozesse mit speziellem **Fokus auf Rechnungslegungsprozesse** und Aspekte der **Compliance** und ist somit bezüglich seines Anwendungsbereichs enger gefasst als ein RMS. Zudem ist unklar, inwieweit die Risikofrüherkennung Bestandteil eines IKS sein kann (vgl. Pott/Wömpener, 2007, S. 411). Für die Unternehmen hat die uneinheitliche Begriffsauffassung zur Folge, dass sie selbst eine unternehmensspezifische Definition und Abgrenzung der Begriffe IKS und RMS entwickeln müssen.

Aus der Praxis Abgrenzung RMS und IKS im Lufthansa Konzern

▶▶▶ Das RMS ist »ein nachvollziehbares, alle Unternehmensaktivitäten umfassendes Regelsystem, das auf Basis einer definierten Risikostrategie ein systematisches und permanentes Vorgehen mit folgenden Elementen [...]: Risikoidentifikation (Identifikation, Analyse, Bewertung), Risikosteuerung und Risikokommunikation (Dokumentation und interne Kommunikation) sowie Überwachung dieser Aktivitäten. Das Risikomanagement-System als Bestandteil des internen Kontrollsystems ist mit Bezug auf die Konzernrechnungslegung auf das Risiko der Falschaussage in der Konzernbuchführung sowie in der externen Berichterstattung ausgerichtet. Ziel des internen Kontrollsystems des Rechnungslegungsprozesses ist es, durch die Implementierung von Kontrollen hinreichend Sicherheit zu gewährleisten, das trotz der identifizierten Risiken ein regelungskonformer Konzernabschluss erstellt wird.«
Quelle: Lufthansa, 2010, S. 143. ◀◀◀

2.4.3 Implementierung eines RMS

An der Umsetzung eines RMS sind zahlreiche Funktionsbereiche im Unternehmen, z. B. die operativen Unternehmenseinheiten, das (Risiko-)Controlling und die Interne Revision, beteiligt, da Risikomanagement eine Querschnittsfunktion im Unternehmen darstellt. Daher sind **vielfältige Abstimmungsprozesse erforderlich**. Es empfiehlt sich, die Implementierung eines RMS in Projektform zu organisieren und ggf. externe Berater oder Wirtschaftsprüfer hinzuzuziehen. So wird sichergestellt, dass die zahlreichen gesetzlichen Anforderungen auch erfüllt werden (vgl. Gleißner, 2011, S. 259 ff.). Grundsätzlich gibt es zwei Ansätze zur Implementierung eines RMS: den Top-down- und den Bottom-up-Ansatz, die im Folgenden kurz erläutert werden.

Implementierung eines RMS in Projektform

Beim Top-down-Ansatz wird **unabhängig von der spezifischen Risikosituation** eines Unternehmens ein RM-Konzept entwickelt und anschließend implementiert. Der Top-down-Ansatz empfiehlt sich für Unternehmen, in denen bereits erste Ansätze eines Risikomanagements vorhanden sind (vgl. auch im Folgenden Elfgen, 2002a, S. 321 ff.).

Top-down-Implementierung

In der ersten Phase wird das Projekt geplant und die Eignung der bisherigen Ansätze des Risikomanagements bewertet (Systemaudit). Bei der Zusammenstellung des **Projektteams** ist besonders darauf zu achten, dass Vertreter der

Unternehmensleitung als »Mentoren« zur Initiierung und Förderung des Projekts benannt werden, der Projektleiter aus dem Controlling oder der Internen Revision stammt sowie Führungskräfte und Fachspezialisten aus den einzelnen operativen Einheiten als Projektmitarbeiter integriert werden (vgl. Gleißner, 2011, S. 261). Beim **Systemaudit** werden die relevanten Anforderungen an das RMS zusammengestellt und die bisherigen Ansätze in Bezug auf diese Anforderungen systematisch evaluiert. Bei der Zusammenstellung der relevanten Anforderungen muss insbesondere festgelegt werden, ob lediglich die gesetzlichen Mindestanforderungen durch das RMS abgedeckt oder ob auch ein betriebswirtschaftliches Steuerungssystem entwickelt werden soll (vgl. Kajüter, 2009b, S. 116 ff.).

In der zweiten Phase wird ein **RMS-Konzept entwickelt**. Der Internationale Controllerverein (ICV) empfiehlt, in dieser Phase das Nutzenpotenzial des RM zu erarbeiten, die Risikostrategie des Unternehmens zu beschreiben, eine Risikodefinition und -klassifikation festzulegen, den Einsatz von IT-Lösungen zu prüfen und das Risikomanagement in die Unternehmenssteuerung sowie in das Controlling zu integrieren (vgl. Knuppertz/Ahlrichs, o. J., S. 23 ff.). Zudem ist bei Konzernen zu klären, welche Konzerngesellschaften in das RMS einbezogen und wie die RM-Aufgaben zwischen Mutter- und Tochtergesellschaften verteilt werden (Zentralisierung vs. Dezentralisierung). Wesentliche Ergebnisse dieser Phase sind ein Organisations- und Dokumentationskonzept und ein Umsetzungsplan.

In Phase 3 wird schließlich das zuvor entwickelte RMS schrittweise im Unternehmen umgesetzt (Roll-out). Ferner sind **Wesentlichkeitsgrenzen** festzulegen, bei deren Überschreitung die identifizierten Risiken an die nächst höhere Hierarchieebene zu berichten sind, damit dort Steuerungsmaßnahmen ergriffen werden können. Dazu gehören auch die **Schulung der Mitarbeiter** und die Dokumentation des Systems in einem **Risikohandbuch**. Abschließend werden die Funktionsfähigkeit des RMS und seiner Instrumente in einer ersten Risikoinventur für das Unternehmen getestet und ggf. modifiziert (Phase 4).

Bottom-up-Implementierung

Bei der Bottom-up-Vorgehensweise erfolgt nach der Projektorganisation und -planung eine detaillierte Aufnahme und Bewertung aller Risiken eines Unternehmens auf der Basis der vorhandenen Instrumente (**Risikoanalyse**). Auch werden bereits erste Steuerungsmaßnahmen abgeleitet. Auf der Grundlage der Ergebnisse der Risikoanalyse erfolgen dann die Konzeptentwicklung für ein Risikomanagement und dessen Implementierung (für Details vgl. auch Schmitz/Wehrheim, 2006, S. 145). Der Bottom-up-Ansatz sollte verwendet werden, wenn im Unternehmen kaum Risikoinformationen vorhanden sind und sehr schnell ein erstes unternehmensspezifisches RMS implementiert werden soll. Zudem fördert der Bottom-up-Ansatz die Akzeptanz des RMS durch die Mitarbeiter (vgl. Elfgen, 2002a, S. 323).

2.4 Risikomanagement-System (RMS)

Abb. 20

Top-down-Vorgehensweise bei der Einführung eines RMS

Phase I	Phase II	Phase III	Phase IV
Projektplanung und Systemaudit	Konzeptentwicklung RMS	Umsetzung (Roll-out)	Instrumententest während der Risikoinventur
▸ Etablierung einer Projektorganisation ▸ Projektplanung ▸ Information zu allen relevanten Geschäftsprozessen ▸ Ermittlung bestehender RM-Ansätze ▸ Überblick über Anforderungen ▸ Evaluation der bestehenden Ansätze	▸ Erarbeitung eines Problemlösungskonzepts für den operativen RM-Prozess ▸ Erweiterung bestehender Steuerungs- und Controllingansätze ▸ Organisations- und Dokumentationskonzept ▸ Umsetzungsplan	▸ Formulierung der Risikopolitik ▸ Festlegung Wertgrenzensystematik ▸ schrittweise Umsetzung von Teilkonzepten ▸ Erstellung der Dokumentation (Risikohandbuch) ▸ Schulung der Mitarbeiter	▸ Identifizierung von Risiken in allen Unternehmensbereichen auf Basis der Instrumente ▸ Erstellung eines Risikoprofils, Ursachenanalyse, Maßnahmenkatalog ggf. Feinabstimmung der Instrumente ▸ erstes umfassendes Risikoreporting

Quelle: In starker Anlehnung an Elfgen, 2002a, S. 321.

Abb. 21

Bottom-up-Vorgehensweise bei der Einführung eines RMS

Phase I	Phase II	Phase III	Phase IV
Systematisierung und Projektplanung	Risikoanalyse	Konzeptentwicklung Risikomanagement	Konzeptumsetzung
▸ Etablierung einer Projektorganisation ▸ Projektplanung ▸ Bestandsaufnahme aller Dokumente ▸ Überblick über Anforderungen ▸ Ableitung Wertgrenzensystematik ▸ Abstimmung Analysetools	▸ Identifikation und Systematisierung der Risiken ▸ Risikobewertung ▸ Risikoursachenanalyse ▸ Ableitung eines Maßnahmenkatalogs	▸ Konzept der Risikopolitik ▸ Organisationskonzept ▸ Konzept Risikocontrolling/Frühwarnung/Risikosteuerung ▸ Dokumentationskonzept (Risikohandbuch)	▸ schrittweise Verabschiedung und Einführung einzelner Teilkonzepte ▸ Schulung der Mitarbeiter

Quelle: In starker Anlehnung an Elfgen, 2002a, S. 322.

Grundlagen des Risikomanagements
Risikomanagement-System (RMS)

Entscheidung für einen Implementierungsansatz

Die Vor- und Nachteile der beiden Ansätze sind in der folgenden Tabelle zusammengefasst.

Abb. 22

Vor- und Nachteile der Vorgehensweisen zur Implementierung eines RMS

Verfahren	Vorteile	Nachteile
Top-down-Ansatz	▸ systematischer Überblick über vorhandene Ansätze ▸ Auswahl der konzeptionell geeignetsten Methode ▸ Nutzung und Weiterentwicklung der vorhandenen Ansätze	▸ Informationen über die unternehmensspezifische Risikosituation liegen erst bei Projektende vor ▸ Lösung wird teilweise als zu theoretisch empfunden (Akzeptanzprobleme)
Bottom-up-Ansatz	▸ RMS kann stärker auf die spezifische Risikosituation ausgerichtet werden ▸ Unternehmensleitung liegen frühzeitig Informationen über die Risikosituation vor	▸ methodische Vorkenntnisse im Unternehmen erforderlich ▸ zunächst nur grober Überblick über die Risiken, i. d. R. Weiterentwicklung des RMS notwendig ▸ arbeitsaufwändiger als Top-down-Ansatz

Zusammenfassung

▸ Nach dem KonTraG besteht ein Risikomanagement-System (RMS) aus einem Risikofrüherkennungs- und einem Risikoüberwachungssystem.
▸ Betriebswirtschaftlich ist ein RMS ein Managementsystem – bestehend aus Aufgaben, ihrer Zuordnung zu Aufgabenträgern und Regelungen zur Umsetzung des Risikomanagements im Unternehmen.
▸ Die Gestaltung eines RMS wird durch rechtliche und betriebswirtschaftliche Anforderungen, Anforderungen der Wirtschaftsprüfer sowie interne und externe Kontextfaktoren beeinflusst. Es besteht aus einem strategischen Rahmen in Gestalt der Risikokultur und der Risikostrategie, der RM-Organisation und dem operativen RM-Prozess. Das RMS muss durch die IT adäquat unterstützt und prüfungsgerecht, z. B. durch ein Risiko-(management-)handbuch, dokumentiert werden.
▸ Die Minimalanforderung an ein erfolgreiches RMS ist die Erfüllung der rechtlichen Anforderungen. Darüber hinaus soll das RMS von den Mitarbeitern akzeptiert werden, die bei seiner Implementierung formulierten Ziele erfüllen und zur Erreichung der Unternehmensziele beitragen.
▸ Das RMS muss vom Internen Kontrollsystem (IKS) abgegrenzt werden. Nach dem überwachungstheoretischen Ansatz bildet das IKS neben der Internen Revision das Überwachungssystem eines Unternehmens. Nach dem Internal-Control-Ansatz dient das IKS nicht nur der Überwachung, sondern auch der Steuerung.
▸ Ein RMS kann top-down oder bottom-up im Unternehmen eingeführt werden.

2.5 Theoretische Fundierung des Risikomanagements

2.5.1 Notwendigkeit einer theoretischen Fundierung

Eine theoretische Fundierung des Risikomanagements ist notwendig, um ein besseres Verständnis der generellen Wirkungszusammenhänge im Risikomanagement sowie eine verbesserte Anwendung von Methoden und Instrumenten des Risikomanagements zu erreichen. Beispielsweise sind verhaltenswissenschaftliche Erkenntnisse über die Risikowahrnehmung von Menschen wichtig für die Gestaltung der Risikoidentifikation. Der Entscheidungstheorie können wir Regeln für Entscheidungen unter Unsicherheit entnehmen, die zur Verbesserung der Risikosteuerung beitragen. Zudem ist eine theoretische Fundierung eine notwendige Voraussetzung für eine Verankerung des Risikomanagements als wissenschaftliche Teildisziplin (vgl. Küpper, 2004, S. 27).

Hier werden Theorien als **allgemeingültige vereinfachte Abbildungen der Realität** verstanden. Sie bestehen aus einem System empirisch bewährter Hypothesen und ihrer Anwendungsprämissen und dienen dazu, bestimmte Sachverhalte zu beschreiben, zu klären und zu prognostizieren. In der Betriebswirtschaftslehre werden Formaltheorien, die auf formalen theoretischen Modellen basieren, wie z. B. die Prinzipal-Agenten-Theorie, und Realtheorien, die auf der Grundlage empirischer Beobachtung Modelle über Teilzusammenhänge der Wirklichkeit ableiten, unterschieden. Beispiele für letztere sind deskriptive Entscheidungstheorien wie die Prospect Theory (vgl. Küpper, 2004, S. 26 f.; Bortz/Döring, 2002, S. 17 f.). In der Literatur werden **zahlreiche Theorien zur Fundierung des Risikomanagements** genannt (vgl. u. a. Winter, 2007c, S. 86 ff.). In diesem Abschnitt werden grundlegende Aussagen der folgenden Theorien kurz vorgestellt und wesentliche Implikationen für das Risikomanagement abgeleitet:
- Portfoliotheorie und Capital-Asset-Pricing-Modell (CAPM),
- Entscheidungstheorie,
- Prinzipal-Agenten-Ansatz und
- ausgewählte Ansätze der Verhaltenswissenschaften.

Der erste Abschnitt ist den allgemeinen statistischen Grundlagen gewidmet, die für das Verständnis der quantitativen Risikobewertung notwendig sind.

2.5.2 Grundlagen der deskriptiven und schließenden Statistik

Die **Bewertung von Risiken** erfordert die Kenntnis grundlegender statistischer Konzepte und Maßgrößen. Beispielsweise lässt sich Risiko als mögliche Abweichung von einem erwarteten Zielwert interpretieren. Die Quantifizierung eines derartigen Risikos erfordert die Schätzung des Erwartungswertes und möglicher Abweichungen z. B. in Form der Standardabweichung.

Grundlagen des Risikomanagements
Theoretische Fundierung des Risikomanagements

Unter dem Begriff Statistik lassen sich alle quantitativen Analysemethoden zur Beschreibung von empirischen Daten durch Grafiken, Tabellen oder Kennzahlen (**deskriptive Statistik**) und zur Prüfung der Gültigkeit von Hypothesen auf der Grundlage empirischer Daten (**schließende Statistik**) subsummieren (vgl. Bortz, 2005, S. 1). Im Folgenden werden für das Risikomanagement relevante Kennzahlen der deskriptiven Statistik sowie Überlegungen zur Wahrscheinlichkeitsrechnung aus der schließenden Statistik vorgestellt.

Kennzahlen der deskriptiven Statistik

Ein empirischer Datensatz wird in der deskriptiven Statistik anhand einer Häufigkeitsverteilung dargestellt und durch Kennzahlen in Form von Lage- und Streuungsmaßen beschrieben. Für das Risikomanagement sind vor allem folgende Maße relevant (vgl. auch im Folgenden Bortz, 2005, S. 34 ff. sowie 203 ff.; Schneck, 2010, S. 102 ff.):

- **Mittelwert** $\bar{x}$ als Maß für die zentrale Tendenz einer empirischen Häufigkeitsverteilung

$$\bar{x} = \frac{\sum_{i=1}^{n} x_i}{n}$$

- mit: n = Anzahl der Beobachtungen
- x_i = Messwert der beobachteten Variablen
- **Varianz** σ^2 bzw. **Standardabweichung** σ als Streuungsmaße einer empirischen Häufigkeitsverteilung. Die Varianz ist definiert als die Summe der quadrierten Abweichungen aller Messwerte vom Mittelwert, dividiert durch die Anzahl aller Messwerte.

$$\sigma^2 = \frac{\sum_{i=1}^{n}(x_i - \bar{x})^2}{n}$$

Die Standardabweichung oder auch Streuung ergibt sich aus der positiven Wurzel der Varianz. Sie ist ein Maß für die Schwankung der einzelnen Messwerte um ihren Mittelwert und wird daher auch als Risikomaß verwendet.

$$\sigma = \sqrt{\sigma^2}$$

Kovarianz cov bzw. **Korrelation** kor als Maße für die Stärke des Zusammenhangs zwischen zwei Variablen. Die Korrelation wird dabei durch den Korrelationskoeffizienten k gemessen.

$$\text{cov}(x, y) = \frac{\sum_{i=1}^{n}(x_i - \bar{x}) \cdot (y_i - \bar{y})}{n}$$

$$k = \frac{\text{cov}(x, y)}{\sigma_x \cdot \sigma_y}$$

▶ Sind die beiden Variablen x und y unabhängig voneinander, ist die Kovarianz zwischen beiden Null. Je größer die Kovarianz ist, desto stärker ist der Zusammenhang bzw. desto höher ist die positive bzw. negative Abweichung zwischen den Variablen. Der Korrelationskoeffizient ist zwischen +1 und −1 normiert. Bei r = +1 liegt ein perfekt positiver Zusammenhang und bei r = −1 ein perfekt negativer Zusammenhang vor. Bei r = 0 sprechen wir von zwei unkorrelierten bzw. unabhängigen Variablen.

Beispiel **Fußballbundesliga I**

▶▶▶ Sie sind fußballbegeistert und möchten Karten für den nächsten Bundesliga-Spieltag erwerben. Allerdings sind Sie sich unsicher, ob Sie lieber zur Partie FC Bayern München gegen den Hamburger SV oder Borussia Dortmund gegen Werder Bremen gehen sollen. Sie überlegen sich, dass Sie Karten für das Spiel erwerben möchten, in dem voraussichtlich die meisten Tore fallen werden. Daher analysieren Sie für beide Konstellationen die geschossenen Tore der letzten 10 Partien:

Abb. 23

Torstatistik

Saison	Bayern München – HSV	Borussia Dortmund – Werder Bremen
2006/2007	1-2	0-2
2007/2008	1-1; 1-1	3-0; 0-2
2008/2009	2-2; 0-1	3-3; 1-0
2009/2010	0-1; 1-0	1-1; 2-1
2010/2011	0-0; 6-0	2-0; 0-2
2011/2012	5-0	0-2
Mittelwert	2,5	2,5
Standardabweichung	1,96	1,35
Kovarianz	0,55	
Korrelation	0,21	

Quelle: www.bundesliga.de/de/statistik/vergleich/index.php.

In beiden Konstellationen wurden in der Vergangenheit im Durchschnitt 2,5 Tore pro Spiel erzielt. Sie entscheiden sich trotzdem für die Partie Borussia Dortmund gegen Werder Bremen, da Sie so das Risiko minimieren, weniger Tore zu sehen. Zwischen der Zahl der Tore in beiden Spielen bestand in der Vergangenheit ein leicht positiver Zusammenhang, d.h. wenn in der Partie Bayern München gegen den HSV viele Tore gefallen sind, wurden auch in der Partie Borussia Dortmund gegen Werder Bremen viele Tore erzielt. ◀◀◀

Grundlagen des Risikomanagements
Theoretische Fundierung des Risikomanagements

Wahrscheinlichkeiten

Da Risiken sich auf zukünftige Ereignisse beziehen, müssen häufig Wahrscheinlichkeiten für ihren Eintritt bestimmt werden. Die Wahrscheinlichkeit p eines Ereignisses gibt an, wie groß die Möglichkeit ist, dass das Ereignis in der Zukunft eintritt. Je größer die Wahrscheinlichkeit ist, desto häufiger wird das Ereignis in der Zukunft auftreten (vgl. hier und im Folgenden Bortz, 2005, S. 49 ff.; Schneck, 2010, S. 108 f.). Wahrscheinlichkeiten sind immer positiv und können Werte zwischen 0 und 1 annehmen. Beträgt die Wahrscheinlichkeit eines Ereignisses 1, so spricht man von einem sicheren Ereignis, da es auf jeden Fall eintreten wird.

Es werden subjektive und objektive Wahrscheinlichkeiten unterschieden. **Subjektive Wahrscheinlichkeiten** sind numerische Angaben zur subjektiven Überzeugung über die Sicherheit des Eintretens von Ereignissen, während **objektive Wahrscheinlichkeiten** z. B. durch relative Häufigkeiten eines Ereignisses in der Vergangenheit geschätzt werden. Dabei fällt die Schätzung umso genauer aus, je größer die Zahl der betrachteten Fälle ist. Subjektive Wahrscheinlichkeiten können für ein Ereignis von Person zu Person variieren, während die objektive Wahrscheinlichkeit eines Ereignisses unabhängig von der Person, die sie auf der Grundlage eines bestimmten Datensatzes berechnet, immer gleich ist. Die Statistik verwendet einen objektiven Wahrscheinlichkeitsbegriff.

Beispiel Fußballbundesliga II

▶▶▶ Sie versuchen die Wahrscheinlichkeiten für einen Sieg von Bayern München bzw. Borussia Dortmund in der nächsten Partie zu ermitteln.
- Dazu befragen Sie zunächst einen Fußballexperten. Der gibt die (subjektive) Wahrscheinlichkeit eines Siegs von Bayern München mit 80 % an und verweist auf die Verletzungssituation beim HSV. Zudem schätzt er die Wahrscheinlichkeit eines Siegs der Dortmunder mit 90 % ein, da diese im heimischen Stadion antreten dürfen.
- Zusätzlich versuchen Sie, objektive Eintrittswahrscheinlichkeiten zu bestimmen und werten die Ergebnisse aller gespielten Bundesligapartien zwischen den Mannschaften seit Gründung der Bundesliga aus. Bayern München hat insgesamt 93-mal gegen den HSV gespielt und davon 54-mal gewonnen. Die anhand der relativen Häufigkeit gemessene objektive Eintrittswahrscheinlichkeit eines Sieges beträgt somit 58 %. Borussia Dortmund und Werder Bremen haben 87-mal seit Gründung der Bundesliga gegeneinander gespielt, wobei es 39 Dortmunder Siege gab. Die objektive Eintrittswahrscheinlichkeit eines Sieges beträgt somit 45 %. ◀◀◀

Verteilungen zur Bestimmung von objektiven Wahrscheinlichkeiten

Zukünftige Ereignisse können unter bestimmten Bedingungen als **Ergebnisse eines Zufallsexperiments** aufgefasst und als **Zufallsvariable**, die jedem Ergebnis des Zufallsexperiments eine bestimmte Zahl zuordnet, abgebildet werden. Ein Beispiel für ein Zufallsexperiment ist das Werfen eines Würfels, dem Ergebnis jedes Wurfes können Zahlen von 1 bis 6 zugeordnet werden. Zufallsvariablen sind **diskret**, wenn die Ergebnisse des Zufallsexperiments wie im Würfelbeispiel abzählbar sind, oder **stetig (kontinuierlich)**, wenn die Werte der Zufallsvariablen in einem gegebenen Intervall beliebig genau sein können, wie z. B. bei Gewichtsangaben. Die **schließende Statistik** behandelt Stichprobenergebnisse in statistischen Untersuchungen wie Ausgänge eines Zufallsexperiments (vgl. auch im Folgenden Bortz, 2005, S. 62 ff.; Schneck, 2010, S. 101 ff.)

Wahrscheinlichkeitsverteilungen einer Zufallsvariablen informieren darüber, mit welcher Wahrscheinlichkeit Realisierungen einer Zufallsvariablen auftreten. Man unterscheidet **diskrete Wahrscheinlichkeitsfunktionen** für diskrete Zufallsvariablen und **stetige Wahrscheinlichkeitsfunktionen** für kontinuierliche Größen, z. B. Zeit-, Längen- und Gewichtsmessungen. Wahrscheinlichkeitsverteilungen von stetigen Zufallsvariablen heißen **Dichtefunktionen**.

Wird die Wahrscheinlichkeit einer diskreten Zufallsvariable kumuliert, spricht man von der **Verteilungsfunktion** der Zufallsvariablen. Sie gibt an, mit welcher Wahrscheinlichkeit eine Zufallsvariable einen bestimmten Wert nicht überschreitet

$$F(x) = \sum_{x_i < X} f(x_i)$$

Die Verteilungsfunktion einer stetigen Zufallsvariablen gibt die Wahrscheinlichkeit an, dass die Zufallsvariable X einen Wert annimmt, der höchstens so groß ist wie a, dem Integral der Dichtefunktion (bzw. der Fläche) von $-\infty$ bis a.

$$p(X < a) = \int_{-\infty}^{a} f(x) dx$$

Die theoretischen Verteilungen einer Zufallsvariablen können ebenfalls durch ihren Mittelwert, der dann als Erwartungswert bezeichnet wird, und ihre Varianz bzw. Standardabweichung beschrieben werden, wobei dann die Bezeichnungen μ und σ^2 verwendet werden, die bei diskreten Zufallsvariablen wie folgt berechnet werden:

$$\mu = \sum_{i=1}^{N} p_i \cdot x_i$$

$$\sigma^2 = \sum_{i=1}^{N} p_i \cdot (x_i - \mu)^2$$

Bei stetigen Zufallsvariablen werden Erwartungswert und Varianz folgendermaßen berechnet:

$$\mu = \int_{-\infty}^{\infty} x f(x) dx$$

$$\sigma^2 = \int_{-\infty}^{\infty} (x - \mu)^2 f(x) dx$$

Grundlagen des Risikomanagements
Theoretische Fundierung des Risikomanagements

Theoretische Verteilungen für das Risikomanagement

Bestimmte Risiken können durch theoretische Verteilungen beschrieben werden. Theoretische Verteilungen lassen sich mathematisch exakt beschreiben. Die wichtigsten theoretischen Verteilungen im Risikomanagement sind die Binomialverteilung, die Normalverteilung und die Dreiecksverteilung (vgl. auch im Folgenden Rosenkranz/Missler-Behr, 2005, 223 ff.; Gleißner, 2011, S. 117 ff. Für einen Überblick über verschiedene theoretische Verteilungen vgl. Bortz, 2005, S. 65 ff.).

Die **Binomialverteilung** beschreibt die Wahrscheinlichkeit, dass bei n-maliger Wiederholung eines sogenannten Bernoulli-Experiments ein Ereignis A genau k-mal eintritt. Ein Bernoulli-Experiment ist dadurch gekennzeichnet, das zwei Ereignisse A und B mit den Eintrittswahrscheinlichkeiten p und (1-p) auftreten können, diese Wahrscheinlichkeiten sich bei Versuchswiederholungen nicht ändern und die einzelnen Versuche unabhängig voneinander sind, z. B. beim mehrmaligen Werfen einer Münze. Ein Beispiel aus der Betriebswirtschaft ist der Produktionsausschuss. Erwartungswert und Standardabweichung der Binomialverteilung können wie folgt berechnet werden:

$$\mu_x = n \cdot p$$

$$\sigma_x = \sqrt{n \cdot p \cdot (1-p)}$$

Die **Normalverteilung** ist die wichtigste stetige Wahrscheinlichkeitsverteilung und hat folgende **Eigenschaften** (vgl. Bortz, 2005, S. 73 f.):
- Sie wird durch ihren Erwartungswert und ihre Standardabweichung vollständig beschrieben, d. h. Normalverteilungen mit gleichem Erwartungswert und gleicher Streuung sind identisch.
- Ihre Dichtefunktion hat einen glockenförmigen Verlauf, weswegen sie auch als **Glockenkurve** bezeichnet wird.
- Die Verteilung ist symmetrisch.
- Modalwert, Median und Erwartungswert fallen zusammen.
- Die Verteilung nähert sich asymptotisch der X-Achse.

Die **Fläche unter der Dichtefunktion** einer Normalverteilung ist **normiert**. So befinden sich im Bereich des Erwartungswertes μ zuzüglich sowie abzüglich der Standardabweichung σ 68,26 % der gesamten Fläche unter der Dichtefunktion, zwischen den Werten $\mu + 2*\sigma$ und $\mu - 2*\sigma$ sogar 95,44 % der Fläche. Das bedeutet, dass die Wahrscheinlichkeit, dass eine normalverteilte Zufallsvariable einen Wert zwischen $\mu - \sigma$ und $\mu + \sigma$ annimmt, 68,26 % beträgt (vgl. Bortz, 2005, S. 42 f.).

Die **Normalverteilung** kommt in der Praxis relativ häufig vor, da eine Zufallsvariable immer dann annähernd normalverteilt ist, wenn diese als Summe einer großen Anzahl von möglichen Ausprägungen eines Ereignisses aufgefasst werden kann, von denen jedes zur Summe nur einen unbedeutenden Beitrag liefert. Als gängiges Beispiel wird die Verteilung künftiger Aktienrenditen genannt. Weitere Beispiele für annähernd normalverteilte Merkmale sind (Men-

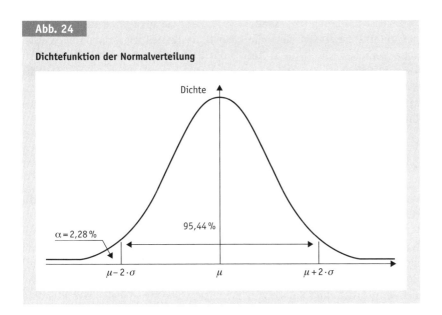

Abb. 24

Dichtefunktion der Normalverteilung

gen-)Abweichungen vom erwarteten Umsatz bei einer Vielzahl von Kunden mit unabhängigem Kaufverhalten.

Die **Dreiecksverteilung** ist eine sehr einfache diskrete Verteilung und wird lediglich durch drei Punkte charakterisiert: den Minimalwert a, den mittleren Wert b und den Maximalwert c. Alle Werte werden als gleich wahrscheinlich angenommen. Der Anwender muss somit nicht explizit Wahrscheinlichkeiten schätzen. Erwartungswert und Standardabweichung der Dreiecksverteilung können wie folgt berechnet werden:

$$\mu = \frac{a + b + c}{3}$$

$$\sigma = \sqrt{\frac{a^2 + b^2 + c^2 - ab - ac - bc}{18}}$$

Die Grundlagen der deskriptiven und schließenden Statistik sind insbesondere für die **Risikobewertung** von großer Bedeutung. Zum einen lassen sich anhand der Auswertung der empirischen Häufigkeitsverteilungen vergangener Schadensereignisse objektive Eintrittswahrscheinlichkeiten und erwartete Schadensausmaße schätzen. Zum anderen können bestimmte Risiken oder Risikoeinflussgrößen durch theoretische Verteilungen abgebildet werden. Die Dreiecksverteilung erlaubt eine quantitative Abschätzung des Risikos einer Variablen, indem lediglich drei Werte für diese angegeben werden müssen. Die Beschreibung eines Risikos durch drei Werte entspricht der in der Praxis gebräuchlichen Umsetzung der Szenariotechnik mit Best-Case-, Real-Case- und

Implikationen für das Risikomanagement

Worst-Case-Szenarien (vgl. Kapitel 5.2.7). Folgt die zukünftige Entwicklung einer unternehmerischen Zielgröße einer Normalverteilung, können anspruchsvolle Methoden wie **Value-at-Risk- oder Cashflow-at-Risk-Modelle** zur Risikoquantifizierung verwendet werden (vgl. Kapitel 5.2.8). Falls für die Entwicklung relevanter Einflussgrößen auf die Unternehmensziele (Risikofaktoren) Verteilungen angenommen werden können, kann deren Wirkung auf die Unternehmensziele durch **Simulationsmodelle** bewertet werden.

2.5.3 Portfoliotheorie und CAPM

Die Portfoliotheorie und das daraus entwickelte Capital-Asset-Pricing-Modell (CAPM) liefern wesentliche Erkenntnisse für die Risikosteuerung.

Ansatz der Portfoliotheorie

Eine Grundlage für das Risikomanagement bildet die Portfoliotheorie von Harry M. Markowitz aus den 1950er-Jahren. Bei der Portfoliotheorie geht es um die Auswahl von Wertpapieren, insbesondere Aktien, für ein Wertpapierportfolio. Die Grundidee von Markowitz besteht darin, Wertpapiere auszuwählen, die sich hinsichtlich ihrer Kursentwicklung nicht vollkommen gleich verhalten. Die Portfoliotheorie bildet die Grundlage für die **Risikodiversifikation**. Die wichtigsten Annahmen und Aussagen der Portfoliotheorie werden nachfolgend kurz zusammengefasst (vgl. auch im Folgenden Steiner/Bruns, 2002, S. 7 ff.; Kruschwitz/Husmann, 2010, S. 203 ff. Die Originalquellen befinden sich bei Markowitz, 1952 und Markowitz, 1959).

Annahmen der Portfoliotheorie

Die Portfoliotheorie geht von folgenden Annahmen aus:
- Jedes Wertpapier lässt sich anhand seiner **erwarteten Rendite $E(R_i)$** und deren **Varianz VAR (R_i)** beschreiben, wobei die erwartete Rendite ein Maß für den zukünftigen unsicheren Ertrag des Wertpapiers ist und die Varianz die Schwankung dieser zukünftigen unsicheren Rendite abbildet und daher ein Maß für das Risiko des Wertpapiers ist. Als alternatives Risikomaß wird die **Standardabweichung** verwendet.
- Die Anleger treffen ihre **Anlageentscheidung** auf der Basis der erwarteten Rendite und des Risikos eines Wertpapiers.
- Die Anleger sind **risikoscheu**, d. h. sie akzeptieren nur dann ein höheres Risiko, falls die erwartete Rendite überproportional zunimmt.
- Es existieren **keine Transaktionskosten und Steuern**.
- Alle Wertpapiere sind **beliebig teilbar**.
- Der Beobachtungszeitraum beträgt eine Periode (**Zwei-Punkt-Modell**).

Aussagen der Portfoliotheorie

Aus der Portfoliotheorie lassen sich folgende grundlegende Aussagen ableiten:
- Werden in einem Portfolio zwei Wertpapiere i und j aufgenommen, ergibt sich die **erwartete Portfoliorendite** aus der Addition der gewichteten erwarteten Renditen beider Wertpapiere i und j:

$$E(R_p) = w_i \cdot E(R_i) + w_j \cdot E(R_j)$$

mit: $E(R_p)$ = erwartete Rendite des Portfolios p
$E(R_i)$ = erwartete Rendite des Wertpapiers i
$E(R_j)$ = erwartete Rendite des Wertpapiers j
w_i = Anteil des Wertpapiers i am Portfoliowert
w_j = Anteil des Wertpapiers j am Portfoliowert

- Das **Risiko** des Portfolios kann jedoch nicht einfach addiert werden, sondern hängt vom Zusammenhang der Renditeentwicklungen beider Wertpapiere ab:

$$VAR(R_p) = w_i^2 \cdot VAR(R_i) + w_j^2 \cdot VAR(R_j) + 2w_i w_j \cdot COV(R_i, R_j)$$

mit: $VAR(R_p)$ = Varianz der erwarteten Rendite des Portfolios p
$VAR(R_i)$ = Varianz der erwarteten Rendite des Wertpapiers i
$VAR(R_j)$ = Varianz der erwarteten Rendite des Wertpapiers j
$COV(R_i, R_j)$ = Kovarianz der erwarteten Renditen der Wertpapiere i und j

- Zur Beurteilung des Zusammenhangs der Renditeentwicklung von Wertpapieren wird statt der Kovarianz die Korrelation verwendet, die anhand des **Korrelationskoeffizienten** gemessen wird:

$$k_{ij} = \frac{COV(R_i, R_j)}{\sigma_i * \sigma_j}$$

mit: k_{ij} = Korrelationskoeffizient der erwarteten Renditen der Wertpapiere i und j
σ_i = Standardabweichung der erwarteten Rendite des Wertpapiers i
σ_j = Standardabweichung der erwarteten Rendite des Wertpapiers j

- Je nach Korrelation zwischen den erwarteten Renditen der Wertpapiere i und j kann das Risiko eines Portfolios beider Wertpapiere reduziert und damit **Diversifikationseffekte** erreicht werden. Dabei werden drei Fälle unterschieden:

  a) Die erwarteten Renditen der beiden Wertpapiere *i* und *j* sind **vollständig positiv korreliert**, d.h. $k_{ij}=1$. In diesem Fall ergibt sich das Risiko des Portfolios additiv aus den Einzelrisiken der beiden Wertpapiere:

  $$\sigma_P = w_i \sigma_i + w_j \sigma_j$$

  Eine Risikoreduzierung durch Mischung beider Wertpapiere ist nicht möglich.

  b) Die erwarteten Renditen der beiden Wertpapiere i und j sind **unkorreliert**, d.h. $k_{ij} = 0$. Das Risiko des Portfolios ist geringer als das Risiko der einzelnen Wertpapiere:

  $$\sigma_P = \sqrt{w_i^2 \sigma_i^2 + w_j^2 \sigma_j^2}$$

  c) Die erwarteten Renditen der beiden Wertpapiere *i* und *j* sind **vollständig negativ korreliert**, d.h. $k_{ij} = -1$. Hier lassen sich maximale Diversifikationseffekte erzielen, da das Risiko komplett auf Null reduziert werden kann:

$$\sigma_P = |w_i\sigma_i - w_j\sigma_j|$$

d) Die erwarteten Rendte der beiden Wertpapiere i und j sind **nicht perfekt korreliert**, d. h. $-1 < k_{ij} < 1$. Auch hier ergeben sich je nach Stärke der Korrelation Diversifikationseffekte:

$$\sigma_P = \sqrt{w_i^2\sigma_i^2 + w_j^2\sigma_j^2 + 2 \cdot w_i \cdot w_j \cdot k_{ij} \cdot \sigma_i \cdot \sigma_j}$$

- Bei mehr als zwei riskanten Wertpapieren werden die erwartete Portfoliorendite und deren Varianz wie folgt berechnet:

$$E(R_p) = \sum_{i=1}^{I} w_i E(R_i)$$

$$VAR(R_p) = \sum_{i=1}^{I}\sum_{j=}^{J} w_i w_j COV(R_i, R_j)$$

- Sämtliche Portfolios lassen sich nach ihrer erwarteten Rendite und ihrer Standardabweichung in ein Diagramm einzeichnen. Ein Portfolio ist dann **effizient**, wenn es kein anderes Portfolio von Wertpapieren gibt, das bei gleicher erwarteter Rendite ein geringeres Risiko aufweist, bei gleichem Risiko eine höhere erwartete Rendite hat oder sowohl eine höhere erwartete Rendite als auch eine geringeres Risiko hat. Die Menge aller effizienten Portfolios lässt sich dann als **Effizienzkurve** darstellen.
- Ein Anleger wählt das Portfolio auf der Effizienzkurve aus, das seiner **Risikoneigung** entspricht. Die Risikoneigung von Anlegern wird durch **Nutzenfunktionen** ermittelt, die den Trade-off zwischen erwarteter Rendite und Risiko angeben, und grafisch durch Isonutzenkurven dargestellt werden. Alle Punkte, die auf einer Isonutzenkurve liegen, haben für einen (risikoscheuen) Anleger dieselbe Wertigkeit. Das optimale Portfolio eines Anlegers befindet sich im Tangentialpunkt der Isonutzenkurve mit dem größten Nutzen und der Effizienzkurve der Portfolios.

Ansatz und Annahmen des CAPM

Die Portfoliotheorie bildet die Grundlage des Capital-Asset-Pricing-Modells (CAPM), dass von William F. Sharpe, John Lintner, Jan Mossin und Jack L. Treynor in den 1960er-Jahren entwickelt wurde (vgl. auch im Folgenden Steiner/Bruns, 2002, S. 22 ff.; Kruschwitz/Husmann, 2010, S. 171 ff. Die Originalquellen finden sich bei Sharpe, 1964; Lintner, 1965 und Mossin, 1966). Zu den Prämissen der Portfoliotheorie werden zusätzliche Annahmen eingeführt:
- Es existiert ein **risikoloser Zinssatz**, zu dem die Anleger jederzeit beliebig viel Geld aufnehmen oder anlegen können.
- Bezüglich der Rendite und des Risikos aller Wertpapiere bestehen bei allen Anlegern **homogene Erwartungen**.

2.5 Theoretische Fundierung des Risikomanagements

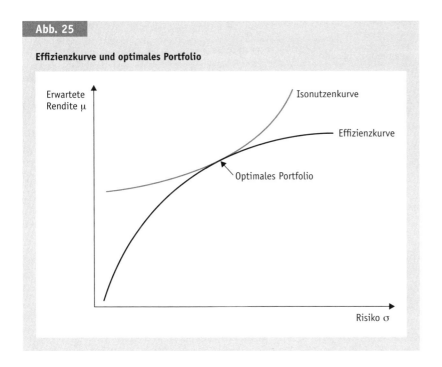

Abb. 25

Effizienzkurve und optimales Portfolio

Aus dem CAPM lassen sich folgende grundlegende Aussagen ableiten:

- Die Anleger können jetzt ihre individuellen Wertpapierportfolios mit der risikolosen Anlagemöglichkeit R_f mischen.
- Durch die Mischung zwischen der risikolosen Anlagemöglichkeit und den effizienten Portfolios entsteht eine **Kapitalmarktlinie**. Dort wo diese Kapitalmarktlinie die Effizienzlinie berührt (Tangentialpunkt M), liegt das effiziente Portfolio, das alle anderen Wertpapierportfolios dominiert und für alle Anleger unabhängig von ihrer Risikoeinstellung gleich strukturiert ist (**Tobin-Separation**). Dieses Portfolio enthält alle verfügbaren Wertpapiere eines Marktes im Verhältnis ihrer Kapitalisierung (Marktportfolio). Die Bestimmung der optimalen Mischung der risikolosen Anlage mit dem Marktportfolio ergibt sich wiederum im Tangentialpunkt mit den jeweiligen **Isonutzenkurven** eines Anlegers.
- Die erwartete Rendite dieses Portfolios berechnet sich wie folgt:

$$E(R_p) = R_f + \frac{E(R_m) - R_f}{\sigma_m} * \sigma_p$$

mit: $E(R_p)$ = erwartete Rendite des Portfolios p
$E(R_m)$ = erwartete Rendite des Marktportfolios
σ_p = Standardabweichung der erwarteten Rendite des Portfolios p
σ_m = Standardabweichung der erwarteten Rendite des Marktportfolios
R_f = Rendite der risikolosen Anlagemöglichkeit

Aussagen des CAPM

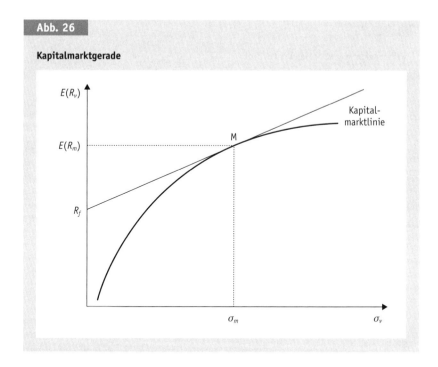

Abb. 26

Kapitalmarktgerade

- Der 2. Term der o. g. Formel kann als **Risikoprämie** interpretiert werden und beinhaltet die über die risikolose Rendite hinausgehende Verzinsung, die ein Anleger für die Übernahme des Risikos des Portfolios p erhält.
- Es wird zwischen einem systematischen und einem unsystematischen Risiko eines Wertpapiers unterschieden. Das **systematische Risiko** β wird vom Markt entlohnt und kann nicht durch Diversifikation beseitigt werden, während das **unsystematische Risiko** durch Diversifikation eliminiert werden kann. Das systematische Risiko wird auch als **Beta-Faktor** bezeichnet.
- Der Betafaktor eines Wertpapiers i wird wie folgt berechnet:

$$\beta_i = \frac{COV\ (R_i, R_M)}{\sigma_M^2}$$

Er drückt aus, inwieweit sich die erwartete Rendite des Wertpapiers ändert, wenn sich die erwartete Rendite des Marktportfolios um ein 1 % ändert. Bei einem Beta-Faktor von 1 (größer 1 bzw. kleiner 1) schwankt die erwartete Rendite des Wertpapiers in gleichem (größerem bzw. geringerem) Ausmaß wie die erwartete Rendite des Marktportfolios.

- Zwischen der Rendite eines Wertpapiers i und seinem Risiko β_i besteht ein linearer Zusammenhang. Dabei setzt sich die Wertpapierrendite aus einen risikolosen Teil R_f und einer Risikoprämie $\left[E(R_m) - R_f\right] * \beta_i$ zusammen:

$$E(R_i) = R_f + \left[E(R_m) - R_f\right] * \beta_i$$

Die Portfoliotheorie und das CAPM sind insbesondere für die Risikobewertung und -steuerung von Wertpapieren relevant. Allerdings wird versucht, Überlegungen zur Risikodiversifikation auch auf andere Investitionsobjekte, z. B. Geschäftsbereiche oder Märkte, und deren Risiken zu übertragen.

Implikationen für das Risikomanagement

Eine wesentliche Erkenntnis der Portfoliotheorie und des CAPM ist, dass das aggregierte Risiko einer Menge unsicherer Ereignisse aufgrund von negativen Korrelationseffekten i. d. R. geringer als die Summe der einzelnen Risiken ist. Dieser **Diversifikationseffekt** gilt sowohl für ein Kollektiv ähnlicher bzw. weitgehend homogener Risiken, wie z. B. von Wertpapieren in einem Wertpapierportfolio, als auch für ein Portfolio von eher heterogenen Investitionsobjekten. Dem Diversifikationseffekt ist sowohl in der Risikobewertung als auch bei der Risikosteuerung Rechnung zu tragen. Soll die gesamte Risikoposition eines Unternehmens bestimmt werden **(Risikoaggregation)**, dürfen die einzelnen Risiken nicht einfach addiert werden, da ansonsten die Gefahr der Überschätzung von Risiken besteht. Stattdessen sind Risikointerdependenzen zu beachten. Eine Addition von Risiken ist nur bei einer vollkommen positiven Korrelation zulässig. Für die **Risikosteuerung** spielt der Diversifikationseffekt eine wichtige Rolle, da das Gesamtrisiko eines Unternehmens durch eine entsprechende Mischung negativ korrelierter Geschäftsbereiche reduziert werden kann (vgl. Winter, 2007c, S. 88 f.).

Aus dem CAPM lässt sich zudem ableiten, dass sich die von einem Investor erwartete Rendite einer Investition aus einer Mindestrendite in Form der risikolosen Verzinsung sowie einer Risikoprämie zusammensetzt. Die **Risikoprämie** wird dabei maßgeblich vom individuellen Risiko β einer Investition bestimmt. Prinzipiell ergeben sich hieraus Implikationen für die Risikobewertung und die Risikosteuerung. So lässt sich argumentieren, dass sich das **Risiko einer beliebigen Investition** durch deren Beta-Faktor messen lässt. Allerdings lassen sich Beta-Faktoren außerhalb von Wertpapiermärkten aufgrund fehlender Daten nur sehr schwer bestimmen. Zudem wird durch den Beta-Faktor nur das systematische, nicht diversifizierbare Risiko einer Investition, z. B. durch die Veränderungen genereller externer Risikofaktoren wie der Konjunktur oder Naturgewalten, abgebildet. Allerdings wird angenommen, dass der Anteil des unsystematischen Risikos aufgrund von unternehmens- bzw. geschäftsbereichs- oder produktspezifischen Risikofaktoren 70 % des Gesamtrisikos einer Investition beträgt und außerhalb von Wertpapiermärkten auch nicht vollständig wegdiversifiziert werden kann. Somit ist der Beta-Faktor ein **unvollständiges Risikomaß**. In Bezug auf die Risikosteuerung lässt sich aus dem CAPM die Berücksichtigung der Risikoprämie einer Investition in den Vorteilhaftigkeitskalkülen der Investitionsrechnung und bei der Allokation von Eigenkapital zur Risikodeckung ableiten (vgl. Form, 2005, S. 202 ff.)

Weitere Probleme aus der **praktischen Anwendung** der Portfoliotheorie und des CAPM resultieren aus der Vielzahl zu schätzender Daten. Häufig muss auf historische Daten zurückgegriffen werden, um effiziente Portfolios zu schätzen. Außerhalb des Wertpapierbereichs liegen historische Daten über die Renditen von möglichen Investitionsobjekten selten in der erforderlichen Menge vor.

Selbst für Wertpapiere ist es fraglich, ob die historischen Renditen auch für zukünftige Anlagen gelten. Probleme bereiten zudem die fehlende Kenntnis der individuellen Risikoneigung bzw. Nutzenvorstellung der Entscheider (vgl. Steiner/Bruns, 2002, S. 14 ff.). Zur Bestimmung der risikolosen Verzinsung wird in der Literatur die Verwendung der Rendite von langfristigen Staatsanleihen empfohlen, da diese »einem minimalen und daher in den Betrachtungen zu vernachlässigendem Bonitäts- und Zinsänderungsrisiko« unterliegen (Form, 2005, S. 203). Die Eurokrise zeigt jedoch eindrucksvoll, dass es in der Praxis keine vollkommen risikolosen Anlagemöglichkeiten gibt.

2.5.4 Präskriptive Entscheidungstheorie

Präskriptive versus deskriptive Entscheidungstheorie

Die betriebswirtschaftliche Entscheidungstheorie beschäftigt sich mit menschlichen **Entscheidungen** in Unternehmen und anderen Organisationen. Die präskriptive Entscheidungstheorie gehört zu den formaltheoretischen Ansätzen und will Menschen bei Entscheidungen unterstützen, indem sie **Entscheidungsregeln** formuliert und Verfahren zur besseren Strukturierung und Verarbeitung der dafür notwendigen Informationen entwickelt. Sie geht vom Menschenbild des rational handelnden **homo oeconomicus** mit unbegrenzter Informationsverarbeitungskapazität aus. Die präskriptive Entscheidungstheorie wird auch als normativer Ansatz bezeichnet. Die deskriptive Entscheidungstheorie beschreibt und erklärt dagegen das tatsächliche **menschliche Entscheidungsverhalten**, da es in der Praxis aufgrund von Willens- und Könnensdefiziten der Entscheider häufig zu Abweichungen vom rationalen Entscheidungsverhalten kommt. Die deskriptive Entscheidungstheorie wird auch als empirisch-kognitiver Ansatz bezeichnet und daher in diesem Lehrbuch bei den verhaltenswissenschaftlichen Ansätzen behandelt (vgl. Winter, 2007c, S. 87 ff.; Langer/Rogowski, 2009, S. 197 f.; Eisenführ et al., 2010, S. 1 f.).

Komplexität von Entscheidungen

In der unternehmerischen Praxis sind Entscheidungen häufig komplex, da
- sich ihre Auswirkungen auf die zukünftige Zielerreichung des Unternehmens aufgrund der **Umweltunsicherheit und -dynamik** nicht mit Sicherheit vorhersagen lassen,
- sie aufgrund der **zahlreichen Leistungsbeziehungen** in Unternehmen vielfältige Auswirkungen in anderen Unternehmensbereichen haben können,
- sie durch eine **Vielzahl von internen und externen Faktoren** beeinflusst werden,
- zu viele oder zu wenige Handlungsalternativen vorliegen und
- die Entscheider sich über ihre Erwartungen und Präferenzen häufig nicht im Klaren sind (vgl. Eisenführ et al., 2010, S. 1 f.).

Zur Reduzierung der Komplexität sollte jede Entscheidungssituation in ihre **Komponenten** zerlegt werden (vgl. Eisenführ et al., 2010, S. 20):
- **Ziele und Präferenzen des Entscheiders**: Vor jeder Entscheidung sollte sich ein Entscheider über seine Ziele und Präferenzen im Klaren sein.

2.5 Theoretische Fundierung des Risikomanagements

- **Handlungsalternativen** (synonym: Alternativen, Aktionen, Optionen): Der Entscheider steht vor einer Anzahl von Alternativen, aus denen er eine auswählen kann, um seine Ziele zu erreichen.
- **Umwelteinflüsse:** Ereignisse oder Zustände der Umwelt haben auf das Ergebnis der Entscheidung einen Einfluss, können aber vom Entscheider nicht oder nur eingeschränkt beeinflusst werden. Über ihre zukünftige Entwicklung sollte der Entscheider Erwartungen bilden.
- **Konsequenzen von Handlungsalternativen und Umwelteinflüssen**: Zudem muss der Entscheider ein Wirkungsmodell entwickeln, mit dem er die Zielerreichung seiner Handlungsalternativen unter der Annahme bestimmter Umweltkonstellationen abschätzt.

Zukünftige Ereignisse können in **sichere Ereignisse**, die mit einer Eintrittswahrscheinlichkeit von 100 % eintreten werden, und **unsichere Ereignisse**, bei denen lediglich die Möglichkeit eines Eintritts besteht, unterteilt werden. Unsichere Ereignisse werden wiederum in Ereignisse unter Risiko, für die eine Eintrittswahrscheinlichkeit geschätzt werden kann, und ungewisse Ereignissen, für die keine Eintrittswahrscheinlichkeit abgeleitet werden kann, unterschieden. **Objektive Eintrittswahrscheinlichkeiten** werden aus bekannten Gesetzmäßigkeiten oder aus empirisch-messbaren, relativen Häufigkeiten von Ereignissen abgeleitet. **Subjektive Wahrscheinlichkeiten** sind der Grad des Vertrauens von Personen in den Eintritt von Ereignissen (vgl. Mikus, 2001, S. 6 f.; Wall, 2001, S. 210 f.; Winter, 2007c, S. 80 ff.).

Unsicherheit, Risiko und Ungewissheit

Anders als die Statistik geht die Entscheidungstheorie davon aus, dass es **keine objektiven Wahrscheinlichkeiten** gibt, da diese nur zutreffend bei identisch wiederholbaren Ereignissen berechnet werden können. Zudem ist unklar, wie viele Wiederholungen eines Ereignisses zur Bestimmung seiner Eintrittswahrscheinlichkeit notwendig sind. Die Wahrscheinlichkeit eines Ereignisses ist daher der Grad des Vertrauens einer Person in dessen Eintritt und keine objektiv fest-

Abb. 27

Entscheidungssituationen: Unsicherheit, Risiko und Ungewissheit

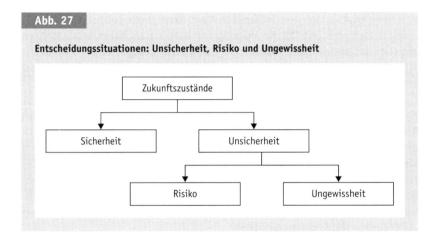

Abb. 28

Vorgehensweisen bei der Messung von Wahrscheinlichkeiten

	Direkte Messung	Indirekte Messung
Fragen nach Wahrscheinlichkeiten	Wahrscheinlichkeiten diskreter Ereignisse, Wahrscheinlichkeiten kontinuierlicher Variablen, Verteilungsfunktionen	
Fragen nach Werten der unsicheren Variablen	Verteilungsfunktionen	

Quelle: Eisenführ et al., 2010, S. 187.

stellbare Eigenschaft der Umwelt. Wahrscheinlichkeiten sind abhängig vom Wissensstand und der Informationsverarbeitungskapazität eines Menschen, d. h. verschiedene Personen können demselben Ereignis unterschiedliche subjektive Wahrscheinlichkeiten zuordnen (vgl. Eisenführ et al., 2010, S. 174 f.).

Schätzung von subjektiven Wahrscheinlichkeiten

Die präskriptive Entscheidungstheorie stellt direkte und indirekte Methoden zur Quantifizierung subjektiver Wahrscheinlichkeiten zur Verfügung (vgl. auch im Folgenden Eisenführ et al., 2010, S. 175 ff.).

Bei diskreten Ereignissen wird der Entscheider bei der **direkten Messung** direkt nach deren Eintrittswahrscheinlichkeit gefragt. Dabei bringt er die Ereignisse zunächst nach ihrer vermuteten Eintrittswahrscheinlichkeit in eine Rangfolge, bevor er diese anschließend exakt benennt. Die einzelnen Wahrscheinlichkeiten dürfen kumuliert 100 % nicht überschreiten. Bei kontinuierlichen Variablen muss der Entscheider dagegen eine Dichtefunktion schätzen, indem er zunächst deren grundsätzliche Gestalt festlegt und anschließend für einige Werte der Variablen konkrete Eintrittswahrscheinlichkeiten benennt. Zudem sollte er Minimum, Maximum, Median sowie – falls möglich – Werte für einzelne Quantile der Funktion schätzen.

Da die meisten Menschen nicht im Umgang mit Wahrscheinlichkeiten geübt sind, werden diese bei den **indirekten Verfahren** durch entsprechende Referenzlotterien ermittelt. Da die Messung von subjektiven Wahrscheinlichkeiten ein stark fehleranfälliger Prozess ist, müssen Konsistenzprüfungen zur Fehlerreduktion durchgeführt werden, z. B. in dem man eine Wahrscheinlichkeit mit zwei verschiedenen Methoden erfragt.

Konsequenzen für die Entscheidungsfindung

In der präskriptiven Entscheidungslehre wird angenommen, dass sich unternehmerische Akteure stets rational verhalten. Bei einer **Entscheidung unter Sicherheit** ist mit jeder Handlungsalternative unmittelbar deren Konsequenz determiniert. Somit wählt ein Entscheider die Alternative, die den höchsten Zielbeitrag liefert bzw. seinen individuellen Nutzen maximiert. In diesem Zusammenhang wird zwischen **objektiv rationalem Verhalten** eines Entscheiders, das auf die Verwirklichung übergeordneter Unternehmensziele ausgerichtet ist, und **subjektiv rationalem Verhalten** zur Maximierung seines individuellen Nutzens unterschieden.

2.5 Theoretische Fundierung des Risikomanagements

Bei **Entscheidungen unter Risiko** hängt das Ergebnis einer Entscheidung von Umwelteinflüssen ab, die der Entscheider nicht vollständig kennt, für die er aber subjektive Wahrscheinlichkeiten angeben kann. Bei Eintritt einer Umweltkonstellation wird ein Ergebnis einer Alternative realisiert, das einen bestimmten Nutzen für den Entscheider hat. Riskante Alternativen werden anhand ihres **erwarteten Nutzens** bewertet, der sich aus der Addition der mit ihren Eintrittswahrscheinlichkeiten gewichteten Teilnutzen der Alternative über alle möglichen Umweltentwicklungen ergibt. Rationale Entscheider wählen dann die Alternative mit dem höchsten erwarteten Nutzen aus (vgl. Schmitz/Wehrheim, 2006, S. 18; Eisenführ et al., 2010, S. 207 ff.).

Grundlage für die Bestimmung des erwarteten Nutzens einer Alternative ist die **individuelle Nutzenfunktion** eines Entscheiders. Dabei werden alle in einer Entscheidungssituation möglichen Ergebnisse entsprechend der Präferenz des Entscheiders in eine Rangordnung gebracht. Der höchste Nutzenwert u_{max} wird dem wünschenswertesten Ergebnis X_{max} und der niedrigste Nutzenwert u_{min} dem am wenigsten wünschenswerten Ergebnis X_{min} zugeordnet. Dann wird jedem Ergebnis X_i ein Nutzenwert u_i zugeordnet, sodass ein funktionaler Zusammenhang zwischen beiden Größen hergeleitet werden kann (vgl. Rosenkranz/Missler-Behr, 2005, S. 61 ff.). In Abbildung 29 werden folgende **Grundtypen von Nutzenfunktionen** unterschieden.

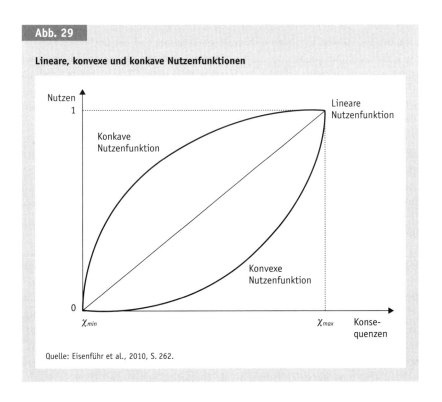

Abb. 29

Lineare, konvexe und konkave Nutzenfunktionen

Quelle: Eisenführ et al., 2010, S. 262.

Grundlagen des Risikomanagements
Theoretische Fundierung des Risikomanagements

Die Nutzenfunktion gibt die **Risikoneigung** von Entscheidern wieder. Die Risikoneigung beschreibt das Verhalten von Individuen bei Entscheidung unter Unsicherheit, wobei die Ausprägungen Risikofreude, Risikoscheu (auch Risikoaversion) und Risikoneutralität unterschieden werden. Nutzenfunktionen und damit die Risikoneigung von Entscheidern werden häufig mittels sogenannter Referenzlotterien bestimmt:

Beispiel: Bestimmung der Risikoneigung mittels Referenzlotterien

▶▶▶ Sie können wählen, ob Sie sicher 50 € erhalten oder an einer Lotterie, bei der Sie mit 50 %ger Wahrscheinlichkeit nichts gewinnen und mit 50 %ger Wahrscheinlichkeit 100 € gewinnen, teilnehmen. Sie sind
- risikoneutral, wenn Sie indifferent zwischen beiden Alternativen sind, da der Erwartungswert der unsicheren Alternative dem Ertrag der sicheren Alternative entspricht,
- risikoscheu, wenn Sie die sichere Alternative wählen, und
- risikofreudig, wenn Sie die Lotterie wählen.

Der **Erwartungswert (EW)** der unsicheren Alternative errechnet sich als Summe der mit ihrer Eintrittswahrscheinlichkeit gewichteten Ergebnismöglichkeiten. Ein Maß für die Risikoscheu bzw. Risikofreude ist die **Risikoprämie (RP)**, die sich als Differenz zwischen EW und dem **Sicherheitsäquivalent (SÄ)** einer Lotterie ergibt. Das Sicherheitsäquivalent ist das sichere Ergebnis, bei dem der Entscheider indifferent zwischen dem sicheren Ergebnis und der Lotterie ist.

Sie haben sich beispielsweise für die sichere Alternative entschieden und sind somit ein risikoscheuer Entscheider. Jetzt wird in einem 2. Schritt das Ergebnis der sicheren Alternative schrittweise so lange reduziert, bis Sie indifferent zwischen beiden Alternativen sind. Angenommen, Sie sind indifferent zwischen der Alternative, 40 € mit Sicherheit zu erhalten, und der Alternative, an der o. g. Lotterie teilzunehmen. Ihre Risikoprämie entspricht dann 10 €. Je größer die Risikoprämie ist, desto risikoscheuer sind Sie. Haben Sie sich andererseits im obigen Beispiel für die Lotterie entschieden, wird jetzt das sichere Ergebnis solange angehoben, bis Sie wiederum indifferent zwischen beiden Alternativen sind. Angenommen, das ist bei einem Sicherheitsäquivalent von 60 € der Fall. Ihre Risikoprämie ist somit negativ und beträgt jetzt –10 €.
Quelle: Eisenführ et al., 2010, S. 262 f. ◀◀◀

Insgesamt entspricht eine lineare Nutzenfunktion einer risikoneutralen, eine konvexe Nutzenfunktion einer risikofreudigen und eine konkave Nutzenfunktion einer risikoscheuen Einstellung eines Entscheiders.

Entscheidungen unter Ungewissheit

Wenn für künftige Umweltzustände keine Wahrscheinlichkeiten festgelegt werden können, liegt eine Entscheidung unter Ungewissheit vor. In diesen Situationen können Entscheider je nach ihrer Risikoneigung bestimmte **Entscheidungsregeln** einsetzen, von denen einige im Folgenden kurz erläutert werden (für eine kurze Einführung vgl. Thommen/Achleitner, 2009, S. 962 ff.

Abb. 30

Risikoeinstellung und Krümmung der Nutzenfunktion

Nutzenfunktion	Risikoprämie RP = EW − SÄ	Risikoeinstellung
linear	= 0	risikoneutral
konkav	> 0	risikoscheu
konvex	< 0	risikofreudig

Quelle: Eisenführ et al., 2010, S. 263.

Für eine ausführlichere Darstellung vgl. Rosenkranz/Missler-Behr, 2005, S. 78 ff.):

- **Minimax-Regel**: Hier wird die Entscheidungsalternative mit dem besten Worst-Case-Ergebnis gewählt. Diese Regel minimiert die Gefahr der Enttäuschung und ist für Pessimisten mit geringer Risikobereitschaft geeignet.
- **Maximax-Regel**: Hier wird die Alternative mit dem besten Best-Case-Ergebnis gewählt. Die Regel ist für Optimisten mit großer Risikobereitschaft geeignet.
- **Pessimismus-Optimismus-Regel (Hurwicz-Regel):** Diese Regel ist ein Kompromiss der Minimax- und der Maximax-Regel, da sowohl die Minima wie auch die Maxima der Ergebnisse der Alternativen berücksichtigt werden. Es wird ein Optimismusfaktor α, der einen Wert zwischen 0 und 1 annehmen kann, festgelegt. Das Best-Case-Ergebnis jeder Entscheidungsalternative wird mit α, das Worst-Case-Ergebnis mit $(1-\alpha)$ gewichtet. Das gewichtete Best-Case-Ergebnis und das gewichtete Worst-Case-Ergebnis werden dann für jede Alternative addiert. Es wird die Alternative mit dem größten gewichteten Ergebnis ausgewählt.
- **Minimax-Regret-Regel (Savage-Niehans-Regel):** Diese Regel berücksichtigt den relativen Nachteil eines Ergebnisses, d. h. für jede Umweltsituation wird die Differenz zwischen dem größtmöglichen Ergebnis und den Ergebnissen der anderen Alternativen berechnet. Der Entscheider wählt die Alternative aus, bei der der größtmögliche Nachteil am geringsten ist, da er dann das geringste Bedauern verspürt, diese Alternative ausgewählt zu haben. Diese Regel ist für Pessimisten mit einer gewissen Risikobereitschaft geeignet.

Beispiel **Entscheidungsregeln bei Ungewissheit**

▸▸▸ Ein Unternehmen muss für eine Produktionsanlage eine Standortentscheidung zwischen Europa und Asien treffen. Je nach Umweltzustand werden unterschiedliche Kapitalwerte für beide Investitionen erzielt, die sich der folgenden Tabelle entnehmen lassen:

r_{ij}	Umweltzustand z_1	Umweltzustand z_2
Europa α_1	100	150
Asien α_2	80	225

Für welche Alternative sollte sich das Unternehmen entscheiden?
- Nach der Minimax-Regel entscheidet sich das Management für die Alternative Europa, da hier im schlechtesten Fall ein Kapitalwert von 100 erreicht wird.
- Nach der Maximax-Regel entscheidet sich das Management für die Alternative Asien, da hier im günstigsten Fall der höchste Kapitalwert erzielt werden kann.
- Nach der Pessimismus-Optimismus-Regel legt das Management einen Optimismusfaktor $\alpha = 0{,}3$ fest. Für die Entscheidungsalternative Europa ergibt sich jetzt ein gewichteter Kapitalwert von $0{,}3*150 + 0{,}7*100 = 115$ und für die Entscheidungsalternative Asien von $0{,}3*225 + 0{,}7*80 = 123{,}5$. Hier würde sich das Unternehmen für Asien entscheiden.
- Nach der Minimax-Regret-Regel ergeben sich folgende Regretbeträge r_{ij} für die einzelnen Konstellationen.

r_{ij}	Umweltzustand z_1	Umweltzustand z_2	min
Europa α_1	0	75	75
Asien α_2	20	0	20

Nach dieser Entscheidungsregel wird Asien als Standort ausgewählt, da bei diesem Standort das empfundene Bedauern, nicht den anderen Standort gewählt zu haben, am niedrigsten ist.
Quelle: Rosenkranz/Missler-Behr, 2005, S. 78 ff. ◂◂◂

Erweiterungen durch die deskriptive Entscheidungstheorie

Zahlreiche Studien zeigen, dass Entscheider nur **begrenzt rational handeln** (vgl. Schmitz/Wehrheim, 2006, S. 18):
- Sie verstoßen mit ihrem Verhalten systematisch gegen ihre eigenen Interessen, Ziele und die eigene Nutzen- bzw. Zielfunktion.
- Sie verwenden vereinfachende Entscheidungsheuristiken, die dann wiederum zu systematischen Entscheidungsanomalien, z. B. Status-quo-Präferenz, Besitzeffekt und Verlustaversion, führen.
- Sie kennen nicht alle möglichen Handlungsalternativen. Daher kommt es zu einem Auseinanderfallen von objektiven und subjektiv wahrgenommenen Möglichkeiten.

Die deskriptive Entscheidungstheorie geht von einer begrenzten Rationalität und einer beschränkten Informationsverarbeitungskapazität von Entscheidern aus. Sie untersucht das tatsächliche Entscheidungsverhalten von Menschen auf Basis verhaltenswissenschaftlicher Ansätze der Sozialpsychologie, Soziologie, Psychologie und Politikwissenschaften (vgl. Langer/Rogowski, 2009, S. 180). Daher werden in diesem Lehrbuch wesentliche Erkenntnisse der deskriptiven Entscheidungstheorie und ihrer Implikationen im Abschnitt 2.5.6 dargestellt.

Implikationen für das Risikomanagement

Die präskriptive Entscheidungslehre hat vielfältige Implikationen für das Risikomanagement, insbesondere für die Risikoidentifikation, die Risikobewertung und die Risikosteuerung. Die präskriptive Entscheidungstheorie trägt zur **Bildung des Risikobegriffs** maßgeblich bei. Allerdings ergibt sich hier das

Problem einer unterschiedlichen Begriffsdefinition, da im Risikomanagement eine Kategorisierung eines Phänomens als Risiko nicht zwangsläufig die Benennung einer Eintrittswahrscheinlichkeit erfordert (für die Diskussion vgl. Wall, 2001, S. 208 ff.). In der Unternehmenspraxis können hieraus je nach Ausbildung der Entscheider Missverständnisse und Kommunikationsprobleme im Risikomanagement resultieren.

Die präskriptive Entscheidungstheorie trägt weiterhin zu einer **Systematisierung der verschiedenen Entscheidungen nach dem Ausmaß ihrer Unsicherheit** bei, wie der folgenden Abbildung 31 zu entnehmen ist.

Die Unsicherheit 1. und 2. Ordnung bedingt Entscheidungssituationen unter Risiko, die Unsicherheit 3. und 4. Ordnung Entscheidungssituationen unter Ungewissheit. Die obige Klassifikation von Entscheidungssituationen ist für das Risikomanagement hilfreich, da je nach Grad der Unsicherheit unterschiedliche Verfahren zur Risikoidentifikation und -bewertung eingesetzt werden können. Sind beispielsweise keine Eintrittswahrscheinlichkeiten bekannt, können lediglich Risikoklassifikationen, Scoring-Modelle und Sensitivitätsanalysen zur Risikobewertung eingesetzt werden, wogegen die Verwendung von Value-at-Risk-Modellen sogar das Vorliegen von Wahrscheinlichkeitsverteilungen erfordert (für weitere Informationen vgl. Kapitel 5.2).

Zudem unterstützen Ansätze der präskriptiven Entscheidungstheorie die Strukturierung von Entscheidungen und tragen dadurch zu einer **besseren Qualität der Risikobewertung**, z. B. durch die Ableitung konsistenter Zielsys-

Abb. 31

Entscheidungssituationen und Risiko

Grad der Unsicherheit	Merkmale	Beispiele
0. Ordnung	Alle Konsequenzen einer Entscheidung sind bekannt.	▸ Kauf einer Anlage zum vereinbarten Preis
1. Ordnung	Objektive Eintrittswahrscheinlichkeiten für alle relevanten zukünftigen Umweltzustände einer Entscheidung sind bekannt.	▸ Wechselkursschwankungen ▸ Krankenstand der Mitarbeiter
2. Ordnung	Subjektive Eintrittswahrscheinlichkeiten für alle relevanten zukünftigen Umweltzustände einer Entscheidung sind bekannt.	▸ Erwartete Umsatzerlöse und Anlaufverluste bei Markterweiterung
3. Ordnung	Die Art der relevanten Umweltzustände einer Entscheidung sind bekannt, jedoch keine Eintrittswahrscheinlichkeiten.	▸ Grundlagenforschung ▸ E-Commerce
4. Ordnung	Weder Art der relevanten Umweltzustände noch deren Eintrittswahrscheinlichkeiten sind bekannt.	▸ Neue Produkte der Gentechnik ▸ Schäden durch Terrorismus

Quelle: In starker Anlehnung an Rosenkranz/Missler-Behr, 2005, S. 58.

teme als Ausgangspunkt für die Risikodefinition und -bewertung und die Bestimmung von konsistenten Eintrittswahrscheinlichkeiten für verschiedene Umweltszenarien, bei (vgl. Schmitz/Wehrheim, 2006, S. 19; für die Ableitung von Zielsystemen vgl. Eisenführ et al., 2010, S. 53 ff.). Entscheidungsregeln unterstützen die **Entscheidungsfindung** – auch unter ungewissen Rahmenbedingungen – im Rahmen der Risikosteuerung und die Bestimmung der Risikoneigung von Managern ist eine wesentliche **Grundlage des strategischen Risikomanagements** (vgl. Kapitel 3.2.).

2.5.5 Prinzipal-Agenten-Theorie

Die Prinzipal-Agenten-Theorie (synonym: Agency-Theorie) ist der **Neuen Institutionenökonomie** zuzuordnen und untersucht die Leistungsbeziehungen der an einer Transaktion beteiligten Akteure. Man unterscheidet zwischen der **positiven Prinzipal-Agenten-Theorie**, die die Existenz realer Vertragsstrukturen und Institutionen erklärt, und der **normativen Prinzipal-Agenten-Theorie**, die an der Ableitung optimaler Vertragsstrukturen und Institutionen auf der Grundlage mathematisch-formaler Modelle arbeitet. Wesentliche Vertreter der positiven Agency-Theory sind Jensen/Meckling (1976), während Holström (1982) als Vertreter des normativen Ansatzes gilt (vgl. auch im Folgenden Hochhold/Rudolph, 2009, S. 133 ff.).

Annahmen und Inhalte der Leitungsbeziehung

Die Prinzipal-Agenten-Theorie geht davon aus, dass
- es einen Auftraggeber (Prinzipal) und einen Auftragnehmer (Agent) gibt,
- beide über unterschiedliche Informationen verfügen (Informationsasymmetrie) und
- andere Ziele verfolgen, sodass Interessenkonflikte auftreten.

Der Prinzipal und der Agent gehen eine **Leistungsbeziehung** ein. Der Prinzipal verpflichtet den Agenten vertraglich zur Übernahme bestimmter Aufgaben und überträgt ihm zu deren Erfüllung Handlungsrechte. Der Agent übernimmt die Aufgaben für den Prinzipal und enthält dafür eine Entlohnung. Sowohl der

---

Für Wissbegierige

Neue Institutionenökonomik

Die Neue Institutionenökonomik ist eine Weiterentwicklung der neoklassischen Organisationstheorien, die von den restriktiven Annahmen eines vollkommenen Wettbewerbs und rational handelnder Akteure ausgehen. Die Neue Institutionenökonomik versucht, die Handlungen und Interaktionen von nutzenmaximierenden Menschen mit begrenzter Rationalität und Moral zu erklären. Hierbei werden drei grundsätzliche Ansätze unterschieden: Property-Rights-Theorie, Transaktionskostentheorie und Prinzipal-Agenten-Theorie.
Quelle: Hochhold/Rudolph, 2009, S. 134.

Prinzipal als auch der Agent versuchen, ihren **Nutzen zu maximieren**. Der Prinzipal möchte einen möglichst hohen Gewinn aus den übernommenen Tätigkeiten des Agenten erzielen. Der Gewinn ergibt sich dabei als Differenz zwischen dem durch die Tätigkeit des Agenten erzielten Ertrag abzüglich der Entlohnung des Agenten und ist abhängig von den Anstrengungen des Agenten und einer Zufallskomponente. Der Agent möchte ein möglichst hohes Einkommen bei gleichzeitiger Minimierung seiner Anstrengungen aus der Tätigkeit (Arbeitsleid) erzielen. Der Lohn des Agenten ist im Grundmodell fix.

Informationsasymmetrien in Prinzipal-Agenten-Beziehungen werden danach unterschieden, ob sie vor oder nach dem Vertragsabschluss entstehen (vgl. auch im Folgenden Hochhold/Rudolph, 2009, S. 135 ff.):

Adverse Selection und Moral Hazard

Vor Vertragsabschluss besteht Unsicherheit beim Prinzipal über die Eignung des Agenten für die zu erfüllende Aufgabe und die Qualität der zukünftigen Leistungserbringung. Es besteht die Gefahr, dass der Prinzipal einen ungeeigneten Agenten auswählt (**Adverse Selection**). Gegenmaßnahmen zur Reduktion von Adverse Selection sind Signalmaßnahmen des Agenten, um die Qualität seiner Leistung glaubhaft zu machen, alle Aktivitäten des Prinzipals, um Informationen über relevante Qualitätsmerkmale des Agenten einzuholen (Screening) und das Instrument der Self Selection. Self Selection bedeutet, dass den Agenten unterschiedliche Verträge angeboten werden, um durch eine entsprechende Anreizsetzung die tatsächlichen Qualitätsunterschiede möglicher Agenten zu evaluieren.

Nach Vertragsabschluss tritt das Problem des **Moral Hazard** auf. Der Agent verfügt bei der Beurteilung seiner Leistung über einen Informationsvorsprung gegenüber dem Prinzipal. Hierbei wird unterschieden zwischen **Hidden Action**,

Abb. 32

Formen der Informationsasymmetrie

Vergleichs-kriterium	Hidden Characteristics	Hidden Information	Hidden Action
Entstehungszeitpunkt	vor Vertragsabschluss	nach Vertragsabschluss vor Entscheidung	nach Vertragsabschluss nach Entscheidung
Entstehungsursache	ex-ante verborgene Eigenschaft des Agenten	nicht beobachtbarer Informationsstand des Agenten	nicht beobachtbare Aktivitäten des Agenten
Problem	Eingehen der Vertragsbeziehung	Ergebnisbeurteilung	Verhaltens-(Leistungs-)beurteilung
Resultierende Gefahr	Adverse Selection	Moral Hazard	Moral Hazard Shirking
Lösungsansätze	Signalling, Screening, Self Selection	Anreizsysteme, Kontrollsysteme, Self Selection	Anreizsysteme, Kontrollsysteme

Quelle: Küpper, 2004, S. 33.

d. h. der Agent nimmt Handlungen vor, die der Prinzipal nicht beobachten kann, die aber das angestrebte Ergebnis der Leistungsbeziehung beeinflussen, und **Hidden Information**, d. h. der Agent besitzt Informationen über Umweltzustände, über die der Prinzipal nicht verfügt. Eine zentrale Vorhersage aller Hidden–Action-Modelle ist, dass der Agent bei einem Fixlohn unabhängig von dessen Höhe nur ein Anstrengungsniveau wählt, das sein Arbeitsleid minimiert. Gegenmaßnahmen zur Reduktion von Moral Hazard sind Einschränkung des Handlungsspielraums des Agenten durch Kontrollsysteme (Monitoring), Maßnahmen zur Transparenzerhöhung, z. B. Aufbau eines Berichtswesens, oder die Implementierung von Anreizsystemen.

Agency-Kosten

Der Abbau von Informationsasymmetrien und Interessenkonflikten verursacht **Agency-Kosten**:
- Signalisierungskosten des Agenten, um die Unsicherheit des Prinzipals abzubauen,
- Kontrollkosten des Prinzipals, um Informationsvorteile des Agenten abzubauen, und
- Kosten zur Beseitigung der verbleibenden Wohlfahrtsverluste, z. B. durch Screening-Maßnahmen, für Kontrollaktivitäten sowie Vertragsinstrumente zur Reduktion von Informationsasymmetrien.

Nach der Prinzipal-Agenten-Theorie sollen **Vertrags- und Anreizvereinbarungen** zwischen Prinzipal und Agenten mit dem Ziel der Minimierung der Agency-Kosten gestaltet werden. Dabei existiert ein latenter Zielkonflikt zwischen einer optimalen Anreizsetzung und Risikoteilung zwischen Prinzipal und Agent. Durch den Vertrag soll der Agent einerseits einen Anreiz erhalten, seinen Arbeitseinsatz und dadurch den Gewinn des Prinzipals zu steigern. Die Anstrengung des Agenten wird durch ein **Leistungsmaß**, z. B. seine Verkaufsmenge, gemessen. Eine höhere Anstrengung des Agenten schlägt sich in höheren Ausprägungen des Leistungsmaßes nieder. Allerdings wird das Leistungsmaß auch von einer Zufallskomponente beeinflusst, auf die der Agent keinen Einfluss hat, z. B. die Konjunkturentwicklung. Die Entlohnung des Agenten wird nun an das Leistungsmaß gekoppelt. Dies führt einerseits zu einer Erhöhung seiner Anstrengungen. Andererseits wird angenommen, dass der Agent risikoavers ist. Die **Unsicherheit** des Leistungsmaßes ist für den Agent ein Risiko, für dessen Übernahme er eine **Risikoprämie** verlangt, die ihrerseits den Gewinn des Prinzipals reduziert. Die Höhe der Risikoprämie ist vom Risiko des Leistungsmaßes, der Risikoaversion des Agenten und dem Anteil seiner leistungsabhängigen Vergütung am Gesamtgehalt abhängig (vgl. Sliwka, 2003, S. 294; Küpper, 2004, S. 32 f.; Mayer et al. 2005, S. 15 ff.).

Implikationen für das Risikomanagement

Prinzipal-Agenten-Ansätze ermöglichen »eine umfassende Analyse von Führungsproblemen und liefern Gesichtspunkte für die Gestaltung von Führungsinstrumenten.« (Küpper, 2004, S. 31). Folgende Implikationen können aus dem Prinzipal-Agenten-Ansatz für das Risikomanagement abgeleitet werden:
- Es bestehen **grundsätzliche Interessenkonflikte** zwischen Prinzipal und Agenten in Bezug auf die Risikosituation und das Risikomanagement des

Unternehmens. Führen beispielsweise die Eigentümer das Unternehmen nicht selbst, sondern übertragen die Unternehmensführung auf angestellte Manager, kann es zu Interessenkonflikten kommen. Manager sind i. d. R. schlecht diversifiziert, da sie ihr Humankapital und Teile ihres Finanzkapitals nur in ein Unternehmen investiert haben. Sie handeln risikoavers, um Schwankungen des Unternehmensgewinns sowie die Insolvenzwahrscheinlichkeit des Unternehmens zu reduzieren. Somit besteht ein Anreiz für die Manager, das betriebliche Risikomanagement zur Steuerung ihrer eigenen Einkommensunsicherheit einzusetzen. Dabei können Interessenkonflikte mit den Anteilseignern auftreten, da z. B. durch eine zu starke Diversifikation oder einen zu geringen Verschuldungsgrad ein gemessen an der Risikoneigung der Anteilseigner zu geringes Unternehmensrisiko eingegangen wird (vgl. Winter, 2007c, S. 108 ff.). Einem zu geringen Unternehmensrisiko kann durch entsprechende Anreizsysteme, z. B. einer konkaven Gestaltung des Zusammenhangs zwischen Managereinkommen und Leistungsmaß sowie der Auswahl von Managern mit entsprechender Risikoneigung, entgegengewirkt werden (zu Anforderungen an die Ausgestaltung von Anreizsystemen aus agencytheoretischer Sicht vgl. Mayer et al., 2005, S. 12 ff.).

▸ Maßnahmen des Risikomanagements, z. B. zur Bewertung der durch die Tätigkeit des Agenten verursachten Risiken, dienen andererseits der Überwachung des Agenten und sind somit ein Instrument zur **Überwindung von Hidden-Information- und Hidden-Action-Problemen**. Dies gilt sowohl für die Prinzipal-Agenten-Beziehung zwischen Eigentümern und Geschäftsführung wie auch für die Prinzipal-Agenten-Beziehungen zwischen Geschäftsführung und dezentraler Bereichsleitung wie auch zwischen Managern und Mitarbeitern in den einzelnen Organisationseinheiten.

2.5.6 Verhaltenswissenschaftliche Ansätze

Verhaltenswissenschaftliche Ansätze orientierten sich unmittelbar an der Realität (realtheoretische Modelle). Für die Betriebswirtschaftslehre und damit das Risikomanagement sind vor allem Ansätze der **Psychologie**, der **Sozialpsychologie** und der **Soziologie** relevant, da sie das Informationsverarbeitungs- und Entscheidungsverhalten von Menschen analysieren (vgl. Küpper, 2004, S. 36). Anders als die präskriptive Entscheidungstheorie oder der Prinzipal-Agenten-Ansatz gehen verhaltenswissenschaftliche Ansätze davon aus, dass Menschen über **beschränkte kognitive Fähigkeiten und Kapazitäten sowie instabile und inkonsistente Präferenzen** verfügen (vgl. Langer/Rogowski, 2009, S. 182 f.).

In der Psychologie wird der **Entscheidungsprozess in zwei Phasen** unterteilt: Der Begriff des **Urteilens** (»judgement«) bezeichnet den Prozess der Meinungsbildung und Bewertung von Ereignissen und Alternativen, während das **Entscheiden** (»decision making«) die Auswahl einer Alternative umfasst (vgl. Zimbardo/Gerrig, 1999, S. 303). Grundlage des Urteilens und des Entscheidens

Kognition als Ausgangspunkt

Grundlagen des Risikomanagements
2.5 Theoretische Fundierung des Risikomanagements

sind kognitive Prozesse der **Informationsverarbeitung**. Unter **Kognition** werden alle Formen des menschlichen Erkennens und Wissens subsummiert. Sie umfasst z. B. die Wahrnehmung, die Mustererkennung, die Aufmerksamkeit, das Erinnern, das bildhafte Vorstellen, das Denken und Problemlösen sowie das Sprechen und Sprachverstehen. Inhalte der Kognition sind Begriffe, Tatsachen, Aussagen, Regeln und Erinnerungen (vgl. Zimbardo/Gerrig, 1999, S. 275 f.). Es werden **drei kognitive Systeme** des Menschen unterschieden (vgl. Gleißner/Winter, 2008, S. 228):

- Wahrnehmung als automatisch erfolgende Aufnahme von Sinneseindrücken und Stimuli,
- Intuition und
- logisches Denken bzw. Schließen (kognitive Verarbeitung).

Alle drei kognitiven Systeme werden **durch zahlreiche Faktoren beeinflusst**. So liegt dem Urteils- und Entscheidungsprozess eines Menschen ein inneres Modell der Umwelt zu Grunde, das bestimmt, welche Informationen er für eine bestimmte Entscheidung als relevant erachtet. Außerdem ist davon auszugehen, dass die Informationssuche und -verarbeitung aufgrund der begrenzten Informationsverarbeitungskapazitäten eines Menschen kognitiven Stress auslösen, auf den das Individuum mit entsprechenden Heuristiken reagiert. Die Genauigkeit intuitiver Urteile hängt u. a. von der Problemdarstellung (Framing), der Problemzugänglichkeit sowie den Erfahrungen und Kompetenzen eines Menschen ab.

Es gibt eine **große Vielfalt verhaltenswissenschaftlicher Ansätze**. Im Folgenden werden zunächst ausgewählte verhaltenswissenschaftliche Erkenntnisse zum Informations- und Entscheidungsverhalten von Menschen betrachtet. Anschließend werden grundlegende Aussagen deskriptiver Entscheidungsmodelle und -theorien wie der Prospect-Theorie und Disappointment- und Regret-Theorien zusammengefasst (vgl. Eisenführ et a., 2010, S. 393 ff.).

Urteilsheuristiken

Aufgrund der Komplexität der Umwelt, dem Zeitdruck bei vielen Entscheidungen und ihrer begrenzten Informationsverarbeitungskapazitäten verwenden Menschen **Urteilsheuristiken**, um effizient, d. h. mit vertretbarem kognitiven und zeitlichen Aufwand, zu ausreichend guten Bewertungen von komplexen Alternativen und damit zu Entscheidungen zu kommen. Urteilsheuristiken sind auf Intuition basierende »Faustregeln«. Sie vereinfachen die Prozesse des Urteilens und Entscheidens, bergen allerdings die Gefahr von systematisch verzerrten Urteilen (Biases) (vgl. Zimbardo/Gerrig, 1999, S. 303).

Es gibt zahlreiche **Forschungsergebnisse zu Urteilsheuristiken und -verzerrungen** (eine grundlegende Untersuchung wurde von Tversky/Kahneman 1974 vorgelegt; für eine Übersicht vgl. Zimbardo/Gerrig, 1999, S. 304 ff. sowie Gleißner/Winter, 2008, S. 234 ff.):

- **Verfügbarkeitsheuristik**: Urteile werden auf der Grundlage von im Gedächtnis verfügbaren Informationen gebildet. Dabei werden Informationen umso eher für Urteile herangezogen, je einfacher sie zugänglich sind. Dies kann zu Problemen führen, wenn die im Gedächtnis gespeicherten Informa-

tionen ungenau oder ungeeignet sind. So schätzen Menschen z. B. Eintrittswahrscheinlichkeiten für ein bestimmtes Ereignis anhand der Schwierigkeit ein, mit der sie ähnliche Sachverhalte erinnern. Dabei wird unterstellt, dass der Sachverhalt umso häufiger auftritt, je leichter er erinnert wird. Dies ist insofern problematisch, da die Leichtigkeit der Erinnerung durch andere Einflussfaktoren bestimmt wird, wie z. B. eine ausgeprägte Medienberichterstattung über ein Ereignis, den zeitlichen Abstand der gemachten Erfahrung oder die persönliche Betroffenheit des Entscheiders.
- **Repräsentativitätsheuristik:** Urteile werden auf der Grundlage von Informationen zu ähnlichen Situationen aus der Vergangenheit getroffen. So wird die Wahrscheinlichkeit, dass ein bestimmter Sachverhalt zu einer spezifischen Klasse von Sachverhalten gehört, auf der Grundlage der Übereinstimmung des betrachteten Falls mit einem typischen Fall einer Kategorie beurteilt wird. Diese Heuristik kann zu Problemen führen, wenn dadurch andere relevante Informationen bei einer Bewertung nicht berücksichtigt werden.
- **Urteilsankerheuristik (Verankerung und Anpassung):** Urteilsprozesse starten von einem grob gewähltem Startwert (Anker), der im Verlauf der Urteilsbildung angepasst wird, um zu einem Endurteil zu gelangen. Dies führt zu Problemen, da das Urteil in Richtung des Startwertes verzerrt ist. Die Wahl des Startwertes ist subjektiv. Wird ein ungeeigneter Startwert gewählt, hat der Endwert eine schlechte Qualität. Die Urteilsheuristik spielt z. B. bei Preisverhandlungen eine wichtige Rolle.

Beispiel   Urteilsankerheuristik
▶▶▶ Bitte nehmen Sie sich jeweils max. 5 Sekunden Zeit und schätzen Sie das Ergebnis der beiden folgenden Multiplikationen:
- $1 \times 2 \times 3 \times 4 \times 5 \times 6 \times 7 \times 8$
- $8 \times 7 \times 6 \times 5 \times 4 \times 3 \times 2 \times 1$

Da es Ihnen in der kurzen Zeit nicht gelingt, alle Multiplikationen durchzuführen, werden Sie einige Berechnungen durchführen und das Ergebnis dann hochrechnen. Typischerweise verwenden Menschen den Anfang der jeweiligen Reihe als Ausgangspunkt ihrer Schätzung. Kahneman und Tversky fanden bei einem entsprechenden Versuch heraus, dass die Versuchsteilnehmer bei der Schätzung der ersten Reihe im Durchschnitt ein Ergebnis von 512, bei der zweiten Reihe von 2250 ermittelten. Das tatsächliche Ergebnis lautet 40320.
Quelle: Zimbardo/Gerrig, 1999, S. 306. ◀◀◀

Neben den Biases durch Urteilsheuristiken gibt es viele weitere Verzerrungen des menschlichen Informationsverarbeitungs- und Entscheidungsverhaltens. Im Folgenden werden einige ausgewählte Erkenntnisse vorgestellt (für eine umfassende Übersicht vgl. Rechkemmer, 2009, 14 f.; Langer/Rogowski, 2009, S. 182 ff.; Eisenführ et al., 2010, S. 405 ff.):

Weitere verhaltenswissenschaftliche Erkenntnisse

- **Probleme bei der Schätzung und Verwendung von Wahrscheinlichkeiten:** Entscheider haben Probleme, konsistente subjektive Wahrscheinlichkei-

ten zu schätzen. Daher greifen sie bei Schätzungen auf Vergangenheitswerte zurück, ohne aktuellen Entwicklungen ausreichend Rechnung zu tragen, oder unterschätzen die Wahrscheinlichkeit extremer Ereignisse.
- **Ambiguitätsvermeidung:** Menschen versuchen grundsätzlich, unsichere Situationen und Entscheidungen zu vermeiden und haben daher Probleme mit der Einbeziehungen von Wahrscheinlichkeiten in ihre Urteile und Entscheidungen.
- **Hindsight-Bias**: Nach Eintritt eines Ereignisses erhöhen Entscheider nachträglich ihre wahrgenommenen Eintrittswahrscheinlichkeiten, ohne dass sie sich darüber bewusst sind. Als Ergebnis überschätzen Menschen bei der ex post-Beurteilung von Entscheidungen den Grad der Übereinstimmung ihrer Urteile vor und nach dem Eintritt des Ereignisses (Knew-it-all-along-Effekt).
- **Illusion of Control**: Menschen glauben oft, mehr Kontrolle über zufällige Ereignisse zu haben, als es tatsächlich der Fall ist. Dieser Effekt führt zur Über- oder Unterschätzung von Wahrscheinlichkeiten von Ereignissen sowie zur Bevorzugung der Alternative, bei der die höhere Kontrolle vermutet wird.
- **Overconfidence-Bias:** Menschen neigen dazu, ihre Fähigkeiten und Kenntnisse zu überschätzen. Auch dieser Bias führt zu einer Bevorzugung von Alternativen, bei denen eine größere Wirkung der eigenen Kompetenzen vermutet wird.
- **Omission-Bias**: Menschen unterliegen der subjektiven Wahrnehmung, dass Handlungen per se riskanter sind als Nichtstun. Dies führt zu einer Vermeidung schwieriger Entscheidungen, insbesondere wenn negative Konsequenzen zu erwarten sind (Entscheidungsaversion; vgl. hierzu auch Zimbardo/Gerrig, 1999, S. 310 f.).
- **Regret-Effekte**: Menschen beurteilen die Qualität ihrer Entscheidungen ex-post häufig danach, was passiert wäre, wenn sie eine andere Entscheidung getroffen hätten. Sie vermeiden dann Alternativen, bei denen in bestimmten Situationen eine große Enttäuschung zu befürchten ist, auch wenn diese insgesamt den höchsten erwarteten Nutzen haben. Außerdem versuchen sie, ihre a-priori-Einschätzungen im Nachhinein zu bestätigen (**Bestätigungsverzerrung**).
- Für das Entscheidungsverhalten sind weiterhin folgende Phänomene relevant:
  - **Herdenverhalten**, d.h. die Ausrichtung der eigenen Bewertung an der Meinung einer Gruppe oder einer allgemeinen Mehrheit,
  - **Kurzfristorientierung**, d.h. die Präferenz von kurzfristigen Vorteilen gegenüber Vorteilen, die erst in weiterer Zukunft liegen,
  - **professionelle Verzerrung**, da die Urteilsbildung stets aus dem Blickwinkel der eigenen Profession (Ausbildung, Funktion etc.) vorgenommenen wird,
  - **Vermeidung von Extremen**, d.h. die Bevorzugung von moderaten Einschätzungen und Vermeidung von extremen Aussagen, und
  - **Verlustaversion**, d.h. die Tendenz, Verluste nicht hinnehmen und auch nicht eingestehen zu wollen.

Einzelne der empirisch festgestellten Effekte wurden systematisch zu Modellen und Theorien der deskriptiven Entscheidungstheorie weiterentwickelt. Deskriptive Entscheidungstheorien beschreiben das intuitive Entscheidungsverhalten von Menschen. Man unterscheidet

Deskriptive Entscheidungstheorien

- deskriptive Präferenztheorien, die die **präskriptive Erwartungsnutzentheorie erweitern**, z. B. Disappointment-Theorien, Regret-Theorien oder die Prospect-Theorie, und
- deskriptive Präferenztheorien, die die **präskriptive Erwartungsnutzentheorie verallgemeinern**, z. B. die kumulative Prospect-Theorie (vgl. Langer/Rogowski, 2009, S. 186).

Disappointment-Theorien berücksichtigen die Gefühle eines Entscheiders, die aus einem ex post-Vergleich von Alternativen entstehen können. So verzichten Entscheider z. B. auf die Chance eines höheren Gewinns, um eine mögliche Enttäuschung zu vermeiden. Im Ergebnis bedeutet dies, dass Entscheider eine Alternative nicht nur nach ihren Konsequenzen, sondern auch nach der Enttäuschung oder Freude über den Eintritt dieser Konsequenzen beurteilen. **Regret-Theorien** vergleichen mögliche Konsequenzen von Alternativen. Dabei wird nicht die Alternative mit dem höchsten erwarteten Nutzen, sondern die des geringsten Bedauerns gewählt (vgl. Eisenführ et al., 2010, S. 445 ff.)

Die **Prospect-Theorie** wurde von Kahneman und Tversky (1979) entwickelt und gehört zu den relevantesten deskriptiven Entscheidungstheorien. Die Autoren gehen davon aus, dass der Prozess der Entscheidungsfindung unter Risiko in mehrere Phasen unterteilt werden kann (vgl. Kahneman/Tversky, 1979, S. 274 ff.; Wenig, 2009, S. 198 f.; Eisenführ et al., 2010, S. 376 ff.):

Prospect-Theorie

- In der **Editierungsphase** (editing phase; framing phase) bereitet der Entscheider die ihm zur Verfügung stehenden Daten und Informationen mit folgenden Bearbeitungsprozeduren auf, um die anschließende Bewertung und Entscheidung zu vereinfachen:
  - **Kodierung:** Der Entscheider setzt einen Referenzpunkt, von dem aus er die verschiedenen Alternativen beurteilt. Ist der erwartete Nutzen einer Alternative besser (schlechter) als der Referenzpunkt, interpretiert der Entscheider dies als Gewinn (Verlust).
  - **Kombination**: Der Entscheider fasst mehrere Wahrscheinlichkeitsaussagen zu einer Alternative zu einem Wert zusammen.
  - **Eliminierung**: Der Entscheider eliminiert identische Bestandteile verschiedener Komponenten von Alternativen aus dem Urteilsprozess.
  - **Vereinfachung**: Der Entscheider vereinfacht die Informationen zur Alternativenbewertung, z. B. durch Auf- und Abrundung von Wahrscheinlichkeiten.
- In der anschließenden **Bewertungsphase** (evaluation phase) werden die so bearbeiteten Informationen zur Beurteilung der verschiedenen Alternativen eingesetzt.

2.5 Grundlagen des Risikomanagements
Theoretische Fundierung des Risikomanagements

Eine Alternative wird nach der Prospect-Theorie in Relation zu dem gesetzten Referenzpunkt bewertet. Kahneman und Tversky postulieren eine **Wertfunktion**, die im (referenzpunktabhängigen) Gewinnbereich konkav und relativ flach, im Verlustbereich aber konvex und relativ steil verläuft, sowie eine **Entscheidungsgewichtungsfunktion**, welche die kognitive Transformation von Wahrscheinlichkeiten abbildet. Durch die Wertfunktion werden eine risikoaverse Risikoneigung von Entscheidern bei bestehenden Gewinnchancen und eine risikofreudige Haltung bei drohenden Verlusten abgebildet (vgl. Wenig, 2009, S. 196 ff.; Gleißner/Winter, 2008, S. 234; Eisenführ et al., 2010, S. 417 ff.).

Als wesentliche Konsequenz der Prospect-Theorie lässt sich der **Dispositionseffekt** ableiten, der besagt, dass Investoren im Gewinnbereich risikoavers handeln und daher Gewinn zu früh realisieren. Im Verlustfall handeln sie dagegen risikofreudig und gehen dadurch das Risiko ein, die Verluste noch weiter zu vergrößern (vgl. Wenig, 2009, S. 202).

Implikationen für das Risikomanagement

Die Kenntnis des menschlichen Urteils- und Entscheidungsverhaltens ist für die Beschreibung, Erklärung und Prognose sowie Gestaltung des Risikomanagements von großer Bedeutung. Insbesondere Zeitdruck, beschränkte kognitive Ressourcen und mangelnde Methodenkenntnis von Entscheidern verursachen zahlreiche Probleme bei der Umsetzung eines systematischen Risikomanagements im Unternehmen (vgl. Gleißner/Winter, 2008, S. 226 f.). Die nebenstehende Abbildung 33 versucht den einzelnen Phasen des operativen Risikomanagements typische Verhaltensprobleme zuzuordnen.

Insgesamt können Manager bei der Risikobewertung zu gravierenden Fehleinschätzungen kommen. Es ist die Aufgabe des Risikomanagements, die Entscheider für die Gefahr von Fehlurteilen zu sensibilisieren, typische Entscheidungsverzerrungen zu identifizieren und durch geeignete Schulungen und

---

Für Wissbegierige

Kontextabhängigkeit der Risikoneigung

Kahneman und Tversky untersuchten die Risikoneigung von Menschen anhand von Experimenten:

Zunächst wurden die Versuchspersonen gefragt, ob sie lieber
a) mit 80 % Wahrscheinlichkeit 4000 US-Dollar gewinnen und mit 20 % Wahrscheinlichkeit nichts erhalten oder
b) mit Sicherheit 3000 US-Dollar gewinnen würden.

Die Mehrheit der Probanden entschieden sich für Alternative b), obwohl Alternative a) den höheren Erwartungswert (0,8 * 4000 US-Dollar = 3200 US-Dollar) hat. Dann wurden die Probanden gebeten, zwischen beiden Alternativen im Falle eines Verlustes zu wählen. Hier entscheiden sich die Befragten trotz des höheren Erwartungswerts für a). Kahneman und Tversky folgerten daraus, dass Menschen sich in Gewinnsituationen eher risikoavers und in Verlustsituationen eher risikofreudig verhalten.

Abb. 33

Verhaltenswissenschaftliche Probleme während des operativen RM-Prozesses

Phase	Probleme
Risiko-identifikation	▸ Das Alltagsverständnis von Risiken vieler Entscheider entspricht nicht einem betriebswirtschaftlichen Risikoverständnis. ▸ Entscheider beurteilen Risiken eher intuitiv. Die intuitive Risikobeurteilung wird stark von kognitiven und emotionalen Faktoren beeinflusst und ist damit subjektiv und kontextabhängig.
Risikoanalyse und -bewertung	▸ Die Risikobewertung wird nicht nur von quantitativen Einflussgrößen wie dem Schadensausmaß und der Eintrittswahrscheinlichkeit, sondern auch von qualitativen Faktoren, z. B. Alter, Geschlecht und Ausbildung des Entscheiders, sowie der Verfügbarkeit von Informationen zur Urteilsbildung, beeinflusst. ▸ Entscheider können nur schwer subjektive Wahrscheinlichkeiten schätzen. Es kommt zu Fehleinschätzungen seltener Ereignisse, zur Bevorzugung qualitativer Wahrscheinlichkeitsbeschreibungen gegenüber numerischen Wahrscheinlichkeitswerten sowie zur Verwendung ungeeigneter und unvollständiger Daten zur Bildung von Wahrscheinlichkeiten. ▸ Bei der Risikobewertung kommt es zu Verzerrung bei der Bewertung des Schadensausmaßes z. B. durch die persönliche Betroffenheit des Entscheiders, die »gefühlte« Kontrollierbarkeit der Risiken oder durch Referenzpunkteffekte. Zudem werden eher unwahrscheinliche oder zeitlich weit entfernte Risiken teilweise ignoriert.
Risikosteuerung	▸ Aufgrund ihrer Ambiguitätsaversion versuchen Entscheider die Unsicherheit einer Entscheidungssituation durch geeignete Maßnahmen, z. B. zusätzliche Informationen oder Alternativen, Abwarten etc. zu verringern. Entscheidungen werden »ausgesessen«. ▸ In Verlustsituationen wächst die Risikobereitschaft vieler Entscheider (Gambling for Resurrection), während in Gewinnsituationen häufig weitere Maßnahmen zur Sicherung des Erfolgs durchgeführt werden. Dieses Verhalten kann insbesondere im Verlustfall zu tiefgreifenden Unternehmenskrisen führen. ▸ Entscheider ergreifen eher Maßnahmen für wahrscheinliche, nicht bestandsgefährdende Risiken als für seltene Ereignisse mit bestandsbedrohenden Auswirkungen. ▸ Entscheider neigen dazu, Probleme sequenziell bzw. isoliert zu analysieren, sodass mögliche Risikointerdependenzen nicht betrachtet werden (mangelhafte Risikoaggregation).
Risikoüberwachung/-kontrolle	▸ Regret-Effekte und Rückschaufehler (Hindsight Bias) behindern eine objektive Risikoüberwachung und -kontrolle und damit eine laufende Weiterentwicklung des RMS.

Quelle: Eigene Erstellung auf der Grundlage von Gleißner/Winter, 2008, S. 227 ff.

Instrumente die Entscheidungsqualität zu verbessern. Mögliche Maßnahmen und Hilfsmittel sind

▸ die Entwicklung eines einheitlichen Risikoverständnisses im Unternehmen,
▸ eine checklistenbasierte Überprüfung der Risikoeinschätzung von Managern,
▸ die kritische Diskussion der Risikoeinschätzung durch unabhängige Personen, um stark personenbezogene Fehleinschätzungen auszugleichen,

- eine konsequente statistische Auswertung von Schadensdaten und Verwendung von Benchmark-Werten,
- nachvollziehbare mathematische oder simulationsbezogene Verfahren, um die kombinierte Wirkung mehrerer Einzelrisiken zu beurteilen, sowie
- eine nachvollziehbare Dokumentation der eingesetzten Verfahren und getroffenen Annahmen (vgl. Gleißner/Winter, 2008, S. 236 ff.).

Zusammenfassung

- Ansätze der deskriptiven und schließenden Statistik, der Portfoliotheorie, der präskriptiven und deskriptiven Entscheidungstheorie, des Prinzipal-Agenten-Ansatzes und der Verhaltenswissenschaften bilden wesentliche theoretische Grundlagen des Risikomanagements.
- Die deskriptive und die schließende Statistik sind notwendig für die Risikobewertung. Varianz und Standardabweichung sind wichtige Risikomaße, durch Korrelationen lässt sich der Zusammenhang zwischen Risiken messen. Zudem sind viele Risiken annähernd normalverteilt.
- Aus der Portfoliotheorie lässt sich der Zusammenhang zwischen erwarteter Rendite und dem Risiko einer Anlage ableiten. Zudem bildet sie die Grundlage für die Risikodiversifikation.
- Durch die präskriptive Entscheidungstheorie werden Entscheidungssituationen strukturiert. Sie liefert wesentliche Implikationen für die Risikobewertung und die Bestimmung der Risikoneigung von Entscheidern.
- Aus der Prinzipal-Agenten-Theorie lässt sich ein grundsätzlicher Interessenkonflikt zwischen Prinzipal und Agent in Bezug auf die Höhe des Unternehmensrisikos und den Einsatz von Instrumenten des Risikomanagements ableiten. Andererseits werden durch Risikomanagementmaßnahmen Moral-Hazard-Probleme überwunden.
- Verhaltenswissenschaftliche Ansätze und deskriptive Entscheidungstheorien gehen von begrenzten Informationsverarbeitungskapazitäten und unklaren Präferenzen der Entscheider aus. Sie bilden das tatsächliche menschliche Urteils- und Entscheidungsverhalten ab und haben daher zahlreiche Implikationen für die Risikobewertung und -steuerung.

2.6 Risikomanagement-Standards

2.6.1 Begriff, Nutzen und Anforderungen

In der Unternehmenspraxis besteht häufig eine große Unsicherheit über die zweckmäßige und gesetzeskonforme Ausgestaltung des Risikomanagement-Systems. Daher wurden seit den 1990er-Jahren weltweit Regelwerke und Standards zur Entwicklung und Umsetzung von RMS entwickelt (vgl. Winter, 2007b, S. 149; Brühwiler, 2007, S. 65 ff.).

Ein **Standard** ist eine veröffentlichte und zumindest in Teilbereichen der Gesellschaft anerkannte Norm bzw. Richtlinie zur Lösung eines bestimmten Problems. Träger der Entwicklung und Verbreitung von Standards sind nationale oder internationale Organisationen. Da Standards von einem Expertenteam erarbeitet werden, stellen sie i. d. R. einen Best-Practice-Ansatz dar. Während Gesetze vom Staat zwingend durchgesetzt werden, erfolgt die Umsetzung von Standards grundsätzlich freiwillig oder aufgrund eines Übereinkommens verschiedener Interessenverbände (vgl. Winter, 2007c, S. 135 f.; Kimpel et al., 2009, S. 66; Brühwiler/Romeike, 2010, S. 81).

Begriffsabgrenzung

Risikomanagement (RM)-Standards sind somit Normen, Richtlinien oder Konzepte **zur Gestaltung und Implementierung eines betriebswirtschaftlichen RMS** (vgl. Winter, 2007b, S. 150). In den letzten 20 Jahren wurden weltweit von unterschiedlichen Organisationen zahlreiche RM-Standards entwickelt. Derzeit existieren weltweit über 80 RM-Standards, die von Sicherheits-, Gesundheits- und Umweltschutznormen, über branchenspezifische bis zu allgemeinen RM-Standards reichen (für einen Überblick vgl. Winter, 2007c, S. 136).

Die Umsetzung von RM-Standards bietet den Unternehmen folgenden Nutzen (vgl. Winter, 2007b, S. 149 f.; Kimpel et al., 2009, S. 66; Neuy, 2011, S. 36 f.):

Nutzen von Risikomanagement-Standards

- Verwendung allgemein **akzeptierter Begriffsabgrenzungen**, wodurch die Transparenz und Verständlichkeit der internen und externen Kommunikation verbessert wird und eine personenunabhängige Klärung der Begriffe erfolgt,
- Verwendung eines anerkannten und **erprobten Aufbaus eines RMS,** wodurch die Prüfungssicherheit der RMS erhöht und die Implementierungskosten gesenkt werden, und
- **Signalwirkung** für die Unternehmensumwelt, z. B. aktuelle und potenzielle Investoren, die durch eine mögliche Zertifizierung noch verstärkt wird.

Folgende Anforderungen an einen RM-Standard werden in der Literatur formuliert (vgl. Winter, 2007b, S. 150; Kimpel et al., 2009, S. 81 f.):

Anforderungen

- Der Standard sollte Definitionen wesentlicher Systemelemente und deren Beziehungen zueinander sowie Aussagen zum Aufbau und Betrieb eines RMS enthalten (Inhalt).
- Der Standard sollte eine Erfüllung der gesetzlichen Auflagen ermöglichen (Compliance).
- Der Standard sollte auf möglichst viele Unternehmen in verschiedenen Branchen mit unterschiedlicher Größe und Rechtsform anwendbar sein (generische Breite/Flexibilität).
- Der Standard sollte eindeutig, nachvollziehbar und verständlich sein (Anwenderfreundlichkeit).
- Der Standard sollte alle Aspekte der Implementierung und des Betriebs von RMS umfassen (Vollständigkeit).

- Der Standard sollte die Beziehungen zwischen den Elementen eines RMS aufzeigen und den operativen Risikomanagement-Prozess einbeziehen (Systematik).
- Der Standard sollte in andere Managementsysteme und -prozesse integrierbar sein (Integrierbarkeit).
- Der Standard sollte praktische Anwendungshilfen und Beispiele enthalten (Praxisnähe).
- Der Standard sollte zertifizierbar sein, um die Transparenz und das Vertrauen der Stakeholder zu erhöhen (Zertifizierbarkeit).

2.6.2 Ausgewählte Risikomanagement-Standards

Es gibt zahlreiche RM-Standards (für einen Überblick vgl. Winter, 2007 b, S. 151 ff.; Winter, 2007c, S. 138 ff.; Brühwiler, 2007, S. 65 ff.). Im Folgenden werden folgende RM-Standards vorgestellt:
- der australisch-neuseeländische Standard AS/NZS 4360,
- der US-amerikanische Standard COSO ERM,
- der internationale Standard ISO/DIS 3100 und
- der österreichische Standard ONR 49000 ff.

AS/NZS 4360

Der Standard AS/NZS 4360 gehört zu den ältesten und bekanntesten Risikomanagement-Standards. Er wurde erstmalig 1995 als gemeinsamer Standard des australischen und des neuseeländischen Standardinstituts entwickelt und 1999 sowie 2004 überarbeitet. Neben Australien und Neuseeland wird der Standard vor allem in Asien als Grundlage von RMS verwendet (vgl. im Folgenden Winter, 2007b, S. 151 f.; Brühwiler, 2007, S. 71 f.; Standards Australia/Standards New Zealand, 2004a und 2004b).

Der Standard ist ein **universell anwendbarer und branchenunabhängiger Leitfaden** zur Einführung eines RMS und ist in vier Kapitel unterteilt: Im ersten Kapitel werden neben dem Geltungsbereich zentrale Begriffe definiert. Das zweite Kapitel gibt einen Überblick über den Risikomanagement-Prozess, während das dritte Kapitel die einzelnen Prozessschritte detailliert erläutert. Kapitel 4 gibt dann Empfehlungen zur Umsetzung eines effektiven Risikomanagements.

Der AS/NZS 4360 definiert Risiko als die Möglichkeit des Eintritts von Ereignissen, welche die Zielerreichung beeinflussen, und hat somit ein **Risikoverständnis i. w. S.** Risiken werden anhand ihrer Wahrscheinlichkeit und ihrer Auswirkungen bewertet (vgl. AS/NZS 4360 1.3.13). Unter Risikomanagement werden die Kultur, die Prozesse und Strukturen zum wirksamen Umgang mit potenziellen Chancen und Risiken verstanden. Der Risikomanagement-Prozess nach AS/NZS 4360 besteht aus sieben Elementen. Nach der Schaffung eines entsprechenden Rahmens für das Risikomanagement (Establish the Context) wird ein operativer RM-Prozess im Unternehmen etabliert, der aus der Risikoidentifikation, -analyse, -bewertung und -steuerung besteht. Begleitet wird der

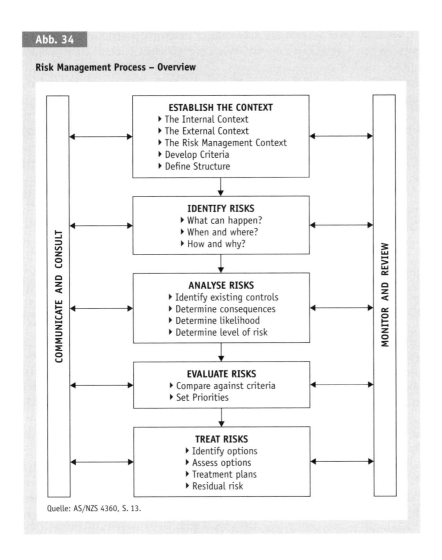

Abb. 34

Risk Management Process – Overview

Quelle: AS/NZS 4360, S. 13.

RM-Prozess durch eine permanente Risikokommunikation und -beratung sowie eine Risikoüberwachung.

Die einzelnen Elemente werden im Standard ausführlich erläutert. Zudem werden Hinweise für die Implementierung eines effektiven Risikomanagements im Unternehmen gegeben. So sollten vor der Implementierung bestehende Managementansätze und -prozesse erhoben und bezüglich ihrer Eignung für das Risikomanagement evaluiert werden. Anschließend müssen die Risikomanagementaktivitäten geplant werden. Hierzu ist nach AS/NZS 4360 die Unterstützung des Topmanagements notwendig. Das Topmanagement ist u. a. für die Entwicklung, Autorisierung und Kommunikation einer strategisch ausgerichteten Risikopolitik und die Implementierung eines Risikomanagement-Prozesses verantwortlich. Dazu müssen die notwendigen finanziellen und personellen Ressourcen bereitgestellt werden. Zusätzlich zum Standard existiert ein Handbuch HB 436 »Risk Management Guidelines – Companion to AS/NZS 4360:2004« mit Beispielen und Hilfsmitteln zur Umsetzung eines Risikomanagements (vgl. Standards Australia/Standards New Zealand, 2004b).

COSO ERM

Der Standard COSO ERM Enterprise Risk Management – Integrated Framework wurde von der COSO (Committee of Sponsoring Organization of the Treadway Commission) entwickelt und verabschiedet. Auf der Basis wissenschaftlicher Forschung, Analysen und Best Practice-Beispielen wurden Regelwerke und Richtlinien entwickelt, um die Finanzberichterstattung durch ethisches Handeln, wirksame interne Kontrollen und gute Unternehmensführung qualitativ zu verbessern. Im Vergleich zum AS/NZS 4360 ist der COSO ERM deutlich umfangreicher und detaillierter. Insgesamt ist er stark Corporate Governance- bzw. prüfungsorientiert. Daher wird der COSO ERM seit 1992 durch die US-amerikanische Börsenaufsicht SEC (Securities and Exchange Commission) als Standard für die Gestaltung interner Kontrollsysteme offiziell anerkannt. (vgl. auch im Folgenden Winter, 2007b, S. 152; Brühwiler, 2007, S. 68 ff.; Kimpel et al., 2009, S. 67 ff.; Withus, 2010, S. 174 ff.).

Der Standard besteht aus einem umfangreichen Framework und einem Anhang. Zudem wurden begleitend »Application Techniques« zur Umsetzung der einzelnen Schritte eines Risikomanagement-Prozesses veröffentlicht. Das **Framework** beginnt mit der Definition zentraler Begriffe. Anschließend werden die einzelnen Schritte des Risikomanagements detailliert erläutert. Das Framework schließt mit Empfehlungen zu den Rollen und Verantwortlichkeiten im Risikomanagement, Grenzen und Implementierungshinweisen. Der COSO ERM vermeidet explizite Anforderungen an ein RMS, sondern ist eher eine Beschreibung seiner typischen Abläufe (vgl. Withus, 2010, S. 175).

Der COSO ERM unterscheidet explizit zwischen Risiken als Möglichkeit des Eintritts eines Ereignisses, das die Zielerreichung beeinträchtigt, und Chancen mit einem positiven Effekt auf die Zielerreichung und verwendet somit einen **Risikobegriff i. w. S.** Der Standard hat ein **prozessorientiertes und unternehmensweites Risikomanagement-Verständnis:**

> »Enterprise risk management is a process, effected by an entity's board of directors, management and other personnel, applied in strategy setting and across the enterprise, designed to identify potential events that may affect the entity, and manage risk to be within its risk appetite, to provide reasonable assurance regarding the achievement of entity objectives.«
> Quelle: COSO ERM, 2004a, S. 16.

Wesentlicher Kern des COSO ERM ist der **COSO-Würfel**, der das betriebliche Risikomanagement nach drei Dimensionen strukturiert:
▸ Die erste Dimension umfasst die vier **Zielkategorien** »Strategic« (übergeordnete Ziele zur Unterstützung der Unternehmensmission), »Operations« (Betriebsabläufe zur wirksamen und wirtschaftlichen Verwendung von Res-

2.6 Risikomanagement-Standards

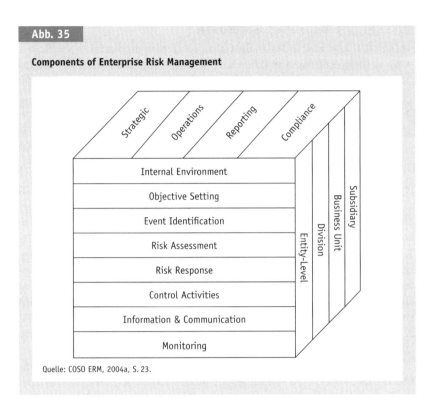

Abb. 35 Components of Enterprise Risk Management

Quelle: COSO ERM, 2004a, S. 23.

sourcen), »Reporting« (Verlässlichkeit der Berichterstattung) und »Compliance (Einhaltung relevanter Gesetze und Vorschriften).
- Als zweite Dimension werden vier **Hierarchieebenen** im Unternehmen unterschieden: Entity-Level, Division, Business Unit und Subsidiary.
- Die dritte Dimension umfasst acht **Aktivitäten** des Risikomanagement-Prozesses (internes Umfeld, Zielfestlegung, Ereignisidentifikation, Risikobeurteilung, Risikosteuerung, Kontrollaktivitäten, Information & Kommunikation, Überwachung). Im weiteren Verlauf des Standards werden die acht Aktivitäten des Risikomanagements detailliert erläutert.

Nach dem COSO-Standard ist das IKS ein integraler Bestandteil des RMS eines Unternehmens. In der Praxis hat sich der COSO ERM als Grundlage des RMS und des IKS in vielen Unternehmen durchgesetzt. Auch der Prüfungsstandard 340 des IDW greift bei der Definition des Risikomanagement-Systems in Tz. 4 auf COSO zurück (vgl. Withus, 2010, S. 174).

2.6 Grundlagen des Risikomanagements
Risikomanagement-Standards

Aus der Praxis — Verwendung des COSO ERM

▶▶▶ Der COSO ERM wird in vielen deutschen Konzernen umgesetzt.
- So weist die Lufthansa in ihrem Konzernlagebericht daraufhin: »Das interne Kontrollsystem im Lufthansa Konzern [...] orientiert sich am »COSO«-Modell.« (Lufthansa, 2011, S. 143).
- BASF informiert in seinem Konzernlagebericht: »Der Risikomanagement-Prozess der BASF-Gruppe orientiert sich am internationalen Risikomanagement-Standard COSO II Enterprise Risk Management – Integrated Framework.« Quelle: BASF, 2011, S. 103. ◀◀◀

ISO/DIS 31000

Die International Organization for Standardization (ISO) hat im November 2009 die Norm »ISO/DIS 31000 – Risk Management – Principles and Guidelines« veröffentlicht. Der Standard basiert auf einer Vielzahl branchenspezifischer Risikomanagement-Standards der ISO (vgl. Übersicht bei Brühwiler/Romeike, 2010, S. 82) und auf dem Konzept des Managementsystems als in sich geschlossenes System zur Steuerung und Kontrolle von Organisationen. Er wurde von internationalen Experten aus verschiedenen Ländern erarbeitet und ist eine eher allgemein gehaltene, branchenübergreifende Norm mit Leitfadencharakter ohne zusätzliche Begleitdokumente (vgl. auch im Folgenden Krause/Borens, 2009, S. 184; Kimpel et al., 2009, S. 72 ff., Brühwiler/Romeike, 2010, S. 82 ff.; Withus, 2010, S. 175 ff.).

Nach einer Einleitung werden im Standard grundsätzliche **Begriffe definiert**. Dabei wird auf die Richtlinien ISO Guide 73 »Risk Management – Vocabulary« verwiesen, allerdings werden einige Definitionen noch einmal explizit wiederholt. Unter Risiko werden sowohl positive wie negative Abweichungen von einem geplanten Zielerreichungsgrad verstanden. Auch in diesem Standard wird ein **Risikobegriff i. w. S.** verwendet. Unklar bleibt allerdings die Abgrenzung zwischen den Begriffen Risikomanagement, Risikomanagementpolitik, Risikomanagementrahmen, Risikomanagementplan und Risikomanagement-Prozess. Insgesamt decken sich die grundlegenden Definitionen jedoch überwiegend mit dem Begriffsverständnis des COSO ERM.

Nach den Definitionen werden **Grundsätze des Risikomanagements** (»Principles«) beschrieben. So soll das Risikomanagement nachweislich zur Zielerreichung und Leistungsverbesserung beitragen und Teil des Entscheidungsprozesses im Unternehmen sein. Im fünften Kapitel wird der **organisatorische Rahmen für das Risikomanagement** (»Framework«) formuliert (vgl. Abb. 36). Dabei handelt es sich beim RMS nicht um ein eigenständiges Managementsystem, sondern das Risikomanagement muss – wie bei COSO ERM auch – in das allgemeine Managementsystem integriert werden. Der Standard folgt einem Top-down-Ansatz, d. h. die Verantwortung für die Implementierung des RMS liegt bei der Unternehmensleitung. Zudem werden die Risiken ausgehend vom Gesamtunternehmen identifiziert, bewertet und gesteuert. In Kapitel 6 wird in Anlehnung an AS/NZS 4360 der **Risikomanagement-Prozess** mit folgenden Phasen definiert: 6.2 Communication and Consultation, 6.3. Establishing the Context, 6.4. Risk Assessment, 6.5. Monitoring and Review.

2.6 Risikomanagement-Standards

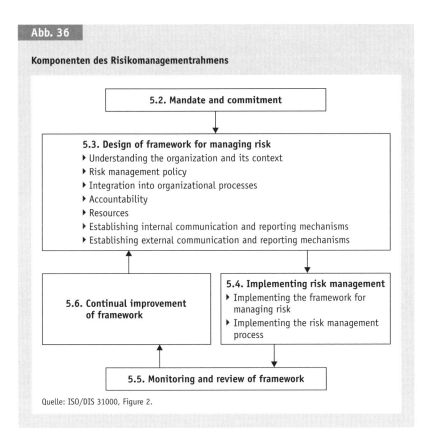

Abb. 36 Komponenten des Risikomanagementrahmens

Quelle: ISO/DIS 31000, Figure 2.

Das Österreichische Regelwerk ONR 49000 ff. wurde erstmals 2004 veröffentlicht und 2008 sowie 2010 aktualisiert (vgl. auch im Folgenden Winter, 2007b, S. 153; Kimpel et al., 2009, 78 ff.; Brühwiler, 2008, S. 27 f.; Brühwiler/Romeike, 2010, S. 87 ff.). Es ist ein praxisorientierter Leitfaden zur Umsetzung des ISO/DIS 31000 und besteht aus sechs Bausteinen:

ONR 49000

- ONR 49000 Begriffe und Grundlagen
- ONR 49001 Risikomanagement
- ONR 49002-1 Teil 1: Leitfaden für die Einbettung des Risikomanagements ins Managementsystem
- ONR 49002-2 Teil 2: Leitfaden für die Methoden der Risikobeurteilung
- ONR 49002-3 Teil 3: Leitfaden für das Notfall-, Krisen- und Kontinuitätsmanagement
- ONR 49003 Anforderungen an die Qualifikation des Risikomanagers

Die folgende Abbildung 37 gibt einen Überblick über den Aufbau des Standards.

Im grundlegenden Standard ONR 49000 werden zunächst die Begrifflichkeiten aus dem ISO Guide 73 »Risk Management Vocabulary« übernommen. Hier wird unter einem Risiko die Kombination von Wahrscheinlichkeit und Auswir-

2.6 Grundlagen des Risikomanagements
Risikomanagement-Standards

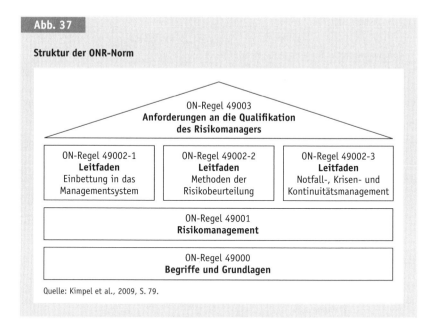

Abb. 37: Struktur der ONR-Norm

Quelle: Kimpel et al., 2009, S. 79.

kung eines Ereignisses verstanden (**Risikobegriff i. w. S.**). Risikomanagement umfasst alle **koordinierenden Tätigkeiten**, die ausgeführt werden, um eine Organisation bezüglich ihrer Risiken zu steuern und zu kontrollieren. ONR 49001 enthält die Elemente des RM-Rahmens und des RM-Prozesses analog zu ISO/DIS 31000. So wird die Verantwortung der Unternehmensleitung zur Einführung eines RMS betont, die außerdem für die Integration des RMS in das Managementsystem und die Formulierung einer Risikopolitik verantwortlich ist. Zudem wird der Risikomanagement-Prozess beschrieben und es werden Ansätze zur Systemüberwachung und Verbesserung des RMS aufgezeigt. Im ONR 49002-1 werden Regeln zur Risikobeurteilung, -bewältigung und -überwachung formuliert. Zudem gibt es informative Ausführungen zu Gefahrenlisten, Risikokategorien und einem wertorientiertem Risikomanagement. ONR 49002-2 ist ein prozessorientierter Leitfaden für die Einbettung des Risikomanagements in das Führungssystem eines Unternehmens. Insgesamt werden fünf Methodengruppen mit insgesamt 15 Einzelmethoden erläutert, z. B. Kreativitätstechniken, Szenarioanalysen, Indikatoren-Analysen, funktionale Analysen und statistische Methoden. ONR 49002-3 setzt sich mit Maßnahmen des Notfall-, Krisen- und Kontinuitätsmanagements zur Überwindung von schlagend gewordenen Risiken auseinander. Die ONR 49003 enthält Anforderungen an die Qualifikation sowie Aus- und Weiterbildung von Risikomanagern.

Die Bedeutung der ISO/DIS 31000 und der ONR 49000 ff. resultiert aus ihrer internationalen Breite und der Tatsache, dass sie im Vergleich zum COSO ERM über ein finanzorientiertes, internes Kontrollsystem hinausgehen (vgl. Brühwiler, 2008, S. 27).

2.6.3 Evaluation der Risikomanagement-Standards

Bis jetzt liegen keine gesicherten empirischen Erkenntnisse über die Anwendung und Wirkung der verschiedenen Risikomanagement-Standards beim Aufbau und Betrieb von RMS in deutschen Unternehmen vor (vgl. Winter, 2007b, S. 150). Daher erfolgt eine Evaluation der vorgestellten Standards auf der Grundlage der zuvor formulierten Anforderungen, wobei auf die Evaluation der Anforderung der Compliance verzichtet wird, da angenommen wird, dass dieses Kriterium bei der Entwicklung der Standards bereits umfassend berücksichtigt wurde (für die folgende Bewertung vgl. Winter, 2007b, S. 155; Winter, 2007c, S. 149 ff.; Brühwiler, 2007, S. 81 f.; Kimpel et al., 2009, S. 70 ff.; Withus, 2010, S. 175 ff.).

- Insgesamt genügen alle Standards den **inhaltlichen Anforderungen**, d.h. es werden zentrale Begriffe und Elemente eines RMS definiert und Empfehlungen zum Aufbau eines RMS abgeleitet. Mit Ausnahme des COSO ERM basieren die anderen Standards auf dem ISO Guide 73, sodass international von einem weitgehend einheitlichen Begriffsverständnis ausgegangen werden kann. Allerdings unterscheidet sich der Umfang der Ausführungen zu den einzelnen Elementen eines RMS in qualitativer und quantitativer Hinsicht erheblich. Die Normenfamilie ONR 49000 ff. stellt hier sicherlich den ausführlichsten Standard dar.
- In Bezug auf das wichtige Kriterium der **Vollständigkeit** kann festgestellt werden, dass in allen Standards Aussagen zur Organisationsstruktur des Risikomanagements, der Projektstruktur zur Implementierung eines RMS, dem Risikomanagement-Prozess und den notwendigen Ressourcen gemacht werden. Dagegen fehlen z.T. Aussagen zur Ableitung einer Risikostrategie, zur

Abb. 38

Qualitative Bewertung der Risikomanagement-Standards

Kriterium	AS/NZS 4360	COSO ERM	ONR 49000 ff.	ISO/DIS 31000
Inhalt	+	+	+	+
Generische Breite/Flexibilität	+	+	+	+
Anwenderfreundlichkeit	+	+	+	0
Vollständigkeit	0	0	0/+	0
Systematik	+	+	+	+
Integration	–	–	+	–
Praxisnähe	+	+	+	–

Quelle: In Erweiterung von Winter, 2007b, S. 155.

Legende: + = Anforderung voll erfüllt, 0 = Anforderung teilweise erfüllt, – = Anforderung nicht erfüllt

Risikoaggregation, zur Dokumentation des RMS, zum Notfall- bzw. Wiederanlaufmanagement und zu Schnittstellen zu sonstigen Managementsystemen (vgl. Winter, 2007b, S. 154 f.). Auch beim ansonsten sehr umfassenden ONR 49000 ff. fehlen Elemente zum Compliance Management und zum Anti-Fraud-Management (vgl. Kimpel et al., 2009, S. 80 f.).

Alle Standards genügen den Anforderungen der **generische Breite und Flexibilität**, da sie für unterschiedliche Unternehmensgrößen und Branchen anwendbar sind, und der **Systematik**, da sie sich i. d. R. an den Phasen des operativen Risikomanagement-Prozesses orientierten. Eine unzureichende **Anwenderfreundlichkeit** wird vor allem beim Standard ISO/DIS 3100 kritisiert: »Sowohl der Detaillierungsgrad als auch die Klarheit der Struktur der ISO Norm bleibt hinter COSO II deutlich zurück. Die Ausführungen sind teilweise wenig präzise und wiederholen sich, ohne dass für diese Wiederholungen klare Gründe (etwa zur Betonung oder besseren Strukturierung) zu erkennen sind. Die Verwendung ähnlicher Begrifflichkeiten mit leicht unterschiedlicher Bedeutung führt dazu, dass die Norm stellenweise schwierig zu lesen und nachzuvollziehen ist.« (Withus, 2010, S. 180).

Mit Ausnahme der Normenfamilie ONR 49000 ff. werden in den Standards keine Vorschläge zur **Integration** der verschiedenen RM-Instrumente untereinander oder mit bestehenden Managementsystemen wie dem Qualitätsmanagement oder dem Change Management gemacht.

Fast alle Standards weisen eine hohe **Praxisnähe** auf. Der COSO ERM ist modulartig aufgebaut und erläutert eine Vielzahl von Instrumenten. Der ONR 49000 ff. deckt alle wesentlichen Elemente eines Risikomanagement-Standards ab. Positiv zu werten sind die ausführliche und anschauliche Darstellung des Risikomanagement-Prozesses sowie der Methoden. Der Standard bietet eine konkrete Anwendungshilfe zur Umsetzung des ISO/DIS 31000. Die ISO/DIS 31000 ist sehr allgemein gehalten und bietet im Gegensatz zum AS/NZS 4360 oder der ONR 49000 kaum Umsetzungshilfen. Es gibt keine konkreten Empfehlungen zur Risikobewertung und keine Aussagen zur Risikoaggregation (vgl. Kimpel et al., 2009, S. 76 ff.; Brühwiler/Romeike, 2010, S. 86 ff.).

Der AS/NZS 4360 ist einfach und übersichtlich, gibt aber kaum konkrete Hinweise für die Integration des Risikomanagements in die Unternehmensführung. Der COSO ERM ist ein weltweit verbreiteter Standard; insbesondere der COSO-Würfel hat zur Darstellung eines integrierten Risikomanagements eine große praktische Verbreitung erfahren. Allerdings ist die Umsetzung des COSO ERM sehr aufwändig und umfasst neben dem RMS auch den Aufbau eines umfassenden IKS. Der ONR 49000 ff. deckt alle wesentlichen Anforderungen an ein RMS ab. Positiv zu werten sind die ausführliche und anschauliche Darstellung des RM-Prozesses und der RM-Methoden. Der Standard ist eine konkrete Umsetzungshilfe zur ISO/DIS 31000. Die ISO/DIS 31000 ist der erste wirklich internationale RM-Standard, bietet aber anders als die anderen Standards kaum konkrete Umsetzungshilfen.

Zusammenfassung

- Risikomanagement-Standards sind veröffentlichte Best-Practice-Normen zur Gestaltung und Einführung eines RMS.
- Risikomanagement-Standards tragen zur Transparenz und Verständlichkeit im Risikomanagement bei. Sie senken die Implementierungskosten, erhöhen die Prüfungssicherheit eines RMS und haben eine positive Signalwirkung für die Unternehmensumwelt.
- Es gibt zahlreiche nationale und internationale Risikomanagement-Standards. Für deutsche Unternehmen sind vor allem der US-amerikanische COSO-Standard sowie der ISO/DIS 31000 in Verbindung mit den ONR 49000 ff. relevant.
- In Bezug auf die Kriterien generische Breite bzw. Flexibilität, Anwenderfreundlichkeit, Vollständigkeit, Systematik, Integration und Zertifizierbarkeit weisen die einzelnen Risikomanagement-Standards eine unterschiedliche Qualität auf, wobei die Normenfamilie ONR 49000 ff. die meisten der o. g. Anforderungen erfüllt.

2.7 Fallstudie: Entwicklung eines Risikokatalogs für den Dräger-Konzern

Die Fallstudie basiert im Wesentlichen auf Vanini/Moormann (2010).

Ausgangssituation:
Das Unternehmen Dräger ist ein global agierendes High-Tech-Unternehmen und durch folgende Merkmale gekennzeichnet:
- Hauptsitz in Lübeck mit weltweiten Produktions-, Vertriebs- und Servicegesellschaften,
- rund 11.000 Mitarbeiter, ca. 1 Mrd. € Jahresumsatzes,
- zwei Unternehmensbereiche: Medizintechnik (ca. 65 % des Konzernumsatzes) und Sicherheitstechnik (35 % des Konzernumsatzes).

In der Medizintechnik beträgt der Aufwand für Forschung und Entwicklung ca. 8 bis 9 % des Umsatzes, ca. 30 % des Umsatzes werden mit Produkten gemacht, die nicht älter als drei Jahre sind. Der Markt für Sicherheitstechnik verzeichnet ein jährliches Wachstum von 2 bis 4 %. Beide Branchen sind durch einen intensiven internationalen Wettbewerb gekennzeichnet und stark durch staatliche Regulierungen betroffen. Insgesamt hat Dräger eine **komplexe und dynamische Risikostruktur**. Die hohe Risikovielfalt macht eine umfassende Risikoidentifikation besonders schwierig.

Problemstellung:
Zur Optimierung der Risikoidentifikation sollte ein neuer Risikokatalog für Dräger entwickelt werden, wobei u. a. folgende Fragen zu lösen waren:

Grundlagen des Risikomanagements
2.7 Fallstudie: Entwicklung eines Risikokatalogs für den Dräger-Konzern

1. Wie sollte bei der Ableitung eines Risikokatalogs vorgegangen werden?
2. Wie können relevante Einzelrisiken für Dräger ermittelt werden?
3. Wie können Risiken sinnvoll kategorisiert werden?

Lösungsansätze:
1. Der folgenden Abbildung 39 ist die Vorgehensweise bei der Ableitung des Risikokatalogs bei Dräger zu entnehmen.

   Zunächst wurden die unternehmensrelevanten Risikofelder auf der Grundlage einer **Literaturrecherche**, der Analyse von **Geschäftsberichten anderer Unternehmen** der Medizintechnik- und Sicherheitsbranche sowie der Auswertung **interner SWOT-Analysen** abgeleitet. Die Analyse der Geschäftsberichte war zur Ermittlung der branchenspezifischen Risiken, z. B. von FuE-Risiken und Patentrisiken, notwendig. Dabei trat das Problem auf, dass Risikofelder teilweise unterschiedlich benannt wurden, jedoch die gleiche Bedeutung aufwiesen. Insgesamt wurde deutlich, dass es Risikofelder gab, die von fast allen Autoren identifiziert wurden. Hierzu gehören z. B. finanzwirtschaftliche Risiken, Marktrisiken, leistungswirtschaftliche Risiken und strategische Risiken. Daher wurde eine allgemeingültige Relevanz dieser

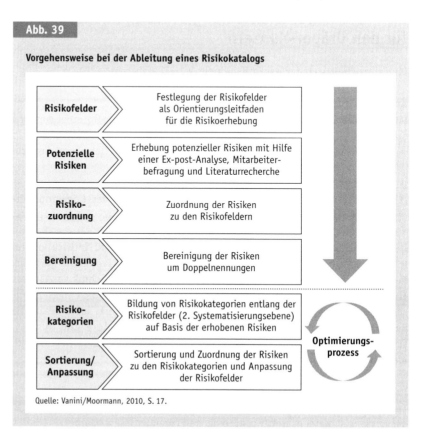

Abb. 39 Vorgehensweise bei der Ableitung eines Risikokatalogs

Quelle: Vanini/Moormann, 2010, S. 17.

Abb. 40

Risikofelder und ihre Beschreibung als Leitfaden für die Risikoerhebung

Description of risk field

1. Strategy and corporate development:
Strategic risks related to the company's core competencies, new markets and opportunities, product portfolio, mergers and acquisitions, big investments and the general consistency of the business strategy, e.g. increasing market power of competitor due to a strategic merger.

2. Technological trends:
Risks which follow from new competing technologies on the market.

3. Social, political and ecological trends:
Risks related to the attitude of the society, for example, the increasing environmental awareness. Also the political and social development of a country contains risks a company has to consider, e.g. changes in legislation, demographic structure (aging population).

4. Extraordinary impacts:
Risks related to natural catastrophes and criminal intents, e.g. fraud.

5. Compliance/law:
Risks which follow from non-compliance with laws, regulations, norms, contractual arrangements and other legally binding agreements and requirements, e.g. competition law.

6. Sales market:
Risks like price development, competitors behaviour, new competitors or changing customer needs. Sales risks can also follow from internal processes, e.g. wrong price calculations, poor customer service.

7. Production/Logistics:
Risks related to the production and logistics process, e.g. machine breakdown, high stocks, occupational safety.

8. Quality:
Risks related to the product quality.

9. Procurement:
Risks related to the availability, the price and the quality of several goods, the dependency on suppliers, the company's purchasing process etc.

10. Research and development:
Risks associated with the development of new products and technologies, regulatory affairs and registration authorization, patent risks etc.

11. Management of large-scale projects:
Risks which arise during the implementation of a project concerning time (deadlines), quality and cost of the project, e.g. problems with new technologies (included in the deliveries).

12. Organization and management:
Risks which follow from the operational and organizational structure of the company, the allocation of rights and duties as well as the management quality, e.g. insufficient documentation of operating instructions, delayed or wrong information transfer between departments, inadequate management objectives.

13. Personnel:
Risk related to the availability of specific expertise, the motivation of the staff, the working environment, employment contract etc.

14. IT:
Risks which follow from the capability, reliability and security of the company's IT-system, e.g. risk of data loss, system breakdown.

15. Finance:
Liquidity of the company, credit risks, availibility of funds, interest rates, currency risks etc.

16. Tax:
Risks related to the respective country specific tax regulations, e.g. sales tax or transfer price risks.

17. Other risks

Quelle: Vanini/Moormann, 2010, S. 19.

Risikofelder vermutet. Insgesamt wurden 17 Risikofelder für die anschließende Ermittlung der Einzelrisiken ausgewählt (vgl. Abbildung 40).

Die Risikofelder sollten alle Risiken von Dräger abdecken und externe wie auch interne Risiken sowie operative und strategische Risiken umfassen. Bei der Unterteilung der internen Risiken orientieren sich die Risikofelder an den Funktionsbereichen von Dräger, da sich dann die Mitarbeiter für die Identifikation der Risiken ihres Bereiches direkt verantwortlich fühlen.

2. Um den Risikokatalog mit Einzelrisiken zu füllen, wurde auf der Grundlage historischer Risikoberichte von Dräger eine **schriftliche Mitarbeiterbefragung** durchgeführt. Durch die Mitarbeiterbefragung konnte ein sehr großer

2.7 Grundlagen des Risikomanagements
Fallstudie: Entwicklung eines Risikokatalogs für den Dräger-Konzern

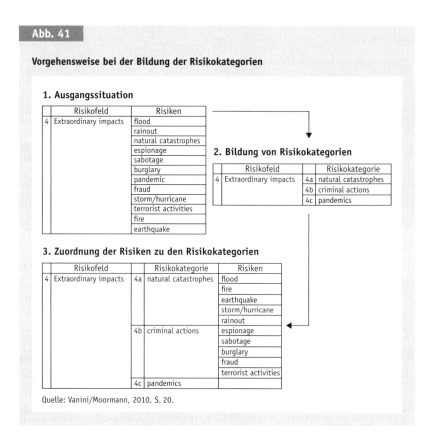

Abb. 41: Vorgehensweise bei der Bildung der Risikokategorien

Quelle: Vanini/Moormann, 2010, S. 20.

und breiter Personenkreis über alle Hierarchieebenen – auch aus ausländischen Tochtergesellschaften – eingebunden werden. Außerdem wirkt sich die Einbeziehung der Mitarbeiter positiv auf die Akzeptanz aus. Den Mitarbeitern wurde eine Excel-Tabelle zur Verfügung gestellt, in der sie zu jedem abgebildeten Risikofeld mögliche Risiken eintragen konnten. Nach einer Bereinigung um Doppelnennungen verblieben 283 potenzielle Einzelrisiken, die den 17 Risikofeldern zugeordnet wurden.

3. Im nächsten Schritt wurden die potenziellen Risiken innerhalb der Risikofelder weiter systematisiert. Dabei wurden zu jedem Risikofeld Risikokategorien für Risiken mit gleichen Merkmalen gebildet. Das Vorgehen lässt sich anhand des Risikofeldes »Extraordinary impacts« veranschaulichen (vgl. Abbildung 41).

Durch die Einführung von Risikokategorien als zweite Systematisierungsebene wird die Strukturiertheit und Übersichtlichkeit des Risikokatalogs verbessert. Abschließend wurden der gesamte Risikokatalog auf mögliche Überschneidungen hin analysiert und bei Bedarf einzelne Risikokategorien und Risiken eliminiert oder in andere Risikofelder verschoben. Da die Risikofelder sehr starke Beziehungen zueinander aufweisen, ist ein gänzlich überschneidungsfreier Risikokatalog nicht realisierbar. Insgesamt umfasst der neue Risikokatalog von Dräger 17 Risikofelder, 99 Risikokategorien und 238 Einzelrisiken.

Vertiefung der Fallstudie:
Das Unternehmen tesa SE ist einer der weltweit führenden Hersteller für selbstklebende Produkt- und Systemlösungen für Industrie, Gewerbe und private Konsumenten. Das Unternehmen ist eine Tochtergesellschaft des Beiersdorf Konzerns und hat seinen Hauptsitz in Hamburg. Tesa beschäftigt ca. 3600 Mitarbeiter weltweit in 54 Tochtergesellschaften und erzielt 2009 einen Gesamtumsatz von 747 Mio. € (Quelle: www.tesa.de/company/profile). Entwickeln Sie auf der Grundlage einer Literatur- und einer Geschäftsberichtsrecherche einen dreistufigen Risikokatalog für die tesa SE. Welche besonderen Restriktionen müssen Sie bei der Entwicklung des Risikokatalogs beachten?

Wiederholungsfragen zu Kapitel 2

1. Arbeiten Sie drei Gemeinsamkeiten und drei Unterschiede der verschiedenen Risikodefinitionen von Gesetzgebung, Wissenschaft und Praxis heraus.
2. Definieren Sie den Begriff Risiko i. w. S. und grenzen Sie ihn gegen die Begriffe Chance, Verlust, betriebliche Gefahr und Krise ab.
3. Warum ist das Risikoverständnis des Gesetzgebers für ein betriebswirtschaftliches Risikomanagement nicht ausreichend?
4. Nach welchen Kriterien können Risiken systematisiert werden?
5. Die Vanini GmbH ist ein mittelständisches Unternehmen der Medizintechnik mit einem Jahresumsatz von 25 Mio. € und 150 Mitarbeitern. Die Vanini GmbH beliefert vor allem Kliniken in Norddeutschland und Skandinavien. Neben dem Haupt- und Produktionssitz in Kiel gibt es eine weitere Vertriebsgesellschaft zur Abwicklung des Skandinaviengeschäfts mit Sitz in Kopenhagen/Dänemark. Das Unternehmen hat sich mit Aspekten des Risikomanagements bis jetzt nur ausgewählt, d. h. mit Bezug auf die Produkt- und die Unternehmenssicherheit beschäftigt. Die Inhaberin und alleinige Geschäftsführerin Frau Vanini möchte ein umfassendes Risikomanagement im Unternehmen implementieren. Entwickeln Sie für die Vanini GmbH eine geeignete Risikodefinition und einen Risikokatalog.
6. Definieren Sie Ziele und Aufgaben des Risikomanagements und grenzen Sie es vom Risikocontrolling ab.
7. Erläutern Sie fünf zentrale rechtliche Anforderungen an das Risikomanagement.
8. Welche Anforderungen haben Wirtschaftsprüfer an ein betriebliches Risikomanagement-System?

Grundlagen des Risikomanagements
Fallstudie: Entwicklung eines Risikokatalogs für den Dräger-Konzern

9. Erläutern Sie vier betriebswirtschaftliche Anforderungen an das Risikomanagement?
10. Welche der zuvor genannten Anforderungen muss die Vanini GmbH beachten?
11. Was ist ein Risikomanagement-System (RMS)? Grenzen Sie den Begriff des RMS vom Internen Kontrollsystem (IKS) ab.
12. Aus welchen Elementen besteht ein RMS? In welcher Beziehung stehen die einzelnen Elemente?
13. Aus welchen Phasen besteht der operative Risikomanagement-Prozess? Nennen und erläutern Sie die Phasen!
14. Wie kann ein RMS in einem Unternehmen implementiert werden? Welche Verfahren würden Sie der Vanini GmbH empfehlen? Begründen Sie Ihre Entscheidung!
15. Beschreiben Sie die grundlegenden Inhalte von drei ausgewählten Theorien und ihre Implikationen für das Risikomanagement.
16. Entwickeln Sie Referenzlotterien zur Bestimmung der Risikoneigung von Frau Vanini. Welche Regel für Entscheidungen unter Ungewissheit ist für welche Risikoneigung geeignet?
17. Diskutieren Sie die Aussage der Prinzipal-Agenten-Theorie, dass angestellte Manager risikoavers handeln und diese risikoaverse Haltung durch Anreizsysteme mit hohem variablem Vergütungsanteil noch verstärkt werden, vor dem Hintergrund der Erfahrungen der letzten Finanz- und Wirtschaftskrise kritisch. Begründen Sie mögliche Abweichungen zwischen den Aussagen der Theorie und der Empirie.
18. Zu welchen Problemen kann der Dispositionseffekt im Risikomanagement führen?
19. Als Risikomanager der Vanini GmbH wissen Sie um mögliche kognitive Beschränkungen von Entscheidern. Welche Schlussfolgerungen ziehen Sie daraus für die Implementierung eines Risikomanagements in der Vanini GmbH?
20. Was sind Risikomanagement-Standards und welche Bedeutung haben Sie für das Risikomanagement?
21. Evaluieren Sie die Eignung der Risikomanagement-Standards für die Implementierung eines betrieblichen Risikomanagements? Welchen Standard würden Sie der Vanini GmbH für die Implementierung eines RMS empfehlen? Begründen Sie Ihre Entscheidung.

3 Strategisches Risikomanagement

Lernziele

Wenn Sie dieses Kapitel durchgearbeitet haben, können Sie

- den Begriff und die Aufgaben des strategischen Risikomanagements erläutern und gegen das operative Risikomanagement abgrenzen,
- die Elemente und die Bedeutung der Risikokultur für das Risikomanagement beschreiben,
- verschiedene Ausprägungen der Risikoneigung unterscheiden,
- die Notwendigkeit einer Risikostrategie und von Risikozielen sowie risikopolitischen Grundsätzen für das Risikomanagement erläutern,
- das Risikodeckungspotenzial und die Risikotragfähigkeit eines Unternehmens bestimmen und
- den Umsetzungsstand des strategischen Risikomanagements in der Praxis problematisieren.

3.1 Begriff, Aufgaben und Aufbau des strategischen Risikomanagements

Das strategische Risikomanagement ist Bestandteil der strategischen Unternehmensführung und nimmt eine **Schnittstellenfunktion** zwischen dem strategischen Management und dem operativen Risikomanagement eines Unternehmens ein. Daher wird zunächst der Begriff des strategischen Managements diskutiert, bevor auf Begriff, Ziele und Aufgaben des strategischen Risikomanagements eingegangen wird.

Das strategische Management umfasst die **Planung möglicher Strategien**, die **Entscheidung** über die umzusetzende Strategie, deren **Umsetzung** und die **Kontrolle der Strategieerreichung**. Das strategische Management hat das Ziel, **nachhaltige Wettbewerbsvorteile aufzubauen** und dadurch den **langfristigen Erfolg** des Unternehmens zu sichern. Entscheidungen im Rahmen des strategischen Managements bestimmen somit die grundsätzliche Positionierung des Unternehmens in seiner Umwelt, speziell im Markt, und den Aufbau der dafür notwendigen Ressourcenbasis. Strategische Entscheidungen werden von der **Unternehmensleitung** getroffen und sind langfristig gültig. Im Gegensatz zum operativen Management werden nicht einzelne, konkrete Maßnahmen beschlossen, sondern Handlungspotenziale für den zukünftigen Unternehmenserfolg aufgebaut (vgl. Hungenberg, 2011, S. 4 ff.).

Strategisches Management

3.1 Strategisches Risikomanagement
Begriff, Aufgaben und Aufbau des strategischen Risikomanagements

Für Wissbegierige

Prozess des strategischen Managements

Der **Prozess des strategischen Managements** besteht aus folgenden Phasen:
- **Strategische Zielbildung**: In dieser Phase formuliert die Unternehmensführung die Unternehmensvision und das Leitbild und leitet strategische Ziele ab.
- **Strategische Analyse**: Voraussetzung für die Ableitung und Umsetzung einer Strategie sind eine umfassende Analyse der relevanten Umwelt, insbesondere der Märkte sowie gesetzlicher, politischer, ökonomischer und gesellschaftlicher Rahmenbedingungen des Unternehmens, sowie eine Analyse der Stärken und Schwächen des Unternehmens.
- **Strategieformulierung und -auswahl**: Hier werden geeignete Strategien entwickelt und evaluiert. Abschließend wird eine Strategie ausgewählt. Eine Strategie beschreibt einen Weg, um die Unternehmensziele langfristig zu erreichen, und umfasst ein Bündel von operativen Maßnahmen. Zur dieser Phase zählt auch die strategische Planung.
- **Strategieimplementierung**: Während dieser Phase werden organisatorische Strukturen und Systeme implementiert, die die Strategieumsetzung unterstützen (»structure follows strategy«). Zudem müssen die Strategien messbar gemacht werden. Es werden regelmäßig Informationen zum Stand der Strategieumsetzung erhoben und kommuniziert, damit eine Kontrolle der Strategieumsetzung erfolgen kann.

Quelle: Baum et al., 2007, S. 24 ff.; Hungenberg, 2011, S. 9 ff.

Wesentliche **Objekte** des strategischen Managements sind **Strategien** in Bezug auf die angestrebte Marktposition und den Aufbau der wettbewerbsrelevanten Ressourcen, **(Organisations-)Strukturen** zur Umsetzung der Strategien und **Systeme zur Unternehmensführung**, insbesondere Informations- und Anreizsysteme (vgl. Hungenberg, 2011, S. 8 f.).

Begriff und Ziele des strategischen Risikomanagements

Es gibt in der Literatur **keine einheitliche Definition** des Begriffs des strategischen Risikomanagements. Einige Autoren verstehen unter strategischem Risikomanagement die **Steuerung von strategischen (langfristigen) Risiken**, die die Umsetzung der Unternehmensstrategie und dadurch den langfristigen Unternehmenserfolg beeinträchtigen (vgl. z. B. Elfgen, 2002b, S. 207 f.; Gleißner, 2008b, S. 39). Strategisches Risikomanagement wäre demnach Bestandteil des strategischen Managements. Operative Risiken, die den kurzfristigen Unternehmenserfolg, z. B. den Jahresüberschuss, gefährden, werden dagegen im Rahmen des operativen RM-Prozesses von den dezentralen Führungskräften gesteuert. Für dieses Begriffsverständnis spricht, dass die Ableitung von Strategien Aufgabe der Unternehmensleitung ist. Daher sollte sich diese auch mit möglichen Gefährdungen der Strategien auseinandersetzen. Andererseits lässt sich in der Unternehmenspraxis häufig **nicht eindeutig zwischen strategischen und operativen Risiken trennen**, da viele Risiken sowohl den kurzfristigen Unternehmenserfolg als auch die langfristige Unternehmensentwicklung gefährden. Eine Trennung der Identifikation, Bewertung und Steuerung von strategischen und operativen Risiken birgt zudem die Gefahr, dass

Begriff, Aufgaben und Aufbau des strategischen Risikomanagements

wichtige Risiken nicht erkannt oder doppelt erfasst werden. Außerdem werden Abhängigkeiten zwischen Risiken nicht immer identifiziert. Insgesamt widerspricht diese Vorgehensweise dem Ansatz eines integrierten Risikomanagements und wird daher nicht weiter verfolgt. Im Folgenden wird daher davon ausgegangen, dass sowohl strategische als auch operative Risiken durch den operativen RM-Prozess gesteuert werden. Instrumente zur Identifikation, Bewertung und Bewältigung strategischer Risiken werden daher in den entsprechenden Kapiteln behandelt.

Dem vorliegenden Lehrbuch liegt folgendes Begriffsverständnis zugrunde:

> **Strategisches Risikomanagement** umfasst die Ableitung eines strategischen Rahmens für den operativen RM-Prozess. Zum strategischen RM-Rahmen eines Unternehmens gehören seine Risikokultur, seine Risikostrategie und Risikoziele, sein Risikodeckungspotenzial sowie der Aufbau einer RM-Organisation. Strategisches Risikomanagement ist Aufgabe der Geschäftsführung. Die Ziele des strategischen Risikomanagements liegen in der Abstimmung der Ziele und Strategien des Unternehmens mit seiner Risikokultur, seinem Risikodeckungspotenzial und den vorhandenen Ressourcen des Risikomanagements, um letztendlich die Strategieumsetzung zu unterstützen und die langfristige Existenz des Unternehmens zu sichern.

Abgrenzung zur Risikopolitik

Insbesondere in den Risikomanagement-Standards wird der Begriff der **Risikopolitik** bzw. **Risk Management Policy** verwendet. So definiert die ONR 49000 unter Punkt 3.3.10 Risikopolitik als umfassende Absichten und Ziele einer Organisation zur Handhabung von Risiken, die von der Unternehmensleitung genehmigt werden. Der COSO ERM verwendet weder den Begriff des strategischen Risikomanagements noch der Risk Management Policy, erläutert aber unter dem Stichwort »Objective Setting« den Prozess der Zielformulierung und -umsetzung als Ausgangspunkt des folgenden Risikomanagement-Prozesses. Insgesamt ist der Begriff des strategischen Risikomanagements weiter gefasst als der der Risikopolitik, da er auch weiche Faktoren wie die Risikokultur und die Risikoneigung des Managements berücksichtigt, während der Begriff der Risikopolitik auf die Ableitung von Risikostrategien und -zielen abzielt.

Aufgaben des strategischen Risikomanagements

Das strategische Risikomanagement hat folgende Aufgaben (vgl. Burger/Buchhart, 2002, S. 193; Gleißner, 2008b, S. 39 ff.):

- **Entwicklung einer Risikokultur**: Zur Entwicklung einer Risikokultur gehören die Schaffung eines gemeinsamen Risikoverständnisses und Risikobewusstseins der Führungskräfte und Mitarbeiter des Unternehmens. Die Risikokultur wird wesentlich von der Risikoneigung der Führungskräfte beeinflusst.
- **Ableitung einer Risikostrategie**: Hier geht es vor allem um die Frage, welche Faktoren den langfristigen Erfolg bzw. die Erfolgspotenziale des Unternehmens und damit die Umsetzung der Unternehmensstrategie bedrohen. Zudem sollte durch die Risikostrategie festgelegt werden, welche **Kernrisiken** das Unternehmen selbst tragen will, in welchem Umfang das vorhan-

Strategisches Risikomanagement
Begriff, Aufgaben und Aufbau des strategischen Risikomanagements

dene Risikodeckungspotenzial zur Risikoabsicherung eingesetzt wird und ab welchem Ausmaß existenzbedrohende Risiken grundsätzlich vermieden werden.

- **Konkretisierung der Risikostrategie durch Risikoziele**: Aus der Risikostrategie werden Risikoziele abgeleitet, Vorgaben für die gewünschten Zielausprägungen entwickelt und die Risikoziele in das gesamte Zielsystem des Unternehmens eingeordnet. Zudem muss die **Gesamtrisikoposition** des Unternehmens in Abhängigkeit von der Risikoneigung der Entscheidungsträger und dem Risikodeckungspotenzial des Unternehmens festgelegt werden.
- **Entwicklung von risikopolitischen Grundsätzen**: Die Risikokultur, die Risikostrategie und die Risikoziele sollten den Mitarbeiter in Form von risikopolitischen Grundsätzen kommuniziert werden.
- **Bestimmung des Risikodeckungspotenzials**: Hier legt die Unternehmensleitung die notwendige Eigenkapital- und Liquiditätsausstattung des Unternehmens in Abhängigkeit von der Risikostrategie und den geplanten Risikozielen fest. Das Verhältnis von Ist-Gesamtrisikoposition und Risikodeckungspotenzial beeinflusst maßgeblich die Wahrscheinlichkeit einer Überschuldung oder Zahlungsunfähigkeit und damit die Risikokosten des Unternehmens.
- **Festlegung eines langfristigen organisatorischen Rahmens:** Hier geht um die Aufbau- und Ablauforganisation für das operative Risikomanagement.

In den folgenden Abschnitten werden die einzelnen Aufgaben des strategischen Risikomanagements näher erläutert. Die Festlegung eines langfristigen organisatorischen Rahmens wird zum besseren Verständnis im Anschluss an die Beschreibung der einzelnen Phasen des operativen RM-Prozesses in Kapitel 9.1. erläutert. Der Zusammenhang zwischen den anderen Aufgaben des strategischen Risikomanagements lässt sich der folgenden Abbildung 42 entnehmen.

Strategisches und operatives Risikomanagement lassen sich nach den in Abbildung 43 dargestellten Kriterien voneinander abgrenzen.

Strategisches versus operatives Risikomanagement

Zusammenfassung

- Das strategische Risikomanagement beinhaltet die Festlegung eines strategischen Rahmens für den operativen RM-Prozess.
- Zum strategischen Rahmen gehören die Risikokultur, die Risikostrategie und ihre Konkretisierung durch Risikoziele und risikopolitische Grundsätze, das Risikodeckungspotenzial und die Organisation des Risikomanagements.
- Das strategische Risikomanagement ist Aufgabe der Geschäftsleitung.
- Das strategische Risikomanagement bildet die Schnittstelle zum strategischen Management und zum operativen RM-Prozess.

Begriff, Aufgaben und Aufbau des strategischen Risikomanagements — 3.1

Abb. 42

Bezugsrahmen des strategischen Risikomanagements

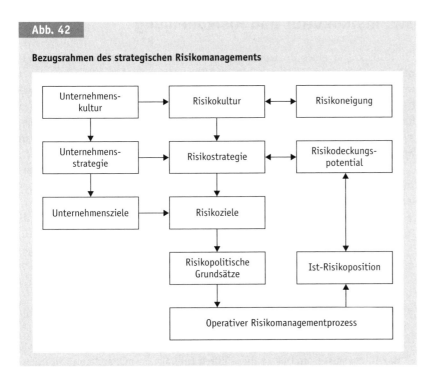

Abb. 43

Abgrenzung zwischen strategischem und operativem Risikomanagement

Merkmale	Strategisches Risikomanagement	Operatives Risikomanagement
Ansatz	Festlegung eines langfristigen Rahmens für das operative Risikomanagement	Identifikation, Messung und Steuerung der Unternehmensrisiken im Rahmen des operativen RM-Prozesses
Aufgaben	▸ Entwicklung der Risikokultur ▸ Formulierung der Risikostrategie ▸ Konkretisierung durch Risikoziele ▸ Kommunikation durch risikopolitische Grundsätze ▸ Festlegung des Risikodeckungspotenzials ▸ Schaffung des organisatorischen Rahmens	▸ Risikoidentifikation ▸ Risikobewertung ▸ Risikoberichterstattung ▸ Risikosteuerung ▸ Risikoüberwachung
Organisatorische Umsetzung	Keine organisatorische Verselbstständigung, da Aufgabe der Unternehmensleitung	Teilweise organisatorische Verselbstständigung, d. h. Implementierung eines Risikomanagers oder Integration in das (Risiko-)Controlling, außerdem Einbindung dezentraler Führungskräfte und der Internen Revision

3.2 Risikokultur und Risikoneigung

Die Risikokultur eines Unternehmens ist ein wichtiger Bestandteil der Unternehmens- bzw. Organisationskultur und kann daher nicht isoliert betrachtet werden. Daher wird zunächst der Begriff der Unternehmenskultur im Allgemeinen erläutert, bevor anschließend wesentliche Elemente und Funktionen der Risikokultur diskutiert und der Zusammenhang zur Risikoneigung des Managements aufgezeigt werden. Die Begriffe Unternehmens- und Organisationskultur werden dabei synonym verwendet.

Unternehmenskultur

In der Managementforschung gibt es kein einheitliches Begriffsverständnis von Unternehmenskultur. Im Wesentlichen werden **zwei Kulturkonzepte** unterschieden (vgl. auch im Folgenden Behrends, 2003, S. 242 ff.):

▸ Eine Gruppe von Forschern versteht die Kultur als **Teilsystem einer Organisation**, das sich in **einzelne Bestandteile** (»Variablen«), z.B. Normen, Werte, Ideale, Legenden und Rituale, zerlegen lässt. Durch gezieltes Management dieser Bestandteile, insbesondere der sichtbaren Artefakte, soll eine starke Unternehmenskultur geschaffen und der Unternehmenserfolg positiv beeinflusst werden.

▸ Ein zweiter Forschungsansatz geht davon aus, dass Unternehmen keine Kulturen haben, sondern Kulturen sind. Nach diesem Ansatz hat jeder Mitarbeiter in einem Unternehmen spezifische Wahrnehmungs-, Interpretations- und Handlungsmuster und passt diese durch Interaktion mit anderen Unternehmensakteuren ständig an. Die **Gesamtheit aller Wahrnehmungs-, Interpretations- und Handlungsmuster der Mitarbeiter** bildet die Unternehmenskultur. Dieser Ansatz geht davon aus, dass eine Unternehmenskultur nur sehr eingeschränkt direkt steuerbar ist.

Unumstritten ist dagegen, dass Unternehmenskulturen bestimme **Merkmale** haben (vgl. Behrends, 2003, S. 246 ff.):

▸ **Kultur ist ein soziales Phänomen**. Sie wird maßgeblich durch die Überzeugungen, Werthaltungen, Motivationen und Fähigkeiten der Mitarbeiter sowie deren Zusammenwirken geprägt. Die innerhalb einer Organisation geltenden Institutionen, Regeln und Rollenerwartungen regulieren die Handhabung von Problemen und unterziehen so die individuellen Handlungs- und Interpretationsspielräume der Organisationsmitglieder einer sozialen bzw. organisationalen Kontrolle.

▸ **Kultur hat eine Gestalt**. Die einzelnen Kulturmerkmale müssen stets in ihrem Zusammenwirken (Konfiguration) betrachtet werden, da sich einzelne Kulturaspekte gegenseitig verstärken bzw. neutralisieren und erst in einem spezifischen Unternehmensumfeld ihre Wirkung entfalten.

▸ **Kultur hat einen generativen bzw. konstruktiven Charakter**, da sie den Organisationsmitgliedern nicht für alle erdenklichen Situationen konkrete Handlungsempfehlungen gibt, sondern vielmehr elementare Ansätze liefert, selbstständig ein situationsangemessenes Verhalten zu entwickeln.

Die **Risikokultur** ist ein wichtiger Teil der Unternehmenskultur und besteht aus den gemeinsamen Annahmen sowie Normen und Werten der Mitarbeiter in Bezug auf den Umgang mit betrieblichen Risiken und entsprechenden Symbolen (vgl. Burger/Buchhart, 2002, S. 21; Hoitsch et al., 2005, S. 126.). Teilweise wird der Begriff der **Risikophilosophie** synonym verwendet (vgl. COSO, 2004a, S. 27). Die Risikokultur eines Unternehmens besteht aus drei **Elementen** (vgl. Hoitsch et al., 2005, S. 126.):

Begriff und Elemente einer Risikokultur

- **Grundlegende risikobezogene Annahmen der Mitarbeiter.** Grundlegende risikobezogene Annahmen betreffen z. B. das Risikoverständnis, die Risikoneigung oder die Einstellung zur Risikobewältigung. Diese Grundannahmen bilden die Basis der Risikokultur. Sie sind nur indirekt beobachtbar und werden von den Mitarbeitern nicht mehr hinterfragt.
- **Werte und Normen.** Während Werte abstrakte Auffassungen eines Menschen über mehr oder weniger erstrebenswerte Zustände abbilden, sind Normen von außen an Menschen herangetragene Verhaltensmaxime und Erwartungen, z. B. die maximale Risikoakzeptanz eines Unternehmens. Werte und Normen dienen als Beurteilungs- und Orientierungsmaßstab für die Mitarbeiter. Während Werte eher unbewusst und damit schwer beeinflussbar sind, unterliegen Normen der bewussten Wahrnehmung durch die Mitarbeiter.
- **Artefakte.** Artefakte sind die sichtbaren und bewussten Elemente der Risikokultur (kulturelle Manifestationen) und umfassen z. B. Symbole wie die Darstellung von Risiken in Form einer gelben oder roten Ampel oder von Unternehmensmitgliedern gelebte Verhaltensweisen. Artefakte können direkt vom Risikomanagement beeinflusst werden, sind aber teilweise mehrdeutig und schwer zu entschlüsseln.

Zwischen den Elementen der Risikokultur besteht eine **enge wechselseitige Beziehung**. So sollen Artefakte die Werte und Normen verdeutlichen und greifbar machen.

Es lassen sich zwei **grundlegende Einstellungen** zum Risikomanagement unterscheiden (vgl. Mikes, 2009, S. 21 f.):

- **Calculative Idealism**: Hier sind die Führungskräfte davon überzeugt, dass sich Risiken quantitativ anhand von Kennzahlen steuern lassen und legen größten Wert auf den Aufbau und die Verbesserung analytischer Modelle und Verfahren zur Risikoidentifikation und -bewertung.
- **Calculative Pragmatism**: Hier setzen die Führungskräfte die Risikokennzahlen weniger zur direkten Entscheidungsunterstützung ein, sondern betrachten diese als Trendindikatoren und versuchen deren Aussagen durch ihre Erfahrungen und Urteilskraft zu ergänzen.

Wichtig ist, dass die Grundeinstellung der Führungskräfte zu den im Risikomanagement verwendeten Methoden und Instrumenten passt.

Strategisches Risikomanagement
Risikokultur und Risikoneigung

Beispiel **Risikokulturmatrix**

▶▶▶ Rehker/Benzinger (2010, S. 309 ff.) haben zur Beschreibung von Risikokulturen eine Risikokulturmatrix mit den Dimensionen:

- **Faktoren**, d. h. weiche und harte Merkmale der Risikokultur, z. B. persönliche Werte und Ziele, Wissen und Fähigkeiten, und
- **Organisation**, d. h. Funktionen und Hierarchieebenen im Unternehmen,

entwickelt.

Anhand der Risikokulturmatrix beschreiben die Autoren anschließend wesentliche Elemente einer nach ihrer Auffassung modernen Risikokultur.

Abb. 44

Elemente einer modernen Risikokultur (Auswahl)

Organisation / Faktoren	Persönliche Werte und Ziele	Wissen und Fähigkeiten	Haltung und Einstellung	Regeln und Vorgehensweisen
Unternehmensführung/ Vorstand	▸ Langfristige, nachhaltige Profitabilität ▸ Vollständiges Verständnis der Ertrags- und Risikolage ▸	▸ Sehr gutes Verständnis der Geschäftsfelder und ihrer Risikotreiber ▸ Verständnis der Risikomessung, ihrer Möglichkeiten und Grenzen ▸	▸ Chancen und Risiken gehen gleichberechtigt in alle unternehmerischen Entscheidungen ein ▸ Die Aktivitäten des Risikomanagements und -controllings sind wertschöpfend ▸ ...	▸ Intensive, institutionalisierte Auseinandersetzung mit der Ertrags-/Risikosituation (Risikokonferenz, Limitsystem etc.) ▸ Erfolgsorientierte, langfristige Vergütung ▸ ...
Vertrieb/Profit Center/Risikonehmer	▸ Langfristige, nachhaltige Profitabilität ▸ Vollständiges Verständnis der Ertrags- und Risikoprofile der Geschäfte ▸	▸ Verständnis der jeweiligen Chancen und Risiken des eigenen Geschäftsfelds ▸ Verständnis der Risikomessmethoden ▸ ...	▸ Respekt vor Risiken ▸ Akzeptanz des Risikomanagements/-controllings als gleichwertige Partner ▸ ...	▸ Jede Entscheidung wird unter Risiko- und Ertragsaspekten bewertet ▸ Vergütung berücksichtigt eingegangenes Risiko und langfristige Risikoauswirkungen ▸ ...
Operatives Risikomanagement	▸ Objektivität und Genauigkeit der Risikobewertungen ▸ Klare eigene Position zur Risikobewertung ▸ ...	▸ Durchführung fundierter Risikobewertungen ▸ Grenzen der Bewertungsmethoden kennen ▸	▸ Risikomanager als Dienstleister des Unternehmens ▸ Bereitschaft, an der Qualität der Entscheidungen gemessen zu werden ▸	▸ Eigenständige, dokumentierte und nachvollziehbare Risikobewertung ▸ Erfahrungs- und Wissensaustausch mit Risikocontrolling ▸ ...
Risikocontrolling	▸ Genauigkeit der verantworteten Bewertungsmethoden ▸ Ausgeprägte Meinung zum eigenen Risikoprofil ▸ ...	▸ Sehr gutes Verständnis der Geschäftsfelder und ihrer Risikotreiber ▸ Methoden-Know-how und Erfahrung ▸ ...	▸ Risikocontroller als Dienstleister des Unternehmens ▸ Verantwortung für Bewertungsmethoden übernehmen ▸ ...	▸ Methodik wird vom Risikocontrolling festgelegt ▸ Kontinuierlicher Lernprozess (Backtesting) ▸ ...

Quelle: Rehker/Benzinger, 2010, S. 314 f.

Eine gängige Kategorisierung der unterschiedlichen Risikokulturtypen existiert bislang nicht. Ein Beispiel für verschiedene Unternehmenskulturen, das auch Risikoaspekte berücksichtigt, wurde von Deal und Kennedy entwickelt (vgl. Deal/Kennedy, 1982, S. 107 ff.). Die Autoren charakterisieren unterschiedliche Unternehmenskulturen nach dem Risikograd von Entscheidungen im Unternehmen und der Geschwindigkeit des Feedbacks über Erfolg bzw. Misserfolg dieser Entscheidungen. Insgesamt unterscheiden sie vier Kulturtypen:

Unterschiedliche Kulturtypen

1. **Macho-Kultur (harte Männer)**: In dieser Unternehmenskultur gehen die Mitarbeiter bei ihren Entscheidungen ein hohes Risiko ein und erhalten schnell Feedback über ihren Erfolg. Das Ansehen der Mitarbeiter im Unternehmen wird durch ihren Erfolg, ihr Einkommen und ihre Macht bestimmt. Misserfolg wird als persönliches Versagen interpretiert und führt zur Entlassung.
2. **»Brot- und Spiele«-Kultur (harte Arbeit/viel Spaß)**: Die Mitarbeiter gehen aufgrund des kleinteiligen Geschäfts des Unternehmens eher viele kleine Risiken ein und erhalten ein schnelles Feedback bezüglich des Erfolgs ihrer Entscheidungen. Leistung und Erfolg spielen eine große Rolle. Beispiele für Unternehmen mit eine »Brot- und Spiele«-Kultur finden sich im Autohandel sowie Verkaufsabteilungen großer Unternehmen.
3. **Risiko-Kultur (alles oder nichts)**: In diesen Unternehmen müssen Mitarbeiter sehr langfristige und daher riskante Investitionsentscheidungen treffen. Rückmeldungen zum Erfolg dieser Entscheidungen gibt es erst nach vielen Jahren. Die Mitarbeiter zeichnen sich durch eine sehr analytische Vorgehensweise aus. Diesen Kulturtyp findet man vor allem in Unternehmen mit langfristigem Projektgeschäft, z. B. Flugzeugindustrie oder Anlagenbau.
4. **Prozess-Kultur (Bürokratie)**: Die Mitarbeiter müssen nur kleine Risiken bei Entscheidungen übernehmen und erhalten nur langsam Feedback zu deren Erfolg. Diesen Kulturtyp findet man in öffentlichen Verwaltungen. Diese Organisationen weisen eine hohe Formalisierung bei der Prozessumsetzung auf, Fehlervermeidung und nicht Kundenbedürfnisse stehen im Vordergrund. Die Mitarbeiter versuchen sich permanent abzusichern.

Ein risikoangemessenes Verhalten der Mitarbeiter lässt sich nicht nur durch die Einrichtung eines RMS erreichen, da dieses von nicht direkt involvierten Mitarbeitern teilweise als eher formal und bürokratisch empfunden wird. Zudem werden im Risikomanagement komplexe Methoden und Techniken zur Risikoidentifikation und -bewertung verwendet, die für viele Mitarbeiter nur schwer zu verstehen sind. Der Erfolg des Risikomanagements hängt daher von der Einstellung der Mitarbeiter und des Topmanagements zu Nutzen und Grenzen des RMS im Allgemeinen und der RM-Instrumente im Speziellen ab. Die Risikokultur unterstützt die Verankerung entsprechender Werte und Normen im Bewusstsein der Mitarbeiter (vgl. Gleißner, 2011, S. 49 f.). Eine gelebte Risikokultur ist somit eine zentrale **Voraussetzung für ein effektives und effizientes Risikomanagement** und hat folgende Funktionen (vgl. Burger/Buchhart, 2002, S. 21;

Funktionen der Risikokultur

Strategisches Risikomanagement
Risikokultur und Risikoneigung

vgl. zu den allgemeinen Funktionen einer Unternehmenskultur Thommen/Achleitner, 2009, S. 978 f.; Hungenberg, 2011, S. 42 f.):

- Schaffung eines **einheitlichen Risikoverständnisses** der Mitarbeiter: Letztendlich ist der Risikobegriff ein soziales Konstrukt und erhält seine Bedeutung durch die individuelle Interpretation der Mitarbeiter, die ihrerseits durch die soziale Interaktion mit anderen Mitarbeitern maßgeblich beeinflusst wird (vgl. Collier et al., 2007, S. 14). Ein gemeinsames Risikoverständnis führt zu einer **besseren Risikokommunikation**.
- **Leitlinie für ein risikobewusstes Handeln** der Mitarbeiter: Aufgrund des Leitliniencharakters wird ein einheitlicher und angemessener Umgang der Mitarbeiter mit Risiken unterstützt.
- Schaffung einer **verbesserten Entscheidungsbasis** im Risikomanagement durch gemeinsame Werte und Normen: Dies führt zu einer Erhöhung der Entscheidungsqualität und einer schnelleren Umsetzung von Maßnahmen des Risikomanagements.
- Schaffung einer **hohen Akzeptanz** des Risikomanagements: Dies führt zu weniger Kontrollaufwand, da die Gefahr geringer ist, dass das RMS umgangen wird.

Die negativen Folgen einer unzureichend entwickelten Risikokultur in einigen Unternehmen offenbarten sich in der **Finanz- und Wirtschaftskrise**: So waren viele Unternehmen stark auf die Erzielung kurzfristiger Erfolge ausgerichtet. Risikomanager wurden teilweise als Geschäftsverhinderer angesehen. Viele Unternehmen entledigten sich ihrer als lästig empfundenen, gesetzlich verankerten Risikomanagementpflichten durch die Implementierung eines stark formalisierten RMS. Als die Risiken aufgrund der Folgen der Finanz- und Wirtschaftskrise immer stärker anwuchsen, scheuten sich die Unternehmen, entsprechende Steuerungsmaßnahmen zu ergreifen, da diese häufig mit einer Realisierung der aufgelaufenen Verluste verbunden waren. Dies führte dazu, dass die Risiken immer größer wurden und teilweise die Existenz der Unternehmen gefährdeten (vgl. Rehker/Benzinger, 2010, S. 305 ff.).

Aus der Praxis **Unzureichendes Risikomanagement bei der HSH Nordbank**
▶▶▶ Der ehemalige Leiter der Londoner Filiale berichtet in Spiegel Online über Versäumnisse der HSH Nordbank beim Risikomanagement bereits vor der Lehmann-Pleite 2007: »Der ehemalige Leiter der Londoner Niederlassung, Luis Marti-Sanchez, lastete der Landesbank grobe Nachlässigkeiten im Risikomanagement an. ›Meine erste Überraschung war, es gab überhaupt keine Kontrolle‹, sagte Marti-Sanchez im Hinblick auf seine Anfangszeit bei der Bank im Jahr 2006. [...] Die Vorstände hätten von den Problemen gewusst, sagte Marti-Sanchez. Er übte auch Kritik an der Geschäftsstrategie. ›Ich kenne keine Bank, die mit so einer kleinen Kapitalausstattung so große Risiken eingegangen ist.‹ Bis er die Bank 2009 verlassen habe, habe es bei der HSH Nordbank kein vernünftiges »Value at Risk«, eine Risikoabschätzung über einzelne Anlagen, gegeben.

Das bedeutet, dass der Vorstand keinen Überblick hatte über die Risiken der Bank.‹ Es hätten ›die richtigen Leute und die richtige Expertise gefehlt‹. Die Bank habe strukturierte Wertpapiergeschäfte getätigt, die dort keiner verstanden habe. Anlagen seien ›zu spät und zu schlecht‹ verkauft worden. Ausreichende Kontrollmechanismen hätten gefehlt. Er habe darüber mit vielen Mitarbeitern in der Bank gesprochen.«
Quelle: www.spiegel.de/wirtschaft/unternehmen/0,1518,726197,00.html. ◀◀◀

Von einer starken Unternehmens- bzw. Risikokultur spricht man, wenn die Werte und Normen klar und deutlich ausgeprägt sind, die Mitarbeiter von ihnen überzeugt sind und ihr Handeln danach ausrichten. Dabei sollten die Mitarbeiter die Werte und Normen nicht nur vordergründig übernehmen, sondern tief in ihrem Bewusstsein verankern (vgl. Hungenberg, 2011, S. 42). Insgesamt lässt sich die Stärke einer Risikokultur anhand folgender **Kriterien** bewerten (vgl. Heinen, 1987, S. 26 ff.):

Starke oder schwache Risikokultur?

- **Verankerungsgrad**: Der Verankerungsgrad ist das Ausmaß, mit dem der einzelne Mitarbeiter die kulturellen Werte und Normen seines Unternehmens verinnerlicht hat. Je stärker der Verankerungsgrad ist, desto größer ist die verhaltensbeeinflussende Wirkung der Risikokultur.
- **Übereinstimmungsausmaß**: Das Übereinstimmungsausmaß gibt an, inwieweit die Mitarbeiter die kulturellen Werte und Normen teilen. Je größer das Übereinstimmungsausmaß ist, desto breiter ist die Wirkung der Risikokultur im Unternehmen.
- **Systemvereinbarkeit**: Die Systemvereinbarkeit bildet das Ausmaß an Übereinstimmung zwischen der Risikokultur und den formalen Systemen des Risikomanagements ab. Je stärker die kulturellen Werte und Normen die Systeme unterstützen, desto besser können diese im Unternehmen umgesetzt werden.
- **Umweltvereinbarkeit**: Die Werte und Normen der Risikokultur sollten nicht im Widerspruch zu den kulturellen Werten der Gesellschaft stehen.

Die Risikokultur wird durch die Risikoneigung der Führungskräfte und Mitarbeiter eines Unternehmens bestimmt und beeinflusst diese ihrerseits (vgl. Rosenkranz/Missler-Behr, 2005, S. 26). Die Risikoneigung drückt aus, »inwieweit ein Individuum oder auch eine Organisation bereit ist, für die Erreichung seiner Ziele, z. B. einer bestimmten Rendite, Risiken einzugehen.« (Gleißner, 2011, S. 49). Teilweise wird der Begriff der Risikoeinstellung synonym verwendet (vgl. ONR 49000:2010, Nr. 3.2.17; Eisenführ et al., 2010, S. 262 ff.). Man unterscheidet individuelle und organisationale Risikoneigung (vgl. Collier et al., 2007, S. 52 f.)

Risikoneigung als Element der Risikokultur

Es existieren drei grundsätzliche **Arten** der Risikoneigung (vgl. Schneck, 2010, S. 28).

- **Risikoaversion**: Für das Eingehen von zusätzlichem Risiko erwartet ein Individuum einen überproportionalen Zuwachs bei seiner Zielerreichung.

Strategisches Risikomanagement
Risikokultur und Risikoneigung

- **Risikofreude**: Für das Eingehen von zusätzlichem Risiko erwartet ein Individuum nur einen unterproportionalen Zuwachs bei seiner Zielerreichung.
- **Risikoneutralität**: Für das Eingehen von zusätzlichem Risiko erwartet ein Individuum einen proportionalen Zuwachs bei seiner Zielerreichung.

Die Risikoneigung ist u. a. von folgenden **Einflussfaktoren** abhängig (vgl. Eisenführ et al., 2010, S. 265; Gleißner, 2011, S. 49):

- **Kontext einer Entscheidung.** Beispielsweise sind Menschen nach der Prospect-Theorie in einer Gewinnsituation eher risikoavers, während sie in einer Verlustsituation risikofreudig sind, um die Verluste wieder wettzumachen (vgl. Kahneman/Tversky 1979).
- **Risikoquelle.** Glaubt ein Entscheider, ein Risiko beeinflussen zu können, so ist er häufig risikofreudiger.
- **Persönliche Merkmale eines Entscheiders**, wie z. B. Geschlecht oder Ausbildung.
- **Kultureller Hintergrund eines Entscheiders.** Eine wesentliche Kulturdimension ist die Unsicherheitsvermeidung, die das Ausmaß beschreibt, indem sich Individuen durch Unsicherheit und Ambiguität bedroht fühlen. Entscheider aus stark durch Unsicherheitsvermeidung geprägten Kulturen sind eher risikoscheu (vgl. Hofstede, 2001, S. 59 ff.).

Das folgende Beispiel beschreibt anschaulich wie der Kontext einer Entscheidung und das Geschlecht des Entscheiders seine Risikoneigung beeinflussen.

Für Wissbegierige

Schöne Frauen verleiten Männer zum Risiko

»Männer, denen hübsche Frauen gegenübersitzen, wählen eine riskantere Strategie – im Spiel und bei der Geldanlage. Frauen lassen sich nicht zu leicht beeindrucken. [...] Grundlage der Untersuchung sind die Partien von 626 professionellen Schachspielerinnen und -spielern im Lauf von elf Jahren. Das Aussehen der Spieler ließen die Forscher in einer Online-Umfrage von 2000 Teilnehmern bewerten – auf einer Skala von null bis zehn. Um die Risikoneigung eines Spielers zu ermitteln, analysierten sie seine Eröffnungsstrategie. Dabei zeigte sich ein klares Bild: Wenn Männer gegen attraktive Frauen antreten, spielen sie anders. Die Wahrscheinlichkeit, dass sie eine riskante Eröffnungsstrategie wählen, ist zehn Prozent höher. [...] Bei Frauen haben Geschlecht und Aussehen des Gegners dagegen keine Auswirkungen darauf, wie viel Risiko sie während des Spiels eingehen [...].«

Quelle: Mallien, 2011, S. 1. Für weitere Informationen vgl. Dreber et al., 2010.

Messung der Risikoneigung

Es gibt mehrere Methoden zur Messung der Risikoneigung:
- Menschen können direkt um eine **Selbstbewertung ihrer Risikoneigung** gebeten werden. Die direkte Befragung ist jedoch problematisch, da Individuen häufig nicht in der Lage sind, ihre Risikoneigung korrekt zu bewerten.

3.2 Risikokultur und Risikoneigung

Insbesondere besteht das Problem der sozial erwünschten Antwort, sodass Manager sich i. d. R. als risikoscheu bezeichnen werden.
- In der präskriptiven Entscheidungslehre wird die Risikoneigung anhand der **Risikoprämie**, die Manager für die Teilnahme an einer unsicheren Lotterie im Vergleich zu einer sicheren Alternative mit gleichem Erwartungswert fordern, ermittelt. Dabei gilt, je höher die geforderte Risikoprämie ist, desto risikoscheuer ist der Entscheider.
- **Weitere Indikatoren** für die Risikoneigung sind
  - das von einem Manager geforderte **Konfidenzniveau für die Risikomessung** (vgl. Kapitel 5.2.8). Je höher das geforderte Konfidenzniveau (und damit je geringer die Irrtumswahrscheinlichkeit in Bezug auf das errechnete Verlustpotenzial) ist, desto risikoscheuer ist der Manager.
  - die Höhe des **maximal akzeptierten Risikos in Relation zum Risikodeckungspotenzial** (vgl. Kapitel 3.4). Je höher der Anteil des maximal akzeptierten Verlustrisikos am Risikodeckungspotenzial ist, desto weniger Sicherheitspuffer existiert und desto risikofreudiger ist der Manager.
  - die **geforderte Performance-Risiko-Relation von Alternativen.** Je mehr Performance für das Eingehen von Risiken gefordert wird, desto risikoscheuer ist der Manager.

Aus der Praxis **Risikoneigung von österreichischen CFOs**

▶▶▶ Asel et al. (2010, S. 62 ff.) kamen bei ihrer 2009 durchgeführten Befragung von 204 Finanzvorständen (Chief Financial Officers, CFOs) der umsatzstärksten Unternehmen in Österreich zum Ergebnis, dass sich die CFOs überwiegend als risikoavers – insbesondere im Vergleich zu den Kollegen ihrer Branche – bezeichnen. Außerdem nimmt die Risikoneigung der CFOs mit ihrer Beschäftigungsdauer in der CFO-Position ab (vgl. Abb. 45). ◀◀◀

Die Gestaltbarkeit einer Unternehmenskultur wird in der Literatur kritisch diskutiert (vgl. auch im Folgenden Hungenberg, 2011, S. 43 f.). Konsens ist, dass eine Unternehmenskultur nicht top-down vorgegeben werden kann, sondern unter Beteiligung der dezentralen Unternehmenseinheiten entwickelt werden muss. Zudem muss beachtet werden, dass die Risikokultur nicht isoliert, sondern nur als Bestandteil der gesamten Unternehmenskultur verändert werden kann und dies viel Zeit in Anspruch nimmt. Im Änderungsprozess nimmt die Geschäftsleitung eine wesentliche Rolle ein und kann durch ihren Führungsstil und symbolische Handlungen die Risikokultur des Unternehmens maßgeblich beeinflussen. Der Entwicklungsprozess sollte keinesfalls an Risikomanager oder -controller delegiert, sondern von den Führungskräften getrieben und verantwortet werden, um auch die erwarteten Widerstände überwinden zu können. Zudem muss die gewünschte Risikokultur zur Unternehmenskultur und dem Geschäftsmodell des Unternehmens passen (vgl. Rehker/Benzinger, 2010, S. 315 f.).

Aufbau einer Risikokultur

3.2 Strategisches Risikomanagement
Risikokultur und Risikoneigung

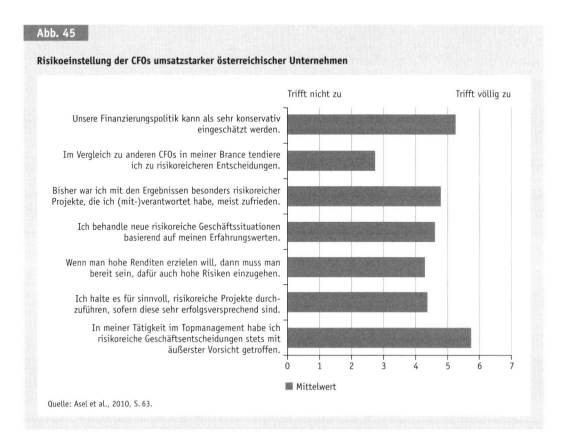

Folgende **Maßnahmen zur Entwicklung einer (Risiko-)Kultur** werden in der Literatur genannt (vgl. Deal/Kennedy, 1982, S. 164 ff.; von Hohnhorst, 2002, S. 98 f.; Thommen/Achleitner, 2009, S. 980 f.; Denk et al., 2006, S. 15; Brooks, 2010, S. 91 ff.):

- Auswahl geeigneter Mitarbeiter, Maßnahmen der Personalentwicklung sowie Versetzungen und Freistellungen von Mitarbeitern mit nicht risikoangemessenem Verhalten,
- Entwicklung risikoadäquater Symbole und Verhaltensregeln, die von der Geschäftsleitung sichtbar autorisiert, den Mitarbeitern in Form von risikopolitischen Verhaltens- und Entscheidungsgrundsätzen kommuniziert und z.B. durch Schulungen und Rollenspiele vertieft werden,
- Integration von Risikoaspekten und Risikozielen als Entscheidungskriterien in die Führungsprozesse,
- sichtbare symbolische und kulturkonforme Handlungen von Führungskräften und
- Veränderung von Rekrutierungs-, Beförderungs- und Belohnungskriterien sowie der Ressourcenzuteilung zur Belohnung eines risikoadäquaten Verhaltens der Mitarbeiter.

Zusammenfassung

- Die Risikokultur ist Bestandteil der gesamten Unternehmenskultur.
- Die Risikokultur besteht aus grundlegenden Annahmen und Einstellungen der Mitarbeiter in Bezug auf Risiken und ihre Steuerung, Werte und Normen für ein risikoadäquates Verhalten und Artefakten, wie z. B. Symbole oder Rituale.
- Eine angemessene Risikokultur ist Leitlinie für ein risikoadäquates Handeln der Mitarbeiter und unterstützt die Schaffung eines gemeinsamen Risikoverständnisses, einer hohen Akzeptanz des Risikomanagements und einer verbesserten Entscheidungsbasis.
- Die Stärke einer Risikokultur wird durch den Grad ihrer Verankerung und die Übereinstimmung unter den Mitarbeitern, ihre System- und ihre Umweltvereinbarkeit bestimmt.
- Die Risikoneigung des Managements ist Bestandteil der Unternehmenskultur und drückt aus, inwieweit das Management bereit ist, für das Erreichen der Unternehmensziele Risiken einzugehen. Man unterscheidet Risikoaversion, Risikoneutralität und Risikoaffinität.
- Es gibt vielfältige Maßnahmen zur Etablierung oder Veränderung einer Risikokultur im Unternehmen, z. B. Personalentwicklungsmaßnahmen wie Schulungen, Workshops und Rollenspiele, Veränderungen von Ressourcenzuteilungen oder von Rekrutierungs-, Beförderungs- und Belohnungskriterien.

3.3 Risikostrategie, Risikoziele und risikopolitische Grundsätze

Zur Umsetzung der Vision und der strategischen Ziele formuliert die Geschäftsleitung eine Unternehmensstrategie. Da Risiken die Strategieumsetzung beeinträchtigen können, muss eine Strategie zur Steuerung dieser Risiken (Risikostrategie) abgeleitet werden.

Begriff und Inhalte der Risikostrategie

> Die **Risikostrategie** wird von der Geschäftsführung aus der Unternehmensstrategie abgeleitet und legt die generellen Risikoziele und Maßnahmen zu ihrer Erreichung fest. Durch die Risikostrategie soll somit die Wahrscheinlichkeit der Umsetzung der Unternehmensstrategie erhöht werden. Sie muss in angemessener Form, z. B. durch risikopolitische Grundsätze, im Unternehmen kommuniziert werden.

Inhalte einer Risikostrategie sind (vgl. Rosenkranz/Missler-Behr, 2005, S. 41; Schmitz/Wehrheim, 2006, S. 30 ff.; Gleißner, 2011, S. 50 f.):

- die **Beziehung** zwischen der Risiko- und der **Unternehmensstrategie**,
- **Entscheidungskriterien** zur Abwägung von Rendite und Risiko einzelner Alternativen,

3.3 Strategisches Risikomanagement
Risikostrategie, Risikoziele und risikopolitische Grundsätze

- das angestrebte **Verhältnis zwischen Chancen und Risiken bzw. Rendite und Risiko** in den einzelnen Unternehmensbereichen und im Gesamtunternehmen,
- das **Risikodeckungspotenzial** des Unternehmens,
- eine Obergrenze für den Gesamtumfang aller Risiken (**Verlustobergrenze**) bzw. den **Risikoappetit** des Unternehmens,
- **Schwellenwerte** für das Auslösen einer Ad-hoc-Risikokommunikation und
- **Risikotoleranzen bzw. Risiko- und Verlustlimite** für einzelne Geschäfte, Organisationseinheiten und das gesamte Unternehmen.

Ableitung von Risikozielen

Aus der Risikostrategie werden konkrete Risikoziele abgeleitet. Risikoziele sind **Kennzahlen** (Performancemaße), mittels derer Ertrag und Risiko bewertet und gegeneinander abgewogen werden können (vgl. Gleißner, 2011, S. 53 ff.). Risikoziele sind z. B. die Realisierung eines bestimmten Risiko-Chancen-Verhältnisses oder die Sicherstellung der Risikotragfähigkeit des Unternehmens. Für die Risikoziele müssen im Rahmen der strategischen und der operativen Jahresplanung Planwerte abgeleitet, Verantwortliche benannt und Maßnahmen zur Zielerreichung entwickelt werden.

Es ist zu klären, in welchem Verhältnis die Risikoziele zu den primären Erfolgszielen, wie dem Unternehmenswert, dem Gewinn oder der Rentabilität stehen. Dabei gibt es folgende **Möglichkeiten** (vgl. Kremers, 2002, S. 74 f.):

- Die Risikoziele können als Hauptziele gleichberechtigt neben anderen primären Zielen wie dem Gewinn oder der Rentabilität stehen. Dies ist sinnvoll, wenn Vorgaben für das angestrebte Risiko-Rendite-Verhältnis gemacht werden sollen.

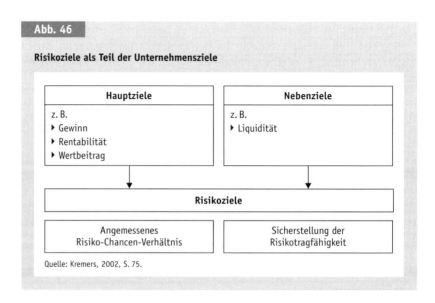

Abb. 46
Risikoziele als Teil der Unternehmensziele

Quelle: Kremers, 2002, S. 75.

3.3 Risikostrategie, Risikoziele und risikopolitische Grundsätze

- Die Risikoziele können als Nebenziele Nebenbedingungen der Erreichung der Hauptziele darstellen, z. B. die Aufrechterhaltung einer jederzeitigen Liquidität oder die Sicherung der Risikotragfähigkeit.
- Risikoziele können implizit in anderen Zielsetzungen enthalten sein, z. B. Qualitätsziele zur Begrenzung des Produkthaftungsrisikos.

Die **Kommunikation** der Risikostrategie und der Risikoziele erfolgt durch risikopolitische Grundsätze. Risikopolitische Grundsätze sind **dokumentierte Verhaltensregeln** für Führungskräfte und Mitarbeiter für ein gemeinsames Risikoverständnis und einen einheitlichen Umgang mit Risiken. Sie sind bei allen unternehmerischen Entscheidungen zu beachten (vgl. von Hohnhorst, 2002, S. 99; Gleißner, 2008b, S. 36; Meyer, 2008b, S. 339).

Risikopolitische Grundsätze

Wesentliche Inhalte der risikopolitischen Grundsätze sind grundlegende Aussagen zum Risikobegriff sowie zu Zielen und Aufgaben des Risikomanagements, zu Risikozielen, insbesondere zu Zielarten und -größen, Zielbeziehungen und gewünschten Zielausprägungen, sowie zu grundlegenden risikobezogenen Verhaltensweisen und Potenzialen (vgl. Burger/Buchhart, 2002, S. 22; Hoitsch et al., 2005, S. 127 f.; Schmitz/Wehrheim, 2006, S. 32 f.; Meyer, 2008b, S. 361 f.; Diederichs, 2010, S. 16 f.).

Aus der Praxis — Risikopolitische Grundsätze der Beiersdorf AG

- Unternehmerischer Erfolg ist mit dem bewussten Eingehen von Risiken verbunden.
- Keine Handlung, Entscheidung oder Unterlassung darf ein existenzgefährdendes Risiko nach sich ziehen.
- Die Risikosituation ist permanent zu überwachen. Risikoinduzierende Entwicklungen sind kritisch zu beobachten.
- Ausmaß und Eintrittswahrscheinlichkeit bestehender Risiken sind durch steuernde Maßnahmen und Instrumente auf ein sinnvolles Maß zu reduzieren. Auch reaktive Maßnahmen (»Notfallpläne«) im Falle eines Risikoeintritts sind zu berücksichtigen.
- Risiken sind zu kommunizieren. Die Beiersdorf AG unterstützt eine offene Diskussion.
- Jeder Mitarbeiter beteiligt sich aktiv am Risikomanagement.

Quelle: Diederichs et al., 2009, S. 267 f.

Zusammenfassung

- Die Risikostrategie wird von der Geschäftsführung aus der Unternehmensstrategie abgeleitet und legt die Risikoziele des Unternehmens und Maßnahmen zu ihrer Umsetzung fest.

- Die Risikostrategie wird durch Risikoziele konkretisiert. Risikoziele sind z. B. die Realisierung eines angemessenen Risiko-Chancen-Verhältnisses oder die Sicherstellung der Risikotragfähigkeit.
- Die Risikostrategie wird durch risikopolitische Grundsätze im Unternehmen kommuniziert.

3.4 Risikodeckungspotenzial und Risikotragfähigkeit

Grundlage der Risikosteuerung von Banken

Der Begriff der Risikotragfähigkeit stammt aus der Risikosteuerung von Banken und wird z. B. von den Mindestanforderungen an das Risikomanagement (MaRisk) von Kreditinstituten gesetzlich gefordert. Nach den MaRisk müssen die Kreditinstitute auf Basis des Gesamtrisikoprofils des Instituts sicherstellen, dass ihre wesentlichen Risiken durch finanzielle Reserven (Risikodeckungspotenzial) abgedeckt sind und damit die Risikotragfähigkeit gegeben ist (vgl. Gössi/Hortmann, 2007, S. 551; Deutsche Bundesbank, 2010). Vergleichbare Konzepte finden in letzter Zeit zunehmend Verwendung in der Risikosteuerung von Industrie- und Handelsunternehmen.

Begriffsabgrenzung

Der Begriff der Risikotragfähigkeit wird in der Literatur nicht einheitlich verwendet. Teilweise werden die Begriffe Risikodeckungspotenzial oder Risikodeckungsmasse synonym verwendet. Dem vorliegenden Lehrbuch liegen die folgenden Definitionen zugrunde:

> Das **Risikodeckungspotenzial** umfasst die maximal verfügbaren finanziellen Reserven eines Unternehmens, durch die die finanziellen Auswirkungen eingetretener Risiken aufgefangen werden können. Durch das Risikodeckungspotenzial soll vermieden werden, dass eingetretene Risiken zu einer Überschuldung oder einer Zahlungsunfähigkeit des Unternehmens führen.
> Die **Risikodeckungsmasse** umfasst die tatsächlich eingesetzten finanziellen Reserven zur Risikoabsicherung. Wie viel Risikodeckungspotenzial als Deckungsmasse ins Risiko gestellt wird ist u. a. von Risikoneigung und dem Risikoappetit der Geschäftsleitung abhängig.
> Der **Risikoappetit** ist der Risikoumfang, den ein Individuum oder eine Organisation für die Erzielung einer bestimmten Rendite zu übernehmen bereit ist. Der Risikoappetit eines Unternehmens wird aus der Unternehmensstrategie und den Unternehmenszielen abgeleitet und durch die Risikoneigung des Managements beeinflusst. Er ist der Maßstab für die Allokation von Risikodeckungspotenzial auf die Geschäftsaktivitäten und -einheiten eines Unternehmens.
> Die **Risikotragfähigkeit** ist die Fähigkeit eines Unternehmens, eingetretene Risiken tragen zu können. Die Risikotragfähigkeit ist gegeben, wenn die bewerteten Unternehmensrisiken insgesamt die Risikodeckungsmasse nicht übersteigen.

3.4 Risikodeckungspotenzial und Risikotragfähigkeit

Es wird zwischen finanziellem und erfolgsrechnerischem Risikodeckungspotenzial unterschieden. Das **finanzielle Risikodeckungspotenzial** federt die Auswirkungen von eingetretenen Risiken auf die Liquidität und damit die Zahlungsfähigkeit von Unternehmen ab. Es hängt maßgeblich von zukünftigen überschüssigen Cashflows, verfügbaren Kreditlinien und leicht liquidierbaren Vermögenswerten des Unternehmens ab. Durch das **erfolgsrechnerische Risikodeckungspotenzial** werden die Auswirkungen von Risiken auf die Gewinn- und Verlustrechnung und damit auf den Gewinnausweis aufgefangen. Das erfolgsrechnerische Risikodeckungspotenzial ist von der Ertragskraft bzw. dem geplanten Gewinn eines Unternehmens, seinen offenen und stillen Reserven und seinem Eigenkapital abhängig. Dabei ist zu beachten, dass es sich bei den einzelnen Positionen teilweise um **Planwerte aus der Gewinn- und Liquiditätsplanung** handelt. Der geplante Gewinn des Folgejahres wird üblicherweise in einen Mindestgewinn und einen Residual- oder Übergewinn aufgeteilt. Der Mindestgewinn resultiert z. B. aus geplanten Dividendenzahlungen an die Unternehmenseigentümer oder eine geplante Zuführung zu den Gewinnrücklagen. Die Verwendung des Übergewinns steht dagegen i. d. R. noch nicht fest. Nach ihrer Verfügbarkeit werden unterschiedliche Klassen von Risikodeckungspotenzialen unterschieden (vgl. Giebel, 2011, S. 56 ff.).

Teilweise wird auch eine fünfstufige Systematik verwendet und weitere Reservebestandteile wie z. B. Genussrechtskapital oder Contigent Capital in die Betrachtung integriert (vgl. Giebel, 2011, S. 78 sowie S. 85.). Nach dem **Prinzip**

Berechnung des Risikodeckungspotenzials

Abb. 47

Bestimmung des Risikodeckungspotenzials

Stufe der Risikodeckung	Finanzielle Risikodeckungspotenziale	Erfolgsrechnerische Risikodeckungspotenziale
Risikodeckungspotenzial 1. Klasse	▸ Liquiditätswirksamer Zufluss aus in die Absatzpreise einkalkulierten Risikozuschlägen ▸ überschüssige Cashflows (nach Fremdkapitalzinsen, Dividenden, geplanten Investitionen und sonstigen geplanten Ausgaben)	▸ in Absatzpreise einkalkulierte Risikozuschläge ▸ Übergewinn ▸ für erwartete Verluste gebildete Rückstellungen
Risikodeckungspotenzial 2. Klasse	▸ nicht ausgeschöpfte Kreditlinien ▸ Neukreditaufnahme ▸ leicht liquidierbare Finanzanlagen ▸ veräußerbare Forderungen	▸ Mindestgewinn ▸ stille Reserven
Risikodeckungspotenzial 3. Klasse	▸ Abbau Working Capital ▸ sonstige liquidierbare Vermögensgegenstände ▸ sonstige Liquiditätszuflüsse	▸ offene Rücklagen ▸ Grund-/Stammkapital

Quelle: In Anlehnung an Hölscher, 2002, S. 24.

3.4 Strategisches Risikomanagement
Risikodeckungspotenzial und Risikotragfähigkeit

der Unternehmensfortführung sollten für die weitere Existenz des Unternehmens unverzichtbare Aktiva nicht ins Risiko gestellt werden. Weiterhin ist zu berücksichtigen, dass sich im Krisenfall das Verhalten der Umwelt ändern kann, z. B. kann es zu einer temporären Kürzung von Kreditlinien kommen oder die geplanten überschüssigen Cashflows oder der geplante Übergewinn können aufgrund von ungünstigen Marktentwicklungen nicht realisiert werden. Das Risikodeckungspotenzial 1. Klasse kann sofort und ohne zusätzlichen Aufwand eingesetzt werden, um die finanziellen Auswirkungen von eingetretenen Risiken für das Unternehmen abzumildern, während der Einsatz des Risikodeckungspotenzials 2. Klasse mit Aufwand verbunden ist und einen gewissen zeitlichen Vorlauf benötigt. Beispielsweise erfordert eine Neukreditaufnahme Verhandlungen mit der Hausbank. Der Zugriff auf das Risikodeckungspotenzial 3. Klasse verursacht neben zusätzlichem Aufwand auch eine negative Öffentlichkeitswirkung, wenn z. B. die offenen Gewinnrücklagen aufgelöst oder das Eigenkapital eines Unternehmens angegriffen werden müssen.

Bestimmung der Risikotragfähigkeit

Die Risikotragfähigkeit eines Unternehmens ist gegeben, wenn das aggregierte Gesamtrisiko die Risikodeckungsmasse nicht übersteigt. Allerdings sind nicht alle Bestandteile des Risikodeckungspotenzials in gleichem Maße zur Risikoabsicherung verfügbar. Zudem kann das aggregierte Gesamtrisiko des Unternehmens unter unterschiedlichen Prämissen (Szenarien) bestimmt werden (vgl. auch im Folgenden Hölscher, 2002, S. 25; Giebel, 2011, S. 73 ff. Zur Szenarioanalyse als Instrument der Risikobewertung vgl. Kapitel 5.2.7). Je nach **Belastungsfall** müssen daher zusätzliche Risikodeckungsmassen zum finanziellen Ausgleich eingesetzt werden:

▸ Das **Real-Case-Szenario** (Normalszenario) bildet einen Risikozustand ab, der mit hoher Wahrscheinlichkeit auftreten kann. Daher sollten zur Risikoabsicherung ausschließlich Risikodeckungsmassen der 1. Klasse verwendet werden.
▸ Das **Stressszenario** bildet eine eher seltene Situation ab, in der schon mehrere negative Umweltentwicklungen zusammen auftreten müssen. Daher sollte zur Risikoabsicherung neben den primären auch die sekundären Risikodeckungsmassen eingesetzt werden.
▸ Das **Worst-Case-Szenario** (Crash-Szenario oder Maximalbelastungsfall) gibt eine äußerst negative Umweltentwicklung für das Unternehmen wieder und kommt sehr selten vor. In diesem Szenario müssen zusätzlich die Risikodeckungsmassen 3. Klasse zum Ausgleich von eingetretenen Risiken verwendet werden.

Da der Aufbau von Risikodeckungspotenzial **Kosten verursacht**, sollte eine unnötig hohe Ausstattung des Unternehmens vermieden werden. Andererseits ist zu beachten, dass das Verhältnis des aggregierten Risikoumfangs zum Risikodeckungspotenzial die Wahrscheinlichkeit von Überschuldung und Illiquidität und somit das Rating und die Kreditkosten eines Unternehmens bestimmt. Eine gemessen an der erwarteten Ertragskraft und den Risiken ausreichende Eigenkapitalausstattung ist somit für ein Unternehmen wichtig, um den geplanten

3.4 Risikodeckungspotenzial und Risikotragfähigkeit

Abb. 48

Aufteilung des Risikodeckungspotenzials auf die Risikoposition

Stufen der Risikotragfähigkeit	Berechnung der Risikoposition
Risikodeckungspotenzial 1. Klasse	Im Real-Case-Szenario
zzgl. Risikodeckungspotenzial 2. Klasse	Im Stressszenario
zzgl. Risikodeckungspotenzial 3. Klasse	Im Worst-Case-Szenario

Kapitalbedarf zu akzeptablen Konditionen zu erhalten (vgl. Gleißner, 2011, S. 53).

Die Risikotragfähigkeitsermittlung bildet die Grundlage für die Risikosteuerung, insbesondere für die **Allokation von Risikodeckungsmassen** auf einzelne Geschäftsbereiche oder Risikoarten und die **Risikolimitierung**.

Risikosteuerung

Da Risikodeckungspotenzial Kosten verursacht, werden diese als Risikokosten den Geschäftsbereichen des Unternehmens in Rechnung gestellt, die aufgrund ihrer risikoreichen Geschäfte besonders viel Risikodeckungsmasse benötigen (für weitere Details zur Risikosteuerung vgl. Kapitel 7).

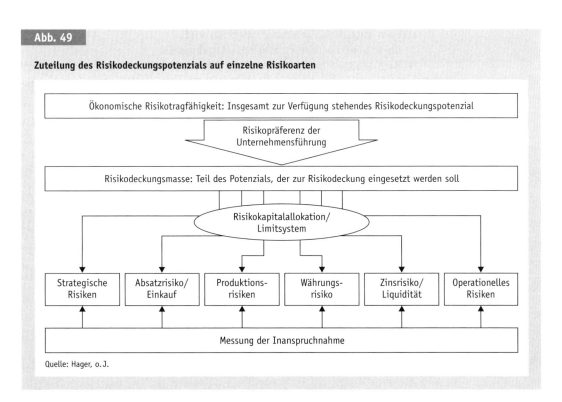

Abb. 49

Zuteilung des Risikodeckungspotenzials auf einzelne Risikoarten

Quelle: Hager, o. J.

Zusammenfassung

> - Das Risikodeckungspotenzial besteht aus den Liquiditäts- und Erfolgsreserven eines Unternehmens, die zum Ausgleich der negativen finanziellen Auswirkungen eingetretener Risiken verwendet werden können. Nach ihrer Verfügbarkeit werden verschiedene Klassen des Risikodeckungspotenzials unterschieden.
> - Nach ihrer Risikoneigung verwendet die Geschäftsleitung einen Teil des Risikodeckungspotenzials als Risikodeckungsmasse zur tatsächlichen Risikoabsicherung.
> - Die Risikotragfähigkeit ist die Fähigkeit eines Unternehmens, jederzeit die finanziellen Auswirkungen eintretender Risiken auf die Liquidität und den Erfolg durch die Verwendung von Risikodeckungsmassen ausgleichen zu können.

3.5 Fallstudie: Umsetzung des strategischen Risikomanagements in der Praxis

Ausgangssituation:
Die Umsetzung des strategischen Risikomanagements in der Unternehmenspraxis wird von einigen Studien analysiert, wobei auf die in Abbildung 50 dargestellten Untersuchungen zurückgegriffen wird.

Die Studien kommen zu folgenden **Ergebnissen**:
- Nach Studie 1 haben 59 % der befragten Unternehmen eine dokumentierte und im Unternehmen kommunizierte Risikostrategie. Bei 43 % der Unterneh-

Abb. 50

Studien zum strategischen Risikomanagement in deutschen Unternehmen

Studie	Autoren/ Erscheinungsjahr	Erhebung/Datenbasis
Studie 1	Ernst & Young (2005)	Fragebogen, Grundgesamtheit: 500 Großunternehmen ohne Finanzdienstleister, Rücklauf: 105 Unternehmen (21 %)
Studie 2	Hoitsch et al. (2005)	Interview, Grundgesamtheit: 30 DAX 30-Unternehmen, Rücklauf: 10 Unternehmen (33 %)
Studie 3	Hölscher et al. (2006) sowie (2007)	Fragebogen, Grundgesamtheit: die jeweils 300 größten und 100 weitere Unternehmen aus 5 Branchen, Rücklauf: 138 Unternehmen (6,9 %)
Studie 4	Berger/Gleißner (2007)	Dokumentenanalyse; Grundgesamtheit: 137 HDAX- und SDAX-Unternehmen, Rücklauf: 100 %
Studie 5	Ernst & Young (2011)	Interviews von 504 Risikoverantwortlichen in deutschen Unternehmen im August und September 2009; Grundgesamtheit unbekannt

3.5 Fallstudie: Umsetzung des strategischen Risikomanagements in der Praxis

men enthält die Risikostrategie Aussagen, welche Risiken zwingend vermieden werden sollen. Ebenfalls 43 % geben in ihrer Risikostrategie Limite für Einzelrisiken vor und 35 % formulieren Aussagen, welche Risiken das Unternehmen selbst tragen sollte. 70 % charakterisieren die Risikoneigung ihres Unternehmens als risikoneutral, 20 % als risikoavers und 10 % als risikofreudig (vgl. Ernst & Young, 2005, S. 20).

- Nach Studie 2 haben 70 % der befragten Unternehmen eine dokumentierte Risikostrategie, und 100 % risikopolitische Grundsätze, die 90 % intern auch veröffentlichen. In den risikopolitischen Grundsätzen werden vor allem Angaben zur Risikodefinition und -strategie sowie zu den Grundsätzen der Risikoidentifikation, -bewertung, -steuerung und -kontrolle gemacht. Ihre Risikoziele dokumentieren 40 % der Unternehmen in risikopolitischen Grundsätzen. Die Unternehmen schätzen das Risikobewusstsein ihrer Führungskräfte und Mitarbeiter im mittleren bis hohen Bereich ein und vermuten einen hohen Zusammenhang zwischen der Risikokultur und dem Unternehmenserfolg (vgl. Hoitsch et al. 2005, S. 129 ff.).
- In Studie 3 geben 33 % der befragten Unternehmen an, eine Risikostrategie zu haben, 78 % verfügen über Risikoziele (vgl. Hölscher et al., 2006, S. 151 ff.).
- Berger/Gleißner (2007, S. 64 f.) kommen bei ihrer Analyse der Geschäftsberichte von HDAX und SDAX-Unternehmen zu dem Ergebnis, dass nur 26,6 % der Unternehmen ihre Risikopolitik umfangreich und präzise im Risikobericht beschreiben.
- Eine aktuelle Studie von Ernst & Young ermittelt, dass 71 % der befragten Unternehmen über eine dokumentierte Risikostrategie verfügen. 90 % der Unternehmen mit einer dokumentierten Risikostrategie konkretisieren diese durch risikopolitische Grundsätze (vgl. Ernst & Young, 2011, S. 14). 30 % der Unternehmen geben an, dass sie den Aufbau einer Risikokultur als wichtige Aufgabe des Risikomanagements empfinden (vgl. Ernst & Young, 2011, S. 21).

Problemstellung:
1. Wie ist der Umsetzungsstand des strategischen Risikomanagements in deutschen Unternehmen?
2. Wie können Unterschiede zwischen den Ergebnissen der Studien erklärt werden?
3. Bewerten Sie die Ergebnisse zum Umsetzungsstand in inhaltlicher und methodischer Hinsicht kritisch.

Lösungsansätze:
1. Der Umsetzungsstand wird in den vorliegenden Studien nur in Bezug auf das Vorliegen einer Risikostrategie, deren Konkretisierung durch Risikoziele und deren Kommunikation durch risikopolitische Grundsätze analysiert. Die anderen Aspekte eines strategischen Risikomanagements wurden dagegen nicht oder nur am Rande untersucht. Insgesamt verfügen je nach Studie ein bis gut zwei Drittel der befragten Unternehmen über eine Risikostrategie,

die wiederum zum Teil konkrete Risikoziele enthält. Außerdem lässt sich ein Anstieg des Anteils der Unternehmen mit Risikostrategie im Zeitverlauf feststellen. Nicht ins Bild passt das Ergebnis von Studie 2, dass 100 % der befragten Unternehmen risikopolitische Grundsätze besitzen.
2. Die Ergebnisse können teilweise durch unterschiedliche Grundgesamtheiten und Untersuchungsmethoden erklärt werden. Der relativ hohe Anteil von Unternehmen mit Risikostrategie in Studie 2 kann daraus resultieren, dass hier sehr große Unternehmen befragt wurden, die schon zur Erfüllung der gesetzlichen Anforderungen und der Anforderungen des Kapitalmarktes ein umfangreiches Risikomanagement-System implementieren müssen. Auch in Studie 1 und Studie 5 wurden eher große Unternehmen befragt, während Studie 3 eine Mischung von großen und mittleren Unternehmen als Grundgesamtheit hat. Bei kleineren Unternehmen ist aufgrund der geringeren gesetzlichen Anforderungen, der geringeren Unternehmenskomplexität und den fehlenden Ressourcen eher ein geringerer Ausbaustand des Risikomanagements zu erwarten. Studie 4 wählt darüber hinaus mit der Analyse von Geschäftsberichten einen anderen methodischen Ansatz als die anderen Studien. Möglicherweise verfügen die analysierten Unternehmen über eine Risikostrategie, kommunizieren diese aber nicht in ihren Geschäftsberichten.
3. Das Fehlen von Risikostrategien mit konkret formulierten Risikozielen ist problematisch, da dadurch die Grundlage für den operativen Risikomanagement-Prozess und die Verbindung zwischen der Unternehmensstrategie und dem Risikomanagement fehlen. Auch eine mangelnde Konkretisierung der Risikostrategie durch Risikoziele oder die Formulierung von Risikozielen ohne eine entsprechende Risikostrategie behindern den Aufbau eines integrierten RMS.

Methodisch sind folgende Punkte zu bemängeln:
- Es liegen keine aktuellen Befunde über die Inhalte und den Erfolg einer Risikostrategie, von Risikozielen und von risikopolitischen Grundsätzen vor.
- Auch der Umsetzungsstand und die Wirkungen einer Risikokultur auf das betriebliche Risikomanagement sowie die Risikotragfähigkeit wurden für deutsche Unternehmen nicht umfassend untersucht.

Insgesamt gibt es zahlreiche Anknüpfungspunkte für zukünftige wissenschaftliche Untersuchungen.

3.5 Fallstudie: Umsetzung des strategischen Risikomanagements in der Praxis

Wiederholungsfragen zu Kapitel 3

1. Welche Ziele und Aufgaben hat das strategische Risikomanagement?
2. Erläutern Sie die grundsätzlichen Elemente des strategischen Rahmens für den operativen Risikomanagement-Prozess und ihre Zusammenhänge.
3. Aus welchen Elementen besteht eine Risikokultur?
4. Warum ist eine Risikokultur für die Funktionsfähigkeit eines betrieblichen Risikomanagements so wichtig?
5. Welche Arten der Risikoneigung gibt es?
6. Diskutieren Sie die Ergebnisse zur Risikoeinstellung der CFOs österreichischer Großunternehmen in Abbildung 45 kritisch.
7. Wie kann eine Risikokultur im Unternehmen etabliert und verändert werden?
8. In welchem Zusammenhang stehen die Risikostrategie, die Risikoziele und die risikopolitischen Grundsätze eines Unternehmens?
9. Diskutieren Sie die Eignung der risikopolitischen Grundsätze der Beiersdorf AG aus dem Praxisbeispiel für die Risikosteuerung des Unternehmens!
10. Warum werden unterschiedliche Risikodeckungspotenziale berechnet?
11. Berechnen Sie das Risikodeckungspotenzial der Vanini GmbH anhand der Werte aus der Gewinn- und Liquiditätsplanung für das Folgejahr und der Bilanz:
    - Geplanter Gewinn 1 Mio. €, davon: geplante Zuführung zu den Gewinnrücklagen und Ausschüttungen 0,5 Mio. €
    - Vorhandene und geplante Rückstellungen 0,3 Mio.€
    - Buchwert der Firmenimmobilien 0,3 Mio. €, Schätzwert nach vorliegendem Gutachten: 3 Mio. €
    - Vorhandene offene Gewinnrücklagen: 1,5 Mio. €
    - Stammkapital: 0,2 Mio. €
    - Langfristige Verbindlichkeiten gegenüber Kreditinstituten: 5 Mio. €
    - Nicht in Anspruch genommene Kreditlinien: 2 Mio. €

    Diskutieren Sie die Nachhaltigkeit des Risikodeckungspotenzials der Vanini GmbH kritisch. Welchen Teil des rechnerischen Risikodeckungspotenzials würden Sie zur Absicherung der Risiken einsetzen?
12. Was ist die Risikotragfähigkeit eines Unternehmens und wie wird sie ermittelt?
13. Warum gibt es Ihrer Meinung nach bis jetzt keine Untersuchungen zur Ausgestaltung und zum Erfolg einer Risikokultur und zur Risikotragfähigkeit von deutschen Unternehmen?

4 Ansätze und Probleme der Risikoidentifikation

Lernziele

Wenn Sie dieses Kapitel durchgearbeitet haben, können Sie

- den Begriff und die Ziele der Risikoidentifikation erläutern,
- wichtige Anforderungen an die Risikoidentifikation nennen,
- Instrumente der Risikoidentifikation systematisieren, erläutern und ihre Eignung zur Identifikation einzelner Risiken bewerten sowie
- Probleme der Risikoidentifikation diskutieren.

4.1 Begriff und Ziele der Risikoidentifikation

Während der Risikoidentifikation sollen alle relevanten künftigen Entwicklungen erkannt werden, die ein Zielabweichungspotenzial besitzen. Synonym zum Begriff der Risikoidentifikation wird der Begriff der **Risikoerkennung** verwendet. Ziel der Risikoidentifikation ist die aktuelle, systematische, vollständige und wirtschaftliche **Erfassung aller Gefahrenquellen, Schadensursachen, Störpotenziale und Chancen** sowie von **Abhängigkeiten** und **Beziehungen** zwischen einzelnen Risiken. Teilweise wird auch der Begriff **Risikoinventur** verwendet. Während die Risikoidentifikation eine laufende Aktivität des operativen Risikomanagement-Prozesses ist, umfasst die Risikoinventur die vollständige Erhebung aller Risiken eines Unternehmens zu einem bestimmten Zeitpunkt, z. B. am Jahresende. Die Risikoidentifikation steht am Anfang des operativen Risikomanagement-Prozesses. Ihre Qualität bestimmt die Effektivität und Effizienz der weiteren Prozessschritte (vgl. Gampenrieder/Greiner, 2002, S. 284; Wolf, 2004, S. 214; Reichmann, 2006, S. 628).

Begriff und Bedeutung

Startpunkt der Risikoidentifikation ist eine eindeutige Risikodefinition und eine Risikokategorisierung z. B. in Form eines **Risikokatalogs**. Risikokataloge bilden die Risikofelder, Risikokategorien und Einzelrisiken eines Unternehmens ab und geben einen strukturierten Überblick über potenzielle Risiken und deren Ursachen. Dann werden geeignete Instrumente zur Risikoidentifikation ausgewählt. Im Anschluss werden die Risiken identifiziert und dokumentiert (vgl. Diederichs et al., 2004, S. 190; Schneck, 2010, S. 115). Während der Risikoidentifikation erfolgt häufig bereits eine erste Bewertung der identifizierten Risiken. Dabei werden folgende **Bewertungskriterien** verwendet (vgl. Rosenkranz/Missler-Behr, 2005, S. 39):

- Wirkungshorizont (kurz-, mittel- oder langfristig) bzw. Reaktionszeitraum,

Ansätze und Probleme der Risikoidentifikation
Begriff und Ziele der Risikoidentifikation

- örtliche Bedeutung (lokal, regional, national oder international),
- Unsicherheitsgrad,
- Risikohöhe bzw. Schadensausmaß,
- Eintrittshäufigkeit bzw. -wahrscheinlichkeit,
- Interdependenzen zu anderen Risiken und
- Beurteilung der Messbarkeit (qualitativ beurteilbar oder quantitativ messbar).

Anforderungen an die Risikoidentifikation

In der Literatur werden folgende Anforderungen an die Risikoidentifikation gestellt (vgl. Wolf/Runzheimer, 2009, S. 41 f.; Diederichs, 2010, S. 97 ff.):

- **Vollständigkeit:** Durch die Risikoidentifikation sollen alle aktuellen (bestehenden) und potenziellen (zukünftigen) Risiken des Unternehmens aufgedeckt werden.
- **Aktualität:** Die Effektivität des Risikomanagements hängt von der schnellen und frühzeitigen Risikoidentifikation ab, damit ggf. noch Steuerungsmaßnahmen ergriffen werden können.
- **Systematik und Flexibilität**: Die Umweltdynamik erfordert zum einen eine systematische und permanente Risikoidentifikation. Zum anderen muss sichergestellt sein, dass auch neuartige Risiken identifiziert werden.
- **Wirtschaftlichkeit**: Der Nutzen aus der Risikoidentifikation muss größer als ihre Kosten sein.
- **Akzeptanz**: Die Methoden der Risikoidentifikation müssen von den Mitarbeitern akzeptiert werden. Die Mitarbeiter sollen sich aktiv an der Risikoidentifikation beteiligen.

Zusammenfassung

- Die Risikoidentifikation ist die laufende Erfassung von Risiken eines Unternehmens. Die Risikoinventur umfasst die Aufnahme aller Risiken zu einem bestimmten Zeitpunkt.
- Die Risikoidentifikation steht am Anfang des operativen Risikomanagement-Prozesses und bestimmt dessen Effektivität und Effizienz.
- Wesentliche Anforderungen an die Risikoidentifikation sind Vollständigkeit, Aktualität, Systematik, Flexibilität, Wirtschaftlichkeit und Akzeptanz durch die Mitarbeiter.
- Während der Risikoidentifikation erfolgt häufig eine erste Bewertung der Risiken.

4.2 Instrumente der Risikoidentifikation

4.2.1 Überblick

Zur Risikoidentifikation kann sich ein Unternehmen verschiedener Methoden und Instrumente bedienen, die sich nach folgenden **Kriterien** systematisieren lassen.

Die Identifikation von Risiken kann **systematisch**, z. B. durch das Abarbeiten einer Checkliste möglicher Gefährdungspotenziale, oder **unsystematisch**, z. B. durch Brainstorming, erfolgen. Zudem gibt es Ansätze, die eher zur **Identifikation einzelner Risiken** geeignet sind, und Ansätze zur Identifikation aggregierter Risiken.

Nach der Vorgehensweise werden **progressive Ansätze**, die von den Risikoursachen ausgehen und mögliche Risikoereignisse analysieren, und **retrograde Methoden**, die ausgehend von den bedrohten Zielen nach möglichen Gefährdungen suchen, unterschieden. Progressive Ansätze bergen die Gefahr, dass scheinbar unbedeutende Risiken übersehen werden, da die Suche nach möglichen Risikofaktoren nicht zielgerichtet erfolgt und unwirtschaftlich sein kann. Retrograde Verfahren sind dagegen sehr komplex. Zudem müssen die Ursache-Wirkungs-Beziehungen zwischen den Unternehmenszielen und möglichen Risiken bereits bekannt sein. Retrograde und progressive Methoden können sich ergänzen. Nach einer retrograden Identifikation kann eine progressive Vorgehensweise die Vollständigkeit der Erfassung prüfen (vgl. Wolf/Runzheimer, 2009, S. 43 f.; Diederichs, 2010, S. 100).

Für eine Risikoidentifikation sind zahlreiche **interne und externe Informationen erforderlich**, wobei insbesondere der Zugang zu externen Risikoinformationen begrenzt ist. Daher müssen für die Risikoidentifikation laufend Informationen gesammelt, gefiltert und verarbeitet werden (vgl. Schmitz/

Abb. 51

Systematisierung von Instrumenten und Methoden der Risikoidentifikation

Kriterien	Ausprägungen				
Systematik der Identifikation	Instrumente zur unsystematischen Risikoidentifikation z. B. Brainstorming			Instrumente zur systematischen Risikoidentifikation, z. B. Checklisten, Früherkennungssysteme	
Aggregation der identifizierten Risiken	Instrumente zur Identifikation von Einzelrisiken, z. B. Checklisten			Instrumente zur Identifikation von aggregierten Risiken, z. B. Systemanalysen	
Vorgehensweise	Progressive Methoden			Retrograde Methoden	
Informationsquelle	Besichtigungen und Begehungen	Dokumentenanalysen	Organisations- und Prozessanalysen	Befragungen und Workshops	Erhebung von Kennzahlen und Indikatoren
Informationsverarbeitung	Analysemethoden	Prognosemethoden	Kollektionsmethoden	Suchmethoden	

4.2 Ansätze und Probleme der Risikoidentifikation
Instrumente der Risikoidentifikation

Wehrheim, 2006, S. 35). Nach der **Informationsquelle** werden folgende **Methoden** der Gewinnung von Risikoinformationen unterschieden (vgl. Burger/Buchhart, 2002, S. 68 f.):

- Besichtigungen bei innerbetrieblichen bzw. technischen Risiken als Möglichkeit der visuellen Risikoidentifikation,
- Dokumentenanalyse in Abhängigkeit vom Ausbaustand der betrieblichen Informationssysteme,
- Organisations-/Prozessanalyse zu Risiken in der betrieblichen Aufbau- und Ablauforganisation,
- (Mitarbeiter- und Experten-)Befragungen sowie
- Indikatoren- und Kennzahlenerhebungen.

Nach der **Informationserhebung und -verarbeitung** während der Risikoidentifikation werden Analysemethoden, z. B. Unternehmens- und Umweltanalysen, Prognosetechniken, z. B. Szenarioanalysen oder die Delphi-Methode, Kollektionsmethoden, z. B. Checklisten, und Suchmethoden zur Identifikation unbekannter Gefahrenpotenziale, z. B. Früherkennungssysteme, unterschieden (vgl. Schneck, 2010, S. 121).

Einige Instrumente haben eher den Charakter von **technischen oder organisatorischen Hilfsmitteln**, während andere auf umfassenden Analysen basieren und nicht nur für die Risikoidentifikation, sondern auch für andere Zwecke der Unternehmenssteuerung eingesetzt werden. Insgesamt gibt es eine **große Vielfalt an Instrumenten** zur Risikoidentifikation. Im Folgenden werden ausgewählte Ansätze vorgestellt, wobei die Darstellung nicht abschließend ist (zur Übersicht vgl. Gutmannsthal-Krizanits, 1994, S. 293 ff.; Burger/Buchhart, 2002, S. 67 ff.; Leidinger, 2002, S. 244; Diederichs, 2010, S. 106 ff.; Gleißner, 2011, S. 57 ff.). Da Szenarioanalysen neben der Risikoidentifikation vor allem zur Risikobewertung eingesetzt werden, werden sie im folgenden Kapitel 5.2.7 erläutert.

4.2.2 Besichtigung und Begehungen

Besichtigungen und Begehungen dienen der **Identifizierung von visuell erfassbaren Risiken** durch Inspektion risikobedrohter Objekte vor Ort. Besichtigungen können dabei sowohl zur Erlangung eines Gesamtüberblicks, zur Aufdeckung konkreter Risiken oder zur Einholung ergänzender Informationen an Ort und Stelle eingesetzt werden (vgl. Mikus, 2001, S. 20). Sie eignen sich vor allem bei technischen Risiken und werden i. d. R. durch andere Identifikationsinstrumente wie Checklisten unterstützt.

4.2.3 Kreativitätstechniken

Kreativitätstechniken zählen zu den unsystematischen Instrumenten der Risikoidentifikation. Sie basieren auf **Intuition und Assoziation**, jedoch wird der Prozess der Ideengenerierung methodisch unterstützt. So sollen durch Assoziationen zu ähnlichen Risiken oder durch die Konfrontation mit denkbaren Risiken neue, aber für das Unternehmen relevante Risiken identifiziert bzw. neue Ansätze zur Risikobewältigung gefunden werden (vgl. Rosenkranz/Missler-Behr, 2005, S. 179 ff.). Folgende Kreativitätstechniken können unterschieden werden, wobei vor allem Brainstorming bzw. Brainwriting zur Risikoerkennung eingesetzt werden (vgl. Abb. 52).

Beim **Brainstorming** handelt es sich um eine **moderierte, kreativitätsfördernde Gruppendiskussion** z. B. im Rahmen eines Workshops. Ziel ist die möglichst vollständige Erfassung aller Risiken. Zur Durchführung eines Brainstormings werden interdisziplinäre Teams von 5 bis 8 Mitarbeitern gebildet. Diese Mitarbeiter sollten möglichst hierarchisch gleichgestellt sein. Während des Workshops zählen die Teilnehmer spontan und ohne Einschränkungen alle aus ihrer Sicht für das Unternehmen relevanten Risiken auf. Die Ideen sollen schriftlich auf Pin- oder Metaplan-Wänden festgehalten werden. Der Moderator muss die Gruppe motivieren, **möglichst viele Ideen zu generieren**, da durch das Aufgreifen und die Weiterentwicklung fremder Ideen Assoziationsketten entstehen. Die Vorschläge werden zunächst nicht bewertet, da beim Brainstorming die Quantität im Vordergrund steht. Anschließend werden die Vorschläge gemeinsam durch die Teilnehmer diskutiert, sortiert und strukturiert. Insgesamt sollte ein Brainstorming einen Zeitrahmen von 45 Minuten nicht überschreiten (vgl. Wolf/Runzheimer, 2009, S. 46; Gleißner, 2011, S. 68).

Brainstorming und Brainwriting

Brainwriting ist eine schriftliche Kreativitätstechnik. Für eine Brainwriting-Runde werden **sechs Teilnehmer** ausgewählt. Zu Beginn wird den Teilneh-

Abb. 52

Systematisierung von Kreativitätstechniken

Vorgehensprinzip zur Kreativitätsförderung	Ideenauslösendes Prinzip	
	Assoziation/Abwandlung	Konfrontation
Verstärkung der Intuition	Methoden der intuitiven Assoziation ▸ Brainstorming ▸ Brainwriting	Methoden der intuitiven Konfrontation, z. B. Reizwortanalyse, semantische Intuition
Nutzung eines systematisch-analytischen Vorgehens	Methoden der systematischen Abwandlung, z. B. morphologischer Kasten	Methoden der systematischen Konfrontation, z. B. morphologische Matrix, systematische Reizobjektermittlung

Quelle: In Anlehnung an Geschka, 1986, S. 150.

mern eine **Aufgabenstellung** wie z. B. »Benennen Sie die drei wichtigsten Risiken Ihres Bereichs und begründen Sie Ihre Auswahl kurz!« gegeben. Anschließend haben diese fünf Minuten Zeit, um **drei Ideen** auf einem Formblatt festzuhalten. Danach erhalten die Teilnehmer jeweils das Formblatt ihres zur Rechten sitzenden Kollegen, um sich von dessen Ideen inspirieren zu lassen und drei weitere Vorschläge zu ergänzen. Insgesamt werden **fünf Runden** durchgeführt. Am Schluss liegen ca. 108 Ideen vor, die die sechs Mitglieder beurteilen und daraus eine Auswahl vornehmen. Brainwriting wird auch als **Methode 635** bezeichnet (vgl. Wolf/Runzheimer, 2009, S. 47).

Brainstorming und Brainwriting eignen sich vor allem für die Identifikation neuartiger Risiken.

4.2.4 Risikochecklisten

Risikochecklisten zählen zu den **Kollektionsmethoden.** Sie sind standardisierte Fragebögen zur **systematischen Erfassung** von Einzelrisiken, risikoauslösenden Faktoren oder besonders gefährdeten Objekten. Sie bestehen aus offenen oder geschlossenen Fragen, wobei Fragebögen mit geschlossenen Fragen für die Identifizierung von Gefährdungspotenzialen am besten geeignet sind, da die Auswertung im Vergleich zu Fragebögen mit offenen Fragen einfacher ist und somit schnell zu konkreten Ergebnissen führt. Checklisten werden auf der Grundlage von **bereits in der Vergangenheit identifizierten Risiken** erstellt, z. B. aus Statistiken über eingetretene Schadensfälle, und sind daher vor allem für die systematische und einheitliche Überprüfung bereits bekannter Risiken geeignet. Risikochecklisten können nach den unternehmerischen Wertschöpfungsbereichen, der Risikoherkunft, den gefährdeten Unternehmenszielen oder Risikoarten strukturiert sein. Sie müssen einfach und flexibel sein und regelmäßig aktualisiert werden. Häufig beinhalten Risikochecklisten bereits eine erste quantitative oder qualitative Bewertung der identifizierten Risiken (vgl. Mikus, 2001, S. 20; Burger/Buchhart, 2002, S. 82 ff.; Rosenkranz/Missler-Behr, 2005, S. 174; Schneck, 2010, S. 122; Gleißner, 2011, S. 69). Der nebenstehenden Abbildung 53 ist ein Beispiel für eine produktbezogene Risikocheckliste zu entnehmen.

4.2.5 Dokumentenanalysen

Bei der Dokumentenanalyse werden Risiken anhand einer reinen **Ex-post-Betrachtung** von Dokumenten und anderen Aufzeichnungen eines Unternehmens identifiziert, beispielsweise durch die Analyse interner Statistiken über eingetretene Schadensfälle oder von Aufwandsposten in der Buchhaltung, Abweichungsanalysen in der Kostenrechnung und die Analyse sonstiger Aufzeichnungen, z. B. Schadensprotokolle. Ergänzend können Organisationspläne, Stellenbeschreibungen, Funktionsdiagramme und Stellvertretungspläne auf

4.2 Instrumente der Risikoidentifikation

Abb. 53

Auszug aus einer produktbezogenen Checkliste

Produktbezogener Marketingbericht		
Frage	Bewertung	Chancen/Risiken
Wird Produktforschung betrieben?	▸ Ja, regelmäßig. ▸ Ja, gelegentlich. ▸ Nein.	Mangelnde Produktvariation und Produktinnovation können zu Kundenverlusten führen.
Wird das Sortiment regelmäßig geprüft?	▸ Ja, regelmäßig. ▸ Ja, gelegentlich. ▸ Nein.	Ein großes Sortiment kann zu einer kostenintensiven Lagerhaltung führen und ebenfalls kostenungünstige Kleinaufträge provozieren. Standardprodukte sind besser absetzbar als Spezialprodukte. Ein kleines Sortiment kann zu Kundenverlusten führen.
Wie ist die Produktqualität im Vergleich zu den wichtigsten Konkurrenten zu beurteilen?	▸ Wesentlich höher. ▸ Etwas höher. ▸ Gleich. ▸ Wesentlich geringer. ▸ Etwas geringer.	Eine geringe Produktqualität kann zu Kundenverlusten führen und lässt sich ggf. durch niedrigere Preise und temporär durch erhöhten Werbeaufwand kompensieren.
Haben in den letzten Jahren Änderungen in der Produktgestaltung stattgefunden?	▸ Ja, regelmäßig. ▸ Ja, gelegentlich. ▸ Nein.	Zu späte Anpassung an Kundenwünsche ist mit erhöhten Kosten verbunden und kann zu Kundenverlusten führen.
Wie ist die Altersstruktur der Produkte zu beurteilen, in welcher Produktlebenszyklusphase befinden sich die Hauptprodukte?	▸ Einführungsphase. ▸ Wachstumsphase. ▸ Reifephase. ▸ Sättigungsphase. ▸ Rückgangsphase.	Auf ausgeglichenes Portfolio achten. Bei Überwiegen von Produkten in der Sättigungsphase drohen Ertragskrisen.
Wie sind die Preise im Vergleich zu den wichtigsten Konkurrenten zu beurteilen?	▸ Wesentlich höher. ▸ Etwas höher. ▸ Gleich. ▸ Wesentlich niedriger. ▸ Etwas niedriger.	Bei höheren Preisen und Nachfragerückgang Kostensenkungspotenziale ermitteln. Auf Korrelation der Preise mit der Qualität achten.
Wird Lager- oder Kundenfertigung betrieben?	▸ Überwiegend Lagerfertigung. ▸ Annähernd ausgeglichen. ▸ Überwiegend Kundenfertigung.	Lagerfertigung verursacht höhere Kosten und erhöht das Absatzrisiko. Kundenfertigung kann Kapazitätsprobleme verursachen und das Ausfallrisiko erhöhen.
…	▸ …	…

Quelle: Ehrmann, 2005, S. 64.

Prozessrisiken, Personalausfall- oder Vertraulichkeitsrisiken untersucht werden. Wichtig für eine erfolgreiche Risikoidentifikation mittels Dokumentenanalyse ist das Vorliegen eines geeigneten **Auswertungsrasters** z. B. in Form einer Checkliste. Dokumentenanalysen sind primär für die Identifikation interner prozess- und organisationsspezifischer Risiken geeignet.

4.2.6 Experten- und Mitarbeiterbefragungen

Expertenbefragungen sind bei der Identifizierung unternehmensexterner und -interner Risiken hilfreich. Expertenwissen kann entweder durch das Studium einschlägiger Fachliteratur oder direkte Befragung gewonnen werden. Zur Unterstützung einer systematischen Expertenbefragung ist eine strukturierte Vorbereitung, z. B. durch die Auswahl geeigneter Fachbücher und Fachzeitschriften, erforderlich. Zudem muss ein Fragenkatalog erstellt werden, mit dessen Hilfe die einzelnen Quellen analysiert werden. Für die Vorbereitung einer Expertenbefragung sollten zunächst geeignete Experten ausgewählt und ein Fragenkatalog formuliert werden. Die Delphi-Methode ist eine Spezialform der Expertenbefragung.

Delphi-Methode

Die **Delphi-Methode** dient der Darstellung komplexer, unstrukturierter, langfristiger Sachverhalte und neuartiger Entwicklungen mit großem Zeithorizont. Durch die Delphi-Methode werden Expertenmeinungen kombiniert und zu einem Konsens verdichtet. Die Delphi-Methode wird in vier Schritten durchgeführt (vgl. Schneck, 2010, S. 124 f.):

- Zunächst werden **geeignete Experten ausgewählt**. Diese Experten verfügen über spezifisches Fachwissen über den zu analysierenden Sachverhalt und kennen sich i. d. R. nicht untereinander. Die Größe der Expertengruppe variiert zwischen 50 und 100 Personen und hängt von der Fragestellung und dem zur Verfügung stehenden Budget ab. Nach einer Einführung geben die Experten Prognosen zum Untersuchungsgegenstand in Form eines anonymisierten, standardisierten Fragebogens ab.
- Anschließend erfolgen die **Auswertung und Dokumentation der Ergebnisse** der ersten Befragung, wobei insbesondere der Mittelwert und extreme Beurteilungen ausgewertet werden. Dann erhalten die Experten die Ergebnisse mit der Bitte, diese kritisch zu hinterfragen, ggf. ihre Einschätzung zu korrigieren und ihre Prognosen **mit Eintrittswahrscheinlichkeiten und -zeitpunkten zu ergänzen**.
- In der 3. Phase beleuchten die Experten ihre Einschätzung erneut und **begründen extrem abweichende Einschätzungen**.
- Während der vierten Phase wird Phase 3 solange wiederholt, bis die Einzelantworten sich der Gruppenprognose annähern (**Konvergenz**).

Die Delphi-Methode ist vor allem zur Erfassung und Beurteilung von externen Risiken, aber auch für die Bildung von Annahmen über wesentliche Parameter für die Szenarioanalyse geeignet. Außerdem wird die Delphi-Methode als Bestandteil von Frühaufklärungssystemen angewendet.

Befragung aller Mitarbeiter nach risikorelevanten Informationen

Mitarbeiterbefragungen können zur **Erfassung interner Risiken** beitragen. Sie konzentrieren sich nicht nur auf Führungskräfte, sondern beziehen **alle Mitarbeiter**, die risikorelevante Informationen aus den operativen Bereichen einbringen können, ein. Die Informationen können durch **Interviews, Workshops oder schriftliche Befragung mittels Risikoidentifikationsbogen** eingeholt werden (Ein Beispiel eines Risikoidentifikationsbogens ist der Fallstudie in Kapitel 4.4 zu entnehmen). Die Mitarbeiterbefragung bietet die Möglichkeit, eine große Zahl von Personen in die Risikoidentifikation einzubinden. Da diese Personen während ihrer täglichen Arbeit mit vielen Risiken konfrontiert werden, besitzen sie ein Interesse, diese Risiken zu vermeiden oder zu verringern, und können fachkundige Informationen zur Risikoerkennung liefern. Allerdings wird durch Mitarbeiterbefragungen häufig eine **große Anzahl an identifizierten Risiken** produziert. Außerdem werden aufgrund einer systematischen Verzerrung der Risikowahrnehmung vor allem aktuell erscheinende Risiken diskutiert, die nicht immer für das Unternehmen wichtig sind. Auch werden identische Risiken von den Mitarbeitern oft unterschiedlich benannt und daher doppelt erfasst (vgl. Gleißner, 2011, S. 62).

Soll die Mitarbeiterbefragung in Form eines Workshops durchgeführt werden, müssen zunächst die beteiligten Abteilungen, Funktionen und Prozesse sowie die zu analysierenden Risikofelder ausgewählt und die Workshop-Teams zusammengestellt werden. Die Zahl und die Dauer der Workshops sind abhängig von der Unternehmensgröße und dem Umfang der analysierten Risiken. Während der **Auftaktveranstaltung (»Kick-off«)** werden die beteiligten Mitarbeiter über den (ökonomischen) Nutzen und den Ablauf der Workshops informiert. Wichtig ist hier, den Mitarbeitern zu verdeutlichen, dass die Workshops nicht nur eine lästige Pflichtübung zur Erfüllung der gesetzlichen Anforderungen, sondern für die Unternehmenssteuerung inhaltlich notwendig sind. Zu Beginn der jeweiligen **Workshops** sollte den Teilnehmern ein kurzer **Einstieg** gegeben werden, indem Ziele und Inhalte des Workshops, der geplante Ablauf sowie erwartete Ergebnisse vorgestellt werden, um einheitliche Erwartungen bei allen Teilnehmern herzustellen. Die eigentliche Risikoidentifikation sollte im Workshop auf der Grundlage eines **Risikokatalogs** erfolgen. Es wird empfohlen, keine detaillierten Risikochecklisten, sondern lediglich ein Orientierungs- und späteres Dokumentationsraster vorzugeben, damit auch neue Risiken identifiziert werden. Damit Abhängigkeiten und Korrelationen einzelner Risiken berücksichtigt werden, sollte die Risikoidentifikation entlang der einzelnen Prozessschritte der Wertschöpfungskette erfolgen. Neben der reinen Nennung sollte bereits eine erste **Relevanzabschätzung der Risiken** durch die Mitarbeiter erfolgen. Beispielsweise kann eine Relevanzabschätzung anhand der Höchstschadenswerte auf einer Skala von »1« (unbedeutend) bis »5« (bestandsbedrohend) erfolgen. Anschließend werden alle Risiken gesammelt, selektiert und dokumentiert. Durch die Relevanzabschätzung werden die Risiken ausgewählt, für die sich der größere Aufwand einer exakteren Quantifizierung lohnt (vgl. Gleißner, 2011, S. 60 ff.).

Risikoworkshops

4.2.7 Unternehmens- und Umweltanalysen

Zu den Unternehmens- und Umweltanalysen zählen u. a. die Analyse der Erfolgsfaktoren, SWOT-Analysen, Produkt-Lebenszyklus-Analysen, das Erfahrungskurven-Konzept sowie Wettbewerbsanalysen und Portfolio-Analysen (für

Überschneidungen zum strategischen Controlling

4.2 Ansätze und Probleme der Risikoidentifikation
Instrumente der Risikoidentifikation

eine ausführliche Darstellung der einzelnen Instrumente vgl. Baum et al., 2007, S. 54 ff.; Horvàth, 2009, S. 327 ff.; Hungenberg, 2011, S. 87 ff.). Unternehmens- und Umweltanalysen sind grundlegende Instrumente des strategischen Managements und Controllings und werden vor allem für die strategische Analyse eingesetzt (vgl. Vanini, 2009, S. 65). Sie bilden die **Grundlage für die Strategieableitung** in der strategischen Planung. Daher können sie auch zur Identifikation möglicher Gefährdungen und Chancen der Strategieumsetzung (strategische Risiken) eingesetzt werden. Aufgrund der Vielzahl der Ansätze und Instrumente und der Überschneidungen zum strategischen Controlling wird auf eine ausführliche Diskussion aller Instrumente verzichtet und auf die einschlägige Literatur verwiesen. Exemplarisch wird im Folgenden die SWOT-Analyse als Instrument zur Risikoidentifikation vorgestellt und diskutiert, da sie die Ergebnisse anderer Analysemethoden teilweise integriert.

SWOT-Analysen

In SWOT-Analysen werden die Stärken (**S**trengths), Schwächen (**W**eaknesses), Chancen (**O**pportunities) und Gefahren (**T**hreats) eines Unternehmens im Vergleich zum Wettbewerb analysiert und in eine Matrix eingeordnet. Die Stärken und Schwächen eines Unternehmens werden dabei durch Unternehmensanalysen, z. B. eine Stärken-Schwächen-Analyse, ermittelt, die Chancen und Gefahren ergeben sich aus entsprechenden Umweltanalysen. Bei der **Stärken-Schwächen-Analyse** werden die sogenannten strategischen Potenziale des Unternehmens funktions- oder wertkettenbezogen ermittelt, durch einen Vergleich mit Wettbewerbern oder kritischen Erfolgsfaktoren bewertet und anschließend durch ein Stärken- und Schwächenprofil visualisiert (vgl. Baum et al., 2007, S. 64 ff.). Zu den Unternehmensanalysen gehört z. B. die **Branchenstrukturanalyse** nach Porter, die die Bedrohung des Unternehmens durch neue Konkurrenten, die Verhandlungsmacht von Abnehmern und Lieferanten, die Bedrohung durch Ersatzprodukte und die Wettbewerbsintensität in der Branche untersucht und daraus Risiken und Chancen für das Unternehmen ableitet (vgl. Baum et al., 2007, S. 55 ff.).

Die Ergebnisse der Umwelt- und Unternehmensanalysen werden durch ein internes Analyseteam bewertet und in eine SWOT-Matrix eingetragen. Problematisch ist, dass sich Informationen nicht immer eindeutig als Stärke oder Schwäche bzw. Chance oder Risiko klassifizieren lassen, sondern deren Bewertung kontextabhängig ist. Anschließend werden aus der Matrixposition Normstrategien abgeleitet (vgl. Baum et al., 2007, S. 74 f.; Weber/Schäffer, 2011, S. 384 f.).

4.2.8 Früherkennungssysteme

Begriffsabgrenzung

In der Unternehmenspraxis werden Chancen und Bedrohungen häufig zu spät erkannt. Zudem verlängert sich die Reaktionszeit aufgrund der zunehmenden Komplexität vieler Unternehmen. Die Folge sind unvorhergesehene krisenhafte Entwicklungen. Früherkennungssysteme sind spezielle Informationssysteme, die anhand von **Indikatoren, Kennzahlen oder qualitativen Informationen**

Abb. 54

SWOT-Matrix

		Ergebnisse der Unternehmensanalyse	
		Stärken (Strength)	Schwächen (Weaknesses)
Ergebnisse der Umweltanalyse	Chancen (Opportunities)	Einsatz der Stärken des Unternehmens zur Ausnutzung der Chancen (Wachstumsstrategie)	Überwindung der Schwächen des Unternehmens durch die Ausnutzung der Chancen
	Risiken (Threats)	Einsatz der Stärken des Unternehmens zur Minimierung der Risiken	Minimierung der Schwächen des Unternehmens und der Risiken (Defensivstrategie)

Quelle: Baum et al., 2007, S. 74.

über die Unternehmens- und Umweltentwicklung Risiken rechtzeitig identifizieren sollen. Durch das Festlegen **interner und externer Beobachtungsbereiche** und die Definition geeigneter Früherkennungsgrößen sollen Risiken früh erkannt und ihre (monetären) Konsequenzen für das Unternehmen abgeschätzt werden. Ziel ist es, möglichst viel Zeit zu gewinnen, um geeignete Steuerungsmaßnahmen ergreifen zu können. Informationen, die durch andere Identifikationsinstrumente generiert wurden, können in Früherkennungssysteme integriert werden.

Früherkennungssysteme basieren auf **qualitativen oder quantitative Methoden**. Zu den quantitativen Methoden gehören statistische Prognoseverfahren wie die Regressionsanalyse, Neuronale Netze oder Verfahren der Kausalanalyse (vgl. Burger/Buchhart, 2002, S. 79 f.).

Früherkennungssysteme werden auch im **strategischen Innovationsmanagement**, z. B. zur Identifikation von Innovationspotenzialen aufgrund geänderter gesellschaftlicher Bedürfnisse oder technologischer Entwicklungen, und im **strategischen Management** zur Strategieentwicklung eingesetzt (vgl. Brühwiler/Romeike, 2010, S. 52).

Es gibt unterschiedliche Arten von Früherkennungssystemen. Nach ihrem **Umfang** werden Frühwarn-, Früherkennungs- und Frühaufklärungssysteme unterschieden: **Frühwarnsysteme** befassen sich mit der frühzeitigen Identifikation von Risiken i. e. S., durch **Früherkennungssystem i. e. S.** sollen auch Chancen identifiziert werden und im Rahmen von **Frühaufklärungssystemen** werden außerdem Maßnahmen zur Chancennutzung bzw. Risikobewältigung abgeleitet (vgl. hier und im Folgenden Hahn/Krystek, 2000, S. 76; Krystek, 2003, S. 12 1 ff.; Krystek/Herzhoff, 2006, S. 306; Horvàth 2009, S. 341 ff.). Die Früherkennung ist somit sowohl Oberbegriff für alle drei Ansätze und bezeichnet auch einen speziellen Systemtyp. Daher wird im Folgenden von Früherkennungssystem i. w. S. gesprochen, wenn damit der Oberbegriff gemeint ist. Früherkennungssysteme i. e. S. bezeichnen dagegen den speziellen Typ, wobei hier

Arten von Früherkennungssystemen

4.2 Ansätze und Probleme der Risikoidentifikation
Instrumente der Risikoidentifikation

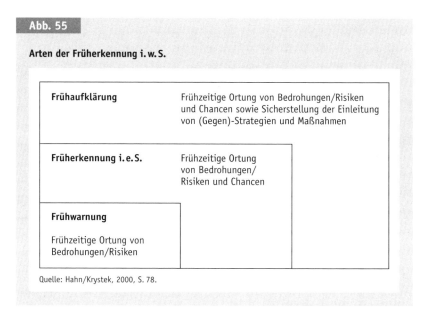

Abb. 55: Arten der Früherkennung i.w.S.

Quelle: Hahn/Krystek, 2000, S. 78.

die Begriffsbildung in der Literatur nicht einheitlich ist. Teilweise werden auch Frühwarnung (vgl. Burger/Buchhart, 2002, S. 71 f.) oder Frühaufklärung (vgl. Baum et al., 2007, S. 329 f.; Diederichs, 2010, S. 124 f.) als Oberbegriffe verwendet.

Die Frühaufklärung ist in der strategischen Risikobeurteilung anzusiedeln, während die Frühwarnung der operativen Bewältigung von bereits akzeptierten Restrisiken und dem Krisenmanagement dient. Organisatorisch ist die Frühaufklärung aufgrund ihrer strategischen Ausrichtung Aufgabe der Unternehmensleitung, während die Frühwarnung und die Früherkennung i.e.S. dem operativen Management zugeordnet werden. Methodische Unterschiede zeigen sich hinsichtlich des Zeithorizonts und der Datenerhebung. Die Frühaufklärung blickt mehrere Jahre in die Zukunft, die Frühwarnung besitzt dagegen nur einen kurzen Zeithorizont. Die mittelfristig ausgerichteten Analysen der Früherkennung i.e.S. beruhen i.d.R. auf Indikatoren, bei der Frühwarnung geht es dagegen um das rechtzeitige Reagieren auf eine bereits im Voraus identifizierte mögliche Krise (vgl. Brühwiler/Romeike, 2010, S. 48 ff.).

Nach den **verwendeten Früherkennungsgrößen** werden drei Generationen von Früherkennungssystemen i.w.S. unterschieden (vgl. Baum et al., 2007, S. 330 ff.; Diederichs, 2010, S. 125 ff.):

▸ Die erste Generation verwendet **traditionelle Kennzahlen des Rechnungswesens**, z.B. Rentabilität, Cashflow etc., zur Risikoidentifikation, die für den Prognosezeitraum hochgerechnet werden. Die Kennzahlen sind vergangenheits- oder gegenwartsorientiert. Früherkennungssysteme der 1. Generation geben daher nur einen ersten Überblick über die Risikosituation des Unternehmens.

- Früherkennungssysteme der 2. Generation bestehen aus **Indikatoren**, die relevante Umwelt- und Unternehmensveränderungen abbilden und in einer Ursache-Wirkungs-Beziehung zu den Unternehmenszielen stehen. Die Qualität dieser Früherkennungssysteme hängt maßgeblich von der Qualität der ausgewählten Indikatoren ab. Daher besteht die Gefahr, dass nicht alle relevanten Chancen und Risiken rechtzeitig identifiziert werden. Zudem erlauben Indikatoren keine Erfassung von Strukturbrüchen.
- Die 3. Generation von Früherkennungssystemen wertet systematisch qualitative Informationen nach **schwachen Signalen** aus, die auf Änderungen und Umbrüche der ökonomischen, sozialen, politischen und technologischen Umwelt hinweisen. Diese Systeme gehen von der Annahme aus, dass Strukturbrüche nicht plötzlich auftreten, sondern sich durch entsprechende Stellungnahmen und Meinungsäußerungen von Schlüsselpersonen und -organisationen ankündigen. Allerdings ist die Wirkung schwacher Signale auf die Unternehmensziele häufig eher diffus.

Die unterschiedlichen Arten von Früherkennungssystemen sind nicht unabhängig voneinander. So verwenden Frühwarnsysteme häufig finanzielle Kennzahlen aus dem Rechnungswesen, Früherkennungssysteme i. e. S. basieren auf Indikatoren und Frühaufklärungssysteme verwenden schwache Signale zur Risikoerkennung. Daher werden die einzelnen Systeme im Folgenden ausführlicher erläutert.

Frühwarnsysteme sind operativer Natur und basieren auf **Zahlen des traditionellen Rechnungswesens**, die mithilfe von **Prognoseverfahren** auf das Jahresende hochgerechnet werden. Durch einen Vergleich der liquiditäts- und ertragsorientierten Kennzahlen sowie Soll-Ist-Abweichungsanalysen sollen **kurzfristige finanzielle Risiken** identifiziert werden. Durch eine Über- bzw. Unterschreitung zuvor festgelegter Toleranz- oder Schwellenwerte werden Warnmeldungen ausgelöst. Problematisch ist, dass Frühwarnsysteme einen ungenügenden zeitlichen Vorlauf haben, nicht zur Identifikationen von Strukturbrüchen in der Umweltentwicklung beitragen und auch nicht Ursachenanalysen für die identifizierten finanziellen Risiken unterstützen (vgl. Baum et al., 2007, S. 330 ff.; Diederichs, 2010, S. 125 f.).

Frühwarnsysteme

Früherkennungssysteme i. e. S. beziehen **unternehmensexterne Bereiche** in die Risikoidentifikation ein. An die Stelle von finanziellen Kennzahlen treten **Frühwarnindikatoren** (lead indicators), die interne und externe risikobehaftete Entwicklungen sowie Chancen mit einem zeitlichen Vorlauf signalisieren sollen. Beispielsweise kündigen sich zukünftige Umsatzeinbußen eines Anlagenherstellers bereits in einem Rückgang der Auftragseingänge an. Früherkennungssysteme i. e. S. haben einen **mittelfristigen Prognosehorizont**. Das Problem liegt in der Zusammenstellung eines umfassenden, eindeutigen, rechtzeitig verfügbaren und effizienten Indikatorenkatalogs (vgl. auch im Folgenden Baum et al., 2007, S. 332 ff.; Diederichs, 2010, S. 127 ff.). Die folgende Abbildung 56 zeigt Beispiele für ausgewählte Frühwarnindikatoren aus der Unternehmensumwelt.

Früherkennungssysteme i. e. S.

4.2 Ansätze und Probleme der Risikoidentifikation
Instrumente der Risikoidentifikation

Abb. 56

Beispiele für externe Frühwarnindikatoren

Beobachtungbereich		Frühwarnindikatoren
Unternehmensexterner Bereich	Gesamtwirtschaftlicher/ marktökonomischer Beobachtungsbereich	Zinsen, Wechselkurse, Inflationsraten, industrielle Nettoproduktion, Tariflohnniveau, Außenhandel, Geldvolumen, Konjunkturindizes, Geschäftsklima, Investitionstendenzen, Marktwachstum
	Sozio-kultureller Beobachtungsbereich	Bevölkerungswachstum, Bevölkerungsstruktur, Arbeitslosenzahl, Zahl der offenen Stellen auf dem Arbeitsmarkt, Gewerkschaftsforderungen, Konsumneigung, Einkommensentwicklung, Bildungsstand, Lebensstil, Wertvorstellungen, Wanderungsbewegungen, Haushaltsgröße
	Technologischer Beobachtungsbereich	Innovationen, Werkstoffentwicklung, Veränderungstendenzen der Produktions- und Verfahrenstechnologie bei Wettbewerbern und Forschungsinstituten, Unterbrechung technologischer Trendlinien, Lizenzvergabe von Wettbewerbern
	Politisch-rechtlicher Beobachtungsbereich	Gesetzesvorbereitungen/-vorlagen, Stabilität des politischen Systems, Regierungswechsel, Parteienverhältnisse, außen/innenpolitische Ereignisse/Tendenzen, politische Krisen, Rechtssicherheit, politische Organisationen

Quelle: Diederichs, 2010, S. 129.

Früherkennungssysteme i. e. S. werden in sechs Schritten aufgebaut (vgl. Krystek, 2007, S. 51 f.; Baum et al., 2007, S. 332 ff.; Diederichs, 2010, S. 128):

1. Ermittlung der **relevanten Beobachtungsbereiche** für die Erkennung von Risiken und Chancen. Hier müssen die Sachbereiche, Themen und Bezugspunkte festgelegt werden, die von besonderer Bedeutung für das Erreichen der Unternehmensziele sind.
2. Bestimmung von **Frühwarnindikatoren** für jeden Beobachtungsbereich. Die Indikatoren sollten eindeutig, vollständig, rechtzeitig verfügbar und wirtschaftlich ermittelbar sein und einen zeitlichen Vorlauf zu den Unternehmenszielen aufweisen. Für die Identifikation geeigneter Indikatoren wird die Ableitung von Kausalketten empfohlen, durch die ausgehend von einer Zielgröße Ereignisse identifiziert werden, die diese Zielgröße beeinflussen. Beispielsweise wird der Umsatz eines Unternehmens durch die Höhe der Auftragseingänge beeinflusst, welche wiederum abhängig von den Auftragsanfragen und geführten Verkaufsgesprächen ist. Problematisch ist allerdings, dass die Prognosequalität der Indikatoren häufig mit zunehmendem zeitlichen Abstand zur Zielgröße abnimmt.
3. Festlegung von **Sollwerten und Toleranzgrenzen für jeden Indikator**. Neben dem erwarteten Wert müssen für jeden Indikator kritische Bereiche fest-

gelegt werden. Bei Überschreitung dieser kritischen Bereiche wird automatisch eine Warnmeldung ausgelöst. Die Festlegung kritischer Sollwerte kann sich an Vergangenheitswerten oder Benchmarks orientieren.
4. Ernennung von **Beobachtern** zur Überwachung der Indikatoren und Weiterleitung von Warnmeldungen, falls die Indikatoren ihre Toleranzgrenzen überschreiten.
5. Festlegung von Aufgaben der **Informationsverarbeitungsstelle**, die die Warnmeldungen prüft, zusammenfasst, kommentiert und an das Management weiterleitet.
6. Ausgestaltung der **Informationskanäle.** Hier wird festgelegt, wie die Früherkennungsinformationen gewonnen, weiterverarbeitet und kommuniziert werden.

Früherkennungssysteme i.e.S. müssen eine möglichst eindeutige Ursache-Wirkungs-Beziehung zwischen der Zielgrößenentwicklung und dem entsprechenden Indikator aufweisen. Zudem muss diese Ursache-Wirkungs-Beziehung mit einem Time-lag versehen sein, damit die Zeitspanne zwischen kritischem Indikatorwert und Risikoeintritt zur Einleitung von Gegenmaßnahmen ausreichend ist. Zudem müssen Früherkennungssysteme i.e.S. aufgrund der Umweltdynamik laufend überprüft und weiterentwickelt werden.

Die (strategische) Frühaufklärung kombiniert **Ansätze der Zukunfts- und Trendforschung**. Während sich die Zukunftsforschung eher allgemein mit der Entwicklung möglicher Zukunftsszenarien befasst, konzentriert sich die Trendforschung auf die Identifikation und Erklärung von spezifischen Entwicklungen im sozialen, ökonomischen, technologischen und kulturellen Umfeld einer Organisation (vgl. Brühwiler/Romeike, 2010, S. 47).

Frühaufklärungssysteme

Frühaufklärungssysteme sollen eine rechtzeitige Ortung und Signalisierung potenzieller Bedrohungen, Risiken und Chancen und die Ableitung entsprechender Strategien und Maßnahmen zur Risikobewältigung und Chancennutzung ermöglichen. Methodisch basieren sie auf dem **Konzept der schwachen Signale** von Ansoff sowie der **Diffusionstheorie**. Nach Ansoff ereignen sich exogene Strukturbrüche nicht plötzlich und überraschend, sondern kündigen sich durch unscharfe Informationen (schwache Signale) an.

Schwache Signale sind relativ unstrukturierte und qualitative Informationen, z.B. das Auftreten neuer Gedankenströmungen oder Bedürfnisse, die Ablehnung traditioneller Gewohnheiten, die Veränderung von Grundeinstellungen oder auch radikale technologische Innovationen (vgl. auch im Folgenden Krystek, 2007, S. 53 ff.; Baum et al., 2007, S. 337 ff.; Diederichs, 2010, S. 131). Beispiele für schwache Signale und deren Konsequenzen lassen sich der nebenstehenden Abbildung 57 entnehmen.

Schwache Signale

Mögliche **Quellen** für schwache Signale sind das Internet, Social Media Communities und Diskussions- bzw. Expertenforen, Publikationen in Fachzeitschriften, Rechtsprechungstendenzen, Ankündigungen zu Änderungen in der Gesetzgebung, Patente, Tagungs- und Konferenzbeiträge etc. Schwache Signale sind hinsichtlich ihrer Auswirkungen auf das Unternehmen zunächst nicht eindeu-

Abb. 57

Beispiele für schwache Signale

Schwaches Signal	Ergebnis
Fortschritte in der Festkörperphysik in den 1940er-Jahre	Ablösung der Röhre durch den Transistor
Zunehmende Leistungsfähigkeit und Standardisierung von Mikroprozessoren	Ablösung von Großrechenanlagen durch Personalcomputer
Glasnost und Perestroika in der ehemaligen Sowjetunion	Zusammenbruch des Ostblocks und Öffnung der Märkte in Osteuropa
Versuche mit Laserantrieb für Weltraumraketen	Noch unbekannt, allerdings ist die bisherige Raketenantriebstechnologie 1.000 mal so teuer
Entwicklung des World Wide Web	Veränderung der privaten und betrieblichen Kommunikation; Wegfall traditioneller und Entstehen neuer Geschäftsmodelle

Quelle: Baum et al., 2007, S. 338.

tig, verdichten sich jedoch im Zeitablauf. Die Diffusionstheorie befasst sich mit der Verbreitung neuer Erkenntnisse, Auffassungen und Verhaltensweisen und erklärt die Diffusion schwacher Signale. Je früher die Relevanz schwacher Signale erkannt wird, desto mehr Handlungsmöglichkeiten hat ein Unternehmen.

Scanning und Monitoring

Schwache Signale sollen durch ein sogenanntes **360°-Radar** (strategisches Radar) aufgefangen werden. Ziel ist dabei weniger die Identifikation konkreter Risiken, sondern das Erkennen von möglichen **Strukturbrüchen in der Umweltentwicklung** (Diskontinuitäten) und die Abschätzung ihrer Auswirkungen auf das Unternehmen. **Scanning** bezeichnet dabei den Prozess des ungerichteten Abtastens der Unternehmensumwelt nach schwachen Signalen. Verdichten sich schwache Signale zu einem **Trend**, müssen diese im Rahmen eines **Monitorings** laufend überwacht werden, um ihr Ausbreitungsmuster, ihre Ursachen und ihre Auswirkungen für das Unternehmen abzuschätzen und ggf. entsprechende Reaktionsstrategien abzuleiten (vgl. Burger/Buchhart, 2002, S. 78 f.; Krystek, 2007, S. 54 f.; Diederichs, 2010, S. 132 f.).

Schwache Signale können zu Szenarien (vgl. Kapitel 5.2.7) und Trendlandschaften verdichtet werden (vgl. Krystek, 2007, S. 56). Die Relevanzbewertung schwacher Signale kann auf der Grundlage von Scoring-Verfahren erfolgen (vgl. Kapitel 5.2.3).

4.2.9 Prozess- und Systemanalysen

Zur Identifizierung von Risiken komplexer technischer Systeme werden vor allem Methoden der **Prozess- und Systemanalyse** eingesetzt. Zu diesen Methoden gehören die Fehler-Möglichkeits- und Einflussanalyse (FMEA), die Fehler-

Instrumente der Risikoidentifikation 4.2

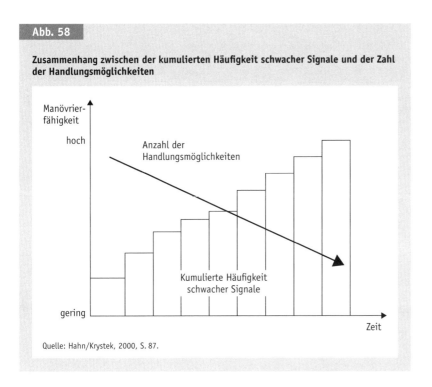

Abb. 58

Zusammenhang zwischen der kumulierten Häufigkeit schwacher Signale und der Zahl der Handlungsmöglichkeiten

Quelle: Hahn/Krystek, 2000, S. 87.

baumanalyse (Fault-Tree-Analysis FTA) und die Störfallanalyse, die anschließend erläutert werden (vgl. auch im Folgenden Gutmannsthal-Krizanits, 1994, S. 303; Burger/Buchhart, 2002, S. 89 ff.; Helten/Hartung, 2002, S. 266; Gleißner, 2011, S. 66 ff.).

In einer Fehler-Möglichkeits- und Einflussanalyse (FMEA) wird untersucht, wie ein technisches System beim Ausfall einzelner Komponenten reagiert (Bottom-up Approach). Dabei wird zunächst das intakte und **störungsfreie System** beschrieben und in seine **Teilkomponenten** zerlegt. Für jede Komponente wird dann analysiert, welche Fehler zu einer **Fehlfunktion** dieser Komponente führen können, mit welcher Wahrscheinlichkeit diese eintreten und welche Auswirkungen sie auf das Gesamtsystem haben. In Arbeitsblättern werden detailliert mögliche Fehlerursachen, Fehlerwirkungen, bedrohte Objekte sowie eine Risikobewertung hinsichtlich Eintrittswahrscheinlichkeit und Schadensausmaß dokumentiert.

Fehler-Möglichkeits- und Einflussanalysen (FMEA)

Es ist das **Ziel** der FMEA, die sensiblen Bestandteile eines technischen Systems zu identifizieren. Die FMEA wurde in den 1960er-Jahren zur Analyse der **Gefahrenpotenziale bei Flugzeugen** entwickelt, ist aber auch für andere technische Systeme geeignet. Heute wird die Verwendung der FMEA in vielen **Qualitätsstandards** empfohlen, um potenzielle Fehler in Prozessen frühzeitig zu erkennen und zu vermeiden.

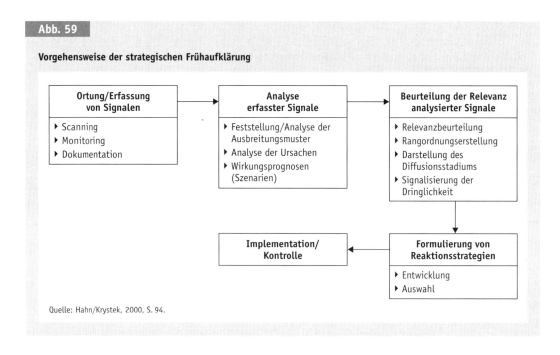

Abb. 59

Vorgehensweise der strategischen Frühaufklärung

Quelle: Hahn/Krystek, 2000, S. 94.

Es werden drei **Arten** von FMEAs unterschieden:
- System-FMEA mit Fokus auf einzelnen Systemkomponenten und deren Beitrag zum Gesamtrisiko,
- Konstruktions-FMEA zur Überprüfung der fehlerfreien Funktion der Produktkomponenten während der Produktentwicklungsphase und
- Prozess-FMEAs zur Sicherstellung eines fehlerfreien Herstellungsprozesses.

Die FMEA wird auch als **Ausfalleffektanalyse** bezeichnet. Problematisch ist, dass die FMEA Kombinationen möglicher Fehlfunktionen vernachlässigt und damit zu einer **Unterschätzung des Gesamtrisikos** führen kann.

Fault-Tree-Analysis (FTA)

Ausgangspunkt von Fehlerbaumanalysen (Fault-Tree-Analysis FTA) sind potenzielle **Störungen eines technischen Systems**. Das **Ziel** der FTA ist, durch deduktives Vorgehen alle möglichen Ursachen dieser Abweichungen zu ermitteln, die in ihrem Zusammenwirken den angenommenen Schaden verursachen können (Top-down-Approach). Dabei werden in einem ersten Schritt sekundäre Ursachen der Störung des Gesamtsystems dargestellt, die in einem zweiten Schritt in ihre primären Störungsursachen aufgegliedert werden. Die Untergliederung wird fortgesetzt, bis keine weitere Differenzierung der Störungen möglich ist.

Ein **Fehlerbaum** stellt alle Störungsereignisse grafisch dar, die zum Systemschaden führen können, und besteht aus folgenden **Elementen**: Entscheidungsknoten (E), die Entscheidungen kennzeichnen, Zufallsknoten (Z), die den Eintritt eines zufälligen Ereignisses darstellen, und Ergebnisknoten (R), die das

Ergebnis von Entscheidungen oder Ereignissen darstellen. Zwischen diesen Elementen befinden sich Verbindungslinien. Komplexe Fehlereignisse werden mittels **logischer Verknüpfungen** weiter in einfachere Ereignisse aufgeteilt: Oder-Verknüpfungen, bei denen der Fehler auftritt, falls eines der Ereignisse eintritt, und Und-Verknüpfungen, bei denen der Fehler nur bei Eintreten aller Ereignisse auftritt. Die Zweige des Fehlerbaums sind so zu unterteilen, bis alle Ereignisse unabhängig voneinander beschrieben sind. Anschließend erfolgen die qualitative Auswertung und Ableitung der kritischen Fehler und Fehlerkombinationen, die zum unerwünschten Zustand führen, sowie die Bestimmung von Eintrittswahrscheinlichkeiten für einzelne Fehler und Fehlerkombination sowie deren quantitative Auswirkungen auf das Gesamtsystem (vgl. Wolf/Runzheimer, 2009, S. 44 f.). Ein Beispiel eines stark vereinfachten Fehlerbaum lässt sich der folgenden Abbildung 60 entnehmen.

Idealerweise können mit dieser Methode auch eher unwahrscheinliche Ereigniskombinationen mit erheblichem Fehlerpotenzial identifiziert werden. Allerdings ist eine **detaillierte Kenntnis des technischen Systems** eine wesentliche Voraussetzung für die Anwendung dieser Methode.

Störfallanalysen versuchen alle Zielabweichungen zu systematisieren, die auf eine gemeinsame Ursache zurückgeführt werden können. Ausgangspunkt

Störfallanalysen

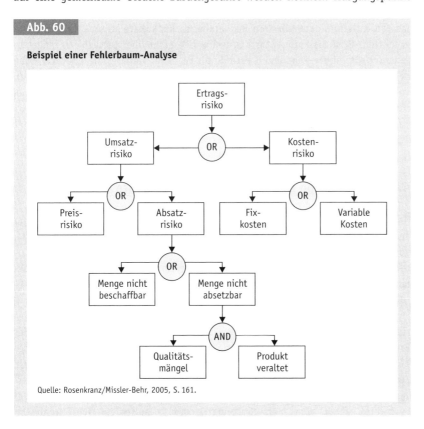

Abb. 60

Beispiel einer Fehlerbaum-Analyse

Quelle: Rosenkranz/Missler-Behr, 2005, S. 161.

ist somit ein unerwünschtes Ereignis (Störfall), das Folgeereignisse nach sich zieht, die wiederum zu Zielabweichungen führen können. Auf diese Weise kann das vielfältige Reaktionsverhalten komplexer technischer Systeme untersucht werden. Systemzusammenhänge werden grafisch durch **Störfallablaufdiagramme** veranschaulicht. Die Störfall- und die Fehlerbaumanalyse lassen sich mit der FMEA kombinieren.

4.2.10 Aggregation der identifizierten Risiken

Im Anschluss an die Risikoidentifikation müssen die erhobenen Risiken bereinigt, aggregiert, dokumentiert und den einzelnen Unternehmensbereichen zugeordnet werden. Als geeignetes Instrument kann hierfür ein Risikoinventar verwendet werden (vgl. auch im Folgenden Burger/Buchhart, 2002, S. 92 f.; Schmitz/Wehrheim, 2006, S. 34; Schneck, 2010, S. 134 ff.). Im Risikoinventar werden nur noch die relevanten Risiken sowie ihre erste Bewertung übersichtlich und komprimiert dargestellt. Nach einer Plausibilitäts- und Konsistenzprüfung werden die auf operativer Ebene erfassten Risiken aufbereitet und um Überschneidungen und Mehrfacherfassungen bereinigt. Zudem werden zusammenhängende Risiken aggregiert. Wichtig ist eine eindeutige Zuordnung der erfassten Risiken zu spezifischen Risikofeldern, Risikokategorien und Geschäftseinheiten. Dem Risikoinventar kann eine Übersicht über tatsächlich eingetretene Schäden der vergangenen Periode hinzugefügt werden, die über die Höhe der Schäden, ihre Ursachen und Maßnahmen zu ihrer Steuerung informiert. Ein vollständiges Risikoinventar wird i. d. R. einmal jährlich erstellt. Ein Beispiel für ein stark vereinfachtes Risikoinventar ist der nebenstehenden Abbildung 61 zu entnehmen, wobei hier die Risiken bereits nach ihrer Relevanz geordnet wurden.

4.2.11 Evaluation und Eignung der Instrumente

Nach der Beschreibung der einzelnen Instrumente der Risikoidentifikation wird anschließend diskutiert, inwieweit diese geeignet sind, eine systematische, vollständige und wirtschaftliche Risikoidentifikation zu ermöglichen. Das Kriterium »Aktualität« wurde nicht in die Bewertung einbezogen, da es von der Einsatzhäufigkeit der Instrumente beeinflusst wird und somit kein Differenzierungskriterium darstellt. Die Abbildung 62 fasst die Bewertung zusammen:

Die Übersicht zeigt, dass alle Instrumente Schwächen aufweisen. Das Kriterium der **Systematik** hängt mit Ausnahme des Brainstormings und des Brainwritings, die per Definition eine unsystematische Vorgehensweise vorsehen, vielfach von der konkreten Ausgestaltung des jeweiligen Instruments ab. Eine standardisierte Risikocheckliste ermöglicht eine einheitliche Risikoerfassung und stellt bei entsprechender Strukturierung eine systematische Vorgehensweise sicher. Eine hohe Systematik weisen außerdem SWOT-Analysen,

Abb. 61

Beispielhaftes Risikoinventar

Risikoübersicht (kompakt)

Nr.	Kategorie	Risikobezeichnung	Relevanz
2	Marktrisiken	Risiken durch Absatzpreisschwankungen	4
1	Marktrisiken	Risiken durch Absatzmengenschwankungen	4
7c	Marktrisiken	Risiken durch Abhängigkeit von einzelnen Lieferanten	3
7b	Marktrisiken	Risiken durch Abhängigkeit von einzelnen Kunden	3
7d	Strategische Risiken	Finanzstrukturrisiko: niedrige Eigenkapitalquote	3
7f	Risiken aus Corporate Governance	Organisatorische Risiken	3
7e	Marktrisiken	Risiken durch den Markteintritt neuer Wettbewerber	3
7a	Strategische Risiken	Risiken durch Inkonsistenz der Unternehmensstrategie	3
3	Marktrisiken	Beschaffungsmarktrisiken (Preis), Materialkostenschwankungen	3
7	Strategische Risiken	Bedrohung von Kernkompetenzen	3
8a	Finanzmarktrisiken	Währungsrisiken	2
8b	Finanzmarktrisiken	Risiken durch Forderungsausfälle	2
8d	Leistungsrisiken	Verfügbarkeitsrisiken durch Ausfall zentraler Produktionskomponenten	2
8c	Leistungsrisiken	Risiko durch Ausfall von Schlüsselpersonen	2
5	Leistungsrisiken	Schwankungen der sonstigen Kosten	2
6	Leistungsrisiken	Personalkostenschwankungen	2
8	Marktrisiken	Risiken durch ungünstige Struktur der Wettbewerbskräfte	2
9	Politisch/Rechtliche und gesellschaftliche Risiken	Risiken aus Konventionalstrafen	1
4	Finanzmarktrisiken	Zinsänderungsrisiken	1

Quelle: Gleißner, 2011, S. 110.

Früherkennungssysteme aufgrund der strukturierten, indikatorengestützten Suche nach Gefährdungspotenzialen sowie Prozess- und Systemanalysen aufgrund ihrer logischen Vorgehensweise auf (vgl. Burger/Buchhart, 2002, S. 91).

Bei der Mehrzahl der Instrumente besteht das größte Problem in der **unvollständigen Erfassung aller Risiken**. Mit Ausnahme des Brainstormings bzw. -writings, der Risikochecklisten und der Früherkennungssysteme erlauben die Instrumente vielfach nur die Identifizierung bestimmter Risikoarten. So ist eine Mitarbeiterbefragung i. d. R. auf unternehmensinterne Risiken beschränkt

4.2 Ansätze und Probleme der Risikoidentifikation
Instrumente der Risikoidentifikation

Abb. 62

Evaluation der Instrumente zur Risikoidentifikation

Instrument	Systematik	Vollständigkeit	Wirtschaftlichkeit
Besichtigungen/ Begehungen	abhängig von konkreter Ausgestaltung	unvollständig, da primär für visuell erfassbare, technische Risiken geeignet	zeitaufwändig
Kreativitätstechniken	beim Brainstorming und Brainwriting unsystematische Vorgehensweise	vollständig, Identifikation neuer Risiken möglich	je nach Anzahl der einbezogenen Mitarbeiter zeitaufwändig
Risikochecklisten	hohe Systematik durch strukturiertes Vorgehen	bei laufender Anpassung vollständig, zur Identifikation neuer Risiken eher ungeeignet	günstiges Kosten-Nutzen-Verhältnis
Dokumentenanalyse	abhängig von konkreter Ausgestaltung	unvollständig, da vergangenheitsorientiert, nur Identifikation dokumentierter Risiken	je nach Dokumentation zeitaufwändig
Expertenbefragung	abhängig von konkreter Ausgestaltung, Delphi-Methode eher systematisch	unvollständig, da primär für externe Risiken geeignet, Identifizierung neuer Risiken möglich	je nach Ausgestaltung zeitaufwändig, ggf. Honorar für Experten
Mitarbeiterbefragung	abhängig von konkreter Ausgestaltung	unvollständig, da primär für interne Risiken geeignet	je nach Anzahl der Mitarbeiter zeitaufwändig
SWOT-Analysen	hohe Systematik durch systematische Integration der Ergebnisse anderer Analysen	unvollständig, da primär für strategische Risiken geeignet	zeitaufwändig, da Ergebnisse anderer Analysen notwendig
Früherkennungssysteme	hohe Systematik durch Auswertung festgelegter Kennzahlen, Indikatoren und schwacher Signale	vollständig, auch Identifizierung neuer Risiken möglich	je nach Anzahl der Kennzahlen, Indikatoren und schwachen Signale sehr zeitaufwändig
Prozess-/ Systemanalysen	hohe Systematik durch Zerlegung der Prozesse bzw. Systeme	unvollständig, da primär für technische Risiken geeignet	je nach Komplexität der Prozesse bzw. Systeme aufwändig

Quelle: In Erweiterung von Vanini, 2005, S. 1030.

und birgt die Gefahr der Betriebsblindheit. Betriebsbesichtigungen und Prozess- bzw. Systemanalysen konzentrieren sich auf visuell erkennbare bzw. technische Risiken. Brainstorming und Brainwriting eignen sich dagegen durch die Zusammenarbeit von Mitarbeitern aus verschiedenen Unternehmensbereichen und der daraus resultierenden Gruppendynamik auch zur Identifikation bisher unbekannter Risiken. Zum Erkennen neuer, externer Risiken sind zudem die Delphi-Methode und Früherkennungssysteme geeignet. Dagegen können durch Risikochecklisten vor allem bekannte Risiken regelmäßig überprüft werden. Hauptprobleme beim Einsatz von Risikochecklisten sind ihre mangelnde Flexibilität und die Gefahr geringer Motivation bei den Mitarbeitern, die sie bearbeiten (vgl. Burger/Buchhart, 2002, S. 88; Schneck, 2010, S. 122).

Die Vollständigkeit der Risikoidentifikation hängt bei Früherkennungssystemen von der gelungenen Auswahl der Beobachtungsbereiche, Kennzahlen, Indikatoren oder schwachen Signale ab. Insbesondere Frühaufklärungssysteme, die vorwiegend auf einer eher subjektiven Expertenschätzung der Relevanz der schwachen Signale für das Unternehmen basieren, weisen eine latente Gefahr der Unvollständigkeit auf (vgl. Burger/Buchhart, 2002, S. 81 f.).

Risikochecklisten sind am **wirtschaftlichsten**. Die übrigen Instrumente sind je nach Ausgestaltung, Anzahl der zu analysierenden Dokumente, Anzahl der einbezogenen Mitarbeiter oder Experten, Anzahl der Beobachtungsbereiche bzw. Komplexität der Prozesse als aufwändiger zu bewerten.

Gerade der Vollständigkeit kommt in der Risikoidentifikation eine zentrale Bedeutung zu, da nicht erkannte Risiken im Risikomanagement-Prozess nicht bewertet und gesteuert werden können. Um möglichst viele Risiken zu erfassen, sollten verschiedene Instrumente kombiniert werden. Dadurch können Vorteile einzelner Instrumente genutzt und Schwächen kompensiert werden. Beispielsweise könnte eine erste Risikoidentifikation auf Basis eines Brainstormings erfolgen, während einmal identifizierte Risiken regelmäßig anhand von Checklisten überprüft werden. Zudem bekommt man durch die Identifizierung gleicher Risiken durch unterschiedliche Instrumente Gewissheit, dass die Risiken richtig erkannt wurden.

Diese Darstellung enthält eine Empfehlung zur Instrumentenauswahl für die Identifizierung ausgewählter Risikoarten.

Eignung der Instrumente

Der umseitigen Abbildung 63 ist zu entnehmen, dass sich Risikochecklisten aufgrund ihrer Flexibilität und Gestaltbarkeit für jede Risikoart einsetzen lassen. Andere Instrumente wie Prozess- und Systemanalysen eignen sich dagegen vor allem zur Identifizierung interner Risiken, die auf fehlerhaften Unternehmensprozessen oder gestörten technischen Systemen basieren. Sollen externe Risiken erfasst werden, sind Befragungen von Mitarbeitern, Expertenmeinungen und Früherkennungssysteme besonders geeignet. Um einen Überblick über alle Unternehmensrisiken zu erhalten, empfiehlt sich die regelmäßige Erstellung eines Risikoinventars.

Aus der Praxis: Risikoidentifikation im BASF Konzern

▶▶▶ »Generell erfolgt die Identifikation von Chancen und Risiken dezentral in den Unternehmensbereichen und Kompetenzzentren anhand unterschiedlicher Instrumente, wie Experteninterviews oder Teamansätze. Als Basis dienen neben den internen und externen Informationsquellen Markt-, Wettbewerbs- und Um-

Ansätze und Probleme der Risikoidentifikation
Instrumente der Risikoidentifikation

Abb. 63

Einsatzmöglichkeiten der Instrumente zur Risikoidentifikation

Risikofeld	Risikoart	Instrumente zur Identifizierung	
Leistungswirtschaftliche Risiken	Beschaffung Logistik Absatz	Checklisten Prozessanalysen Mitarbeiterbefragungen	Risikoinventar
	Produktion	Checklisten Besichtigungen/Begehungen System- und Prozessanalysen Dokumentenanalysen Mitarbeiterbefragungen	
	Marketing FuE	Checklisten Kreativitätstechniken Expertenbefragungen Früherkennungssysteme	
finanzwirtschaftliche Risiken	Kapitalbeschaffung Kapitalanlagen Liquidität	Checklisten Dokumentenanalysen Expertenbefragungen	
	Währungen Zinsen	Checklisten Früherkennungssysteme Expertenbefragungen	
Management- und Organisationsrisiken	Organisationsstruktur	Brainstorming/-writing Checklisten Dokumentenanalysen Expertenbefragungen SWOT-Analysen	
	Management Personal Informationstechnologie	Brainstorming/-writing Checklisten Mitarbeiterbefragungen System- und Prozessanalysen	
externe Risiken	natürliche Umwelt	Checklisten Besichtigungen/Begehungen Dokumentenanalysen Mitarbeiterbefragungen Expertenbefragungen	
	Markt-/Kundenrisiken Politik/Gesetzgebung Recht	Checklisten Kreativitätstechniken SWOT-Analyse Früherkennungssysteme Expertenbefragungen	

Quelle: Vanini, 2005, S. 1032.

feldanalysen, statistische Bewertungen sowie makroökonomische Szenarien, die wichtige Faktoren, wie Industriewachstumsraten, bewerten. Unterstützt wird der Identifikationsprozess durch unseren unternehmensweiten Risikokatalog, der als Checkliste dient.«
Quelle: BASF, 2011, S. 103 f. ◀◀

Zusammenfassung

- Es gibt viele Instrumente zur Risikoidentifikation, die nach unterschiedlichen Kriterien systematisiert werden können. Beispiele sind Besichtigungen und Begehungen, Kreativitätstechniken, Risikochecklisten, Dokumentenanalysen, Unternehmens- und Umweltanalysen, Früherkennungssysteme sowie System- und Prozessanalysen.
- Für die Risikoidentifikation müssen stets mehrere Instrumente kombiniert werden, da kein Instrument alle Anforderungen erfüllt und nur für die Identifikation bestimmter Risikoarten geeignet ist.
- Die Ergebnisse der Risikoidentifikation werden in einem Risikoinventar dokumentiert und bilden die Grundlage für die anschließende Risikobewertung.

4.3 Probleme der Risikoidentifikation

Insgesamt ist die Risikoidentifikation mit vielen **Problemen** behaftet (vgl. Leidinger, 2002, S. 242; Reichmann, 2006, S. 629 f.; Diederichs, 2010, S. 137 ff.):

- Wenn in den Unternehmen **kein einheitlicher Risikokatalog** als Grundlage der Risikoidentifikation existiert und somit Risiken auch nicht einheitlich bezeichnet werden, besteht die Gefahr der **Doppelerhebung von Risiken** und von **Risikoüberschneidungen**, die vor einer anschließenden Risikobewertung bereinigt werden müssen.
- Es besteht ein **Zielkonflikt** zwischen einer vollständigen und einer wirtschaftlichen Risikoidentifikation. Eine vollständige Identifikation aller Risiken ist sehr aufwändig. Zudem erschwert die **Vielfalt der identifizierten Risiken** die Ermittlung von Risikointerdependenzen und die anschließende Risikobewertung. So identifizierten Vanini und Weinstock (2006) in ihrer auf der Grundlage von Mitarbeiterworkshops durchgeführten Risikoinventur in der HSH N Real Estate AG 157 Einzelrisiken. Problematisch war insbesondere, dass alle 157 Einzelrisiken anschließend durch die Mitarbeiter bewertet werden mussten.
- Zur Vielfalt der ermittelten Risiken trägt auch die Tatsache bei, dass zur Risikoidentifikation häufig **mehrere Instrumente gleichzeitig eingesetzt** werden. Auch diese Vorgehensweise kann zu einer **Doppelerhebung von Risiken** führen.
- Zur Begrenzung der Risikovielfalt wird vielfach gefordert, nur **wirtschaftlich relevante Risiken** zu ermitteln. Allerdings erfordert die Bewertung der wirtschaftlichen Relevanz von Risiken deren vorherige Identifikation, sodass die Forderung nicht erfüllbar ist.
- Andererseits besteht bei der Risikoidentifikation die Gefahr, dass wesentliche Risiken nicht erkannt werden (**Meta-Risiko**). Insbesondere die **Identifikation neuer Risiken** bereitet aufgrund fehlender Erfahrungswerte große Probleme.

- Eine erfolgreiche Risikoidentifikation hängt maßgeblich von der **Fach- und Methodenkompetenz** der einbezogenen Mitarbeiter ab, da Risiken selten objektiv festgestellt werden können, sondern letztendlich einer subjektiven Interpretation bedürfen. Das Risikoverständnis und die Bereitschaft zur Risikokommunikation der Mitarbeiter werden durch die Risikokultur des Unternehmens geprägt. Eine **unzureichende Risikokultur** kann dazu führen, dass die Mitarbeiter Risiken nicht melden, da sie negative Konsequenzen fürchten.
- Bei der Risikoidentifikation gibt es in vielen Unternehmen ein **ausgesprochenes Ressort- und Abteilungsdenken**, sodass übergreifende Risiken nicht identifiziert werden.
- Außerdem lässt sich die Risikoidentifikation nicht vollständig von der **Risikobewertung** trennen, sodass es hier zu **Überschneidungen** bei der Nutzung der Instrumente und bei den Verantwortlichkeiten kommt.

Zusammenfassung

- Der Erfolg der Risikoidentifikation hängt vor allem von einem einheitlichen Risikoverständnis und einer »identifikationsfreudigen« Risikokultur, einem systematischen Risikokatalog, dem Einsatz geeigneter Instrumente und entsprechenden Fach- und Methodenkompetenzen der Mitarbeiter ab.
- Fehlen die o. g. Erfolgsfaktoren, werden einerseits zu viele Risiken identifiziert, die z. T. nicht überschneidungsfrei sind, sodass es zu Doppelerfassungen kommt. Andererseits besteht die Gefahr, dass vor allem neue Risiken nicht erkannt werden.

4.4 Fallstudie: Risikoinventur in der HSH N Real Estate AG

Die vorliegende Fallstudie basiert auf Vanini/Weinstock (2006).

Ausgangssituation:
Die HSH N Real Estate AG wurde 2004 als Tochterunternehmen der HSH Nordbank AG gegründet und bündelte das gesamte Nichtkreditgeschäft des Immobilienbereichs der Bank. Innerhalb des HSH N Real Estate Teilkonzerns untergliedern sich die Geschäftsaktivitäten in die Sparten Immobilien-Beteiligungen, Immobilien-Projektentwicklung, Immobilien-Fondsgeschäft sowie Immobilien-Dienstleistungen. Mittlerweile ist das Unternehmen vor allem im Bereich Immobilien-Beteiligungen und Immobilien-Fondsgeschäft aktiv (vgl. www.hsh-real-estate.com).

Das KonTraG fordert für alle Aktiengesellschaften ein dokumentiertes Überwachungssystem. Mit der Gründung der HSH N Real Estate AG bestand somit für das Unternehmen eine gesetzliche Verpflichtung zur Implementierung eines Risikomanagement-Systems (RMS). Ein erster Schritt war dabei die Durchführung einer Risikoinventur und die Erstellung eines Risikoinventars. Die Risikoinventur wurde auf der Grundlage einer Mitarbeiterbefragung und von Mitarbeiterworkshops durchgeführt.

Problemstellung:
Zur Durchführung der Risikoinventur und der Erstellung des Risikoinventars mussten folgende Fragen geklärt werden:
1. Wie sieht eine geeignete Risikoklassifikation für die HSH N Real Estate AG aus?
2. Welche gesetzlichen und unternehmensspezifischen Anforderungen werden an die Risikoinventur gestellt?
3. Wie kann ein Risikoidentifikationsbogen zur Unterstützung der Risikoinventur gestaltet werden?
4. Was muss bei der Durchführung der Mitarbeiterworkshops beachtet werden?

Lösungsansätze:
1. Der folgenden Abbildung 64 ist die verwendete Risikoklassifikation der HSH N Real Estate AG zu entnehmen.
   Operationelle Risiken resultieren aus der Aufrechterhaltung des laufenden Geschäftsbetriebs. Dazu zählen Risiken durch eine unangemessene interne Infrastruktur bzw. interne Verfahren, ein unangemessenes Verhalten der Mitarbeiter oder durch externe Einflüsse. Leistungswirtschaftliche Risiken werden durch die spezifische Geschäftätigkeit der HSH N Real Estate AG verursacht, während finanzwirtschaftliche Risiken die übergeordnete Finanzsphäre des Unternehmens betreffen. Die Risikoklassifikation resultierte u. a. aus den Anforderungen des Mutterunternehmens HSH Nordbank. Um Doppelarbeit zu vermeiden, wurde auf eine Kompatibilität der Risikoklassifikation beider Unternehmen geachtet.
2. Der folgenden Abbildung 65 sind die wichtigsten gesetzlichen und unternehmensspezifischen Anforderungen an die Risikoinventur zu entnehmen.
3. Zur Vorbereitung der Mitarbeiterworkshops wurde ein Risikoidentifikationsbogen erarbeitet.
   Neben der Identifikation der Risiken wurden bereits mit der Eintrittswahrscheinlichkeit, der Auswirkung auf den Jahresüberschuss (JÜ) und die Liquidität sowie der Beschreibung der Interdependenzen zu anderen Risiken erste Informationen für die folgende Risikobewertung erfasst. Außerdem erfolgte die Bewertung jeweils für drei Szenarien: Der Worst Case sollte die negativste Entwicklung des Risikos, der Real Case die wahrscheinlichste Entwicklung und der Best Case die positivste Entwicklung abbilden.
4. Zur Risikoidentifikation wurden 13 Mitarbeiterworkshops und ein Vorstandsworkshop in der HSH N Real Estate AG durchgeführt. Die benannten Risiken und ihre Bewertung wurden mit Hilfe des Risikoidentifikationsbogens dokumentiert und im Anschluss erneut mit den betroffenen Unternehmensberei-

4.4 Ansätze und Probleme der Risikoidentifikation
Fallstudie: Risikoinventur in der HSH N Real Estate AG

Abb. 64

Risikoklassifikation der HSH N Real Estate AG

Risikoklassifikation

Risikokategorie	Risikofeld	Risiko
Operationelle Risiken	Interne Infrastruktur	▸ Performance von IT-Systemen ▸ Funktionalität von IT-Systemen ▸ Systemsicherheit ▸ …
	Interne Verfahren	▸ Projektmanagement ▸ Information/Kommunikation ▸ Prozessgestaltung ▸ …
	Mitarbeiter	▸ Bearbeitungsfehler ▸ Unautorisierte Handlungen ▸ Personalverfügbarkeit ▸ …
	Externe Einflüsse	▸ Katastrophen ▸ Kriminelle Handlungen ▸ Gesetzliche Anforderungen ▸ …
Leistungswirtschaftliche Risiken	Allgemeine Umfeldrisiken	▸ Konjunktur ▸ Demografische Entwicklung ▸ Umweltbedingungen ▸ …
	Spezifische Umfeldrisiken/Immobilienspezifische Risiken	▸ Immobilienmärkte ▸ Standort/Betriebsstätte ▸ Immobilienprojekt ▸ Geschäftsmodell ▸ Bewertung ▸ Haftung ▸ …
	Beschaffungsspezifische Risiken	▸ Abhängigkeiten von Lieferanten/Dienstleistern ▸ Qualitätssicherung bei Lieferanten/Dienstleistern ▸ …
	Investitionsrisiken	▸ Fehlende Investitionsstrategie
	Produkt-/Leistungsrisiken	▸ Nachfrageänderung während Bauphase ▸ Konstruktionsfehler ▸ Wertentwicklung der Immobilie ▸ …
	Absatzpolitische Risiken	▸ Image und Reputation ▸ Preispolitik und Konditionen ▸ Distribution und Akquisition ▸ Wettbewerber ▸ …
Finanzwirtschaftliche Risiken	Zinsrisiken	▸ Offene Zinspositionen
Währungsrisiken	▸ Wechselkurse	
Liquiditätsrisiken	▸ Verspätete Zahlungen, Zahlungsausfall	

Quelle: Vanini/Weinstock, 2006, S. 381.

Abb. 65

Gesetzliche und betriebswirtschaftliche Anforderungen

Gesetzliche Anforderungen	Unternehmensspezifische Anforderungen
▸ Frühzeitige Erfassung aller Risiken, sodass Gegensteuerungsmaßnahmen noch rechtzeitig ergriffen werden können (KonTraG) ▸ Vollständige Erfassung aller Risiken über alle Prozesse, Unternehmensbereiche und Hierarchieebenen (IDW PS 340) ▸ Konzernweite Risikoidentifikation, auch für alle Tochterunternehmen (IDW PS 340)	▸ Systematischer, standardisierter und kontinuierlicher Prozess der Risikoidentifikation ▸ Vollständige Erfassung aller aktuellen und zukünftigen (potenziellen) Risiken ▸ Angemessenes Kosten-Nutzen-Verhältnis der Risikoidentifikation

Quelle: In starker Anlehnung an Vanini/Weinstock, 2006, S. 381.

chen abgestimmt. Anschließend wurden Überschneidungen zwischen den identifizierten Risiken eliminiert. Ein wichtiger Erfolgsfaktor war die Workshop-Moderation, sodass die Kreativität der Workshopteilnehmer angeregt

Abb. 66

Risikoidentifikationsbogen

Unternehmen: Sparte: Geschäftsfeld/Bereich:					
Risk-Owner:					
Risikokategorie: Risikofeld: Risiko:					
Detaillierte Risikobeschreibung/Ursachen:					
Früherkennungsindikatoren	1. 2. 3.				
Eintrittshäufigkeit:	Unwahrscheinlich < 0,1 p.a.	Abstrakt > 0,1; < 0,25 p.a.	Wahrscheinlich > 0,25; < 5 p.a.	Sehr wahrscheinlich > 5; < 25 p.a	Akut > 25 p.a.
Auswirkungshöhe:	Worst Case JÜ: Liquidität:		Real Case JÜ: Liquidität:		Best Case JÜ: Liquidität:
Zeitlicher Trend	Steigend		Statisch		Abnehmend
Beschreibung der Risikobewertung und Interdependenzen mit anderen Risiken (Szenariobeschreibung)					

und mögliche hierarchische Barrieren zwischen den Mitarbeitern abgebaut werden konnten. Durch die Mitarbeiterworkshops konnte das Know-how einer großen Zahl von Mitarbeitern genutzt werden. Zudem wurde die Akzeptanz der Mitarbeiter für die Risikoinventur und das zu entwickelnde RMS verbessert. Allerdings waren die Mitarbeiterworkshops sehr aufwändig. Aufgrund der unterschiedlichen Risikowahrnehmung wurden sehr viele Risiken identifiziert, die teilweise starke Überschneidungen aufwiesen. Außerdem wurden primär interne Risiken benannt, sodass die Gefahr der Vernachlässigung externer Risiken bestand. Daher sollten zukünftig eine IT-gestützte Risikoidentifikation implementiert und ein Früherkennungssystem entwickelt werden.

Vertiefung der Fallstudie:
Entwickeln Sie die Grundzüge eines geeigneten Früherkennungssystems i. e. S. für die HSH N Real Estate AG, indem Sie
- geeignete Beobachtungsbereiche festlegen,
- Indikatoren und soweit möglich Toleranzgrenzen für diese Indikatoren definieren und
- mögliche Informationsquellen für Indikatoren bestimmen.

Wiederholungsfragen zu Kapitel 4

1. Was versteht man unter einer Risikoidentifikation?
2. Welche Ziele hat die Risikoidentifikation im Rahmen des operativen Risikomanagement-Prozesses?
3. Welche Anforderungen muss die Risikoidentifikation erfüllen?
4. Wie lassen sich die Methoden und Instrumente der Risikoidentifikation systematisieren?
5. Warum müssen stets mehrere Instrumente zur Risikoidentifikation eingesetzt werden?
6. Die Vanini GmbH möchte zum 31.03. erstmals eine Risikoinventur durchführen. Welche Instrumente zur Risikoidentifikation sollte die Vanini GmbH einsetzen? Begründen Sie Ihre Auswahl!
7. Wie können Kreativitätstechniken zur Risikoidentifikation eingesetzt werden?
8. Wie können Checklisten zur Risikoidentifikation eingesetzt werden?
9. Entwickeln Sie auf der Grundlage des Risikokatalogs der Dräger AG aus Kapitel 2.7. eine Risikocheckliste.
10. Wie können Experten- und Mitarbeiterbefragungen zur Risikoidentifikation eingesetzt werden? Planen Sie einen Mitarbeiterworkshop zur Risikoidentifikation für die Vanini GmbH.
11. Wie können SWOT-Analysen zur Risikoidentifikation eingesetzt werden?
12. Wie können Früherkennungssysteme zur Risikoidentifikation eingesetzt werden?

13. Erstellen Sie einen tabellarischen Vergleich der drei Arten von Früherkennungssystemen anhand der Kriterien: Ziele, Beobachtungsbereich, Zeithorizont, Methodik und identifizierte Risiken.

14. Die Fachhochschule Kiel möchte im Rahmen ihrer strategischen Hochschulplanung ein Frühaufklärungssystem implementieren und versucht zunächst durch ein relativ ungerichtetes Scanning relevante schwache Signale zu identifizieren. Empfehlen Sie der Hochschule fünf schwache Signale, die die Entwicklung der Hochschulen in den nächsten Jahren maßgeblich beeinflussen könnten, nennen Sie die Quellen für diese Signale und versuchen Sie deren Relevanz für die Hochschullandschaft im Allgemeinen zu bewerten. Welche schwachen Signale würden Sie einem regelmäßigen Monitoring unterziehen?

15. Wie können Prozess- und Systemanalysen zur Risikoidentifikation eingesetzt werden?

16. Was unterscheidet das Risikoinventar von der Risikoinventur?

17. Welche Probleme treten bei der Risikoidentifikation auf? Entwickeln Sie je einen Lösungsvorschlag für jedes von Ihnen benannte Problem.

5 Ansätze und Probleme der Risikobewertung

Lernziele

Wenn Sie dieses Kapitel durchgearbeitet haben, können Sie

- den Begriff und die Ziele der Risikobewertung erläutern und von der Risikomessung und der Risikoquantifizierung abgrenzen,
- die grundsätzliche Vorgehensweise bei der Risikobewertung beschreiben,
- die Bedeutung von Risikointerdependenzen für die Risikobewertung erklären,
- wichtige Anforderungen an die Risikobewertung nennen,
- Instrumente der qualitativen und quantitativen Risikobewertung systematisieren, erläutern und ihre Eignung bewerten,
- ausgewählte Instrumente der Risikobewertung an praktischen Beispielen anwenden,
- Ansätze zur Risikoaggregation erläutern sowie
- Probleme der Risikobewertung diskutieren.

5.1 Begriff und Ziele der Risikobewertung

Werden identifizierte Risiken nicht oder falsch bewertet, besteht die Gefahr von Fehlentscheidungen bei der Risikosteuerung. Wird beispielsweise ein Risiko unterschätzt und daher auf Maßnahmen zur Risikobewältigung verzichtet, kann der Risikoeintritt zu ungeplant hohen Verlusten führen, die den Fortbestand eines Unternehmens gefährden können. Die Risikobewertung ist somit die **Grundlage für die Risikosteuerung**.

Der Begriff der Risikobewertung wird in der Literatur nicht einheitlich verwendet. Teilweise werden auch die Begriffe Risikomessung, Risikoquantifizierung, Risikoanalyse und Risikobeurteilung benutzt. Bei der **Risikomessung** wird den Risiken ein numerischer, i. d. R. finanzieller Wert als Ausdruck ihrer Risikohöhe zugeordnet. Dafür müssen für die einzelnen Risiken Eintrittswahrscheinlichkeiten und Schadensausmaße vorliegen (vgl. Diederichs, 2010, S. 142 f.). Die **Risikoquantifizierung** geht einen Schritt weiter: Hier werden die identifizierten Risiken durch Dichte- oder Verteilungsfunktionen beschrieben und die Risikohöhe durch statistische Risikomaße gemessen (vgl. Gleißner, 2011, S. 111). Durch eine **Risikoanalyse** wird untersucht, inwieweit bestimmte Einflussgrößen (Risikofaktoren) die identifizierten Risiken beeinflussen. Es werden also die Ursachen und Wirkungen der Risiken analysiert, wobei entwe-

5.1 Ansätze und Probleme der Risikobewertung
Begriff und Ziele der Risikobewertung

der empirisch-statistische Techniken, wie z. B. Sensitivitätsanalysen, oder kasuistisch-analytische Methoden, wie z. B. Szenarioanalysen, eingesetzt werden (vgl. Gerpott/Hoffmann, 2008, S. 10; Schneck, 2010, S. 139 f.). Allerdings lassen sich nicht alle Risiken monetär bewerten, auch wenn eine weitestgehende Messung wünschenswert ist. Dann ist eine qualitative Risikoeinschätzung z. B. durch eine Risikoklassifikation notwendig. Die qualitative Risikobewertung ist allerdings durch die o. g. Definitionen nicht abgedeckt, weshalb in diesem Lehrbuch der Begriff der Risikobewertung wie folgt verwendet wird:

> Die **Risikobewertung** umfasst die Analyse der Risikoursachen (Risikofaktoren) und der Auswirkungen von Risiken auf die Unternehmensziele. Bei nicht messbaren Risiken erfolgt eine qualitative Einordnung der Risikowirkungen z. B. durch eine Klassifikation, bei messbaren Risiken werden dagegen ein monetäres Schadensausmaß und die Eintrittswahrscheinlichkeit oder die Verteilung der finanziellen Risikoauswirkungen ermittelt. Außerdem gehört die Aggregation von Einzelrisiken zum Gesamtrisiko eines Unternehmens zur Risikobewertung. Die Begriffe Risikobewertung und Risikobeurteilung können synonym verwendet werden.

Bei der Risikobewertung wird zwischen der **Bruttobewertung** von Risiken ohne Berücksichtigung der Auswirkungen von Risikosteuerungsmaßnahmen und der **Nettobewertung** zur Bewertung des Restrisikos nach erfolgten Maßnahmen unterschieden, wobei die Bruttobewertung im Risikomanagement eine größere Bedeutung hat (vgl. Diederichs, 2010, S. 139 f.; Schneck, 2010, S. 140). **Ziele der Risikobewertung** sind (vgl. Burger/Buchhart, 2002, S. 214; Gleißner, 2011, S. 111 f.):

- die Bewertung der Risiken auf Einzelrisikoebene,
- die Filterung und Priorisierung der nach Eintrittswahrscheinlichkeit und Schadenspotenzial gewichteten Risiken,
- die Messung von Abhängigkeiten zwischen Risiken (Risikointerdependenzen),
- die Aggregation von Risiken, z. B. für einzelne Geschäftsbereiche oder das Unternehmen,
- die Ableitung einer Entscheidungsgrundlage für die Bemessung der Risikotragfähigkeit und für die Risikosteuerung.

Vorgehensweise

Die Risikobewertung wird in mehreren Schritten durchgeführt (vgl. Vanini, 2009, S. 215 f.):

- Zunächst werden Einflussgrößen auf die identifizierten Risiken **(Risikofaktoren)** ermittelt. Dies ist insofern problematisch, da nicht für alle Risiken Risikofaktoren bestimmt werden können. Darüber hinaus wirken teilweise mehrere Risikofaktoren auf ein Risiko, sodass bei ihrer Erfassung zwischen Realitätsnähe und Aufwand abgewogen werden muss.
- Danach werden die **Eintrittswahrscheinlichkeiten** der Risikofaktoren bestimmt. Häufig lassen sich keine objektiven Eintrittswahrscheinlichkeiten

ermitteln, sodass auf subjektive Wahrscheinlichkeiten zurückgegriffen werden muss. Diese können z. B. durch Expertenbefragungen ermittelt werden.
- Zudem wird unterschieden, ob die Ermittlung von Wahrscheinlichkeitsverteilungen für den Eintritt der Risiken möglich ist oder ob es sich bei den Risiken um singuläre Ereignisse handelt. Häufig wird von einer **Normalverteilung (NV)** der Risikofaktoren oder der Risiken ausgegangen. Normalverteilungen können jedoch für seltene Ereignisse nicht verwendet werden. In diesem Fall spricht man von ereignisabhängigen Risiken, für die Punktschätzungen für wenige Konstellationen (Szenarien) oder diskrete Wahrscheinlichkeiten ermittelt werden (vgl. Burger/Buchhart, 2002, S. 106 f.).
- Außerdem ist durch eine Korrelationsanalyse zu prüfen, ob Abhängigkeiten zwischen einzelnen Risikofaktoren oder Risiken **(Risikointerdependenzen)** bestehen.
- Anschließend müssen noch die Richtung und die Wirkungsstärke der Risikofaktoren bzw. Risiken auf die Unternehmensziele bestimmt werden. Diese Auswirkung wird als **Schadenspotenzial** bezeichnet. Der Zusammenhang zwischen Risiken und Unternehmenszielen kann entweder qualitativer oder funktionaler Natur sein. Liegt ein funktionaler Zusammenhang vor, kann ein **Messmodell** abgeleitet werden, das die Auswirkungen von Risiken in bestimmten Fällen (Szenarien) oder für Verteilungen von Risikofaktoren simuliert.
- Allerdings können nicht alle Risiken anhand ihrer Eintrittswahrscheinlichkeit, ihres Schadensausmaßes und ihrer Korrelation mit anderen Risiken bewertet werden. In diesem Fall wird von **qualitativ bewertbaren Risiken** gesprochen. Ob ein Risiko messbar ist, hängt wesentlich von der Verfügbarkeit entsprechender historischer oder aktueller Daten zu seiner Beschreibung, der Existenz eines geeigneten Bewertungsverfahrens und der entsprechenden Fach- und Methodenkompetenz des Bewerters ab (vgl. Schneck, 2010, S. 141).

Zwischen einzelnen Risiken können **Beziehungen** bestehen. Diese Beziehungen werden als Risikointerdependenzen oder Risikoverbundeffekte bezeichnet, wobei folgende Fälle unterschieden werden (vgl. Burger/Buchhart, 2002, S. 4 f.; Kremers, 2002, S. 146 ff.):

Risikointerdependenzen

- **Unabhängigkeit von Risiken**, d. h. einzelne Risiken beeinflussen sich nicht in ihrer Wirkung auf die Unternehmensziele, z. B. das Brandrisiko in der Produktion und das Zinsänderungsrisiko bei der Kapitalbeschaffung.
- **Positive Abhängigkeit von Risiken**, d. h. einzelne Risiken verstärken sich in ihrer Wirkung auf die Unternehmensziele, z. B. das Brandrisiko in der Produktion und das Imagerisiko.
- **Negative Abhängigkeit von Risiken**, d. h. einzelne Risiken schwächen sich in ihrer Wirkung auf die Unternehmensziele ab. So kann die Kursentwicklung zweier Aktien in einem Aktienportfolio entgegengesetzt verlaufen, d. h. wenn der Kurs der einen Aktie fällt, steigt der Kurs der anderen Aktie. Dieser Effekt wird auch als **Risikodiversifikation** bezeichnet.

5.1 Ansätze und Probleme der Risikobewertung
Begriff und Ziele der Risikobewertung

Risikointerdependenzen lassen sich durch **Korrelationen** messen. So beträgt die Korrelation von unabhängigen Risiken null, während Risiken mit einer positiven (negativen) Abhängigkeit einen positiven (negativen) Korrelationskoeffizienten haben (zur Definition und Berechnung des Korrelationskoeffizienten vgl. Kapitel 2.5.2). Risikointerdependenzen müssen bei der Zusamenfassung von Einzelrisiken zu einem Unternehmensrisiko (Risikoaggregation) und bei der Risikosteuerung beachtet werden (vgl. Wolke, 2008, S. 250 f. sowie Kapitel 5.3).

Anforderungen an die Risikobewertung

In der Literatur werden folgende Anforderungen an die Risikobewertung genannt (vgl. Burger/Buchhart, 2002, S. 101 f.; Helten/Hartung, 2002, S. 259 f.; Kremers 2002, S. 117 f.):

- **breite Anwendbarkeit auf verschiedene Risikoarten**, um eine unternehmensweit einheitliche Risikobewertung zu unterstützen und Risiken so vergleichbar zu machen,
- **leichte Nachvollziehbarkeit und Interpretierbarkeit der Risikomaßgröße**, da diese nur dann von den Entscheidungsträgern akzeptiert und zur Ableitung von Steuerungsmaßnahmen verwendet wird,
- **objektive Messung** durch Einbeziehung externer Marktdaten, um Manipulationen und Ermessensspielräume bei der Risikobewertung einzuschränken,
- **monetäre Quantifizierbarkeit** der Risikoauswirkungen, da sich dann besser Steuerungsmaßnahmen auswählen lassen, und
- Berücksichtigung von **Risikointerdependenzen** bei der Aggregation der Risiken, um die gesamte Risikoposition des Unternehmens weder zu über- noch zu unterschätzen und damit die Risikotragfähigkeit des Unternehmens bestimmen zu können.

Zusammenfassung

- Die Risikobewertung umfasst die Identifikation von Risikofaktoren, die qualitative Beurteilung von nicht messbaren Risiken, die Quantifizierung von messbaren Risiken und die Zusammenfassung von Einzelrisiken zum Gesamtrisikostatus eines Unternehmens.
- Voraussetzung für die Risikobewertung ist ein Katalog identifizierter Risiken und ihrer Bewertungsparameter. Wesentliche Bewertungsparameter sind die Eintrittswahrscheinlichkeit und das Schadensausmaß.
- Bei der Risikobewertung müssen Zusammenhänge zwischen Einzelrisiken berücksichtigt werden, da diese sich verstärken oder neutralisieren können.
- Wesentliche Anforderungen an die Risikobewertung sind die Anwendbarkeit auf viele unterschiedliche Risiken, die Nachvollziehbarkeit und Interpretierbarkeit, eine objektive und manipulationsfreie Bewertung, die monetäre Messung der Schadenswirkungen und die Einbeziehung von Risikointerdependenzen.

5.2 Instrumente der Risikobewertung

5.2.1 Überblick

In der Literatur gibt es eine große Vielfalt unterschiedlicher Instrumente der Risikobewertung, die teilweise unterschiedlich bezeichnet und nach verschiedenen Kriterien systematisiert werden (vgl. hier und im Folgenden Burger/Buchhart, 2002, S. 104 und S. 156 ff.; Kremers, 2002, S. 107 ff.; Diederichs et al., 2004, S. 192 ff.; Gerpott/Hoffmann, 2008, S. 10 f.; Wolke, 2008, S. 12 ff.; Diederichs, 2010, S. 140 ff.; Gleißner, 2011, S. 113 ff.).

Nach dem **Aggregationsgrad der bewerteten Risiken** werden Instrumente zur Bewertung von Einzelrisiken, wie z. B. Sensitivitätsanalysen oder Scoring-Modelle, und Instrumente zur Bewertung von aggregierten bzw. Portfoliorisiken, wie z. B. Monte-Carlo-Simulationen, unterschieden (vgl. Diederichs, 2010, S. 141 f.). Zudem wird zwischen qualitativen und quantitativen Bewertungsinstrumenten differenziert. **Quantitative Instrumente** versuchen, Risiken monetär zu bewerten. Dafür müssen quantitativ messbare Unternehmensziele und ein Messmodell zur Quantifizierung des Zusammenhangs zwischen dem Eintritt eines Risikos und seiner monetären Auswirkungen auf das Unternehmensziel vorliegen. Bei **qualitativen Instrumenten** erfolgt lediglich eine verbale Relevanzabschätzung der Risiken. Besondere Datenanforderungen werden hier nicht gestellt.

Eine qualitative Bewertung und damit Nicht-Quantifizierung eines Risikos wird von einigen Autoren sehr kritisch beurteilt, da dies bedeutet, das Risiko bei der Aggregation zum Gesamtrisikostatus implizit mit »null« und damit als nicht existent anzusetzen. Eine Überprüfung der Risikotragfähigkeit des Unternehmens ist dann nicht mehr möglich (vgl. Gleißner, 2011, S. 112 f.). Allerdings kann für qualitativ bewertbare Risiken ein Sicherheitspuffer bei der Bestimmung der Risikotragfähigkeit berücksichtigt werden, indem von der Risikodeckungsmasse ein pauschaler Anteil für die Unterlegung dieser Risiken abgezogen wird.

Abb. 67

Systematisierung von Instrumenten zur Risikobewertung

Kriterien	Ausprägungen	
Aggregationsgrad der Risiken	Instrumente zur Bewertung von Einzelrisiken, z. B. Sensitivitätsanalysen, Scoring-Modelle	Instrumente zur Bewertung von Portfoliorisiken, z. B. Monte-Carlo-Simulationen, Portfolioanalysen
Bewertungsansatz	Instrumente zur qualitativen Bewertung, z. B. Risikoklassifikationen, Scoring-Modelle	Instrumente zur quantitativen Bewertung, z. B. Sensitivitätsanalysen, At-Risk-Modelle

5.2 Ansätze und Probleme der Risikobewertung
Instrumente der Risikobewertung

Abb. 68

Datenanforderungen von Instrumenten der Risikobewertung

Instrument	Identifizierung von Risikofaktoren	Schätzung von Eintrittswahrscheinlichkeiten	Unternehmensziele als Schadenspotenzialmaße	Messmodell
Risikoklassifikation	nicht notwendig	nicht notwendig	qualitative und quantitative	nicht notwendig
Scoring-Modell	notwendig	nicht notwendig	qualitative und quantitative	nicht notwendig
Risikoportfolio	nicht notwendig	nicht notwendig	qualitative und quantitative	nicht notwendig
Risikokennzahlen	nicht notwendig	teilweise notwendig	quantitative	teilweise notwendig
Sensitivitäts-Analyse	notwendig	nicht notwendig	quantitative	notwendig
Szenario-Analyse	notwendig	notwendig (Punktschätzung)	quantitative	teilweise notwendig
At-Risk-Modelle Valueat-Risk Cash-Flow-at-Risk Earnings-at-Risk	notwendig	notwendig (Verteilung)	quantitative: Unternehmenswert, Cashflow, Erfolg	notwendig

Quelle: In Erweiterung von Vanini, 2006, S. 787.

Die Auswahl eines Bewertungsinstruments hängt somit von der vorhandenen Datenlage zur Beschreibung eines Risikos ab. Einige Instrumente erfordern die Identifizierung von Risikofaktoren, die Schätzung von Eintrittswahrscheinlichkeiten für deren Eintritt und die Definition eines Messmodells zur Abbildung des Zusammenhangs zwischen Risikofaktor und relevanten Unternehmenszielen. Andere Instrumente stellen deutlich geringere Datenanforderungen, wie der obenstehenden Abbildung 68 zu entnehmen ist.

5.2.2 Risikoklassifikationen

Liegen keine oder nur wenige quantitative Informationen über mögliche Risiken und ihre Einflussgrößen vor, können **Risikoklassifikationen** zur Beurteilung der Risikorelevanz verwendet werden. Dabei werden Risikoklassen nach verschiedenen Kriterien z. B. der Gefährdung des Unternehmenserfolgs oder der Liquidität gebildet. Zudem sind qualitative Ziele, z. B. die Unternehmensreputation, als Schadensmaßgrößen geeignet. Bei Risikoklassifikationen wird kein Messmodell verwendet, um Auswirkungen auf die Unternehmensziele abzuleiten, stattdessen erfolgt eine subjektive Bewertung durch Mitarbeiter oder externe Experten. Dabei sollten nur wenige Risikoklassen verwendet werden, um

Instrumente der Risikobewertung — 5.2

Abb. 69

Relevanzskala

Relevanz-klasse	Grad der Einflussnahme	Erläuterung
1	Unbedeutendes Risiko	Unbedeutende Risiken beeinflussen weder den Jahresüberschuss noch den Unternehmenswert spürbar.
2	Mittleres Risiko	Mittlere Risiken bewirken eine spürbare Beeinträchtigung des Jahresüberschusses.
3	Bedeutendes Risiko	Bedeutende Risiken reduzieren den Jahresüberschuss stark bzw. den Unternehmenswert spürbar.
4	Schwerwiegendes Risiko	Schwerwiegende Risiken führen zu einem Jahresfehlbetrag und reduzieren den Unternehmenswert erheblich.
5	Bestandsgefährdendes Risiko	Bestandsgefährdende Risiken gefährden mit einer wesentlichen Wahrscheinlichkeit den Fortbestand des Unternehmens.

Quelle: Gleißner, 2011, S. 114.

die Übersichtlichkeit nicht zu gefährden (vgl. auch im Folgenden Burger/Buchhart, 2002, S. 103 ff.; Gleißner, 2011, S. 113 ff.).

Der Abbildung 69 ist eine eindimensionale Risikoklassifikation nach der Relevanz der Risiken für den Jahresüberschuss und den Unternehmenswert zu entnehmen. Eine Relevanzbeurteilung nach den Auswirkungen auf die Liquidität ist ebenfalls denkbar.

Arten von Risikoklassifikationen

Risiken können auch nach mehreren Dimensionen klassifiziert werden. Dabei muss jedoch festgelegt werden, ob die Erfüllung eines oder mehrerer Merkmale zur Einordnung eines Risikos als niedrig, mittel oder hoch zweckmäßig ist.

Eine erste Klassifikation von Risiken ist sinnvoll, um ein Ranking der Risiken nach ihrer Relevanz zu erhalten. Zudem ermöglicht eine Risikoklassifika-

Praktische Anwendung

Abb. 70

Mehrdimensionale Risikoklassifikation

Risiko	Niedrig	Mittel	Hoch
Finanzielle Auswirkungen	< 1 Mio. €	1–5 Mio. €	> 5 Mio. €
Wirkung auf Unternehmensreputation	lokal	national	global
Häufigkeit des Auftretens	seltener als einmal im Jahr	monatlich	täglich

Quelle: KPMG, 1998, S. 21.

5.2 Ansätze und Probleme der Risikobewertung
Instrumente der Risikobewertung

tion die Definition eines Filters, welche Risiken einer weitergehenden Analyse und Bewertung zu unterziehen sind. Dies unterstützt die Wirtschaftlichkeit der Risikobewertung. Risikoklassifikationen sind aufgrund ihrer geringen Datenanforderungen bei fast **allen Risikoarten anwendbar**.

Aus der Praxis — Wesentliche Chancen- und Risikofelder im BASF Konzern

▶▶▶ Der BASF Konzern klassifiziert seine wesentlichen Chancen- und Risikofelder in seinem Risikobericht 2010 nach folgenden Kriterien:

Wesentliche Chancen- und Risikofelder	Bewertung
Entwicklung der Konjunktur und der Absatzmärkte	Hoher Beitrag zur Gesamtvolatilität
Volatilität von Rohstoffpreisen	Hoher Beitrag zur Gesamtvolatilität
Aufbau von Überkapazitäten	Langfristige Auswirkungen, strategische Bedeutung
Volatilität von Wechselkursen	Hoher Beitrag zur Gesamtvolatilität
Übrige finanzwirtschaftliche Risiken	Geringer Beitrag zur Gesamtvolatilität
Regulatorische und politische Risiken	Langfristige Auswirkungen, strategische Bedeutung
Spezifische Chancen und Risiken der einzelnen Bereiche	Mittlerer Beitrag, hohe Diversifizierung
Weitere Risikofelder (Personal, Forschung und Entwicklung, Informationstechnologie, Akquisitionen u. a.)	Langfristige Auswirkungen, strategische Bedeutung

Quelle: BASF, 2011, S. 103. ◀◀◀

5.2.3 Scoring-Modelle

Können mehrere Risikofaktoren für ein Risiko identifiziert, aber weder Eintrittswahrscheinlichkeiten noch funktionale Zusammenhänge zu den Unternehmenszielen abgeleitet werden, bieten sich Scoring-Modelle zur Risikobewertung an. Dies gilt insbesondere dann, wenn die **Risikofaktoren unterschiedlich skaliert** sind und aggregiert werden sollen (vgl. auch im Folgenden Burger/Buchhart, 2002, S. 156 ff.; Wolke, 2008, S. 63 ff.; Schneck, 2010, S. 157 ff.).

Generelle Vorgehensweise

Scoring-Modelle werden auch als **Nutzwertanalysen** bezeichnet und sind qualitative Bewertungsverfahren, die im Unternehmen zur Entscheidungsunterstützung für unterschiedliche betriebswirtschaftliche Probleme, z. B. Standortentscheidungen, Bewertung von Investitionsalternativen oder Bonitätsbewertungen, eingesetzt werden. Dabei legt der Entscheider je nach Fragestellung zunächst **Kriterien** fest, nach denen er seine Alternativen bewerten möchte und gewichtet diese ggf. nach ihrer relativen Bedeutung. Die Summe der Bedeutungsgewichte muss 100 % ergeben. Anschließend vergibt er für die Ausprägung der einzelnen Kriterien bei den ihm zur Verfügung stehenden Alternativen sogenannte **Punktwerte** (Scores). Wichtig ist, dass für die Punktwerte eine

5.2 Instrumente der Risikobewertung

eindeutige Bewertungsskala z. B. nach dem Schulnotensystem festgelegt wird. Da davon ausgegangen wird, dass die einzelnen Bewertungskriterien unabhängig voneinander sind, werden anschließend die gewichteten Punktwerte über alle Kriterien für jede Alternative aufaddiert und die Alternative mit dem besten Gesamtscore ausgewählt.

Scoring-Modelle sind insbesondere dann zur Bewertung geeignet, wenn mehrere Kriterien zur Bewertung von Entscheidungsalternativen herangezogen werden sollen, diese unterschiedlich skaliert sind und die subjektiven Präferenzen des Entscheiders bei der Bewertung eine Rolle spielen.

Scoring-Modelle können auch zur Risikobewertung eingesetzt werden (vgl. Keitsch, 2004, S. 147 ff.; Schneck, 2010, S. 158 ff.):

Risikobewertung durch Scoring-Modelle

- Zunächst müssen die identifizierten Einzelrisiken mittels eines Risikokatalogs bestimmten Risikokategorien zugeordnet werden.
- Anschließend werden für jede Risikokategorie überschneidungsfreie Kriterien zur Risikobewertung festgelegt, z. B. Dringlichkeit, Schadenswirkung etc., und gewichtet.
- Für die Bewertungskriterien sind anschließend eine Bewertungsskala und ggf. ein Bewertungsschema zu entwickeln (vgl. Abbildung 71).
- Zur Bewertung eines Risikos werden anschließend Scores für die einzelnen Risikofaktoren vergeben und gewichtet. Danach wird der Gesamtscore je Risikokategorie durch Addition der gewichteten Teilpunktwerte ermittelt. Durch eine Gewichtung der Bewertung der Risikokategorien und deren Addition wird danach das gesamte Risiko einer Unternehmenseinheit oder eines Unternehmens berechnet (vgl. Abbildung 72).

Abbildung 72 ist zu entnehmen, dass das Prozessrisiko im Beispiel von drei Risikofaktoren (längere Durchlaufzeiten, fehlerhafte Kontrollen und höhere Fehlerquoten) bestimmt wird, wobei eine Verlängerung der Durchlaufzeiten für das Unternehmen der wichtigste Risikofaktor ist und daher mit 50 % gewichtet wird, gefolgt von fehlerhaften Kontrollen mit 30 % und höheren Fehlerquoten

Abb. 71

Bewertungsschema

Vergangenheit oder Ist-Zustand	künftige Eintrittswahrscheinlichkeit (angenommen)	Risikoeinstufung	Score
sehr oft	höchst wahrscheinlich	kritisch	6
oft	sehr wahrscheinlich	sehr hoch	5
regelmäßig	wahrscheinlich	hoch	4
manchmal	möglich	mittel	3
selten	unwahrscheinlich	gering	2
unbedeutend	fast unmöglich	unbedeutend	1

Quelle: Keitsch, 2004, S. 148.

5.2 Ansätze und Probleme der Risikobewertung
Instrumente der Risikobewertung

Abb. 72

Beispiel für ein Risiko-Scoring (Auszug)

Risiko-kategorie (1)	Risikofaktor (2)	Risiko-gewicht (3)	Score (4)	Gewichteter Score je Faktor (5) = (3)*(4)	Gewichteter Score (6) = (3)* Σ(5)
Prozesse		25 %			4,10*0,25 = 1,025
	▸ längere Durch-laufzeiten	0,5	4	2,00	
	▸ fehlerhafte Kontrollen	0,3	5	1,50	
	▸ höhere Fehler-quoten	0,2	3	0,60	
		1,0		4,10	
EDV/IT		30 %			3,5*0,3 = 1,05
	▸ keine Verfüg-barkeit	0,5	3	1,5	
	▸ fehlende Datensicherheit	0,5	4	2	
		1,0		3,5	
...	...	...	...	...	..
Summe		100 %			3,575

Quelle: In Anlehnung an Keitsch, 2004, S. 149.

mit 20 %. Der Bewerter stuft das Risiko längerer Durchlaufzeit als hoch, das Risiko fehlerhafter Kontrolle als sehr hoch und das Risiko höherer Fehlerquoten als mittel ein. Anschließend werden die einzelnen Teilscores der Risikofaktoren gewichtet und zu einem Gesamtscore für das Prozessrisiko aufaddiert. Das Prozessrisiko liegt mit einem Score von 4,1 ebenfalls im hohen Bereich. Dieses Vorgehen wird für alle Risikokategorien des Unternehmens wiederholt und anschließend das Unternehmensrisiko durch Summierung der Scores je Risikokategorie ermittelt.

Praktische Anwendung

Scoring-Modelle sind aufgrund ihrer geringen Datenanforderungen bei fast **allen Risikoarten anwendbar**. Vor allem qualitative Risiken lassen sich mit diesen Ansätzen bewerten. Sie unterstützen die Vergleichbarkeit und Aggregation von unterschiedlich skalierten Risiken. Allerdings sind sie stark subjektiv, da die Festlegung von Kriterien und deren Gewichtung sowie die Vergabe der Punktwerte im Ermessen des einzelnen Entscheiders liegen. Zudem ist die Unabhängigkeit der einzelnen Kriterien in der Praxis häufig nicht gegeben (vgl. Burger/Buchhart, 2002, S. 160 ff.). In der Praxis werden Scoring-Modelle in Ratingverfahren und Verfahren zur Bewertung von Länderrisiken eingesetzt (vgl. Wolke, 2008, S. 63 ff.; Diederichs, 2010, S. 147 ff.).

5.2.4 Risikoportfolios

Ein Risikoportfolio visualisiert und dokumentiert die Risiken eines Bereichs, Geschäftsfelds oder Unternehmens in einer zweidimensionalen Matrix. Die Begriffe Risikoportfolio, Risikomatrix und Risk Map werden daher teilweise synonym verwendet. Als Dimensionen werden qualitative oder quantitative Kriterien verwendet (vgl. auch im Folgenden Burger/Buchhart, 2002, S. 162 ff.; Gleißner, 2011, S. 145 ff.).

Ein Beispiel für ein qualitatives Risikoportfolio ist Abbildung 73 zu entnehmen. Hier werden die Eintrittswahrscheinlichkeit und das Schadensausmaß eines Risikos verbal beschrieben. Dann werden die bewerteten Einzelrisiken in die Risikomatrix eingetragen

Qualitative Risikoportfolios

Danach werden in Abhängigkeit von der Ist-Position **Normstrategien** zur Risikobewältigung abgeleitet. In Abbildung 73 sind alle Risiken im rechten oberen Bereich der Matrix als hoch einzustufen. Hier sind Maßnahmen zur Reduzierung der Eintrittswahrscheinlichkeit oder des Schadensausmaßes erforderlich. Die hell gefärbte Diagonale stellt die sogenannte **Risikoschwelle** der mittleren Risiken dar, für die ggf. Bewältigungsmaßnahmen ergriffen werden müssen. Alternativ sind mittlere Risiken intensiv zu überwachen, um Verände-

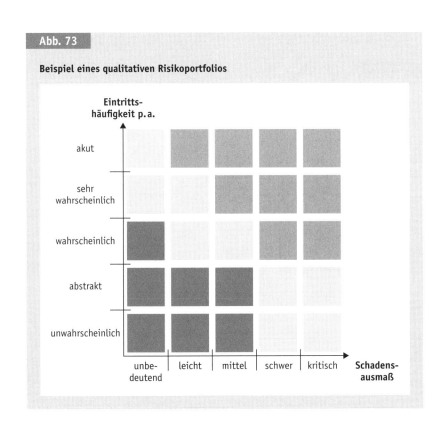

Abb. 73

Beispiel eines qualitativen Risikoportfolios

5.2 Ansätze und Probleme der Risikobewertung
Instrumente der Risikobewertung

rungen der Eintrittswahrscheinlichkeit oder des Schadensausmaßes rechtzeitig zu erkennen. Risiken, die dem Bereich links unten im Risikoportfolio zuzuordnen sind, weisen eher eine geringe Relevanz auf. Hier besteht kein akuter Handlungsbedarf.

Quantitative Risikoportfolios

Die Dimensionen eines Risikoportfolios können auch quantitative Kriterien umfassen. Beispielsweise können im o. g. Beispiel für die Eintrittswahrscheinlichkeit und das Schadensausmaß auch konkrete quantitative Größen vorgegeben werden, z. B. ist der Prozentsatz der Schadenssumme in Relation zum geplanten Jahresüberschuss eines Unternehmens als Bewertungsgröße denkbar. Ein anderes Beispiel sind **Chancen/Risiken-Portfolios**, die u. a. für die Beurteilung großer Investitionsprojekte verwenden werden. Dabei können die Chancen durch die erwartete Rendite und die Risiken durch deren Varianz gemessen werden. Aus der Positionierung der Investitionsobjekte im Portfolio lassen sich wiederum Normstrategien ableiten.

Praktische Anwendung

Risikoportfolios sind aufgrund ihrer geringen Datenanforderungen bei fast **allen Risikoarten anwendbar.** Vor allem qualitative Risiken lassen sich mit diesen Ansätzen bewerten. Risikoportfolios können als Ausgangspunkt für die Entwicklung von Risikoszenarien verwendet werden. Zudem sind sie sehr anschaulich und unterstützen die Risikokommunikation (vgl. Burger/Buchhart, 2002, S. 172).

Ergänzend kann in Risikoportfolios eine **Risikoschwelle**, z. B. in Höhe der Mitteldiagonalen eingetragen werden, die sich als Grenze der Risikotragfähig-

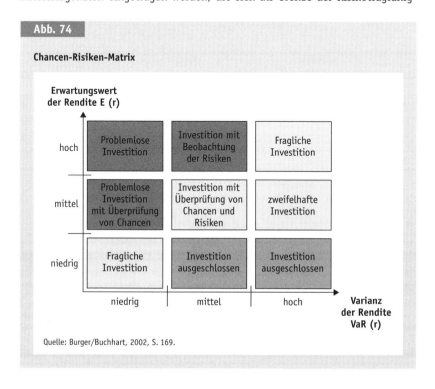

Abb. 74

Chancen-Risiken-Matrix

Quelle: Burger/Buchhart, 2002, S. 169.

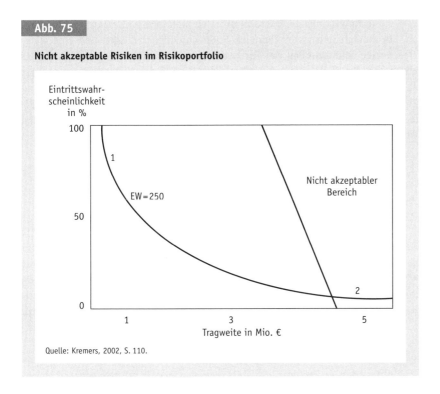

Abb. 75

Nicht akzeptable Risiken im Risikoportfolio

Quelle: Kremers, 2002, S. 110.

keit eines Unternehmensbereichs oder eines Unternehmens interpretieren lässt. Risiken, die oberhalb der Risikoschwelle liegen, müssen durch Risikobewältigungsmaßnahmen reduziert werden (vgl. Diederichs, 2010, S. 145). Allerdings ist die Risikoschwelle methodisch kaum begründbar, da nicht alle Punkte auf der Risikoschwelle denselben Schadenserwartungswert aufweisen. Der Schadenserwartungswert eines Risikos (EW) ergibt sich durch die Multiplikation von Schadenshöhe und Eintrittswahrscheinlichkeit eines Risikos. Daher weist der Zusammenhang zwischen Schadenshöhe und Eintrittswahrscheinlichkeit die Form einer Hyperbel und nicht einer Geraden auf, wie durch die Risikoschwelle unterstellt wird.

Außerdem werden Zusammenhänge zwischen den Einzelrisiken bei der Portfoliodarstellung vernachlässigt und es lassen sich die Grenzwerte für die Abgrenzung der verschiedenen Portfoliofelder praktisch nur schwer ermitteln (vgl. Gleißner, 2011, S. 145 f.).

5.2.5 Risikomaße

Risikomaße sind **statistische Kennzahlen** für den Umfang eines Risikos und bilden die Basis einer quantitativen Risikobewertung. Sie sind für Risiken relevant, die durch Verteilungen beschrieben werden können, und bilden das einer

5.2 Ansätze und Probleme der Risikobewertung
Instrumente der Risikobewertung

Verteilung innewohnende Risiko in einer einfach interpretierbaren reelen Zahl ab. Sie ermöglichen einen Vergleich unterschiedlicher Risiken und sind wichtige Entscheidungsgrößen der Risikosteuerung. Die Auswahl des Risikomaßes hängt von der Risikoneigung des Entscheiders und dem Entscheidungskontext ab (vgl. Kürsten/Straßberger, 2004, S. 203; Schneck, 2010, S. 142 f.; Gleißner, 2011, S. 136). Folgende Risikomaße sind von besonderer Bedeutung für die Risikobewertung und werden daher kurz vorgestellt (vgl. auch im Folgenden Wolke, 2008, S. 12 ff.):

- Maximalverlust,
- erwartetes Risiko,
- Spannweite,
- Volatilität und
- Sensitivität bzw. Exposure.

Der Value-at-Risk ist ein in der Literatur häufig genanntes Risikomaß, wird aber aufgrund seiner komplexen Berechnung und seiner großen Bedeutung für die Risikobewertung in Kapitel 5.2.8 separat dargestellt. Zudem gibt es weitere Risikomaße wie z. B. Beta-Faktoren zur Messung des systematischen Risikos eines Wertpapiers oder die Duration zur Bewertung des Zinsänderungsrisikos (vgl. u. a. Schneck, 2010, S. 146 ff.). Da diese Risikomaße vor allem für Finanzinstitute relevant sind, werden sie hier nicht weiter betrachtet.

Maximalverlust

Der Maximalverlust ist der **größtmögliche Schaden**, der durch eine Entscheidung oder ein Ereignis ausgelöst werden kann. Er ist sehr einfach zu berechnen, unterstellt jedoch eine Worst-Case-Betrachtung, d. h. es wird vom schlechtesten Fall ausgegangen. Daher ist der Maximalverlust als Risikomaß nur eingeschränkt geeignet, da er die Eintrittswahrscheinlichkeiten anderer Verlustereignisse nicht berücksichtigt.

Beispiel Berechnung des Maximalverlusts

▶▶▶ Ein Student hat einen Vermögensgegenstand im Wert von 1.000,- € gekauft. Sein Vermögen beläuft sich somit auf 1.000,- €. Mit einer Wahrscheinlichkeit von 70 % kann er den Vermögensgegenstand zukünftig für 1.300 € verkaufen. Mit einer Wahrscheinlichkeit von 20 % erzielt er einen Verkaufserlös von 700,- € und mit einer Wahrscheinlichkeit von 10 % ist der Vermögensgegenstand zukünftig nichts mehr wert.
Der Maximalverlust beträgt 1.000,- €.
Quelle: Wolke, 2008, S. 12. ◀◀◀

Erwarteter Verlust

Beim erwarteten Verlust werden die möglichen Verluste mit ihrer jeweiligen Eintrittswahrscheinlichkeit gewichtet und anschließend aufaddiert. Die anderen Verlustereignisse werden somit in die Risikoermittlung einbezogen.

Beispiel: Berechnung des erwarteten Verlustes

▶▶▶ Der erwartete Verlust wird für das o. g. Beispiel wie folgt berechnet:

$$V_{erw} = (0,1 * -1.000,-\text{€}) + (0,2 * -300,-\text{€}) = -160,-\text{€}$$

Der erwartete Verlust für die Situation, dass der Totalverlust von 1.000,- € mit einer Wahrscheinlichkeit von 5 % auftritt und mit einer Wahrscheinlichkeit von 55 % ein Verkaufserlös von 800,- € und damit ein Verlust von 200,- € erzielt wird, entspricht dem erwarteten Verlust des o. g. Beispiels:

$$V_{erw} = (0,05 * -1.000,-\text{€}) + (0,55 * -200,-\text{€}) = -160,-\text{€}$$

Allerdings tritt in dieser Konstellation der Maximalverlust nur noch mit einer Wahrscheinlichkeit von 5 % auf und die andere Verlustmöglichkeit ist mit 200,- € geringer. Daher sollten risikoscheue Investoren die zweite Alternative trotz eines identischen erwarteten Verlusts bevorzugen.
Quelle: Wolke, 2008, S. 14. ◀◀◀

Der erwartete Verlust ist ein besseres Risikomaß, da die Eintrittswahrscheinlichkeiten aller Verlustereignisse berücksichtigt werden. Allerdings weist der erwartete Verlust auch Schwächen auf, da die Verteilung des Risikos nicht berücksichtigt wird. Beispielsweise wird die Gewinnchance einer Alternative nicht in die Bewertung einbezogen.

Risikoscheue Entscheider bevorzugen relativ sichere Ergebnisse auch bei geringerer erwarteter Rendite. Daher kann auch die Spannweite zwischen dem besten und dem schlechtesten Ergebnis als Risiko interpretiert werden. Die Spannweite berücksichtigt zwar Chancen, vernachlässigt jedoch die Eintrittswahrscheinlichkeiten der Zukunftszustände.

Spannweite

Beispiel: Berechnung der Spannweite

▶▶▶ Die Spannweite beträgt im o. g. Beispiel 1.300,- €. ◀◀◀

Die Spannweite kann durch ein **Tornado-Diagramm** grafisch dargestellt werden.

Der Abbildung 76 lässt sich z. B. entnehmen, dass die Durchführung von technologischen Innovationen im günstigsten Fall zu einer Ergebnisverbesserung von 54 Mio. €, im schlechtesten Fall zu einer Reduzierung des geplanten Ergebnisses von 48 Mio. € führt. Die Spannweite beträgt 102 Mio. €. Gemessen an der Spannweite weist die Durchführung von technologischen Innovationen das größte Risiko auf.

Die Volatilität ist ein komplexeres Risikomaß. Sie beschreibt die gesamte Schwankung der Wertentwicklung eines Untersuchungsobjekts (Risikoposition). Je größer die Volatilität ist, desto größer ist die Schwankung der Wertentwicklung und desto größer das Risiko der **Risikoposition**. Statistisch gesehen kann die Volatilität als **Standardabweichung** interpretiert werden. Die Volatilität berücksichtigt damit auch positive Abweichungen der Wertentwick-

Volatilität

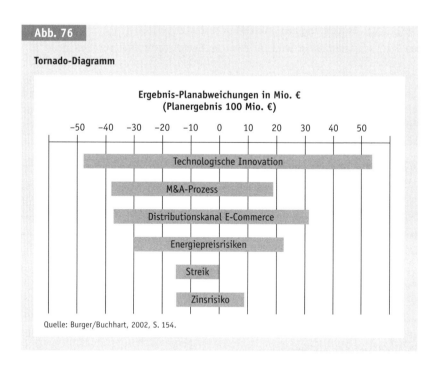

lung und impliziert somit ein Risikoverständnis i. w. S. (vgl. Wolke, 2008, S. 18; Schneck, 2010, S. 27).

Beispiel Berechnung der Volatilität

▶▶▶ Zur Berechnung der Volatilität für das o. g. Beispiel muss zunächst die erwartete Vermögensänderung $VÄ_{erw}$ ermittelt werden. Hierfür werden alle Wertänderungen mit ihrer Eintrittswahrscheinlichkeit gewichtet und anschließend aufsummiert:

$$V_{erw} = (-100\% \cdot 10\%) + (-30\% \cdot 20\%) + (+30\% \cdot 70\%) = +5\%$$

Anschließend wird die Varianz der tatsächlichen Abweichungen in jeder einzelnen Situation von der erwarteten Wertänderung ermittelt:

$$\sigma^2 = (-100\% - 5\%)^2 \cdot 10\% + (-30\% - 5\%)^2 \cdot 20\% + (30\% - 5\%)^2 \cdot 70\% = 17,85\%$$

Die Volatilität ergibt sich dann aus der Wurzel der Varianz:
Volatilität = 0, 4225 = 42,25 %
Quelle: Wolke, 2008, S. 16 ff. ◀◀◀

Volatilitäten werden insbesondere zur **Messung des Risikos von Aktien** eingesetzt. Dabei werden i. d. R. historische Kursverläufe ausgewertet. Hierbei ist die Wahl des **historischen Beobachtungszeitraums (Stützzeitraum)**, für den die Volatilität ermittelt wird, ein wichtiger Parameter. Häufig wird ein Stützzeitraum von einem Jahr ausgewählt, was ca. 250 Handelstagen entspricht. Bei kürzeren Zeiträumen werden aktuelle Kursentwicklungen stärker berücksichtigt, bei längeren Zeiträumen steigt die Wahrscheinlichkeit, auch seltene Marktentwicklungen wie z.B. Börsen-Crashs bei der Berechnung der Volatilitäten zu berücksichtigen. Zudem muss festgelegt werden, für welchen Zeitraum (**Haltedauer**) die Volatilitäten ermittelt werden sollen. So können beispielsweise Volatilitäten für Tages-, Monats- oder Jahresrenditen bestimmt werden. Volatilitäten werden am besten auf der Grundlage **stetiger Renditen** berechnet, da diese Vorgehensweise die tatsächliche Kursentwicklung eines Wertpapiers besser als diskrete Renditen abbildet und daher zu stabileren Ergebnissen führt (vgl. Kremers, 2002, S. 138; Straßberger, 2004, S. 766f.; Wolke, 2008, S. 24f.).

Aus der Praxis **Volatilitäten deutscher Aktien im Vergleich**

▶▶▶ Für den Zeitraum vom 12.5.bis zum 23.09.2011 konnten folgende Kennzahlen auf Basis der jeweiligen stetigen Tagesrenditen berechnet werden:

Kennzahl	Bayer AG	VW AG
durchschnittliche Rendite	-0,40%	-0,22%
Minimum	-7,83%	-7,23%
Maximum	6,84%	5,62%
Spannweite	14,67%	12,85%
Volatilität	2,30%	2,71%

Quelle: Eigene Berechnungen auf der Grundlage der jeweiligen Schlusskurse an der Frankfurter Wertpapierbörse (alle Berechnungen in diesem Lehrbuch wurden auf der Grundlage historischer Schlusskurse der Frankfurter Wertpapierbörse berechnet, die diese kostenlos über ihre Internetseite zur Verfügung stellt: http://www.boerse-frankfurt.de).

Die Volatilität der Bayer Aktie beträgt 2,30% und lässt sich wie folgt interpretieren: Im Durchschnitt betrug die Tagesrendite der Bayer Aktie während des Untersuchungszeitraums -0,40%, wobei die einzelnen Renditewerte im Mittel um 2,30%-Punkte um die Tagesrendite streuen. Gemessen am Maximalverlust und der Spannweite weist die Bayer Aktie das größere Risiko im Vergleich zur VW Aktie auf. Betrachtet man dagegen die Volatilität, haben die VW Aktien die größere Streuung und damit das größere Risiko. ◀◀◀

Obwohl Volatilitäten häufig zur Abschätzung des Risikos von Wertpapieren verwendet werden, können sie bei entsprechender Datenlage auch für andere Investitionsobjekte berechnet werden. Zudem bilden sie die Grundlage für die Bestimmung des Value-at-Risk (vgl. Kapitel 5.2.8.). Die Volatilität ist allerdings ein relatives Schwankungsmaß und macht daher keine Aussage über das mögliche finanzielle Schadensausmaß.

Die **Sensitivität** gibt an, wie empfindlich der Wert eines Untersuchungsobjektes auf die Veränderung einer oder mehrerer Einflussgrößen reagiert. Dafür ist es notwendig, dass ein **funktionaler Zusammenhang** zwischen dem Wert

Sensitivität bzw. Exposure

des Untersuchungsobjekts und den betrachteten Einflussgrößen vorliegt. Die Sensitivität kann dann durch die 1. Ableitung dieser Funktion nach der Einflussgröße berechnet werden (vgl. Burger/Buchhart, 2002, S. 111f.; Wolke, 2008, S. 25f.). Sensitivitäten zeigen somit die Effektstärken von Risikofaktoren auf. Liegen ausreichend historische Datenreihen vor, können durch **multivariate Regressionsanalysen** die Sensitivitäten zwischen Risikofaktoren und Unternehmenszielen ermittelt werden (vgl. Burger/Buchhart, 2002, S. 118ff.; Gerpott/Hoffmann, 2008, S. 11).

Im Risikomanagement werden Sensitivitäten auch als **Exposures** bezeichnet. Exposures sind als Quotient aus der relativen Wertänderung des ökonomischen Ziels dividiert durch die relative Wertänderung eines Risikofaktors definiert. Typische Risikofaktoren sind Wechselkurs-, Rohstoffpreis- oder Zinsänderungen (vgl. Bartram, 2000, S. 243).

Sensitivitäten erlauben eine erste Einschätzung der Effektstärke eines Risikofaktors auf ein Unternehmensziel. Allerdings wird dabei ein **Zusammenhangsmodell** zwischen Risikofaktor und Unternehmensziel benötigt. Außerdem werden keine Eintrittswahrscheinlichkeiten für die unterschiedlichen Ausprägungen eines Risikofaktors und keine Interdependenzen zu anderen Risikofaktoren berücksichtigt (vgl. Wolke, 2008, S. 26).

5.2.6 Sensitivitätsanalysen und Werttreiberbäume

Sensitivitätsanalysen untersuchen systematisch den Einfluss einzelner Risikofaktoren auf die Unternehmensziele unter ceteris-paribus-Bedingungen. Sie bilden die Grundlage für die Ableitung von Werttreibermodellen zur Risikobewertung und -steuerung. Werttreibermodelle gehen auf das **Konzept der Wertgeneratoren** von Rappaport zurück. Ein **Werttreiber** ist ein wesentlicher Einflussfaktor auf das wirtschaftliche Ergebnis eines Unternehmens, z. B. den Gewinn oder den Unternehmenswert. Es werden finanzielle und operative Werttreiber unterschieden. Operative Werttreiber sind den finanziellen Werttreibern (z. B. Umsatzrentabilität) vorgelagert und basieren auf Managemententscheidungen (vgl. auch im Folgenden Reichmann, 2006, S. 752ff.; Weber/Schäffer, 2011, S. 191ff.). Im Risikomanagement können Werttreiber als Risikofaktoren interpretiert werden.

Ableitung von Werttreiberbäumen

Werttreiber können in **Werttreiberbäumen** miteinander verknüpft werden. Teilweise wird der Begriff der Werttreiberhierarchie verwendet. Dabei wird das Oberziel eines Unternehmens sukzessive in seine finanziellen und operativen Werttreiber zerlegt. Mit fortschreitender Aufspaltung erfolgt dann ein Übergang von mathematisch zu empirisch verknüpften Werttreibern. Die Effektstärke zwischen Werttreiber und übergeordnetem Ziel kann bei empirischen Verknüpfungen durch Sensitivitäten abgebildet werden. Voraussetzung für einen erfolgreichen Einsatz von Werttreibermodellen ist neben der Ermittlung der Sensitivitäten die Beschränkung auf wesentliche Werttreiber, um das Modell beherrschbar zu halten.

Werttreibermodelle können zur Risikobewertung eingesetzt werden, indem die wahrscheinliche Ausprägung der operativen und finanziellen Werttreiber prognostiziert und anschließend der erwartete Wert des Unternehmensziels ermittelt wird. Mögliche Abweichungen zwischen erwartetem und geplantem Wert des Unternehmensziels können als Chancen oder Risiken interpretiert werden. Zudem können auf Grundlage der ermittelten Sensitivitäten Bandbreiten für die Werttreiber festgelegt werden, die für die Erreichung der Unternehmensziele noch akzeptabel sind. Die Einhaltung dieser Bandbreiten kann durch Früherkennungssysteme überwacht werden (vgl. Burger/Buchhart, 2002, S. 110 ff.; Reichmann, 2006, S. 765 ff.). Ein Beispiel für den Einsatz eines Werttreiberbaums zur Risikobewertung lässt sich der Fallstudie in Kapitel 5.4 entnehmen.

Praktische Anwendung

5.2.7 Szenarioanalysen

Die »einwertige« Unternehmensplanung, die genau einen Planwert für jede Planungsvariable festlegt, ist in den meisten Unternehmen Standard. Aufgrund der Umweltdynamik und Komplexität vieler Unternehmen lassen sich exakte Planwerte jedoch zunehmend schwerer bestimmen. Es geht vielmehr um die Frage, welche Bandbreite einer Zielgröße ein Unternehmen zukünftig erwarten kann. Die Größe der Bandbreite und die erwartete Abweichung der Zielgröße von ihrem Planwert können als Risiken interpretiert werden.

Die Trendforschung befasst sich mit der Identifikation und Interpretation sozialer, ökonomischer, technischer und kultureller Entwicklungen anhand qualitativer und quantitativer Forschungsmethoden, um Trends zu identifizieren. Ein **Trend** ist eine signifikante, über einen bestimmten Zeitraum konstante, gleichgerichtete Entwicklung einer oder mehrerer Variablen und hat folgende **Merkmale** (vgl. Müller-Stewens/Müller, 2009, S. 241 f.):

Trendforschung als Grundlage für die Ableitung von Szenarien

- Trends gelten als **komplexe, mehrdimensionale Phänomene** mit einer hohen Reichweite. Sie beeinflussen Lebensbedingungen, Werte, Verhaltensweisen, Konsumverhalten etc. von breiten Bevölkerungskreisen. Trends sind stets kontextbezogen und stehen in Wechselwirkungen zueinander.
- Trends haben eine **mehrjährige Wirkung** und lassen sich so von Modeerscheinungen abgrenzen.
- Trends zeichnen sich durch eine **hohe Stabilität** und daher Vorhersagbarkeit aus.

Durch **Trendextrapolation** werden konstante Zukunftsbilder (Szenarien) erzeugt. Dabei wird das zeitliche Verlaufsmuster eines einmal identifizierten Trends unter der Annahme, dass die für die Vergangenheit ermittelten zeitlichen Verlaufsmuster auch zukünftig gültig sind, fortgeschrieben. Allerdings ist die Prämisse der Trendkonsistenz angesichts der zunehmenden Umweltdynamik vielfach nicht mehr gültig (vgl. Neuhaus/Minx, 2009, S. 232 f.).

Ein Szenario beschreibt **eine mögliche Zukunftskonstellation** von relevanten Umwelt- und Unternehmensfaktoren und ihrer Zusammenhänge. Theore-

Unterschiedliche Szenarien

5.2 Ansätze und Probleme der Risikobewertung
Instrumente der Risikobewertung

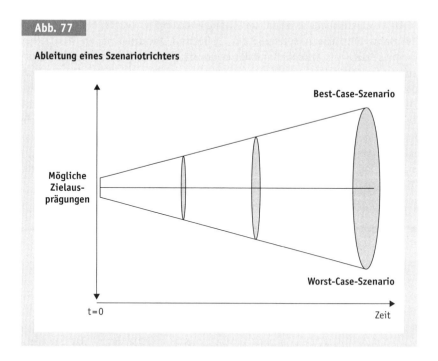

Abb. 77 Ableitung eines Szenariotrichters

tisch können unbegrenzt viele Szenarien durch die Kombination von Umwelt- und Unternehmensentwicklungen aufgestellt werden. In der Praxis werden häufig drei Szenarien verwendet (vgl. Gleißner, 2011, S. 115):
- Im **Best-Case-Szenario** wird die günstigste aller möglichen Entwicklungen dargestellt.
- Das **Basisszenario, Real-Case-Szenario oder Trendszenario** beschreibt die wahrscheinlichste Entwicklung.
- Das **Worst-Case-Szenario** fasst die schlechteste aller möglichen Entwicklungen zusammen.

Die Spannbreite zwischen Best Case- und Worst-Case-Szenario wird als **Szenariotrichter** bezeichnet. Durch die Betrachtung eines Szenariotrichters wird die Bandbreite möglicher Entwicklungen ausgelotet. Ergänzend werden teilweise **Crash-Szenarien oder Stressszenarien** für extreme Risikokonstellationen aufgestellt, die durch »schlagartige Veränderungen, geringe Eintrittswahrscheinlichkeiten und extreme Ergebnisbelastung« (Burger/Buchhart, 2002, S. 152) gekennzeichnet sind.

Aus der Praxis: EU-Stresstest bei Banken

▶▶▶ Die Europäischen Bankenaufsicht (EBA) führte im 1. Halbjahr 2011 zusammen mit den nationalen Aufsichtsbehörden, der Europäischen Zentralbank (EZB) und dem Europäischen Ausschuss für Systemrisiken (ESRB) einen Stress-

test für 91 Banken aus 21 EU-Mitgliedsstaaten und Norwegen durch. Das Ziel des Stresstests war die Überprüfung, ob die Banken auch unter deutlich verschlechterten ökonomischen Rahmenbedingungen über ausreichend Eigenkapital verfügen. Bei der Berechnung der Eigenkapitalbelastung wurden ein Baseline-Szenario und ein Stressszenario unterstellt. Das Stressszenario ging von folgenden Annahmen aus:
- ein im Vergleich zum Baseline-Szenario um 3,1 %-Punkte geringeres BIP-Wachstum in 2011 und von 1,4 %-Punkten in 2012,
- ein Anstieg der Arbeitslosenquote im Vergleich zum Baseline-Szenario um 0,7 %-Punkte in Deutschland und um 1,9 %-Punkte in der restlichen EU,
- ein Rückgang der Aktienkurse in Deutschland um 13,4 %-Punkte sowie um 14,3 %-Punkte in der restlichen EU,
- ein Rückgang der Preise für Gewerbeimmobilien um 20 %,
- ein Zinsanstieg von 75 Basispunkten sowie eine Verflachung der Zinsstrukturkurve,
- eine Abwertung des US-Dollars gegenüber dem Euro um 16,7 % sowie
- Anpassungen bei der Modellierung der Länderrisiken.

Quelle: www.bafin.de/cln_235/nn_1946088/DE/Unternehmen/BankenFinanzdienstleister/Stresstests__2011/stresstest__2011__node.html?__nnn=true sowie www.bafin.de/nn_722802/SharedDocs/Mitteilungen/DE/Service/PM__2011/pm__110715__eba__stresstest__veroeffentlichung.html. ◂◂◂

Szenarien haben folgende **Funktionen** (vgl. hier und im Folgenden Heinzelbecker, 2007, S. 60 ff.),
- Ableitung von Entwicklungspfaden von Risikofaktoren,
- Analyse möglicher Chancen und Risiken dieser Entwicklungen im Hinblick auf die Unternehmensziele,
- Entwicklung von Handlungsalternativen bei Eintritt der Szenarien und
- Förderung der Kommunikation während der Szenarioentwicklung.

Funktionen von Szenarien

Aus der Praxis »Das Denken in Szenarien wird immer wichtiger.«

▸▸▸ In einem Interview mit der Zeitschrift für Controlling & Management antwortete Dr. Ralf Eberenz, damaliger Vice President Corporate Accounting & Controlling der Beiersdorf AG auf die Frage, welche Lehren er aus der Finanz- und Wirtschaftskrise für die Beiersdorf AG gezogen habe:
»Die Krise hat uns sehr deutlich vor Augen geführt, dass wir in Zukunft das Denken in Szenarien ernster nehmen müssen. Früher hatte man zuweilen den Eindruck, sie erfüllten nur eine formale Funktion: Best Case und Worst Case wurden eher als formelle Last denn als inhaltliche Notwendigkeit gesehen. Das hat sich in der Tat verändert.«
Quelle: Eberenz, 2010, S. 61. ◂◂◂

Szenarioanalysen kombinieren Risikofaktoren zu Szenarien, deren Eintrittswahrscheinlichkeit und Auswirkung auf die Unternehmensziele auf der Grund-

Ablauf von Szenarioanalysen

lage eines Messmodells analysiert werden (vgl. auch im Folgenden Burger/ Buchhart, 2002, S. 152 f.; Wolke, 2008, S. 60 ff.; Gerpott/Hoffmann, 2008, S. 11). Eine Szenarioanalyse wird in mehreren Schritten durchgeführt (vgl. Schneck, 2010, S. 126 ff.; Gleißner, 2011, S. 115 f.):

- Zunächst muss das **Untersuchungsfeld** festgelegt und strukturiert werden. Ist z. B. die Erfolgssituation des gesamten Unternehmens Gegenstand der Szenarioanalyse oder sollen die Auswirkungen bestimmter Marktentwicklungen auf Teilbereiche des Unternehmens untersucht werden. Zudem muss der zu betrachtende **Zeithorizont** festgelegt werden.
- Anschließend müssen die wichtigsten (externen) **Risikofaktoren** des Untersuchungsfelds und ihre Vernetzungen untereinander identifiziert und strukturiert werden (Wirkungs- und Interdependenzanalyse). Zu den Risikofaktoren gehören z. B. rechtliche und technologische Entwicklungen und Entwicklungen auf den Absatz- und Beschaffungsmärkten.
- Dann müssen die Risikofaktoren – soweit möglich – **durch geeignete Indikatoren operationalisiert** und **Entwicklungstendenzen** z. B. durch Trendfortschreibungen ermittelt werden. Für nicht operationalisierbare Risikofaktoren müssen Expertenschätzungen z. B. durch Delphi-Prognosen erhoben werden. Zudem wird die Wirkung signifikanter Störereignisse auf die Entwicklung der Risikofaktoren untersucht.
- Als nächstes werden die prognostizierten Verläufe der Risikofaktoren zu **Szenarien zusammengefasst** und **inhaltlich interpretiert**. Aus der Gesamtmenge möglicher Szenarien werden die für die weitere Analyse notwendigen Szenarien ausgewählt. Wichtig ist, dass die ausgewählten Szenarien konsistent und widerspruchsfrei, stabil und verschieden sind. Grundsätzlich gibt es zwei Vorgehensweisen:
  - Bei einer begrenzten Zahl von Zukunftsentwicklungen, z. B. der Bedeutung verschiedener Antriebstechniken für Autos im Jahr 2030, ist es zweckmäßig, ebenso viele Szenarien wie mögliche Zukunftsentwicklungen abzuleiten. Die so gewonnenen Szenarien sind unabhängig voneinander, haben häufig eine ähnliche Eintrittswahrscheinlichkeit und erfordern ganz unterschiedliche Reaktionsstrategien des Unternehmens.
  - Ist die Bandbreite möglicher Entwicklungen sehr groß, z. B. die Nachfrage nach Autos im Jahr 2030, ist die Beschränkung auf jeweils ein Real-Case-, Best-Case- und Worst-Case-Szenario zweckmäßig. Hier geht es darum, die Bandbreite möglicher Auswirkungen auf die Unternehmensziele auszuloten.
- Abschließend werden die **Auswirkungen** der verschiedenen Szenarien auf die Unternehmensziele **analysiert**. Dabei wird entweder auf ein Modell zurückgegriffen, das den Zusammenhang zwischen der Entwicklung eines Risikofaktors durch mathematische oder empirisch ermittelte Beziehungen abbildet oder es erfolgt eine subjektive Schätzung der Auswirkungen durch Experten.

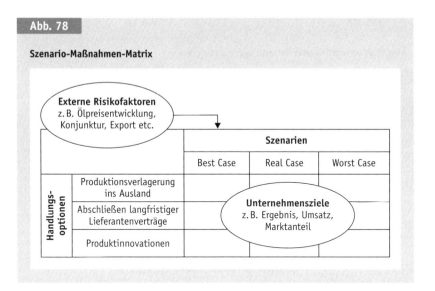

Abb. 78

Szenario-Maßnahmen-Matrix

> Je nach Art und Umfang der Auswirkungen müssen für die einzelnen Szenarien **Maßnahmen** entwickelt und wiederum deren Auswirkungen auf die Unternehmensziele analysiert werden.

Aus der Praxis Was kommt nach dem Crash? Szenarioanalyse des Zukunftsinstituts für das Jahr 2013

▶▶▶ Vom 20.10 bis zum 20.11.2008 befragte das Zukunftsinstitut 3.083 Internetnutzer, welches der folgenden vier Szenarien sie für die zukünftige ökonomische Entwicklung für am wahrscheinlichsten halten (Prozentzahl der Zustimmung jeweils in Klammern):
> Szenario 1: Selbstreinigung der Märkte – Die renovierte Marktwirtschaft (28,6 %)
> Szenario 2: Soft-Sozialismus – Die Skandinavisierung der Welt (33,2 %)
> Szenario 3: Globale Depression – Zusammenbruch der Weltwirtschaft (11,6 %)
> Szenario 4: Defizit-Desaster – Ausverkauf des Wohlstands (26,7 %)

Quelle: www.zukunftsinstitut.de/umfragen/umfrage.php?nr=16 sowie www.spiegel.de/wirtschaft/0,1518,588876,00.html. ◀◀◀

Beim Einsatz der Szenarioanalyse und der strategischen Frühaufklärung im Risikomanagement gibt es zahlreiche **Interdependenzen** (vgl. Herzhoff, 2009, S. 276 ff.):
> Beide Instrumente lassen sich **methodisch integrieren**. So werden durch eine Szenarioanalyse die risikorelevanten Bereiche für die künftige Unternehmensentwicklung ermittelt, die dann durch Frühaufklärungssysteme regelmäßig überwacht werden können.

Szenarioanalyse und strategische Frühaufklärung

5.2 Ansätze und Probleme der Risikobewertung
Instrumente der Risikobewertung

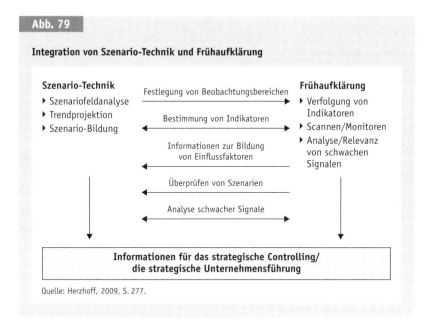

Abb. 79

Integration von Szenario-Technik und Frühaufklärung

Quelle: Herzhoff, 2009, S. 277.

- Frühaufklärungssysteme können durch das Monitoring relevante **Informationen** über die Zukunftsentwicklung von Risikofaktoren bereitstellen, andererseits kann durch die Szenarioanalyse der relevante Beobachtungsraum für das Monitoring eingegrenzt werden.
- Zur Untersuchung der **zukünftigen Entwicklung von schwachen Signalen** und den sich aus ihrer Häufung und Vernetzung ergebenden Trendlandschaften kann die Szenarioanalyse verwendet werden. Ebenso können durch die Szenarioanalyse die **Auswirkungen von schwachen Signalen** auf die relevanten Unternehmensziele untersucht werden.
- Voraussetzung für die methodische Integration der beiden Instrumente ist eine **organisatorische bzw. personelle Integration** ihrer Anwender.

Praktische Anwendung

Szenarioanalysen sind in der Unternehmenspraxis sehr verbreitet und werden in der strategischen und operativen Planung, im Krisen-, Diskontinuitäten- und Risikomanagement eingesetzt. Sie eignen sich für die Bewertung eher kurzfristiger Risiken, wenn z. B. im Rahmen der operativen Jahresplanung verschiedene Szenarien aufgestellt und Planabweichungen analysiert werden, lassen sich aber auch für die Analyse strategischer Risiken einsetzen, wenn langfristige Szenarien aufgestellt werden. Die Szenarioplanung kann zu einer **stochastischen Unternehmensplanung** weiterentwickelt werden. Dabei werden für die wichtigsten Einflussfaktoren nicht nur Szenarien, sondern Verteilungen aufgestellt. Mithilfe einer speziellen Simulationssoftware können dann Verteilungen der unternehmerischen Zielgrößen bestimmt und ausgewertet werden (vgl. Gleißner/Grundmann, 2003, S. 462 ff. sowie Kapitel 5.2.8). Ein wesentliches

Problem der Szenarioanalyse ist ihre **fehlende Strukturkonstanz**, d. h. einmal identifizierte Risikofaktoren müssen nicht unbedingt auch in der Zukunft Gültigkeit haben. Außerdem lässt sich die Umweltentwicklung immer schwerer prognostizieren, da sie durch **zahlreiche Strukturbrüche** gekennzeichnet ist, die die Aussagefähigkeit von Szenarioanalysen stark einschränken (vgl. Neuhaus/Minx, 2009, S. 231 ff.).

5.2.8 At-Risk-Modelle

At-Risk-Modelle bezeichnen eine ganze Gruppe von statistischen Risikomodellen, die ganz unterschiedliche unternehmerische Zielgrößen, wie den Vermögenswert, den Cashflow oder den Gewinn betrachten. Ausgangspunkt aller At-Risk-Modelle ist der Value-at-Risk, der ursprünglich zur Bestimmung des Marktpreisrisikos von Wertpapieren, insbesondere Aktien, entwickelt wurde. Daher werden zunächst Value-at-Risk-Konzepte vorgestellt. Anschließend wird versucht, die Methodik auf die Berechnung von Gewinnrisiken (Earnings-at-Risk) oder Liquiditäts- bzw. Unternehmenswertrisiken (Cashflow-at-Risk) zu übertragen.

Der Begriff des Value-at-Risk (VaR) stammt aus dem Risikomanagement von Finanzinstituten und bezeichnet

Begriff des Value-at-Risk

- die **maximal negative Wertänderung** einer Risikoposition, z. B. eines Wertpapiers oder eines Portfolios von Wertpapieren, in **Geldeinheiten,**
- die innerhalb eines bestimmten Zeitraums **(Haltedauer)**,
- unter üblichen Marktbedingungen,
- mit einer bestimmten Wahrscheinlichkeit **(Konfidenzniveau)** nicht überschritten wird (vgl. Burger/Buchhart, 2002, S. 121 f.; Kremers, 2002; S. 122 f.; Wolke, 2008, S. 31).

Der Value-at-Risk ist ein **monetäres Risikomaß** und ist immer positiv notiert. Er gibt stets ein Verlustpotenzial (Downside-Risk) an. Ihm liegt also ein Risikoverständnis i. e. S. zugrunde. Die **Haltedauer** wird teilweise auch als Liquidationsperiode bezeichnet und ist der notwendige Zeitraum, um die Risikoposition am Markt zu verkaufen. Die Haltedauer kann einen Handelstag im Fall von börsengehandelten Aktien, mehrere Tage, Monate oder gar Jahre bei mittelfristigen Investitionsprojekten umfassen. Das **Konfidenzniveau** wird vom Entscheidungsträger festgelegt und wird wesentlich durch seine Risikoneigung beeinflusst. Je risikoaverser ein Entscheider ist, desto höher ist das von ihm geforderte Konfidenzniveau. Typische Werte für das Konfidenzniveau sind 95 % oder 99 %, wobei es dann ein 5 %iges bzw. 1 %iges Restrisiko eines über dem VaR liegenden Verlustes gibt (vgl. Kremers, 2002, S. 122 f.; Wolke, 2008 S. 31 f.; Diederichs, 2010, S. 167 ff.).

5.2 Ansätze und Probleme der Risikobewertung
Instrumente der Risikobewertung

> **Beispiel** **Interpretation des Value-at-Risk**
>
> ▶▶▶ Dem Zwischenbericht der Deutschen Bank zum 1. Quartal 2011 ist zu entnehmen, dass der Value-at-Risk ihres Aktienportfolios im Handelsbestand per 31.03.2011 für die Haltedauer von 1 Tag und ein Konfidenzniveau von 99 % 17,4 Mio. € beträgt. Dieser Wert lässt sich so interpretieren, dass mit einer Wahrscheinlichkeit von 99 % das gesamte Aktienportfolio im Handelsbestand der Deutschen Bank vom 31.03. auf den 01.04.2011 nicht mehr als 17,4 Mio. € an Wert verlieren wird.
> Quelle: www.geschaeftsbericht.deutsche-bank.de/2011/q1/lagebericht/risikobericht/marktrisikoderhandelsportfoliosohnepostbank.html. ◀◀◀

At-Risk-Verfahren

Es gibt unterschiedliche Verfahren zur Bestimmung des Value-at-Risk, wie der folgenden Abbildung 80 zu entnehmen ist (vgl. auch im Folgenden Kremers, 2002, S. 132 ff.; Diederichs, 2010, S. 170 ff.):

Analytische Verfahren wie der Varianz-Kovarianz-Ansatz treffen bestimmte Annahmen hinsichtlich der Verteilung der Risikofaktoren einer Risikoposition, wobei i. d. R. eine **Normalverteilung (NV)** unterstellt wird. Die Wertänderungen der Risikoposition folgen dann auch wieder einer Normalverteilung, sodass sich der Value-at-Risk rechnerisch aus den Parametern Erwartungswert und Standardabweichung und dem aktuellen Wert der Risikoposition berechnen lässt. Dabei werden Korrelationen zwischen einzelnen Risikofaktoren berücksichtigt.

Nicht-parametrische Simulationsverfahren simulieren auf der Grundlage eines Bewertungsmodells den Einfluss verschiedener Risikofaktoren auf die Wertentwicklung der Risikoposition und erzeugen eine Verteilung möglicher Wertänderungen. Die Verteilung wird dann in Bezug auf ihr Risiko ausgewertet.

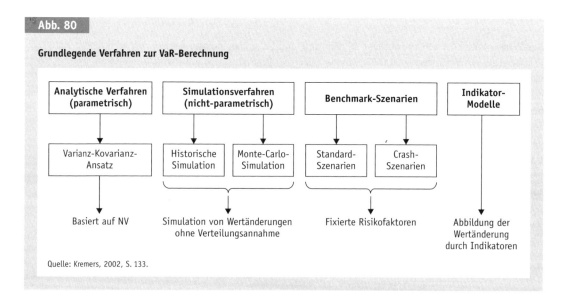

Abb. 80 Grundlegende Verfahren zur VaR-Berechnung

Quelle: Kremers, 2002, S. 133.

Ein vereinfachter Value-at-Risk lässt sich auch aus entsprechenden **Szenarien** ermitteln. Dabei werden keine Verteilungen der Risikofaktoren angenommen, sondern einige Werte für die Risikofaktoren und ihre jeweilige Eintrittswahrscheinlichkeit geschätzt. Anschließend wird der Wert der Risikoposition bei Eintritt des Szenarios berechnet und das Risiko über alle Szenarien ermittelt.

Die einzelnen Verfahren werden mit Ausnahme des **Indikatormodells**, das weitgehend der Sensitivitätsanalyse entspricht, im Folgenden beispielhaft beschrieben.

Der Varianz-Kovarianz-Ansatz wird teilweise auch als **Korrelationsansatz** bezeichnet. Er geht von einer **Normalverteilung** der Wertveränderungen der Risikofaktoren bzw. der Risikoposition aus. Damit kann der VaR direkt durch Integration der Fläche unter der Dichtefunktion für verschiedene Wahrscheinlichkeitsintervalle abgeleitet werden. Die Parameter der Normalverteilung werden auf der Grundlage historischer Datenreihen ermittelt, wobei die erwartete Rendite durch den Mittelwert der historischen Wertänderungen, z. B. Renditen, und die Standardabweichung durch die Standardabweichung der historischen Wertänderungen geschätzt werden (vgl. auch im Folgenden Burger/Buchhart, 2002, S. 129 ff.; Kremers, 2002, S. 135 ff.; Kürsten/Straßberger, 2004, S. 203 ff.). Im Folgenden wird die Ermittlung des Value-at-Risk mittels des Varianz-Kovarianz-Ansatzes beispielhaft für eine Risikoposition erläutert.

Varianz-Kovarianz-Ansatz

> **Beispiel** Ermittlung des Value-at-Risk für eine Bayer Aktie
>
> ▶▶▶ Sie kaufen am 23.09.2011 an der Frankfurter Wertpapierbörse eine Bayer Aktie zum Schlusskurs von 39,42 €. Sie möchten den Value-at-Risk Ihrer Bayer Aktie für eine Haltedauer von einem Handelstag und ein Konfidenzniveau von 95 % bestimmen. Dafür erheben Sie zunächst für einen historischen Stützzeitraum vom 12.05. bis zum 23.09.2011 (n=97) die Schlusskurse der Bayer Aktie und berechnen n-1 logarithmierte Tagesrenditen. Sie nehmen an, dass die logarithmierten Tagesrenditen einer Normalverteilung folgen und dass die Renditeentwicklung des Stützzeitraums auch die zukünftige Renditeentwicklung abbildet. Sie bestimmen den Mittelwert und die Standardabweichung der Tagesrenditen über den historischen Stützzeitraum und verwenden beides als Schätzer für die erwartete Tagesrendite $\mu = -0,40\%$ und die zukünftige Standardabweichung $\sigma = 2,30\%$. Sie wollen den maximalen Wertverlust Ihrer Bayer-Aktie wissen, der mit einer Wahrscheinlichkeit von 95 % nicht überschritten wird. Bei der Normalverteilung ergibt sich die Wahrscheinlichkeit, dass ein bestimmter Wert nicht überschritten wird, aus der Fläche unter Dichtefunktion bis zu diesem Wert (zu den statistischen Grundlagen vgl. Kapitel 2.5.2., hier insbesondere Abb. 24 Dichtefunktion der Normalverteilung). Da die Dichtefunktion symmetrisch ist und nur das Downside-Risiko betrachtet werden soll, ergibt sich die maximale negative Renditeentwicklung, die mit einer Wahrscheinlichkeit von 95 % nicht überschritten wird, indem wir von der erwarteten Rendite das 1,64-fache der Standardabweichung abziehen. Per 23.09.2011 beträgt die

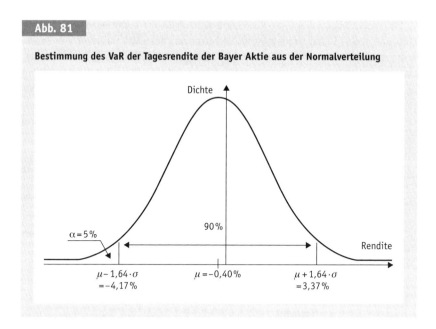

Abb. 81

Bestimmung des VaR der Tagesrendite der Bayer Aktie aus der Normalverteilung

maximale Wertänderung der Bayer Aktie für eine Haltedauer von einem Tag und ein Konfidenzniveau von 95 % – 4,17 % bzw. –1,64 €, d. h. die Bayer Aktie hat am 23.09.2011 einen Value-at-Risk von 1,64 €. ◂◂◂

Hat man den Erwartungswert und die Standardabweichung der künftigen Wertänderungen der Risikoposition, lassen sich die VaR-Werte der Risikoposition auch für andere Konfidenzniveaus und andere Haltedauern berechnen. Dabei wird der Value-at-Risk einer Risikoposition nach folgender Formel berechnet:

$$VAR_{RP;t;T;1-\alpha} = \left| MW_{RP,t} \cdot (\mu_{RP} \cdot T - n_{1-\alpha} \cdot \sigma_{RP} \cdot \sqrt{T}) \right|$$

Mit: $VAR_{RP;T;1-\alpha}$ = Value-at-Risk der Risikoposition RP zum Zeitpunkt t für eine Haltedauer von T Tagen und ein Konfidenzniveau von $(1-\alpha)$

$MW_{RP,t}$ = Marktwert der Risikoposition RP zum Zeitpunkt t

μ_{RP} = erwartete Tagesrendite der Risikoposition RP

σ_{RP} = Standardabweichung der erwarteten Rendite der Risikoposition RP

$n_{1-\alpha}$ = Anzahl Standardabweichungen für Konfidenzniveau $(1-\alpha)$

T = Anzahl der Tage der Haltedauer

Unter der Annahme, dass die Tagesrenditen einem Zufallspfad folgen und damit unkorreliert sind, kann die Rendite für eine längere Haltedauer durch die Multiplikation der Tagesrendite mit den entsprechenden Handelstagen berechnet werden. Für die Varianz gilt dieselbe lineare Umrechnungsmöglichkeit, während bei Umrechnung der Standardabweichung entsprechend mit der Wurzel der Handelstage multipliziert werden muss. Anhand des gewünschten Konfidenzniveaus wird der Multiplikator für die Standardabweichung festgelegt (vgl. Wolke, 2008, S. 31 f.).

Abb. 82

Quantile der (Standard-)Normalverteilung

Konfidenzniveau	99,5%	99,0%	97,5%	95%	90,0%
Anzahl Standardabweichungen	2,58	2,33	1,96	1,64	1,28

Beispiel **Ermittlung des Value-at-Risk für eine Bayer Aktie (Fortsetzung)**

▶▶▶ Als risikoscheuer Anleger möchten Sie jetzt den Value-at-Risk ihrer Bayer Aktie für
- ein Konfidenzniveau von 95 % und eine Haltedauer von 10 Tage und
- ein Konfidenzniveau von 99 % und eine Haltedauer von 1 Tag bestimmen.

Der Value-at-Risk der Bayer Aktien beträgt

$$VaR = \left| 39{,}42 \, \text{€} \cdot \left(-0{,}40\% \cdot 10 - 1{,}64 \cdot 2{,}30\% \cdot \sqrt{10} \right) \right| = 6{,}30 \, \text{€}$$

$$VaR = \left| 39{,}42 \cdot \text{€} \left(-0{,}40\% - 2{,}33 \cdot 2{,}30\% \right) \right| = 2{,}27 \, \text{€}$$ ◀◀◀

Ein Value-at-Risk kann nur dann sinnvoll interpretiert werden, wenn
- die zugrundeliegende Haltedauer,
- das festgelegte Konfidenzniveau,
- das verwendete Berechnungsverfahren und
- der historische Stützzeitraum für die Parameterschätzung bekannt sind.

Soll der Value-at-Risk für ein Portfolio von Risikopositionen berechnet werden, müssen **Korrelationen** zwischen den einzelnen Risikofaktoren bzw. Risikopositionen **berücksichtigt** werden (vgl. Burger/Buchhart, 2002, S. 129 ff.; Wolke, 2008, S. 34 ff.):

Value-at-Risk für Portfolios

1. Zunächst müssen die zu bewertende Risikoposition, ihre Risikofaktoren und der Einfluss der Risikofaktoren auf die Wertentwicklung der Risikoposition bestimmt werden. Soll z. B. das Risiko eines Aktienportfolios berechnet werden, sind die Risikofaktoren die Wertänderungen der einzelnen Aktien des Portfolios. Ihr Einfluss auf die Wertänderung des Portfolios entspricht ihrem Anteil am gesamten Portfoliowert. Zudem müssen Korrelationseffekte zwischen den einzelnen Aktien beachtet werden.
2. Dann werden Wahrscheinlichkeiten für die Ausprägungen der Risikofaktoren festgelegt, wobei i. d. R. von einer Normalverteilung der Risikofaktoren ausgegangen wird.

3. Anschließend wird die Wahrscheinlichkeitsverteilung für die Wertänderungen des Portfolios in Abhängigkeit von den Verteilungen der Risikofaktoren und ihrer Korrelationen ermittelt. Wenn die Risikofaktoren normalverteilt sind, folgt auch die Verteilung der Wertänderungen des Portfolios einer Normalverteilung. Für die Verteilung der Wertänderungen des Portfolios werden dann der Erwartungswert und die Standardabweichung berechnet.
4. Danach werden das Konfidenzniveau und die Haltedauer für die VaR-Bestimmung festgelegt und der VaR der Risikoposition berechnet.

Sind die Value-at-Risk-Werte der einzelnen Wertpapiere des Portfolios sowie die Korrelationen der erwarteten Renditen bekannt, vereinfacht sich die Vorgehensweise, wobei in Abhängigkeit von der Korrelation der Wertpapiere im Portfolio vier Fälle unterschieden werden (vgl. Kremers, 2002, S. 146 ff.; Wolke, 2008, S. 42 f.):

- Wenn die erwarteten Renditen sämtlicher Wertpapiere **vollkommen positiv korreliert** sind (d. h. k = 1), können keine Diversifikationseffekte erzielt werden. Der Value-at-Risk des Portfolios ergibt sich aus der Addition der Value-at-Risk-Werte der einzelnen Wertpapiere.
- Sind die erwarteten Renditen dagegen **vollkommen negativ korreliert** (d. h. k = –1), wird der Value-at-Risk des Portfolios durch den Betrag der Differenz der einzelnen Value-at-Risk-Werte berechnet, da die Wertentwicklung der Wertpapiere genau gegenläufig ist. Dieser Fall ist nur für ein Portfolio mit maximal zwei Wertpapieren relevant.
- Bei **vollkommener Unkorreliertheit** der einzelnen Renditen (d. h. k = 0) ergibt sich der Value-at-Risk des Portfolios aus der Wurzel der Summe der quadrierten Value-at-Risk-Werte der einzelnen Wertpapiere.
- Die erst genannten drei Fälle kommen in der Praxis sehr selten vor. Bei einer unvollkommenen Korrelation der Wertpapiere ergibt sich der Value-at-Risk des Portfolios aus der Wurzel des Produkts aus dem Vektor der einzelnen Value-at-Risk-Werte (Risikovektor), der Korrelationsmatrix der Wertpapiere des Portfolios und der Transponenten des Risikovektors.

Beispiel Berechnung des VaR für ein Portfolio aus zwei Aktien

▶▶▶ Sie halten am 23.09. ein Portfolio aus einer Bayer Aktie und einer VW Aktie und möchten die erwartete Rendite und den Value-at-Risk des Portfolios mittels Varianz-Kovarianz-Ansatz bestimmen. Dafür liegen Ihnen folgende Informationen vor:

Aktie	Schlusskurs in €	µ	σ	r
Bayer	39,42	-0,40 %	2,30 %	
VW	103,80	-0,22 %	2,71 %	
				0,60

Die erwartete Rendite ergibt sich aus der Addition der gewichteten erwarteten Renditen jede Aktie

$\mu_P = w_{Bayer} \cdot \mu_{Bayer} + w_{VW} \cdot \mu_{VW} = 0,28 \cdot -0,40\% + 0,72 \cdot -0,22\% = -0,27\%$

Für die Bestimmung des Value-at-Risk des Portfolios, wird zunächst die Standardabweichung der erwarteten Portfoliorendite bestimmt:

$\sigma_P = \sqrt{w_{Bayer}^2 \cdot \sigma_{Bayer}^2 + w_{VW}^2 \cdot \sigma_{VW}^2 + 2 \cdot w_{Bayer} \cdot w_{VW} \cdot \sigma_{Bayer} \cdot \sigma_{VW} \cdot r} = 2,39\%$

Der Value-at-Risk des Portfolios für eine Haltedauer von einem Tag und ein Konfidenzniveau von 95 % wird dann folgendermaßen berechnet:

$VaR_P = 143,22\,€ \cdot |\mu_P - 1,64 \cdot \sigma_P| = 143,22\,€ \cdot |-0,27\% - 1,64 \cdot 2,39\%| =$
$143,22\,€ \cdot 4,20\% = 6,02\,€$ ◄◄◄

Es lässt sich zeigen, dass die Wertentwicklung vieler Risikofaktoren und -positionen **keiner Normalverteilung folgt**. So ist beispielsweise Abbildung 83 zu entnehmen, dass die Tagesrenditen der Bayer Aktie und der VW Aktie im Betrachtungszeitraum höchstens näherungsweise normalverteilt sind. Insbesondere in den Randbereichen der Verteilungen sind die Häufigkeiten größerer positiver und negativer Wertänderungen häufiger, als dies nach der Normalverteilung zu erwarten ist. Dies führt zu einer Unterschätzung extremer Wertänderungen und damit zu einer systematischen **Unterschätzung des Risikos** durch die Normalverteilung.

Historische Simulation

Abb. 83

Häufigkeitsverteilung der stetigen Tagesrenditen der Bayer Aktie und der VW Aktie im Zeitraum von 12.05. bis zum 23.09.2011

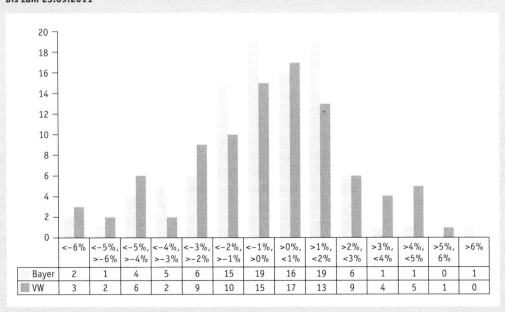

	<-6%	<-5%, >-6%	<-5%, >-4%	<-4%, >-3%	<-3%, >-2%	<-2%, >-1%	<-1%, >0%	>0%, <1%	>1%, <2%	>2%, <3%	>3%, <4%	>4%, <5%	>5%, 6%	>6%
Bayer	2	1	4	5	6	15	19	16	19	6	1	1	0	1
VW	3	2	6	2	9	10	15	17	13	9	4	5	1	0

5.2 Ansätze und Probleme der Risikobewertung
Instrumente der Risikobewertung

Die historische Simulation ist ein **heuristisches Verfahren**, das mögliche Wertänderungen einer Risikoposition anhand von historischen Wertänderungen ermittelt. Sie verzichtet damit auf die problematische Normalverteilungsannahme und nimmt dafür an, dass sich historische Wertänderungen in der Zukunft wiederholen. Die historische Simulation geht folgendermaßen vor (vgl. auch im Folgenden Burger/Buchhart, 2002, S. 126 ff.; Kremers, 2002, S. 151 ff.; Wolke, 2008, S. 50 ff.):

- Für eine Risikoposition werden n Werte für eine bestimmte Vergangenheitsperiode erhoben und daraus n-1 relative Wertänderungen errechnet.
- Die relativen Wertänderungen werden aufsteigend ausgehend von der größten negativen Wertänderung geordnet.
- Der Value-at-Risk für ein bestimmtes Konfidenzniveau $1-\alpha$ ergibt sich dann durch Abzählen. Die $(1-\alpha)$-negativste Wertänderung ist dann die Wertänderung, die für das ausgewählte Konfidenzniveau nicht überschritten wird. Man spricht auch vom $(1-\alpha)$-Quantilswert. Der VaR gibt sich dann aus der Multiplikation des aktuellen Portfoliowertes mit der ausgewählten Wertänderung.

Beispiel Ermittlung des Value-at-Risk für eine Bayer Aktie mittels historischer Simulation

▶▶▶ Die Ausgangssituation ist identisch mit der Ausgangssituation im Beispiel zum Varianz-Kovarianz-Ansatz. Sie ermitteln zunächst aus den Schlusskursen (2) die stetigen Tagesrenditen (3) und sortieren diese in absteigender Reihenfolge.

Datum (1)	Schlusskurs (2) in €	Stetige Tagesrendite (3)
06.09.2011	37,75	−7,83 %
23.06.2011	54,40	−6,46 %
10.08.2011	42,505	−5,76 %
18.08.2011	43,865	−4,90 %
...	...	...

Anschließend werten Sie das 95 %-Quantil aus. Das 5 %-Quantil ist die Tagesrendite, die in 95 % der Fälle nicht unterschritten wurde. Bei 96 historischen Werten ist das der 4,8-schlechteste Wert Da sich Tage nur in ganzen Einheiten ausdrücken lassen, muss dieser Wert auf 4 Tage abgerundet werden, da bei 5 Tagen die Wahrscheinlichkeit einer schlechteren Kursentwicklung etwas über 5 % liegt. Er beträgt im Beispiel −4,90 %. Ausgehend von einem Tageskurs von 39,42 € beträgt der Value-at-Risk mittels historischer Simulation für eine Haltedauer von einem Handelstag und ein Konfidenzniveau von 95 % 1,93 €. Wird ein Konfidenznivau von 99 % gefordert, so ist der schlechteste Wert der Rendite von −7,83 % zu nehmen. Dann beträgt der Value-at-Risk 3,09 €. ◀◀◀

Monte-Carlo-Simulation

Die historische Simulation stellt hohe Anforderungen an die Datenhistorie und geht zudem davon aus, dass keine Strukturbrüche eintreten und sich Vergan-

5.2 Instrumente der Risikobewertung

genheitswerte auch in die Zukunft übertragen lassen. Die Monte-Carlo-Simulation löst sich von dieser Vergangenheitsorientierung, indem für alle Risikofaktoren bzw. Risikopositionen **theoretische Verteilungen angenommen** werden. Außerdem muss ein **Modell** zur Abbildung der Zusammenhänge zwischen der Entwicklung der Risikofaktoren und der Risikoposition aufgestellt werden. Anschließend werden mögliche Realisationen der Risikofaktoren bzw. Risikopositionen zufällig festgelegt und ihre Auswirkungen auf den Wert der Risikopositionen ermittelt. Durch eine große Anzahl von Simulationsläufen wird eine Verteilung der Wertentwicklung der Risikoposition erzeugt, die wiederum wie bei der historischen Simulation durch Abzählen der Quantilswerte ausgewertet wird (vgl. Burger/Buchhart, 2002, S. 128; Kremers, 2002, S. 157 ff.; Wolf/Runzheimer, 2009, S. 137 ff.; zum Ablauf der Monte-Carlo-Simulation vgl. Rudolf, 2000, S. 381 ff. sowie Bleuel, 2006, S. 372 ff.).

Die **Qualität** der Monte-Carlo-Simulation wird von folgenden Faktoren wesentlich beeinflusst (vgl. Burger/Buchhart, 2002, S. 128; Bleuel, 2006, S. 371 f.):

- Validität des Untersuchungsmodells, d. h. wie gut lassen sich die Risikoposition und ihre Risikofaktoren durch ein Modell abbilden,
- Ermittlung von geeigneten Wahrscheinlichkeitsfunktionen für die Risikofaktoren und
- Zahl der Simulationsläufe, wobei hier ein Kompromiss zwischen der Genauigkeit der Ergebnisse und dem damit verbundenen Rechenaufwand gemacht werden muss.

Der folgenden Abbildung 84 sind in der Monte-Carlo-Simulation häufig genutzte Verteilungen mit entsprechenden Anwendungsbeispielen zu entnehmen:

Abb. 84

Häufige Verteilungsformen

Verteilung		Einsatz	Beispiele
Normalverteilung	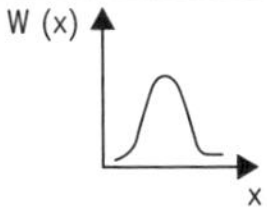 W (x)	▸ gleichmäßige Streuung der Variablen um Mittelwert ▸ Approximierung anderer Verteilungen	▸ Natürliche Merkmale wie Verteilung von Schuhgrößen ▸ Qualitätsmanagement: Maßtreue der Bauteile
Dreiecksverteilung	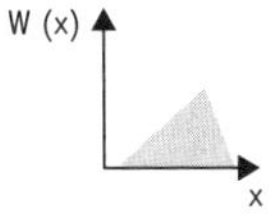 W (x)	▸ Ableitbar sind nur Minimum, und Basisfall ▸ Oft bei asymmetrischer Verteilung (Grafik)	▸ Tagesabsatzprognose einer Tankstelle ▸ Schätzung eines zu verhandelnden Kaufpreises
Gleichverteilung	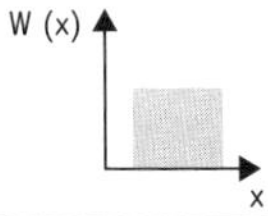 W (x)	▸ Alle Werte mit gleicher Wahrscheinlichkeit ▸ Oftmals auch, wenn Verteilungform unbekannt	▸ Ort eines Lecks an einer Pipeline ▸ Preisprognose sensitiver Rohstoffmärkte

Quelle: Bleuel, 2006, S. 373.

5.2 Ansätze und Probleme der Risikobewertung
Instrumente der Risikobewertung

Für die Durchführung von Monte-Carlo-Simulationen können sowohl spezielle Softwarelösungen als auch Erweiterungen von MS-Excel (sogenannte Add-Ins) eingesetzt werden.

Vergleich der Verfahren

In der folgenden Abbildung 85 werden wesentliche Merkmale sowie Vor- und Nachteile der parametrischen und nicht-parametrischen Verfahren zur Value-at-Risk-Berechnung zusammengefasst.

Der **Varianz-Kovarianz-Ansatz** ist aufgrund seiner einfachen Vorgehensweise in der Praxis weit verbreitet, birgt jedoch zahlreiche methodische Probleme. Insbesondere die Normalverteilungsannahme kann zu einer systematischen Unterschätzung von Extremrisiken führen (vgl. Gleißner/Mott, 2008, S. 59). Zudem können keine nicht-linearen Zusammenhänge zwischen Risikofaktoren und Risikoposition abgebildet und insgesamt nur wenige Risikofaktoren berücksichtigt werden. Der Varianz-Kovarianz-Ansatz birgt somit ein erhebliches **Modellrisiko**.

Die **historische Simulation** ist ebenfalls ein relativ einfacher Ansatz und verzichtet zudem auf die problematische Normalverteilungsannahme. Aller-

Abb. 85

Gegenüberstellung ausgewählter VaR-Verfahren

Kriterium	Varianz-Kovarianz-Ansatz	Historische Simulation	Monte-Carlo-Simulation
Verfahren	parametrisch	nicht-parametrisch	nicht-parametrisch
Verteilungsannahme	Normalverteilung	nicht erforderlich	unterschiedliche Verteilungen möglich
Abbildung nicht-linearer Positionen	nein	ja	ja
Anspruch an die Datenbasis	hoch (Kovarianzmatrix aller Risikofaktoren notwendig)	hoch (historische Zeitreihen der Risikofaktoren oder der Risikoposition notwendig)	mittel bis hoch (historische Zeitreihen zur Schätzung der Parameter notwendig)
Erfassung von Extremwerten	eher schlecht	möglicherweise	möglicherweise
Implementierungsaufwand	gering	hoch	hoch
Flexibilität	sehr gering	mittel	sehr hoch
Modellrisiko	hoch	gering bis mittel	hoch
Vorteile	geringer Berechnungsaufwand; theoretisch gut fundiert	leichte Verständlichkeit, keine Verteilungsannahmen und Korrelationen notwendig	potenzielle Genauigkeit, hohe Flexibilität
Nachteile	Kritik an Normalverteilungsannahme	Repräsentativität der Stichprobe (des Beobachtungszeitraums) notwendig	lange Rechenzeiten und hoher Implementierungsaufwand
Beste Methode bei	geringer Portfoliogröße, linearen Zusammenhängen und stabilen Korrelationen	konstanter Portfoliozusammensetzung und geringer Volatilität der Risikofaktoren bzw. der Risikoposition	nicht-linearen Positionen; Zusammenwirken vieler verschiedener Risikofaktoren

Quelle: Kremers, 2002, S. 167f.; Diederichs, 2010, S. 174.

dings hängt ihre Qualität maßgeblich von der Repräsentativität des historischen Beobachtungszeitraums für die künftige Wertentwicklung der Risikofaktoren bzw. der Risikoposition ab. Auf die Abbildung makroökonomischer Erklärungen und aktueller Entwicklungen wird dagegen verzichtet (vgl. Kremers, 2002, S. 155 ff.; Rudolph, 2008, S. 728 f.; Wolke, 2008, S. 51).

Die **Monte-Carlo-Simulation** ist das flexibelste Instrument und erlaubt eine Berücksichtigung sehr vieler Risikofaktoren und Zusammenhänge. Allerdings stellt die Monte-Carlo-Simulation auch die höchsten Anforderungen an die Modellierung, sodass sie ein relatives hohes **Modellrisiko** birgt. Zudem lassen sich die Verteilungen der Risikofaktoren aufgrund fehlender empirischer Werte häufig nur schwer schätzen (vgl. Tallau, 2011, S. 86 ff.).

Ein vereinfachter Value-at-Risk kann durch den Einsatz von Szenarien ermittelt werden. Bei dieser Vorgehensweise werden aus der Kombination verschiedener Risikofaktoren Szenarien abgeleitet, z. B. Worst-Case-Szenarien. Die Wahrscheinlichkeiten der Szenarien ergeben sich aus den Eintrittswahrscheinlichkeiten der betrachteten Ausprägungen der Risikofaktoren. Der Value-at-Risk entspricht dann der negativen Abweichung zwischen dem Ist-Wert der Risikoposition und ihrem Wert bei Eintritt eines bestimmten Szenarios für ein bestimmtes Konfidenzniveau. Der Vorteil der Szenario-Methode ist, dass für die Risikoparameter keine Verteilungen, sondern lediglich einige wenige Szenarien und deren Eintrittswahrscheinlichkeiten geschätzt werden müssen (vgl. Burger/Buchhart, 2002, S. 124 ff.).

Szenario-Methode

Beispiel **Berechnung des VaR mittels Szenario-Methode**
▶▶▶ Die Wertentwicklung eines Wertpapierportfolios hängt von unterschiedlichen Risikofaktoren, insbesondere der Zinsentwicklung und der Entwicklung einiger Wechselkurse ab. Für die Risikofaktoren werden verschiedene Szenarien entwickelt und der Wert des Portfolios bei Eintritt dieser Szenarien berechnet.

Szenarien	Aktuell	1	2	3	4	5	6
Wahrscheinlichkeit		10 %	5 %	15 %	25 %	40 %	5 %
$-Kurs in €	1,19	1,17	1,09	...			1,27
€-Kurs in Yen	105,66	101,77	...				109,36
€-Zins	3,92 %	3,78 %	...			4,01 %	...
...							
Portfoliowert in €	100	87	72	114	98	103	138
Abweichung in €		−13	−28	14	−2	3	38

Der Tabelle lässt sich entnehmen, dass mit einer Wahrscheinlichkeit von 95 % ein Wertverlust des Portfolios von 28 Mio. € nicht überschritten bzw. ein Portfoliowert von 72 Mio. € nicht unterschritten wird.
Quelle: Burger/Buchhart, 2002, S. 125. ◀◀◀

5.2 Ansätze und Probleme der Risikobewertung
Instrumente der Risikobewertung

Cashflow-at-Risk und Earnings-at-Risk

Der Value-at-Risk-Ansatz lässt sich aus mehreren Gründen nicht ohne **Modifikationen** für die Risikobewertung in Industrie- und Handelsunternehmen einsetzen (vgl. Hoitsch/Winter, 2004, S. 239 f.; Diederichs, 2010, S. 179 f.):

▸ Finanztitel wie Wertpapiere spielen für den Erfolg und die Entwicklung von Industrie- und Handelsunternehmen nur eine untergeordnete Rolle, da das Vermögen dieser Unternehmen primär aus **spezifischen materiellen und immateriellen Werten** besteht, wie z. B. Anlagen und Maschinen oder Lizenzen. Für diese Vermögenswerte existiert vielfach kein Marktpreis, sondern ihr Wert muss anhand von kapitalwertorientierten Bewertungsmodellen bestimmt werden. Basis dieser Bewertungsmodelle sind vielfach mehrjährige Cashflow-Planungen, die aus der Verwendung der Vermögenswerte resultieren.

▸ Für Industrie- und Handelsunternehmen ist daher nicht die Betrachtung kurzfristiger Schwankungen des Marktwertes wie beim Value-at-Risk für die Risikobewertung relevant. Relevante Unternehmensziele sind vielmehr der **periodenbezogene Gewinn, der Jahresüberschuss oder der Cashflow**.

▸ Zudem geht der **Betrachtungshorizont** deutlich über die üblichen Haltedauern von Wertpapieren hinaus. Die Planungsperiode beträgt in Industrieunternehmen üblicherweise ein Quartal oder ein Jahr.

▸ Die für die Ermittlung der relevanten Parameter für eine Value-at-Risk-Berechnung erforderlichen **historischen Datenreihen** liegen vielfach **nicht vor**, sodass z. B. historische Simulationen nur schwer eingesetzt werden können.

▸ Es gibt **mehr und deutlich heterogenere Risikofaktoren** für den Gewinn eines Industrie- oder Handelsunternehmens als für die Wertentwicklung einer Aktie. Außerdem bestehen zwischen den einzelnen Risikofaktoren und zwischen den Risikofaktoren und dem Gewinn des Unternehmens häufig nicht-lineare Beziehungen und die Risikofaktoren folgen keiner Normalverteilung.

Als Zielgrößen werden daher in der Literatur der Cashflow-at-Risk (CFaR) bzw. der Earnings-at-Risk (EaR) auf Quartals- oder Jahresbasis empfohlen. Der Cashflow-at-Risk (Earnings-at-Risk) ist der finanzielle Überschuss (Periodenerfolg), der in einem festgelegten Betrachungszeitraum (Quartal oder Jahr) mit einer vorgegebenen Wahrscheinlichkeit nicht unterschritten wird. Entscheidungseinheit ist das gesamte Unternehmen oder ein organisatorischer Teilbereich z. B. eine Tochtergesellschaft (vgl. Hoitsch/Winter, 2004, S. 240; Diederichs, 2010, S. 185 f.).

Verfahren zur Ermittlung des CFaR bzw. EaR

Theoretisch können alle Verfahren zur Ermittlung des Value-at-Risk auch zur Bestimmung des Cashflow-at-Risk oder des Earnings-at-Risk eingesetzt werden. Aufgrund des Umfangs der relevanten Risikofaktoren, der fehlenden Datenhistorie und der Nichterfüllung der Normalverteilung ist jedoch nur die Monte-Carlo-Simulation sinnvoll anwendbar (vgl. auch im Folgenden Burger/Buchhart, 2002, S. 136 ff.; Hoitsch/Winter, 2004, S. 241 f.; Bleuel, 2006, S. 372 ff.; Diederichs, 2010, S. 182 ff.). Dafür muss zunächst ein geeignetes Bewertungsmodell

5.2 Instrumente der Risikobewertung

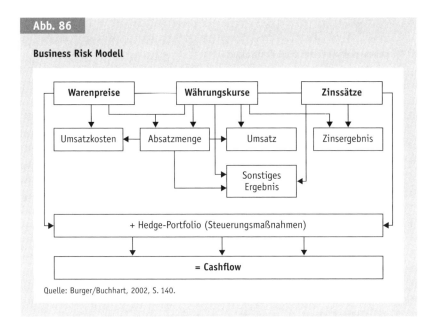

Abb. 86

Business Risk Modell

Quelle: Burger/Buchhart, 2002, S. 140.

(**Business Risk Modell**) zur funktionalen Verknüpfung von Risikofaktoren und Unternehmenszielen entwickelt werden. Ein einfaches Beispiel ist der Abbildung 86 zu entnehmen.

Durch Business-Risk-Modelle werden Risikofaktoren in die **Planungsrechnungen** des Unternehmens (Plan-Bilanz, Plan-Gewinn- und Verlustrechnung und Plan-Kapitalflussrechnung) integriert. Business-Risk-Modelle variieren stark in ihrem Detaillierungsgrad und damit in ihrer Komplexität. Teilweise werden die finanziellen Unternehmensziele wie die Umsatzkosten noch weiter in ihre Bestandteile, wie z. B. Herstellungskosten des Umsatzes, Verwaltungs- und Vertriebsaufwand, Steueraufwand und Finanzaufwand, zerlegt.

Für diese Bestandteile werden nun Risikofaktoren festgelegt, deren zukünftige Entwicklung durch Verteilungen beschrieben und stochastische Abhängigkeiten zwischen den Risikofaktoren modelliert. Der Zusammenhang zwischen den Risikofaktoren und den Unternehmenszielen bzw. ihren Komponenten kann durch **Sensitivitäten** abgebildet werden, die bei ausreichender Datenlage durch Regressionsanalysen aus historischen Zeitreihen geschätzt werden. Alternativ können die Zusammenhänge durch Experten geschätzt werden. Anschließend werden durch die Monte-Carlo-Simulation eine größere Zahl möglicher Realisierungen der Risikofaktoren zufällig ausgewählt und ihre Auswirkungen auf den Cashflow simuliert, sodass sich letztendlich eine Verteilung des zukünftigen Cashflows ergibt. Diese Verteilung wird dann entsprechend ausgewertet und der erwartete Cashflow sowie die gewünschten Quantilswerte bestimmt.

5.2 Ansätze und Probleme der Risikobewertung
Instrumente der Risikobewertung

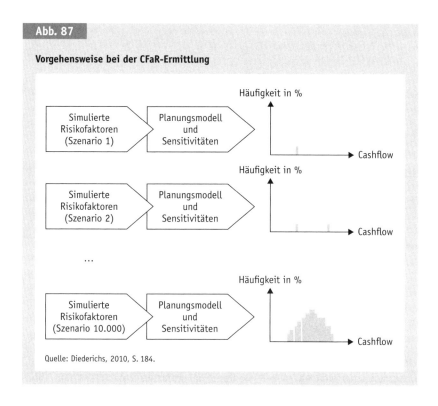

Abb. 87: Vorgehensweise bei der CFaR-Ermittlung

Quelle: Diederichs, 2010, S. 184.

Neben der o.g. Bottom-up-Methode kann die zukünftige Verteilung des Cashflows auch direkt aus ihrer historischen Häufigkeitsverteilung geschätzt werden. Bei dieser **Top-down-Vorgehensweise** wird auf eine aufwändige Simulation potenzieller Risikofaktoren verzichtet. Allerdings liegen für einen Top-down-Ansatz häufig nicht ausreichend historische Daten vor. Zudem ist seine Aussagekraft insbesondere in Bezug auf die Ableitung möglicher Steuerungsmaßnahmen begrenzt (vgl. Hoitsch/Winter, 2004, S. 242).

Praktische Anwendung

Value-at-Risk-Modelle wurden Anfang der 1990er-Jahre zur **Messung von Marktpreisrisiken** z. B. Aktienkursrisiken in **Finanzinstituten**, insbesondere Banken und Investmentgesellschaften, entwickelt. Mittlerweile wurde der Ansatz auch auf die Messung von Ausfall- und Bonitätsrisiken sowie operationellen Risiken im Bankensektor übertragen. Diese Entwicklung wurde und wird stark durch aufsichtsrechtliche Vorgaben wie z. B. die Eigenmittelvorschriften Basel II getrieben (vgl. Kremers, 2002, S. 121). Der Value-at-Risk hat den Vorteil, das Risiko in **einer finanziellen Maßgröße** zusammenzufassen und damit vergleichbar und aggregierbar zu machen. Er hat damit eine wichtige Informationsfunktion in der Risikoberichterstattung, kann als Grundlage für die Ableitung und Überprüfung eines entsprechenden VaR-Limits und für die Risikokapitalallokation und die Performance-Messung dienen. Allerdings beschreibt er nur einen Punkt der Wahrscheinlichkeitsverteilung. Insbesondere sind die bei einem bestimmten Konfidenzniveau möglichen Überschreitungen des Value-at-Risk auszuwerten, um auch für einen unwahrscheinlichen Maximalverlust gewappnet zu sein (vgl. Burger/Buchhart, 2002, S. 132 ff.; Diederichs, 2010, S. 175 ff. Für eine weitergehende Kritik vgl. Culp et al., 2008, S. 162 ff.).

Cashflow-at-Risk- bzw. Earnings-at-Risk-Modelle bieten auch Nichtbanken die Möglichkeit, ihre Unternehmensrisiken monetär zu bewerten, die Risiken unterschiedlicher Unternehmensbereiche zu vergleichen und zu einem Gesamtrisiko zu aggregieren. Durch die Analyse der Sensitivitäten können Steuerungsmaßnahmen abgeleitet werden. Allerdings fehlen in vielen Unternehmen die für die Berechnung eines Cashflow-at-Risk oder Earnings-at-Risk erforderlichen Datenhistorien, eine leistungsfähige Simulationssoftware sowie die Fach- und Methodenkompetenz im (Risiko-)Controlling. Auch die Konstruktion des Business-Risk-Modells bereiten in der Praxis – insbesondere in diversifizierten Großunternehmen mit einer heterogenen Risikostruktur – große Probleme. Insbesondere die Definition und Abbildung von Ursache-Wirkungs-Beziehungen zwischen Risikofaktoren und Unternehmenszielen ist schwierig und beruht vielfach aufgrund fehlender historischer Daten auf subjektiven Expertenschätzungen (vgl. Burger/Buchhart, 2002, S. 144 ff.; Diederichs, 2010, S. 178 sowie S. 186).

5.2.9 Evaluation der Instrumente der Risikobewertung

Nach der Beschreibung der einzelnen Instrumente der Risikobewertung wird anschließend diskutiert, inwieweit diese die in 5.1. formulierten Anforderungen an eine Risikobewertung erfüllen. Die umstehende Abbildung 88 fasst die Bewertung zusammen:

Risikoklassifikationen, Scoring-Modelle und Risikoportfolios sind aufgrund ihrer geringen Datenanforderungen für eine Vielzahl unterschiedlicher Risiken und insbesondere für die Bewertung qualitativ messbarer Risiken geeignet (vgl. Burger/Buchhart, 2002, S. 160). *[Breite Anwendbarkeit]*

Risikomaße, Sensitivitäts- und Szenarioanalysen stellen mittlere Datenanforderungen und sind daher für einen ersten Einstieg in die quantitative Risikobewertung besonders geeignet.

At-Risk-Modelle stellen hohe Anforderungen an die Datengrundlage und erfordern zudem ein Modell zur Abbildung der Auswirkungen von Änderungen der Risikofaktoren auf das jeweils betrachtete Unternehmensziel. Sie kommen daher insbesondere für die Bewertung von Finanz- und Erfolgsrisiken in Frage. Insbesondere bei Cashflow-at-Risk- und Earnings-at-Risk-Modellen ist die unzureichende Datenlage ein großes Problem. Es muss eine Vielzahl von zumeist nicht normalverteilten Risikofaktoren berücksichtigt werden, was die Gestaltung von Business-Risk-Modellen sehr aufwändig macht (vgl. Burger/Buchhart, 2002, S. 132 ff.; Hoitsch/Winter, 2004, S. 244).

Risikoportfolios sind aufgrund der grafischen Darstellung anschaulich und leicht nachvollziehbar, weisen jedoch einige methodische Schwächen auf. Bei- *[Nachvollziehbarkeit]*

5.2 Ansätze und Probleme der Risikobewertung
Instrumente der Risikobewertung

Abb. 88

Evaluation der Instrumente der Risikobewertung

Methode	auf viele Risiken anwendbar?	nachvollziehbar?	objektiv?	monetär quantifizierbar?	Interdependenzen berücksichtigt?
Risikoklassifikationen	++	++	–	–	–
Scoring-Modelle	++	+	–	–	–
Risikoportfolios	++	++	*	*	–
Risikomaße	+	+	+	*	–
Sensitivitätsanalysen	+	++	+	++	–
Szenarioanalysen	+	++	+	++	+
Value-at-Risk-Modelle	–	+	++	++	+
Cashflow-at-Risk-Modelle	+	+	++	++	+

Quelle: In Erweiterung von Vanini, 2006, S. 788.

Legende: ++ = sehr gut geeignet, + = geeignet, – = weniger geeignet, – – = ungeeignet, * = abhängig von der konkreten Ausgestaltung

spielsweise können strenggenommen nur binomialverteilte Risiken in einem Risikoportfolio abgebildet werden. Tatsächlich sind bei den meisten Risiken in Abhängigkeit von der Entwicklung ihrer Risikofaktoren unterschiedliche Schadensausmaße denkbar, die zudem mit sehr unterschiedlichen Wahrscheinlichkeiten eintreten können. Diese Risiken können besser durch Verteilungen abgebildet werden und sind in einem klassischen Risikoportfolio nicht darstellbar. Als Alternative werden in der Literatur modifizierte Risikoportfolios mit den Dimensionen »erwarteter Höchstschaden« und »Schadenserwartungswert« vorgeschlagen (vgl. Burger/Buchhart, 2002, S. 166f.; Gleißner, 2011, S. 146ff.). Zudem wird die grafische Darstellung in einer Risk-Map bei einer Vielzahl unterschiedlicher Risiken schnell unübersichtlich (vgl. Burger/Buchhart, 2002, S. 172).

Auch Risikoklassifikationen erfüllen das Kriterium der Nachvollziehbarkeit, wobei deren starke Vereinfachung häufig kritisch beurteilt wird. Die Nachvollziehbarkeit von Scoring-Modellen und Sensitivitäts- bzw. Szenarioanalysen hängt von der Anzahl der verwendeten Risikofaktoren bzw. von der Komplexität des Messmodells ab. At-Risk-Modelle sind aufgrund des erforderlichen statistischen Wissens und ihrer Komplexität häufig von Entscheidern weniger gut nachzuvollziehen, was zu Akzeptanzproblemen im Unternehmen führen kann.

Objektivität

Bei Risikoklassifikationen, Scoring-Modellen und Risikoportfolios fehlen exakte Abgrenzungskriterien für die Risikoklassen. Bei Scoring-Modellen legt der Entscheider darüber hinaus die Bewertungskriterien und deren Gewichtung fest und führt die qualitative Bewertung für die einzelnen Risiken selbst durch. Das birgt erhebliche Spielräume für eine subjektive Verzerrung der Ergebnisse (vgl. Burger/Buchhart, 2002, S. 160 f. sowie 173).

Die Objektivität von Sensitivitäts- und Szenarioanalysen, Risikomaßen sowie von At-Risk-Modellen ist aufgrund der verbesserten Datengrundlage höher einzustufen, hängt jedoch von der Validität der verwendeten Messmodelle ab (vgl. Burger/Buchhart, 2002, S. 134 ff.; Kremers, 2002, S. 108; Wolke, 2010, S. 62 f.).

Eine monetäre Quantifizierbarkeit von Risikopotenzialen ist bei Risikoklassifikationen und Scoring-Modellen aufgrund der geringen Datenanforderungen ausgeschlossen. Sind in Risikoportfolios Eintrittswahrscheinlichkeit und Schadensausmaß gegeben, ist eine monetäre Bewertung von Risikopotenzialen als Schadenserwartungswert möglich. Bei den Risikomaßen gibt es monetäre und nicht-monetäre Kennzahlen. Sensitivitäts- und Szenarioanalysen sowie At-Risk-Modelle nehmen explizit eine monetäre Risikomessung vor, wobei At-Risk-Modelle außerdem das Schadenspotenzial zu einer At-Risk-Kennzahl verdichten (vgl. Burger/Buchhart, 2002, S. 134; Hoitsch/Winter, 2004, S. 244).

Risikointerdependenzen werden in Abhängigkeit vom Messmodell bei Szenarioanalysen sowie bei At-Risk-Modellen durch Korrelation von Risikofaktoren bei der Simulation des Risikopotenzials berücksichtigt (vgl. Burger/Buchhart, 2002, S. 133). Problematisch ist, dass bei Risikoportfolios Einzelrisiken lediglich punktuell dargestellt und Risikointerdependenzen vernachlässigt werden (vgl. Burger/Buchhart, 2002, S. 173; Diederichs, 2010, S. 145). Scoring-Modelle unterstellen eine Unabhängigkeit der einzelnen Risiken, Risikointerdependenzen werden daher ebenfalls nicht berücksichtigt. Sensitivitätsanalysen untersuchen vor allem die Auswirkungen der Variation eines Risikofaktors und vernachlässigen somit Risikointerdependenzen. Risikomaße werden ebenfalls nur für einzelne Risiken berechnet (vgl. Rau-Bredow, 2001, S. 319; Burger/Buchhart, 2002, S. 120 f.; Hoitsch/Winter, 2004, S. 244; Wolke, 2008, S. 26).

Die Evaluation lässt die Schlussfolgerung zu, dass kein Instrument für sich genommen ausreicht, um alle Unternehmensrisiken zu bewerten. Für Industrie- und Handelsunternehmen scheinen insbesondere Sensitivitäts- und Szenarioanalysen sowie Cashflow-at-Risk-Ansätze zur Risikobewertung geeignet.

Monetäre Bewertung

Berücksichtigung von Risikointerdependenzen

Aus der Praxis | **Risikobewertung im BASF Konzern**

▶▶▶ Auch in der Unternehmenspraxis werden mehrere Instrumente zur Risikobewertung eingesetzt, wie sich dem Risikobericht im Konzernlagebericht entnehmen lässt:

»Chancen und Risiken werden – soweit möglich – über eine Ergebnisauswirkung quantifiziert. Als Bezugsbasis dient der jeweilige Geschäftsplan. Zusätzlich quantifizieren wir die Abhängigkeit der einzelnen Geschäftsbereiche von makroökonomischen Faktoren, wie z. B. Wechselkursen und Rohstoffpreisen. [...] Chancen und Risiken sowie die Abhängigkeit von makroökonomischen Faktoren werden mittels Monte-Carlo-Simulation auf Unternehmensbereichs- und Grup-

penebene aggregiert, um die Bandbreite der möglichen Ergebnisauswirkungen und deren Wahrscheinlichkeitsverteilung zu ermitteln. Korrelationen zwischen den einzelnen Ereignissen und Faktoren sowie die internen Wechselwirkungen im Verbund werden dabei berücksichtigt.«
Quelle: BASF, 2011, S. 104. ◀◀

Zusammenfassung

- Es gibt zahlreiche Instrumente zur Risikobewertung, die nach unterschiedlichen Kriterien systematisiert werden können. Instrumente für eine qualitative Risikobewertung sind Risikoklassifikationen und Scoring-Modelle. Für eine quantitative Risikobewertung werden Risikomaße, Sensitivitätsanalysen und Werttreiberbäume, Szenarioanalysen und At-Risk-Modell eingesetzt. Risikoportfolios werden sowohl zur qualitativen als auch zur quantitativen Risikobewertung verwendet.
- Die Auswahl eines Bewertungsinstruments ist von der Datenlage der zu bewertenden Risiken und der Methodenkompetenz des Bewerters abhängig, wobei eine weitgehend monetäre Bewertung wünschenswert ist.
- Für die Risikobewertung müssen mehrere Instrumente kombiniert werden, da kein Instrument alle Anforderungen erfüllt und für die Bewertung aller Risikoarten geeignet ist.

5.3 Aggregation der bewerteten Risiken

Probleme

Um die Risikotragfähigkeit eines Unternehmens zu überprüfen (vgl. Kapitel 3.4 i. V. m 7.2), muss die Gesamtrisikoposition des Unternehmens bestimmt werden. Hierfür ist die Aggregation der quantitativ bewerteten Einzelrisiken erforderlich. Dabei treten folgende Probleme auf (vgl. auch im Folgenden Kremers, 2002, S. 170 f.; Wolke, 2008, S. 249 ff.; Schneck, 2010, S. 183 ff.):

- Die Risiken werden häufig durch **unterschiedliche Verfahren** bewertet. Eine Aggregation ist dann nicht möglich, da unterschiedliche Risikoparameter – insbesondere ein unterschiedlicher Zeitbezug – bei der Bewertung verwendet werden.
- Aufgrund von vielfältigen Risikointerdependenzen und Diversifikationseffekten ist eine einfache Addition der Einzelrisiken nicht sinnvoll. Die Abhängigkeiten zwischen Risiken müssen durch eine **Korrelationsanalyse** untersucht und – soweit möglich – der Korrelationskoeffizient zwischen zwei Risiken bestimmt werden (zur Berechnung und Interpretation des Korrelationskoeffizienten vgl. Kapitel 2.5.2).
- Allerdings fehlen in vielen Unternehmen entsprechende **Datenhistorien** zur Bestimmung der Varianzen, Kovarianzen und Korrelationen der Risikofaktoren mit der Unternehmenszielgröße. Zudem ist auch die erforderliche Daten-

menge enorm groß, sodass eine Risikoaggregation nicht über alle Einzelrisiken, sondern nur mit entsprechenden Vereinfachungen möglich ist.

In der Literatur werden zwei Verfahren zur Risikoaggregation vorgeschlagen (vgl. Schneck, 2010, S. 186 f.):

- **Scoring-Modelle** (vgl. Kapitel 5.2.3.) können zur qualitativen Zusammenfassung unterschiedlich skalierter Risiken mit unterschiedlicher zeitlicher Reichweite eingesetzt werden. Allerdings basieren Scoring-Modelle auf zahlreichen subjektiven Annahmen und bergen somit einen entsprechenden Ermessensspielraum. Zudem kann der ermittelte Gesamt-Score für das Unternehmensrisiko nicht zur Ermittlung der Risikotragfähigkeit verwendet werden, da dafür ein monetär bewerteter Risikowert erforderlich ist.
- Simulationsverfahren wie die **Monte-Carlo-Simulation** können zur Umsetzung von Cashflow-at-Risk- oder Earnings-at-Risk-Modellen eingesetzt werden (vgl. Kapitel 5.2.8). Durch das Business Risk Modell werden die einzelnen Risiken den jeweiligen Positionen der Plan-Bilanz bzw. Plan-GuV zugeordnet und mögliche Konsequenzen ihres Eintritts für das Unternehmen simuliert (für Details vgl. Wolf/Runzheimer, 2009, S. 137 ff.; Gleißner, 2011, S. 164 ff. Für eine praktische Anwendung im Bereich der Luftfahrt vgl. Henle, 2009, S. 182 ff.)

Verfahren zur Risikoaggregation

Eine Risiko-Aggregation durch analytische Verfahren wie den Varianz-Kovarianz-Ansatz ist nicht sinnvoll, da die Risiken i. d. R. nicht normalverteilt sind, nicht-lineare Wechselwirkungen zwischen den Risikofaktoren, z. B. zwischen Absatzmengen, Absatzpreisen und Materialkosten, nicht berücksichtigt werden können und kein Bezug zu den periodischen Unternehmenszielen hergestellt werden kann (vgl. Gleißner, 2011, S. 159 f.).

Aus der Praxis **Berücksichtigung von Risikokorrelationen in der Luftfahrt**

▶▶▶ Austrian Airlines aggregiert seine Unternehmensrisiken mittels Monte-Carlo-Simulation. Zielgröße ist die Abweichung vom jeweiligen budgetierten Ergebnis. Dabei werden Korrelationen zwischen den einzelnen Risiken berücksichtigt. So unterstellt das Unternehmen beispielsweise eine negative Korrelation der Personalfluktuation der Piloten und dem Risiko eines Konjunktureinbruchs, da bei Konjunkturkrisen der Markt für Piloten stets abrupt zusammenbricht. Das Fluktuationsrisiko bewertet die Kosten für weniger oder zusätzliche Pilotenschulungen und wird in Form einer Dreiecksverteilung abgebildet, während das Risiko eines Konjunktureinbruchs binomial verteilt ist (tritt ein oder tritt nicht ein). Ein typisches Beispiel für eine positive Korrelation ist das Preisänderungsrisiko für Kerosin und das Risiko eines Konjunktureinbruchs. Die zentralen Korrelationen werden aufgrund von Erfahrungswerten im Vorstand von Austrian Airlines diskutiert, festgelegt und vom Risikomanager in das Business Risk Modell eingepflegt.
Quelle: Henle, 2009, S. 182 ff. ◀◀◀

Zusammenfassung

> Die Aggregation der einzelnen Risiken zum Unternehmensgesamtrisiko ist notwendig, um die Risikotragfähigkeit des Unternehmens zu überprüfen.
> Die Aggregation der einzelnen Risiken wird durch den Einsatz unterschiedlicher Berechnungsansätze und das Fehlen von Daten zu Korrelationen erschwert.
> Letztendlich können Scoring-Modelle zur qualitativen Aggregation und Simulationsverfahren zur quantitativen Aggregation von Risiken verwendet werden.

5.4 Probleme der Risikobewertung

Unabhängig vom gewählten Instrument treten folgende **Probleme bei der Risikobewertung** auf (vgl. u. a. Diederichs, 2010, S. 187):

> Da die Datenlage für die Risiken eines Unternehmens sehr unterschiedlich ist, müssen **unterschiedliche Instrumente zur Risikobewertung** eingesetzt werden. Beispielsweise können Schadensausmaß und Eintrittswahrscheinlichkeiten z. B. für strategische Risiken nur schwer oder gar nicht geschätzt werden. Hier müssen dann qualitative Bewertungsinstrumente, wie Risikoklassifikationen, eingesetzt werden.
> Die Schätzungen von Schadensausmaß und Eintrittswahrscheinlichkeit basieren häufig auf **subjektiven Bewertungen** oder der **Auswertung historischer Daten**. Beide Vorgehensweisen sind anfällig für Fehler. Beispielsweise kommen Personen allein aufgrund ihrer unterschiedlichen Risikopräferenz zu anderen Risikobewertungen. Zudem lassen sich aus historischen Zeitreihen nicht immer Wahrscheinlichkeitsverteilungen für künftige Ereignisse ableiten. Insbesondere seltene Extremereignisse, wie z. B. die Auswirkungen der Finanz- und Wirtschaftskrise 2008/2009, sind in historischen Zeitreihen nicht immer enthalten.
> Darüber hinaus wird die **Risikobewertung** bei mehreren Zielgrößen und mehreren Szenarien sehr **komplex** und überfordert die zuständigen Mitarbeiter (vgl. Vanini/Weinstock, 2006, S. 384, die bei der Risikoinventur in der HSH N Real Estate AG feststellten, dass die subjektive Bewertung der Schadensausmaße und Eintrittswahrscheinlichkeiten von 157 Risiken auf drei Zielgrößen bei jeweils einem Best-Case-, Real-Case- und Worst-Case-Szenario zu inkonsistenten Ergebnissen führte.).
> **Beziehungen zwischen Risikofaktoren und Unternehmenszielen** sind häufig **zeitlich instabil**, was zu permanenten Anpassungen des Messmodells führen müsste.
> **Risikointerdependenzen** werden aufgrund der Vielfalt und der Dynamik der Beziehungen zwischen einzelnen Risiken **nur selten** in die Risikobewertung **einbezogen**.

- Die **unterschiedliche Wirkungsdauer der Risikofaktoren** erschwert die Aggregation der einzelnen Risikopotenziale zu einem Gesamtunternehmensrisiko ebenso wie eine unterschiedliche Skalierung der bewerteten Risiken.
- Viele **Risikobewertungsinstrumente** sind **sehr komplex** und erfordern ein spezifisches Methodenverständnis, z. B. Value-at-Risk-Modelle. Dies kann einerseits zu **Verständnis- und Akzeptanzproblemen** bei Managern und Mitarbeitern führen, die die bewerteten Risiken dann nicht in ihre Entscheidungsfindung einbeziehen. Andererseits kann der Einsatz komplexer Bewertungsmethoden zu einer »blinden« **Modellgläubigkeit** führen. Dann besteht die Gefahr, dass Risiken durch ein ungeeignetes Modell fundamental falsch bewertet werden.

Zusammenfassung

- Der Erfolg der Risikobewertung hängt vor allem von der Existenz eines Bewertungsmodells, einer ausreichenden Datenlage und der entsprechenden Methodenkompetenz der Bewerter und Entscheider ab.
- In das Bewertungsmodell müssen die zentralen Risikofaktoren und ihre Interdependenzen sowie funktionale Zusammenhänge zu den relevanten Unternehmenszielen integriert werden. Zudem muss das Modell regelmäßig aktualisiert werden, um mögliche Modellrisiken zu beschränken.

5.5 Fallstudie: Risikobewertung durch Werttreiberbäume in der Deutschen Stadt- und Grundstücksentwicklungsgesellschaft mbH (DSK)

Die Fallstudie basiert im Wesentlichen auf Vanini et al. (2007).

Ausgangssituation:
Die Deutsche Stadt- und Grundstücksentwicklungsgesellschaft mbH (DSK) beschäftigt sich mit **Stadtentwicklung und -sanierung sowie mit der Erschließung und Entwicklung von Bauland für Kommunen**. Das Unternehmen hat seinen Hauptsitz in Wiesbaden und mehrere Büros im gesamten Bundesgebiet. Die zentrale Erfolgsgröße des Unternehmens ist der EBITDA. Der Unternehmenszweck der DSK besteht in der Beratung und Unterstützung von Kommunen bei der Vorbereitung und Durchführung von städtebaulichen Aufgaben. Dabei gibt es Bodenordnungs- und Erschließungsaufgaben für Wohn- und Gewerbegebiete sowie städtebauliche Entwicklungs- und Sanierungs (S & E)-Maßnahmen (für weitere Informationen vgl. www.dsk-gmbh.de/core/cms/deutsch/unternehmen/profil/).

Risiken werden in operationelle, leistungs- und finanzwirtschaftliche Risiken unterteilt. Die Risikobewertung bei der DSK erfolgt auf der Grundlage von

5.5 Ansätze und Probleme der Risikobewertung
Fallstudie: Risikobewertung durch Werttreiberbäume in der DSK

Werttreiberbäumen, wobei sich diese zunächst ausschließlich auf die Bewertung der leistungswirtschaftlichen Risiken des Unternehmens beziehen.

Problemstellung:
1. Wie kann ein Werttreibermodell zur Risikobewertung für die DSK grundsätzlich aufgebaut werden?
2. Wie kann ein Werttreiberbaum für das S & E-Geschäft der DSK aussehen?
3. Welche Erweiterungen des gewählten Werttreibermodells sind möglich?

Lösungsansätze:
1. Das Werttreibermodell der DSK hatte u. a. folgende **Ziele**:
   - Quantifizierung und Steuerung der leistungswirtschaftlichen Risiken der DSK und
   - Übernahme einer Früherkennungsfunktion durch die Verknüpfung von Werttreibern mit vorgelagerten Früherkennungsindikatoren.

   Für die Geschäftsführung der DSK ist der **EBITDA** das **relevante Unternehmensziel**. Alle Risiken wurden daher dahingehend bewertet, inwieweit sie den geplanten EBITDA beeinflussen, wobei ein Risikobegriff i. w. S. verwendet wurde, also Chancen in die Betrachtung einbezogen wurden. Anschließend wurde analysiert, durch welche Risikofaktoren der EBITDA beeinflusst wird. In Werttreibermodellen werden die Risikofaktoren als **Werttreiber** bezeichnet und in drei Gruppen unterteilt: finanzielle Werttreiber, die den Umsatz oder die Kosten der DSK direkt beeinflussen, operative Werttreiber, die ihrerseits die einzelnen Umsatz- und Kostenpositionen beeinflussen, und Früherkennungsindikatoren, die mögliche Veränderungen der operativen Werttreiber mit einem zeitlichem Vorlauf anzeigen. Der grundsätzliche Aufbau der Werttreibermodelle der DSK ist der nebenstehenden Abbildung 89 zu entnehmen.

2. Für jedes Geschäftsfeld der DSK wurde ein spezifisches Werttreibermodell entwickelt. S & E-Maßnahmen werden von den jeweiligen Regionalbüros der DSK und der Abteilung S & E am Hauptsitz in Wiesbaden durchgeführt. Die Gesamtlaufzeit einer S & E-Maßnahme beträgt 10 bis 12 Jahre, wobei der konkrete Leistungskatalog zwischen Kommune und Unternehmen zu Beginn einer Maßnahme vereinbart wird. Das Werttreibermodell für den S & E-Bereich wurde in mehreren Workshops mit Mitarbeitern aus den Regionalbüros sowie der Abteilung S & E entwickelt. Der Abbildung 90 lässt sich eine stark vereinfachte und unvollständige Version entnehmen.

   Der EBITDA der S & E-Sparte während des Planungszeitraums ergibt sich aus den sicheren Umsätzen der bereits vertraglich fixierten S & E-Maßnahmen und den geplanten Umsätzen des Neugeschäftes abzüglich des geplanten Personal- und Sachaufwands. Für die Durchführung der Leistung erhält die DSK ein Honorar. Der Planumsatz einer Periode ergibt sich aus den geplanten Stunden (chargeable hours), die für bestehende S & E-Maßnahmen und geplantes Neugeschäft mit einer Kommune abgerechnet werden, und dem geplanten Honorarsatz je Stunde. Die Personalkosten ergeben sich aus der Anzahl der Mitarbeiter eines Büros bzw. der Abteilung multipliziert mit dem

5.5 Fallstudie: Risikobewertung durch Werttreiberbäume in der DSK

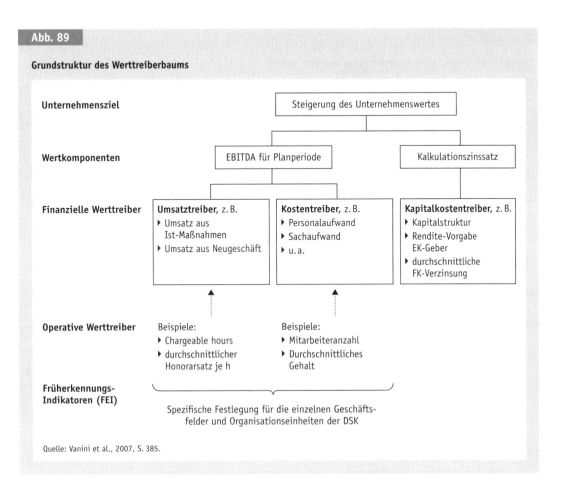

Abb. 89 Grundstruktur des Werttreiberbaums

Quelle: Vanini et al., 2007, S. 385.

durchschnittlichen Gehalt. Der Sachaufwand besteht aus der Büromiete, Kommunikations- und Reisekosten sowie Büromaterial.

Risiken für den geplanten Umsatz ergaben sich im S & E-Geschäft vor allem aus

- dem gesamten für S & E-Maßnahmen zu Verfügung stehenden öffentlichen Fördermittelvolumen von EU, Bund und Ländern, das diese den Kommunen im Rahmen von Förderprogrammen für Stadtentwicklung und -sanierung zur Verfügung stellen,
- der Haushaltslage einer Kommune, da diese für jede geförderte Stadtentwicklungs- und -sanierungsmaßnahme einen Eigenanteil zu erbringen hat,
- dem aktuellen Sanierungs- und Entwicklungsbedarf einer Kommune,
- der Konkurrenzsituation in einer Kommune, da bei einer Vielzahl preisgünstiger Wettbewerber das Risiko, kein Neugeschäft zu akquirieren, steigt,

5.5 Ansätze und Probleme der Risikobewertung
Fallstudie: Risikobewertung durch Werttreiberbäume in der DSK

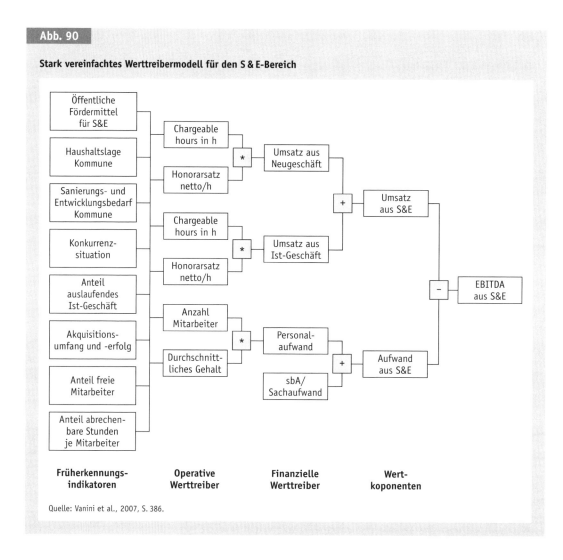

Abb. 90: Stark vereinfachtes Werttreibermodell für den S & E-Bereich

Quelle: Vanini et al., 2007, S. 386.

- dem Anteil des auslaufenden Ist-Geschäftes in den nächsten 5 Jahren, da dieser durch entsprechend unsicheres Neugeschäft kompensiert werden muss, sowie
- dem Umfang und dem Erfolg der Akquisitionsbemühungen der Regionalbüros und der Abteilung S & E.

Risiken für die geplanten Kosten resultierten aus:

- einer ungeplanten Erhöhung des Personalaufwands, der wiederum durch das Verhältnis von festen zu freien Mitarbeiter sowie dem Anteil der abrechenbaren Stunden je Mitarbeiter beeinflusst wird, und
- einer ungeplanten Erhöhung des Sachaufwandes.

5.5 Fallstudie: Risikobewertung durch Werttreiberbäume in der DSK

Abb. 91

Früherkennungsindikatoren des S & E-Geschäfts und ihre Operationalisierung

Früherkennungsindikator	Operationalisierung
Freies öffentliches Fördermittelvolumen für S & E-Maßnahmen von EU, Bund und Ländern	Direkte Messung möglich
Haushaltslage einer Kommune	Pro-Kopf-Verschuldung der Kommune
Sanierungs- und Entwicklungsbedarf einer Kommune	Subjektive Schätzung seitens der Büroleiter des DSK
Konkurrenzsituation in einer Kommune	Anzahl der Wettbewerber, Durchschnittlicher Honorarsatz der Wettbewerber
Anteil des auslaufenden Ist-Geschäfts in den nächsten 5 Jahren	Direkte Messung möglich
Umfang und Erfolg der Akquisitionsbemühungen eines Regionalbüros und der Abteilung S & E	Umsatzvolumen des akquirierten Neugeschäftes einer Planperiode relativ zum geplanten Umsatzvolumen, Anteil der erfolgreichen Angebote relativ zur Anzahl der abgegebenen Angebote
Anteil der freien Mitarbeiter	Veränderung des Anteils der freien Mitarbeiter
Anteil der abrechenbaren Stunden je Mitarbeiter	Ist-Anteil der abrechenbaren Stunden je Mitarbeiter relativ zum geplanten Anteil

Quelle: Vanini et al., 2007, S. 387.

Die Einflussfaktoren auf die operativen und finanziellen Werttreiber sind Früherkennungsindikatoren, die rechtzeitig ein Risiko anzeigen sollen. Sie stehen nicht in einem direkten funktionalen Zusammenhang mit den operativen Werttreibern. Ihr Einfluss kann daher lediglich subjektiv geschätzt werden. Der Abbildung 91 sind die Früherkennungsindikatoren des S & E-Geschäfts und ihre Messung zu entnehmen.

Nach der Ermittlung der relevanten operativen Werttreiber wurde deren quantitativer Einfluss auf den EBITDA und den Unternehmenswert durch **Sensitivitätsanalysen** bestimmt. Auf diese Weise wurden für die operativen Werttreiber kritische Werte bestimmt, die für die Erreichung einer akzeptablen Abweichung vom geplanten EBITDA sowie vom geplanten Unternehmenswert notwendig sind.

3. Die Risikobewertung durch Werttreiberbäume kann zukünftig zu einem **Cashflow-at-Risk-Modell** ausgebaut werden. Dabei geht es um die Frage, in welcher Bandbreite die tatsächliche Realisation des EBITDA zu erwarten ist. Je größer die mögliche Bandbreite des EBITDA ist, desto geringer ist die Planungssicherheit und somit das Risiko, die geplanten Unternehmensziele nicht zu erreichen. Werden für mögliche Ausprägungen der operativen Werttreiber drei Szenarien (Worst Case, Real Case oder Best Case) definiert oder

5.5 Ansätze und Probleme der Risikobewertung
Fallstudie: Risikobewertung durch Werttreiberbäume in der DSK

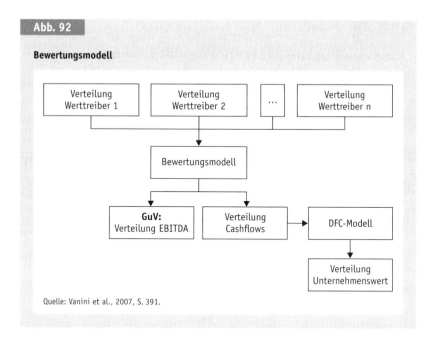

Abb. 92

Bewertungsmodell

Quelle: Vanini et al., 2007, S. 391.

können sogar Verteilungen für diese ermittelt werden, erfolgt eine Weiterentwicklung in Richtung einer stochastischen Unternehmensplanung (vgl. Gleißner/Grundmann, 2003, S. 462 ff.; Gleißner, 2008c, S. 81 ff.). Mit Hilfe von Excel-basierten Simulationsrechnungen können dann die Verteilungen des EBITDA und des Unternehmenswerts bestimmt werden, aus denen wiederum der Erwartungswert, der als Planwert in die operative Unternehmensplanung übernommen werden kann, und das Risiko als Cashflow-at-Risk berechnet werden.

Vertiefung der Fallstudie:
Wie kann das Werttreibermodell in die Unternehmenssteuerungsprozesse der DSK integriert werden?

Wiederholungsfragen zu Kapitel 5

1. Was gehört zu einer Risikobewertung?
2. Sammeln Sie Argumente für und gegen eine ausschließlich quantitative Risikobewertung!
3. Welche Ziele hat die Risikobewertung im Rahmen des operativen Risikomanagement-Prozesses?
4. Erläutern Sie die grundsätzliche Vorgehensweise bei der Risikobewertung!
5. Welche Anforderungen muss die Risikobewertung erfüllen?

6. Wie lassen sich die Instrumente der Risikobewertung systematisieren? Welche Datenanforderungen stellen die verschiedenen Instrumente?
7. Die Vanini GmbH möchte ihre Risiken zunächst qualitativ bewerten. Entwickeln Sie eine geeignete Risikoklassifikation mit den Dimensionen Eintrittswahrscheinlichkeit und Schadensausmaß. Diskutieren Sie die Eignung von Risikoklassifikationen zur Risikobewertung kritisch.
8. Hinterfragen Sie die Bewertungsskala in Abb. 71 kritisch. Entwickeln Sie eine verbesserte Bewertungsskala für ein Risiko-Scoring.
9. Die Vanini GmbH hat per 31.12.2011 folgende Eintrittswahrscheinlichkeiten und Schadensausmaße für ihre zentralen Risiken für das nächste Jahr ermittelt:

Risikoart	Eintrittswahrscheinlichkeit	Schadensausmaß
Brandrisiko	< 1 %	3 Mio. €
Forderungsausfallrisiko	10 %	300 T€
Produkthaftungsrisiko	5 %	500 T€
Lieferantenrisiko	10 %	25 T€
Fluktuationsrisiko	2 %	30 T€
Ausschussrisiko	15 %	10 T€

Der Jahresüberschuss des Unternehmens beträgt am 31.12.2011 1 Mio. €. Entwickeln Sie auf der Grundlage der Werte ein geeignetes Risikoportfolio, interpretieren Sie die Positionierung der Einzelrisiken und leiten Sie entsprechende Handlungsempfehlungen ab.

10. Berechnen Sie den Maximalverlust, die erwartete Renditen, die Volatilitäten und die Spannweiten für die Aktien der Beiersdorf AG und der Siemens AG. Verwenden Sie als historischen Stützzeitraum für Ihre Berechnungen den 12.05. bis zum 23.09.2011. Die entsprechenden Schlusskurse finden Sie im Downloadbereich dieses Lehrbuchs. Wenn Sie 1.000 € anlegen sollten, für welche Anlage würden Sie sich entscheiden?
11. Welche Probleme bestehen bei der Interpretation des Value-at-Risk des Aktienportfolios im Handelsbestand der Deutschen Bank im Beispiel in Kapitel 5.2.8?
12. Berechnen Sie die Value-at-Risk-Werte der folgenden Aktien per 23.09.2011 mittels Varianz-Kovarianz-Ansatz, in dem Sie die Tabelle auffüllen:

	Volkswagen	Beiersdorf	Siemens
Schlusskurs in €	103,80	39,66	65,53
erwartete logarithmierte Tagesrendite	–0,22 %	–0,14 %	–0,38 %
Standardabweichung	2,71 %	1,13 %	2,02 %
VaR (95 % Konfidenzniveau, 1 Tag Haltedauer) in €			
VaR (95 % Konfidenzniveau, 10 Tage Haltedauer) in €			
VaR (99 % Konfidenzniveau, 1 Tag Haltedauer) in €			
Var (99 % Konfidenzniveau, 10 Tage Haltedauer) in €			

5.5 Ansätze und Probleme der Risikobewertung
Fallstudie: Risikobewertung durch Werttreiberbäume in der DSK

13. Angenommen, Sie hätten ein Wertpapierportfolio aus je einer Bayer Aktie, VW Aktie, Beiersdorf Aktie und Siemens Aktie. Warum dürfen Sie zur Ermittlung des Value-at-Risk des gesamten Portfolios nicht einfach die Value-at-Risk-Werte der einzelnen Aktien addieren?

14. Berechnen Sie den Value-at-Risk der folgenden Portfolios per 23.09.2011 für eine Haltedauer von einem Handelstag und ein Konfidenzniveau von 99 %:
    a. Portfolio aus einer Bayer Aktie und einer Siemens Aktie (Korrelationskoeffizient r = 0,65),
    b. Portfolio aus einer Beiersdorf Aktie und einer VW Aktie (Korrelationskoeffizient r = 0,59).

    Verwenden Sie dazu die Werte für die jeweiligen Schlusskurse, die erwarteten Tagesrenditen und die Standardabweichungen aus der obigen Aufgabe.

15. Berechnen Sie den Value-at-Risk der VW Aktie, der Beiersdorf Aktie und der Siemens Aktien per 23.09.2011 für eine Haltedauer von 1 Handelstag sowie ein Konfidenzniveau von 95 % und 99 % mittels historischer Simulation. Verwenden Sie dazu den Datensatz im Downloadbereich dieses Lehrbuchs. Vergleichen Sie Ihr Ergebnis mit den entsprechenden Werten, die Sie mittels Varianz-Kovarianz-Ansatz berechnet haben.

16. Warum lässt sich das Konzept des Value-at-Risk nicht ohne Modifikationen auf die Risikobewertung von Industrie- und Handelsunternehmen übertragen?

17. Erläutern Sie die Vorgehensweise zur Ermittlung des Cashflow-at-Risk für ein Industrieunternehmen.

18. Die Vanini GmbH verfügt über folgende Zeitreihe ihrer vergangenen Quartalsgewinne:

Quartal	Gewinn in T€	Quartal	Gewinn in T€	Quartal	Gewinn in T€
4/2011	300	4/2009	280	4/2007	310
3/2011	280	3/2009	250	3/2007	290
2/2011	240	2/2009	240	2/2007	280
1/2011	260	1/2009	220	1/2007	300
4/2010	300	4/2008	210	4/2006	320
3/2010	250	3/2008	180	3/2006	280
2/2010	320	2/2008	300	2/2006	270
1/2010	280	1/2008	320	1/2006	320

Berechnen Sie den Earnings-at-Risk für die Vanini GmbH per 31.12.2011 für eine Haltedauer von einem Quartal und ein Konfidenzniveau von 90 % mittels Varianz-Kovarianz-Ansatz und historischer Simulation (Datensatz im Downloadbereich). Diskutieren und hinterfragen Sie Ihr Ergebnis kritisch!

19. Wie können Einzelrisiken zu einem Unternehmensgesamtrisiko zusammengefasst werden?

20. Welche Probleme treten bei der Risikobewertung auf? Entwickeln Sie je einen Lösungsvorschlag für jedes von Ihnen benannte Problem.

6 Ansätze und Probleme der Risikoberichterstattung

Lernziele

Wenn Sie dieses Kapitel durchgearbeitet haben, können Sie

- den Begriff und die Ziele der Risikoberichterstattung erläutern,
- die interne und externe Risikoberichterstattung voneinander abgrenzen,
- wichtige Anforderungen an die Risikoberichterstattung nennen,
- die Bedeutung wesentlicher Gestaltungskriterien für die Risikoberichterstattung beurteilen,
- zwischen verschiedenen Risikoberichten unterscheiden und
- Probleme der Risikoberichterstattung diskutieren.

6.1 Begriff, Ziele und Arten der Risikoberichterstattung

Die Risikoberichterstattung schließt als dritte Phase des operativen Risikomanagement-Prozesses an die Risikoidentifikation und -bewertung an und bildet die Grundlage für die folgenden Phasen der Risikosteuerung und der Risikoüberwachung. Sie ist notwendig, da wesentliche risikorelevante Informationen i. d. R. in den dezentralen Unternehmenseinheiten anfallen und von dort an die zentralen Entscheidungsträger kommuniziert werden müssen. Vor allem in größeren Unternehmen fallen **Informationserzeugung und -verwendung** sachlich, zeitlich und organisatorisch **auseinander**, sodass die Implementierung eines Berichtswesens erforderlich wird (vgl. hier und im Folgenden Burger/Buchhart, 2002, S. 175 ff.; Diederichs, 2010, S. 235 ff.).

Begriff und Abgrenzung zur Risikokommunikation

In der Literatur wird der Begriff des Berichtswesens nicht einheitlich definiert. Einige Autoren subsummieren unter den Begriff lediglich die Informationsübermittlung durch Berichte, während andere auch die Informationserzeugung als Aufgabe der Berichterstattung sehen (vgl. Diskussion bei Vanini, 2009, S. 183 f.). In diesem Lehrbuch wird der letztgenannten Begriffsauffassung gefolgt und folgende Definition der Risikoberichterstattung verwendet (vgl. auch Burger/Buchhart, 2002, S. 175 f.; Diederichs, 2010, S. 236):

6.1 Ansätze und Probleme der Risikoberichterstattung
Begriff, Ziele und Arten der Risikoberichterstattung

Die **Risikoberichterstattung** umfasst die Erzeugung und Übermittlung von Informationen über Chancen und Risiken in Berichtsform an interne und externe Entscheidungsträger. Wesentliche Ziele sind die Schaffung von Transparenz über die Risikosituation des Unternehmens, die Vorbereitung von Entscheidungen über notwendige Steuerungsmaßnahmen und die Unterstützung der Risikoüberwachung. Außerdem hat die Risikoberichterstattung eine Dokumentationsfunktion. Die Begriffe Risikoberichterstattung und Risikoreporting werden synonym verwendet.

Die Risikoberichterstattung ist Teil der **Risikokommunikation** des Unternehmens. Während die Risikokommunikation jeglichen Austausch von risikorelevanten Informationen innerhalb des Unternehmens und mit seiner Umwelt umfasst, besteht die Risikoberichterstattung nur aus den in Berichten abgebildeten Informationen.

Nach den jeweiligen Adressaten lässt sich die Risikokommunikation in eine **interne** und eine **externe Berichterstattung** unterteilen, die im Folgenden weiter erläutert werden.

Interne Risikoberichterstattung

Durch die interne Risikoberichterstattung werden die (unternehmens-)internen Entscheidungsträger umfassend und kontinuierlich mit risikorelevanten Informationen versorgt. Mögliche interne **Adressaten** sind die Geschäftsführung bzw. der Vorstand, ausgewählte Adressaten des mittleren und unteren Managements und der Aufsichtsrat bzw. Beirat. Die interne Risikoberichterstattung erfolgt somit auf drei Ebenen (vgl. Kajüter, 2009b, S. 124):

- zwischen Mitarbeitern und Geschäftsführung innerhalb einer Gesellschaft,
- zwischen einzelnen Tochtergesellschaften und dem Mutterunternehmen sowie
- zwischen Vorstand und Aufsichtsrat.

Die interne Risikoberichterstattung muss folgende **Anforderungen** erfüllen (vgl. Burger/Buchhart, 2002, S. 179; Schneck, 2010, S. 90 f.):

- **Integration in das bestehende Berichtswesen**, sodass Risikoinformationen uneingeschränkt in die Entscheidungsfindung einfließen können.
- **Rechtzeitigkeit bzw. Aktualität**, d. h. die Berichtsfrequenz muss an die unternehmensspezifische Risikosituation angepasst werden.
- **Wesentlichkeit**, d. h. der Umfang und Detaillierungsgrad der Risikoberichterstattung wird vom jeweiligen Informationsbedürfnis der Adressaten bestimmt.
- **Genauigkeit**, d. h. in der Risikoberichterstattung sollten soweit möglich quantifizierte Risiken berichtet werden.
- **Vollständigkeit** der berichteten Risiken in Abhängigkeit von ihrer Wesentlichkeit und dem Informationsbedürfnis des Adressaten.
- **Einheitlichkeit** der Risikoberichterstattung, um eine einheitliche Risikokommunikation und eine Vergleichbarkeit unterschiedlicher Risiken zu ermöglichen.

- **Flexibilität**, d. h. die Risikoberichterstattung muss an geänderte Risikosituationen anpassbar sein.
- **Wirtschaftlichkeit,** d. h. der wirtschaftliche Nutzen der Risikoberichte muss größer als der Aufwand ihrer Erstellung und Verwendung sein.

Die externe Risikoberichterstattung baut auf der internen Berichterstattung auf. Sie kann in ein **formelles Reporting** im Rahmen der externen Rechnungslegung (Risikopublizität) und ein **informelles Reporting** mit zusätzlichen risikorelevanten Informationen für wichtige Zielgruppen des Unternehmens unterteilt werden (vgl. Kajüter, 2009b, S. 126; Diederichs, 2010, S. 244 f.). **Adressaten** der externen Risikoberichterstattung sind z. B.

Externe Risikoberichterstattung

- Investoren bzw. Anteilseigner, die keinen Zugang zu internen Risikoinformationen haben und Gefährdungen der Erfolgs- und Vermögenslage des Unternehmens erkennen möchten,
- Banken, die die Kreditwürdigkeit des Unternehmens z. B. durch ein Rating beurteilen wollen,
- Lieferanten, die die jederzeitige Zahlungsfähigkeit des Unternehmens überprüfen, oder
- der Staat, der an einer langfristig stabilen Unternehmensentwicklung interessiert ist (vgl. Schneck, 2010, S. 93 f.).

Die externe Risikoberichterstattung kann aus **gesetzlichen Vorgaben** resultieren oder **freiwillig** erfolgen. Beispielsweise müssen alle nach § 267 HGB als mittlere oder große Kapitalgesellschaften eingestuften Unternehmen einen (Konzern-)Lagebericht erstellen und in diesem über Chancen und Risiken berichten (vgl. §§ 290 Abs. 2 HGB, 315 HGB). Besteht die Verpflichtung zur Erstellung eines Konzernlageberichts, dann müssen bei der Gestaltung des Chancen- und Risikoberichts die Vorgaben des DRS 5 beachtet werden (zu den rechtlichen Anforderungen an die externe Risikoberichterstattung und den Anforderungen der Wirtschaftsprüfer vgl. Abschnitt 2.3.1 sowie 2.3.2).

Die umstehende Abbildung 93 stellt den Zusammenhang zwischen der internen und der externen Risikoberichterstattung dar.

Zusammenhang zwischen interner und externer Risikoberichterstattung

Interne und externe Risikoberichterstattung unterscheiden sich vor allem in Bezug auf ihre Informationsdichte und ihre **Häufigkeit**. Während die externe Risikoberichterstattung i. d. R. an die Geschäfts- bzw. Quartalsberichterstattung des Unternehmens gekoppelt ist und daher einmal bzw. viermal jährlich erfolgt, wird die interne Risikoberichterstattung häufiger durchgeführt. Plötzlich auftauchende wesentliche Risiken oder eine wesentliche Verschlechterung bereits identifizierter Risiken müssen im Rahmen der **Ad-hoc-Berichterstattung** unverzüglich im Unternehmen kommuniziert werden. Die externe Risikoberichterstattung liefert relativ stark aggregierte Risikoinformationen, während in der internen Risikoberichterstattung detailliertere und adressatenbezogene Informationen kommuniziert werden müssen, die den jeweiligen Entscheider bei der Ableitung von Steuerungsmaßnahmen direkt unterstützen sollen (vgl. Schneck, 2010, S. 94).

6.1 Ansätze und Probleme der Risikoberichterstattung
Begriff, Ziele und Arten der Risikoberichterstattung

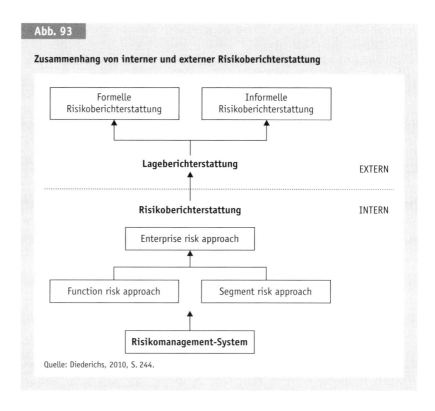

Abb. 93 Zusammenhang von interner und externer Risikoberichterstattung

Quelle: Diederichs, 2010, S. 244.

Zusammenfassung

▸ In der Risikoberichterstattung werden risikorelevante Informationen erzeugt und an unternehmensinterne und externe Entscheidungsträger in Berichtsform übermittelt. Die Risikoberichterstattung ist Teil der Risikokommunikation.
▸ Ziele der Risikoberichterstattung sind die Informationsversorgung, die Dokumentation der Risikosituation des Unternehmens, die Vorbereitung von Steuerungsentscheidungen und die Unterstützung der Risikoüberwachung.
▸ Die Risikoberichterstattung muss einheitlich, aktuell, vollständig, genau, flexibel, wirtschaftlich und in das bestehende Berichtswesen integriert sein.
▸ Die interne Risikoberichterstattung ist die Grundlage für die externe Risikoberichterstattung.

6.2 Gestaltung der Risikoberichterstattung

6.2.1 Gestaltung der internen Risikoberichte

Die interne Risikoberichterstattung kann nach unterschiedlichen Parametern gestaltet werden (vgl. Abbildung 94).

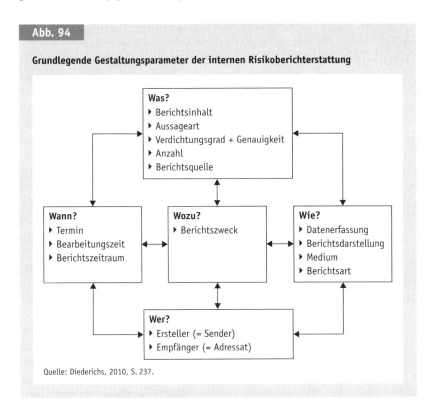

Abb. 94 Grundlegende Gestaltungsparameter der internen Risikoberichterstattung

Quelle: Diederichs, 2010, S. 237.

Die Möglichkeiten und Probleme der einzelnen Gestaltungsparameter werden im Folgenden diskutiert (vgl. auch im Folgenden Diederichs, 2006, S. 387 ff.; Diederichs, 2010, S. 237 ff.).

Der Berichtszweck beantwortet die Frage nach dem »Wozu?«. Risikoberichte können zur Dokumentation von Risiken, Vorbereitung von Steuerungsentscheidungen, Auslösung von Steuerungsmaßnahmen oder Kontrolle erstellt werden. Der Berichtszweck bestimmt die Berichtsinhalte.

Berichtszweck und Berichtsinhalte

Durch die Berichtsinhalte wird das »Was?« der internen Risikoberichterstattung festgelegt. Wesentliche **Einflussfaktoren** auf die Berichtsinhalte sind die Informationsbedürfnisse und die methodischen Kompetenzen der Adressaten. Für die interne Risikoberichterstattung sind insbesondere diese **Informationen** relevant (vgl. Burger/Buchhart, 2002, S. 175):

6.2 Ansätze und Probleme der Risikoberichterstattung
Gestaltung der Risikoberichterstattung

- Art und zeitlicher Verlauf der Unternehmensrisiken,
- wesentliche interne und externe Risikofaktoren,
- Gefährdungspotenziale der Einzelrisiken,
- Interdependenzen zwischen den Einzelrisiken,
- ergriffene und geplante Risikosteuerungsmaßnahmen und
- Umfang des Gesamtrisikos des Unternehmens.

Um das Problem der **Informationsüberflutung** des Berichtsempfängers zu vermeiden, müssen die Berichtsinhalte auf die entscheidungsrelevanten Informationen beschränkt werden, die entsprechend aufbereitet, verdichtet und zusammengefasst sein sollen. Dafür muss der **subjektive Informationsbedarf** des jeweiligen Berichtsempfängers analysiert werden. Im Allgemeinen werden auf den unteren hierarchischen Ebenen detaillierte und eher qualitative Informationen über mögliche Risikoursachen benötigt, damit die Berichtsempfänger entsprechende Steuerungsmaßnahmen ableiten können. Hierarchisch höher positionierte Berichtsempfänger benötigen dagegen eher aggregierte Informationen über die finanziellen Konsequenzen möglicher Risiken und Risikosteuerungsmaßnahmen. Daraus folgt, dass es nicht einen internen Risikobericht, sondern eine **Berichtspyramide** im Unternehmen geben muss (vgl. Diederichs, 2010, S. 241 f.).

Wesentlichkeitsgrenzen

Eine weitere Möglichkeit zur Vermeidung einer Informationsüberflutung ist die Festlegung von Wesentlichkeitsgrenzen für jede Hierarchieebene. Wesentlichkeitsgrenzen haben in der Risikoberichterstattung eine wichtige **Filterfunktion**. Sie legen fest, ab welcher Höhe Risiken an übergeordnete Instanzen berichtet werden müssen, und werden von der Geschäftsleitung mit Unterstützung des Risikocontrollings entlang der Unternehmenshierarchie bestimmt. Mögliche **Bezugsobjekte** sind Unternehmensbereiche und -einheiten sowie Risikoarten. Als Schwellenwerte werden **absolute Größen,** z. B. die Summe der Schadenserwartungswerte einer Unternehmenseinheit, oder **relative Größen,** z. B. der VaR in Relation zum Portfoliowert, verwendet (vgl. Burger/Buchhart, 2002, S. 47 f.; vgl. Kajüter, 2009b, S. 124 f.; Wolf/Runzheimer, 2009, S. 165).

Aus der Praxis — Wesentlichkeitsgrenzen im Lufthansa Konzern

▶▶▶ »Wesentliche Risiken sind danach solche, die zu einem Verlust von mindestens einem Drittel des operativen Ergebnisses führen können, das zum Werterhalt notwendig ist. Für 2010 wurde dieser Wert für den Lufthansa Konzern unverändert mit 300 Mio. € beziffert. Auf Ebene der Geschäftsfeder werden die jeweiligen Wesentlichkeitsgrenzen nach dem gleichen Prinzip individuell berechnet.«
Quelle: Lufthansa, 2011, S. 132. ◀◀◀

Berichtssender und -empfänger

Die Festlegung der Berichtssender und -empfänger sowie ihrer Kommunikationswege beantwortet die Frage des »Wer?« in der internen Risikoberichterstattung. Risikoberichte werden von **operativen Einheiten** erstellt, da dort die jeweiligen Risiken identifiziert werden und eine erste Bewertung erfolgt. In den operativen Einheiten werden Risiken häufig durch Risikoidentifikationsbögen erfasst und dann in Risikoportfolios oder Risikoinventaren zusammengefasst. **Adressaten** dieser dezentral erstellten Risikoberichte sind die **Manager** der dezentralen Einheiten, die über Maßnahmen zur Risikosteuerung entscheiden müssen. Anderseits werden die dezentralen Risikoberichte auch an eine **zentrale Risikomanagement-Stelle**, z. B. das Risikocontrolling, kommuniziert, die die Berichte aggregiert und für das mittlere Management und die **Geschäftsleitung** aufbereitet. Die zentrale Risikomanagement-Stelle ist somit gleichzeitig Empfänger und Ersteller von Risikoberichten. **Weitere Adressaten** sind der Aufsichts- oder Beirat als Kontrollgremium des Unternehmens, die Interne Revision sowie externe Wirtschaftsprüfer und (Risiko-)Berater.

Durch die Berichtsgestaltung wird das »Wie?« der internen Risikoberichterstattung festgelegt. Risikoberichte sollten grundsätzlich **in das reguläre unterjährige Berichtswesen** des Unternehmens **integriert** werden, damit das Management Risikoinformationen gleichberechtigt mit anderen Kriterien zur Grundlage betrieblicher Entscheidungen verwendet. Zudem müssen Risikoberichte im ganzen Unternehmen **einheitlich aufgebaut** sein, um eine Risikoverdichtung über die Organisationsebenen und den Informationsaustausch zwischen Managern verschiedener Unternehmensbereiche zu ermöglichen (vgl. Kajüter, 2009b, S. 125). In den Risikoberichten sind Überblicks- und Detailinformationen zu trennen und ggf. zusätzliche Visualisierungen zur Erhöhung der Verständlichkeit und damit der Akzeptanz der Risikoberichte einzusetzen (vgl. Diederichs, 2010, S. 241 f.)

Berichtsgestaltung

Durch die **Standard-Berichterstattung** wird die regelmäßige Informationsversorgung der Entscheidungsträger mit risikorelevanten Informationen sichergestellt. Sie wird bottom-up, d. h. von der niedrigsten zur höchsten Hierarchieebene im Unternehmen, durchgeführt. Ihre Inhalte werden durch das Überschreiten von **Schwellenwerten** bestimmt, die individuell für jede Hierarchieebene festzulegen sind. Um die Geschäftsleitung nicht mit einer Vielzahl von Einzelrisiken zu belasten, werden die Risiken für höhere Hierarchieebenen aggregiert.

Die **Ausnahmeberichterstattung (Ad-hoc-Berichterstattung)** wird durch das Auftreten spezifischer Sachverhalte, z. B. neue wesentliche Risiken, und die Überschreitung von Schwellenwerten ausgelöst, die jedoch höher liegen als bei der Standard-Berichterstattung. Durch die Ad-hoc-Berichterstattung wird die Geschäftsführung sofort über plötzlich auftretende, sehr hohe Risiken informiert, ohne dass die berichtende Einheit an besondere Berichtswege gebunden ist. Dadurch kann eine zeitnahe und unmittelbare Kommunikation zwischen den berichtenden Stellen, dem Management und den Risikokontrollorganen sichergestellt werden (vgl. Burger/Buchhart, 2002, S. 178; Ettmüller, 2003, S. 694; Diederichs et al., 2004, S. 196; Diederichs, 2010, S. 240 f.).

Als **Instrumente** der internen Risikoberichterstattung werden u. a. Risikoidentifikationsbögen und Risikoinventare, Risk Maps (Risikoportfolios) und ri-

6.2 Ansätze und Probleme der Risikoberichterstattung
Gestaltung der Risikoberichterstattung

sikoadjustierte Balanced Scorecards verwendet (vgl. Burger/Buchhart, 2002, S. 183 ff.; Wolf/Runzheimer, 2009, S. 165 ff.; Diederichs, 2010, S. 245 ff.).

Berichtsfrequenzen

Durch die Festlegung der Berichtsfrequenzen wird die Frage des »Wann?« der internen Risikoberichterstattung beantwortet, wobei die Berichtsfrequenz u. a. von der Dynamik der Risikosituation des Unternehmens abhängig ist. Dabei wird zwischen regelmäßigen **Standardberichten**, die zu bestimmten Berichtsterminen z. B. zum Monats- oder Quartalsende erstellt werden, sowie **Ausnahme- bzw. Ad-hoc-Berichten** zu bestimmten Anlässen, z. B. der Überschreitung von Risikobudgets, unterschieden (vgl. Form, 2005, S. 392; Wolf/Runzheimer, 2009, S. 165).

6.2.2 Gestaltung der externen Risikoberichte

Im Folgenden werden Aspekte der **formellen externen Risikoberichterstattung** im Lagebericht des Jahresabschlusses eines Unternehmens kurz erläutert.

Berichtszweck und Berichtsinhalte

Die externe Risikoberichterstattung hat vor allem eine **Informations- und Dokumentationsfunktion**. Insbesondere für kapitalmarktorientierte Unternehmen ist die Kommunikation ihres funktionsfähigen Risikomanagement- und Überwachungssystems eine Möglichkeit, ihren Unternehmenswert positiv zu beeinflussen, wenn den Kapitalgebern eine höhere Transparenz, ein höheres Risikobewusstsein und eine größere Planungsqualität des Unternehmens vermittelt werden kann (vgl. Fiege, 2009, S. 309). Zudem wird dokumentiert, dass das Unternehmen seinen rechtlichen Verpflichtungen zur externen Risikoberichterstattung nachkommt.

Mit den Änderungen der §§ 289 Abs. 1, 315 Abs. 1 HGB fordert das KonTraG eine Berichterstattung im (Konzern-) Lagebericht, die neben einer vergangenheitsorientierten Sichtweise auch Risiken künftiger Entwicklungen darstellt (Risikobericht). Dabei erfolgt die Risikoberichterstattung im Lagebericht in mehreren **Stufen** (vgl. Kalwait, 2008, S. 107 ff.; Hauschild, 2009, S. 13 f.):

- Berichterstattung zu bestandsgefährdenden und wesentlichen Risiken (Risiko-/Prognosebericht) gemäß § 289 Abs. 1 Satz 4 HGB,
- Risikobericht mit Bezug zu Finanzinstrumenten gemäß § 289 Abs. 2 Nr. 2 HGB und
- Systembeschreibung des internes RMS mit Schwerpunkt auf den Prozess der Rechnungslegung gemäß § 289 Abs. 5 HGB.

Die Inhalte der risikoorientierten Lageberichterstattung werden durch das Institut der Wirtschaftsprüfer (IDW) im Prüfungsstandard IDW PS 350 und den Deutschen Standardisierungsrat (DSR) in den Standards DRS 5, DRS 15 und DRÄS 5 konkretisiert (zu den Anforderungen vgl. Kapitel 2.3.1 und 2.3.2). Nach DRS 5 sollen im externen Risikobericht **entscheidungsrelevante Informationen über Risiken und deren Auswirkungen auf die Unternehmensziele** in aggregierter Form zur Verfügung gestellt werden. Insbesondere muss nach DRS 5 Tz. 13 und 14 über bestandsgefährdende Risiken und Risikokonzentrationen berichtet werden. Eine Einschränkung auf wesentliche Einzelrisiken und das Gesamtrisiko des Unternehmens ist möglich, wobei Chancen und Risiken nicht saldiert werden dürfen (Bruttobetrachtung). DRS 5 fordert eine Quantifizierung unter Anwendung anerkannter Bewertungsmethoden. Nach DRS 5 Tz. 28 und 29 müssen die strategische Grundausrichtung, die organisatorische Anbindung des RMS und der RM-Prozess dargestellt werden (vgl. Burger/Buchhart, 2002, S. 188 ff.; Wolke, 2008, S. 258 f.).

Wesentliche Adressaten der externen Risikoberichterstattung sind Investoren, Kreditinstitute, Wirtschaftsprüfer, Analysten und Fondsmanager. Erstellt werden die externen Risikoberichte durch unternehmensinterne Funktionsbereiche wie das Finanz- und Rechnungswesen, das (Risiko-)Controlling oder die Investor Relations (vgl. Fischer/Vielmeyer, 2004, S. 122). Die Berichtsfrequenzen folgen dem Rhythmus der Geschäftsberichterstattung jährlich oder quartalsweise, die Berichtsgestaltung folgt den Gestaltungsprinzipien des Lageberichts.

Sonstige Gestaltungsparameter

Zusammenfassung

- Ersteller von internen Risikoberichten sind dezentrale Unternehmenseinheiten und die zentrale Risikomanagement-Einheit, z.B. das Risikocontrolling. Empfänger interner Risikoberichte sind neben der zentralen Risikomanagement-Einheit das Management sowie Risikokontrollorgane.
- Es wird zwischen der Standard-Berichterstattung zur regelmäßigen Information interner Entscheidungsträger über die Risikosituation des Unternehmens und der Ausnahme- bzw. Ad-hoc-Berichterstattung über neu auftretende wesentliche Risiken unterschieden.
- Die externe Risikoberichterstattung richtet sich primär an derzeitige und potenzielle Investoren und Kreditgeber. Sie ist durch zahlreiche rechtliche Anforderungen geprägt und soll die externen Adressaten über wesentliche Risiken des Unternehmens und die Ausgestaltung des Risikomanagement- und des internen Kontrollsystems informieren.

6.3 Probleme der Risikoberichterstattung

Im Rahmen der Risikoberichterstattung kann eine Vielzahl von Problemen auftreten (vgl. Diederichs, 2010, S. 54 ff. sowie S. 262 ff.):

- Es können **technische Probleme** auftreten, da risikorelevante Informationen oft in **verschiedenen IT-Systemen** gespeichert sind, die nicht integriert sind, sodass Informationen gar nicht oder fehlerhaft übertragen werden (vgl. Kapitel 9.3).
- Außerdem können **dysfunktionale Verhaltensweisen** in Form von Könnens- und Wollensproblemen bei den beteiligten Mitarbeitern auftreten. Da

häufig nicht alle Mitarbeiter aus den operativen Bereichen mit den relevanten Risikobegriffen vertraut sind, kann es zu inkonsistenten Risikomeldungen und -berichten kommen. Dann werden Risikoberichte nicht einheitlich interpretiert, was zu Problemen bei der Ableitung von Risikosteuerungsmaßnahmen führen kann. Darüber hinaus fehlt teilweise die Bereitschaft der Mitarbeiter, bei der Ad-hoc-Berichterstattung auf Risiken und Gefahren hinzuweisen, da sie negative Konsequenzen für sich befürchten.
- Auch bei der Risikoberichterstattung durch die zentrale RM-Einheit können Probleme entstehen, da insbesondere die **Kommunikation qualitativer Risikobewertungen** und komplexer Ursache-Wirkungs-Beziehungen zwischen Einzelrisiken sehr **subjektiv** ist und Interpretations- und Manipulationsspielräume bietet.
- Bei der Gestaltung der internen und der externen Risikoberichterstattung besteht ein **Zielkonflikt**. Während in der internen Risikoberichterstattung umfassend und transparent über alle Risiken berichtet werden muss, wollen Unternehmen in der externen Risikoberichterstattung ein möglichst positives Bild über ihre Risikosituation abgeben. Es besteht die Gefahr, dass durch die Veröffentlichung risikorelevanter Informationen Imageschäden und Wettbewerbsnachteile für das Unternehmen entstehen können, die letztendlich die Existenz des Unternehmens gefährden.
- Speziell für die externe Risikoberichterstattung besteht das Problem, dass die grundlegenden **Annahmen** und eingesetzten **Methoden sowie deren Parameter** für die Risikobewertung **nicht ausreichend kommuniziert** werden, sodass externe Adressaten einzelne Berichtsinhalte nicht immer nachvollziehen können. Insgesamt messen die Adressaten der Darstellung der einzelnen Risikokategorien in der externen Risikoberichterstattung eine höhere Bedeutung zu als die Berichtsersteller (vgl. Ergebnisse einer Studie zur risikoorientierten Berichterstattung in deutschen Unternehmen Fischer/Vielmeyer, 2004, S. 120 ff.).

6.4 Fallstudie: Risikoberichterstattung im Beiersdorf Konzern

Die Fallstudie basiert im Wesentlichen auf Diederichs et al. (2009).

Ausgangssituation:
Die Beiersdorf AG ist ein global agierendes Markenartikel-Unternehmen im Konsumgüterbereich (Kosmetik, Wundversorgung und Klebeanwendungen) und durch folgende Merkmale gekennzeichnet:
- Hauptsitz in Hamburg mit Produktions-, Vertriebs- und Servicegesellschaften in über 100 Ländern
- rund 19.000 Mitarbeiter, Jahresumsatzes des Konzerns in 2010: ca. 6,2 Mrd. €

6.4 Fallstudie: Risikoberichterstattung im Beiersdorf Konzern

- zwei Unternehmensbereiche: Consumer (ca. 85% des Konzernumsatzes) und tesa (15% des Konzernumsatzes)
- 2010 erzielte Beiersdorf ein betriebliches Ergebnis von 699 Mio. €; 8,4% des Umsatzes wurden in Forschung und Entwicklung investiert
- (Für weitere Informationen zum Unternehmen vgl. www.beiersdorf.de).

Die Beiersdorf AG ist als **Stammhauskonzern** organisiert, d.h. die Konzernzentrale in Hamburg übernimmt die Steuerungsfunktion für die Tochtergesellschaften und operative Aufgaben bei der Bearbeitung des deutschen Marktes. Das Unternehmen hat eine funktionale Aufbauorganisation, wobei die einzelnen Funktionen zu vier übergeordneten Ressorts zusammengefasst und jeweils einem Vorstandsmitglied zugeordnet sind. Die Tochtergesellschaften sind zu Management Units zusammengefasst, die wiederum zu vier Regionen aggregiert und ebenfalls einem Vorstandsmitglied zugeteilt wurden. Die Aufbauorganisation der Beiersdorf AG ist der folgenden Abbildung 95 zu entnehmen:

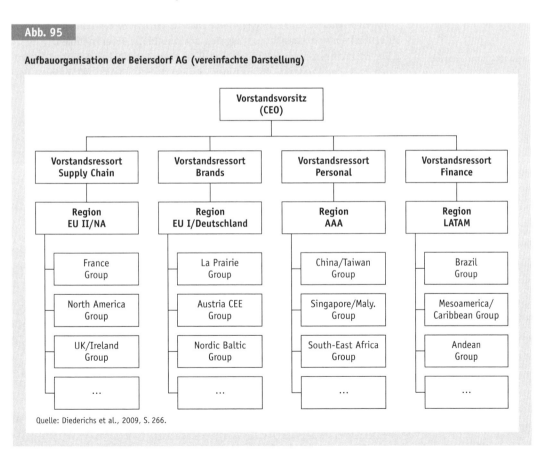

Abb. 95 Aufbauorganisation der Beiersdorf AG (vereinfachte Darstellung)

Quelle: Diederichs et al., 2009, S. 266.

6.4 Ansätze und Probleme der Risikoberichterstattung
Fallstudie: Risikoberichterstattung im Beiersdorf Konzern

Problemstellung:
In den Prozess der Risikoberichterstattung werden in einem internationalen Konzern wie Beiersdorf zahlreiche Unternehmenseinheiten eingebunden.
1. Wie kann die Risikoberichterstattung im Beiersdorf Konzern strukturiert werden?
2. Wie kann der Ablauf der Risikoberichterstattung im Beiersdorf Konzern erfolgen?

Lösungsansätze:
1. Die Struktur der internen Risikoberichterstattung sollte in den Grundsätzen der **Aufbauorganisation des Unternehmens entsprechen**. Da Risiken dezentral sowohl in den Funktionen als auch in den Tochtergesellschaften entstehen und dort auch identifziert und bewertet werden, erfolgt die Risikoberichterstattung im Beiersdorf Konzern bottom-up. Ausgehend von den Funktionen und Tochtergesellschaften werden risikorelevante Informationen in Risikoberichten dokumentiert, an die hierarchisch übergeordnete Instanz berichtet und dort weiter aggregiert, bevor die aggregierten Risikoinformationen wieder an die übergeordnete Instanz berichtet werden. Die Struktur der Risikoberichterstattung lässt sich der Abbildung 96 entnehmen.

Die Hauptfunktionen erläutern ihre Risikoberichte im Rahmen von Sitzungen mit den anderen Hauptfunktionsleitern und dem zuständigen Vor-

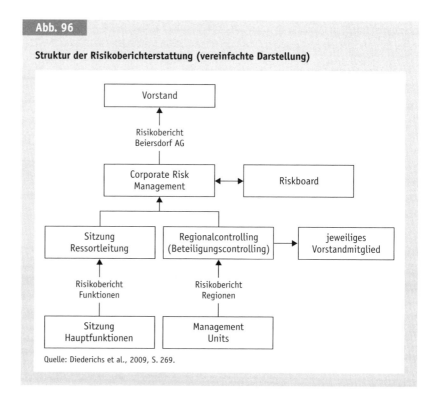

Abb. 96

Struktur der Risikoberichterstattung (vereinfachte Darstellung)

Quelle: Diederichs et al., 2009, S. 269.

standsmitglied, während die Risikoberichte der dezentralen Tochtergesellschaften und Management Units durch das Regional- bzw. Beteiligungscontrolling zusammengefasst und an das jeweilige Vorstandsmitglied weitergeleitet werden. Neben dieser Standardberichterstattung existiert eine Bedarfs- bzw. Ausnahmeberichterstattung bei akut auftretenden Risiken.
2. Die Ablauforganisation der Risikoberichterstattung orientiert sich an den Sitzungszyklen der Ressortleitungen und den Anforderungen des Informationssystems des Regional- bzw. Beteiligungscontrollings. In den Funktionen werden risikorelevante Informationen durch Risikoerfassungsbögen dokumentiert und in Risikoportfolios zusammengefasst. Diese Risiken werden unter Beachtung von **Wesentlichkeitsgrenzen** an die Ressortleitung in Berichtsform kommuniziert und quartalsweise in den Sitzungen der Ressortleitung diskutiert. Die Tochtergesellschaften bzw. Management Units berichten über ihre Risikolage im Rahmen ihrer Quartalsberichterstattung an das Regional- bzw. Beteiligungscontrolling, das gemeinsam mit dem Corporate Risk Management die Risiken analysiert, kommentiert und in Risikoportfolios aufbereitet, die dann an das zuständige Vorstandsmitglied weitergeleitet werden. Das Corporate Risk Management konsolidiert alle Risiken und erstellt einen Risikobericht mit den wesentlichen Risiken und Maßnahmen sowie Empfehlungen für das gesamte Unternehmen, der anschließend mit dem Risikoboard und dem Gesamtvorstand erörtert wird. Der folgenden Abbildung 97 ist der Risikoreporting-Kalender der Beiersdorf AG zu entnehmen.

Abb. 97

Risikoreporting-Kalender der Beiersdorf AG

	Jan	Feb	März	April	May	June	July	Aug	Sep	Oct	Nov	Dec
Sitzung Hauptfunktionen*												
Sitzung Ressortleitungen*												
Reporting der Management Units												
Sitzung Risikoboard												
Vorstandssitzung*												
»Bedarfs«-Risikoreporting												
Risikobericht (Geschäftsbericht)												
Prüfung Wirtschaftsprüfer												
Prüfung Corporate Auditing												
Sitzung Prüfungs- & Finanzausschuss (Aufsichtsrat)												
	Jan	Feb	März	April	May	June	July	Aug	Sep	Oct	Nov	Dec

* nur Sitzungen mit festen Tagesordnungspunkten zum Thema »Risikomanagement«

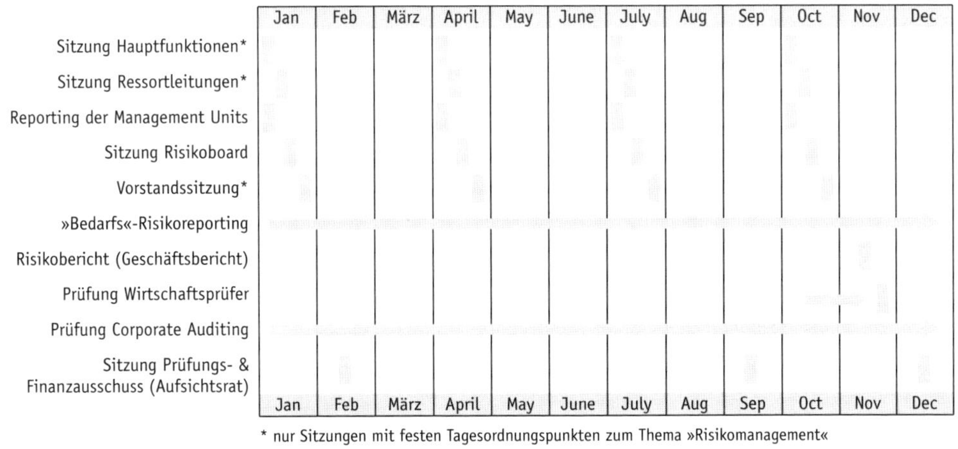

Quelle: Diederichs et al., 2009, S. 271.

6.4 Ansätze und Probleme der Risikoberichterstattung
Fallstudie: Risikoberichterstattung im Beiersdorf Konzern

Vertiefung der Fallstudie:
- Entwickeln Sie einen Risikobericht für die internationalen Tochtergesellschaften der Beiersdorf AG!
- Welche Probleme könnten bei der Risikoberichterstattung durch die internationalen Tochtergesellschaften auftreten? Entwickeln Sie Lösungsvorschläge für jedes von Ihnen benannte Problem!

Wiederholungsfragen zu Kapitel 6

1. Welche Aufgaben hat die Risikoberichterstattung?
2. Inwieweit ist die interne Risikoberichterstattung die Grundlage der externen Risikoberichterstattung? Welche Zielkonflikte bestehen zwischen der Gestaltung der internen und der externen Risikoberichterstattung?
3. Welche Anforderungen werden an die Risikoberichterstattung gestellt?
4. Welche Inhalte hat ein interner Risikobericht? Differenzieren Sie die Inhalte nach den Informationsbedürfnissen der unterschiedlichen Berichtsempfänger!
5. Was unterscheidet die Standard- von der Ad-hoc-Berichterstattung von Risiken? Erstellen Sie einen tabellarischen Vergleich anhand ausgewählter Kriterien.
6. Entwickeln Sie einen zentralen Risikobericht für die Vanini GmbH, den das Risikocontrolling auf der Grundlage der dezentral ausgefüllten Risikoidentifikationsbögen für die Geschäftsleitung erstellt.
7. Erläutern Sie die wesentlichen Funktionen und Anforderungen an die externe Risikoberichterstattung.
8. Erläutern Sie den Zusammenhang zwischen der Aufbauorganisation und der Struktur der internen Risikoberichterstattung in einem Unternehmen!
9. Welche Probleme treten bei der Risikoberichterstattung auf? Entwickeln Sie je einen Lösungsvorschlag für jedes von Ihnen benannte Problem.

7 Ansätze und Probleme der Risikosteuerung

Lernziele

Wenn Sie dieses Kapitel durchgearbeitet haben, können Sie

- den Begriff und die Ziele der Risikosteuerung erläutern,
- die Risikotragfähigkeit eines Unternehmens berechnen und ein Risiko-Chancen-Kalkül durchführen,
- verschiedene Strategien der Risikosteuerung und ihre Eignung unterscheiden,
- die Wirkung ausgewählter Instrumente und Maßnahmen der Risikosteuerung beschreiben und
- Probleme der Risikosteuerung diskutieren.

7.1 Begriff, Ziel und Kalküle der Risikosteuerung

Nach der Identifikation, Bewertung und Kommunikation der Risiken muss über Maßnahmen zur Risikosteuerung entschieden werden. In Anlehnung an Diederichs (2010, S. 188) wird der Begriff der Risikosteuerung wie folgt definiert:

Begriff und Ziel

> Durch die **Risikosteuerung** werden die identifizierten und bewerteten Risiken unter Berücksichtigung der Risikostrategie und der Risikoziele, der Risikotragfähigkeit und der Risikoneigung des Managements bzw. der Anteilseigner durch geeignete Maßnahmen beeinflusst. Wichtige Aufgaben der Risikosteuerung sind die Ableitung von Steuerungsstrategien, die Konkretisierung der Strategien durch Steuerungsmaßnahmen und die laufende Kontrolle der beschlossenen Maßnahmen. Durch die Risikosteuerung soll sichergestellt werden, dass die Ist-Risikosituation des Unternehmens mit der geplanten Soll-Risikosituation übereinstimmt. Die Begriffe Risikosteuerung und Risikobewältigung werden synonym verwendet.

Die Risikosteuerung ist ein integraler Bestandteil der betrieblichen Steuerungs- und Überwachungsprozesse in allen Unternehmensbereichen (vgl. Diederichs, 2010, S. 188).

Als Risikoziele wurden in Kapitel 3 die Sicherstellung der Risikotragfähigkeit des Unternehmens und die Realisierung eines angemessenen Risiko-Chancen-Verhältnisses abgeleitet. Das Risikotragfähigkeitskalkül und das Risiko-Chancen-Kalkül bilden somit die Grundlage der Risikosteuerung.

7.1 Ansätze und Probleme der Risikosteuerung
Begriff, Ziel und Kalküle der Risikosteuerung

Risikotragfähigkeitskalkül

Bevor Steuerungsmaßnahmen abgeleitet werden können, ist durch das **Risikotragfähigkeitskalkül** zu überprüfen, ob die vorhandenen Risikodeckungspotenziale zur Abdeckung der bewerteten Unternehmensrisiken ausreichen. Die Risikodeckungspotenziale sind die finanziellen Reserven eines Unternehmens zur Absicherung der erfolgsrechnerischen und liquiditätsmäßigen Auswirkungen seiner Risiken. Da es viele Risiken mit einer sehr geringen Eintrittswahrscheinlichkeit und einem hohen Schadensausmaß gibt, ist die absolute Grenze der Risikotragfähigkeit schnell erreicht. Die Geschäftsführung muss daher ein gewünschtes **Sicherheitsniveau** für die Risikotragfähigkeit angeben:

p (Gesamtrisiko ≤ verfügbares Risikodeckungspotenzial ≥ z %
Mit: p = Eintrittswahrscheinlichkeit
zz = gewünschtes Sicherheitsniveau

Wenn die Risikodeckungspotenziale größer als die möglichen finanziellen Schäden sind, ist die Risikotragfähigkeit des Unternehmens gegeben. Steuerungsmaßnahmen zur Reduzierung der Risiken müssen nicht ergriffen werden. Falls das Risikodeckungspotenzial auf die Risikoarten und Unternehmensbereiche aufgeteilt und entsprechende Limite zur Sicherstellung der Risikotragfähigkeit aufgestellt wurden, muss die Einhaltung der Limite überprüft werden. Zudem dürfen zu keinem Zeitpunkt Risiken eingegangen werden, die die Existenz des Unternehmens bedrohen. Bei der Überprüfung der Risikotragfähigkeit ist zu beachten, dass häufig nicht alle Risiken im Unternehmen vollständig identifiziert und bewertet werden können und daher ein Sicherheitspuffer für nicht identifizierte Risiken einzuplanen ist (vgl. auch im Folgenden Hölscher, 2002, S. 20 ff.; Schierenbeck, 2003, S. 3 ff.; Giebel, 2011, S. 48 ff. Zur Ableitung der Risikodeckungspotenziale und Überprüfung der Risikotragfähigkeit vgl. Kapitel 3.3).

Risiko-Chancen-Kalkül

Anschließend muss geprüft werden, inwieweit durch die derzeitige Risikosituation des Unternehmens das geplante Chancen- bzw. Ertrags-/Risikoverhältnis realisiert wurde. Grundsätzlich sollten Risiken nur dann eingegangen werden, wenn ihnen auch ein angemessenes Erfolgspotenzial gegenübersteht. Dabei müssen diese Chancen umso größer sein, je mehr Risikodeckungspotenzial zur Unterlegung der Risiken benötigt wird. Das gebundene Risikodeckungspotenzial wird auch als Risikokapital bezeichnet und kann z. B. als Risikolimit für die Steuerung einzelner Geschäftsbereiche eingesetzt werden. Das Verhältnis zwischen Chancen bzw. Ertrag und zur Verfügung gestelltem Risikokapital wird als Risikoperformance bezeichnet und kann über risikoadjustierte Performance-Maße gemessen werden. Ein Beispiel für ein **risikoadjustiertes Performance-Maß** ist der **RORAC** (Return on Risk Adjusted Capital), der wie folgt berechnet wird (vgl. Giebel, 2011, S. 53 ff.):

$$RORAC = \frac{Nettoergebnis}{Risikokapital}$$

Je höher der RORAC ist, desto größer ist der Erfolg in Relation zum eingesetzten Risikokapital. Der RORAC kann sowohl ex-ante als Plangröße (Ziel-RORAC)

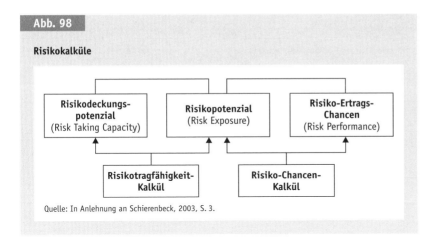

Abb. 98

Risikokalküle

Quelle: In Anlehnung an Schierenbeck, 2003, S. 3.

wie auch ex-post als Ist-RORAC zur Nachkalkulation verwendet werden. Wird im Rahmen des **Risiko-Chancen-Kalküls** ermittelt, dass die geplante Risikoperformance eines Geschäftsbereichs nicht erreicht wurde, sind ebenfalls Steuerungsmaßnahmen in Erwägung zu ziehen.

Die Abbildung 98 fasst die Überlegungen noch einmal zusammen.

Zusammenfassung

▸ Durch die Risikosteuerung soll die geplante Soll-Risikosituation des Unternehmens realisiert werden.
▸ Grundlage der Risikosteuerung sind das Risikotragfähigkeits- und das Risiko-Chancen-Kalkül.

7.2 Strategien der Risikosteuerung

7.2.1 Überblick

▸ Es gibt unterschiedliche Strategien der Risikosteuerung. Da die Risikosteuerung sich sowohl auf die Risikoursache als auch auf die Auswirkungen der Risiken beziehen kann, werden ursachen- und wirkungsbezogene Strategien unterschieden (vgl. Kremers, 2002, S. 84 f.; Wolf/Runzheimer, 2009, S. 87 f.):
▸ **Ursachenbezogene Strategien** versuchen, die Eintrittswahrscheinlichkeiten von Risiken zu reduzieren. So kann beispielsweise das Risiko des Produktionsausschusses durch eine Verbesserung der Qualität der Fertigung oder der eingekauften Rohstoffe reduziert werden.

7.2 Ansätze und Probleme der Risikosteuerung
Strategien der Risikosteuerung

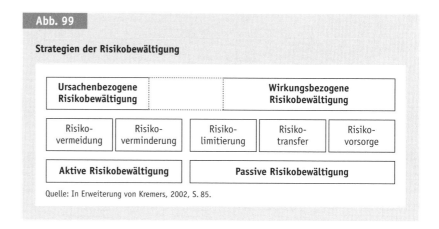

Abb. 99

Strategien der Risikobewältigung

Quelle: In Erweiterung von Kremers, 2002, S. 85.

- **Wirkungsbezogene Strategien** versuchen, die negativen Konsequenzen eines schlagend werdenden Risikos zu reduzieren. Die Einführung einer Qualitätskontrolle kann z. B. verhindern, dass schadhafte Produkte an den Kunden verkauft werden.

Zudem unterscheidet man zwischen Strategien der aktiven und der passiven Risikobewältigung. **Aktive Risikosteuerungsstrategien** versuchen gezielt, die Risikodeterminanten, d. h. die Eintrittswahrscheinlichkeit, das Schadensausmaß oder die Verteilung eines Risiko zu verändern. So reduzieren Sprinkleranlagen in der Produktion das Schadensausmaß im Fall eines Brandes. Durch Qualitätsmaßnahmen werden die Streuung der Produktionskosten und damit das Produktionsrisiko verringert. Durch **passive Strategien** wird die Struktur eines Risikos nicht verändert. Stattdessen werden die finanziellen Konsequenzen eingetretener Risiken auf Dritte abgewälzt oder (finanzielle) Reserven zur Risikovorsorge aufgebaut (vgl. Rosenkranz/Missler-Behr, 2005 S. 277 f.; Diederichs, 2010, S. 188 f.). Den Zusammenhang zwischen ursachen- und wirkungsbezogener Risikosteuerung und aktiver und passiver Risikosteuerung sowie entsprechende Risikosteuerungsstrategien zeigt obenstehende Abbildung 99.

Im Anschluss werden die einzelnen Strategien näher erläutert.

7.2.2 Aktive Strategien der Risikosteuerung

Zu den aktiven Strategien gehören die Risikovermeidung und die Risikoverminderung.

Risikovermeidung

Die Risikovermeidung umfasst den **Verzicht auf risikoreiche Geschäfte.** Dies ist nur sinnvoll, wenn die Risiken aus diesen Geschäften eine hohe Eintrittswahrscheinlichkeit und/oder ein hohes Schadensausmaß haben und damit **die Existenz des Unternehmens gefährden**. Allerdings verzichtet das Unternehmen bei dieser Strategie auf die Nutzung der Chancen aus diesen Geschäften. Daher sollte eine Risikovermeidung auf den Einzelfall beschränkt bleiben. Bei vollständiger Risikovermeidung wird die Existenz des Unternehmens ebenfalls gefährdet, da dies letztendlich zu einer Einstellung der Unternehmenstätigkeit führt (vgl. Burger/Buchhart, 2002, S. 50; Wolf/Runzheimer, 2009, S. 90; Diederichs; 2010, S. 189 f.).

Beispiele für Maßnahmen zur Risikovermeidung sind (vgl. Rosenkranz/Missler-Behr, 2005, S. 283):
- Verzicht auf Investitionen in bestimmten Ländern zur Vermeidung von Länderrisiken,
- Kündigung von riskanten Geschäftsbeziehungen,
- Konzentration auf bestimmte Geschäftsfelder und
- Einsatz bewährter Technologien.

Durch eine Risikoverminderung werden die **Eintrittswahrscheinlichkeit oder das Schadensausmaß** von risikoauslösenden Ereignissen und Handlungen **reduziert**. Die Reduzierung der Eintrittswahrscheinlichkeit eines Risikos wird als Schadensverhütung, die Reduzierung seines Schadensausmaßes als Schadensherabsetzung bezeichnet. Die Risikominderung ist für **erfolgsbedrohende Risiken geeignet**, da hier Risikopotenziale auf ein akzeptables Maß reduziert werden (vgl. auch im Folgenden Diederichs, 2010, S. 190 ff.).

Risikoverminderung

Eine Möglichkeit der Risikoverminderung ist die **Risikostreuung (Diversifikation)** (vgl. auch im Folgenden Wolke, 2008, S. 83 f.). Die Risikodiversifikation basiert auf Überlegungen der **Portfoliotheorie** (vgl. Kapitel 2.5.3). Da die Risiken der einzelnen Geschäftsbereiche eines Unternehmens i. d. R. nicht vollständig positiv korreliert sind, ist sein Gesamtrisiko kleiner als die Summe der Einzelrisiken seiner Geschäftsbereiche. Bei einer **negativen Korrelation der Einzelrisiken** kann das Gesamtrisiko durch die Hinzunahme eines neuen Geschäftsfelds sogar reduziert werden. **Ansatzpunkte für eine Risikodiversifikation** in Industrie- und Handelsunternehmen sind (vgl. Kremers, 2002, S. 86):
- Produkt-, Kundengruppen- oder Marktdiversifikation, wenn sich die Ertragsentwicklungen und damit die Risiken unterschiedlicher Produkte, Kundengruppen oder Märkte teilweise kompensieren.
- Regionale Diversifikation durch die räumliche Verteilung sensibler Unternehmensbereiche, indem die Produktion z. B. in verschiedenen, räumlich voneinander entfernten Werken erfolgt.
- Objektbezogene Diversifikation durch das Vorhalten von Redundanzen in zentralen Bereichen der Leistungserstellung, z. B. der Aufbau eines Back-up-Rechenzentrums.
- Personenbezogene Diversifikation z. B. durch räumlich getrenntes Reisen von Vorstandsmitgliedern zur Verhinderung des Ausfalls kompletter Personengruppen.

Allerdings kann durch eine Risikodiversifikation auch eine **Risikoverlagerung** stattfinden. So können durch eine regionale Diversifikation in neue Absatzmärkte zusätzliche Länder- oder Währungsrisiken verursacht werden. Außer-

Probleme der Risikodiversifikation

dem lassen sich Überlegungen zur Risikodiversifikation aufgrund von zahlreichen Problemen nicht ohne Einschränkungen von Aktienportfolios auf Unternehmen übertragen (vgl. Wolke, 2008, S. 84):
- So lassen sich Korrelationskoeffizienten als Grundlage der Risikosteuerung außerhalb von Finanzmärkten aufgrund fehlender Datenhistorien häufig nicht ermitteln. Selbst wenn Korrelationen berechnet werden können, sind sie vielfach zeitlich nicht stabil.
- Die Annahmen der Portfoliotheorie, wie z. B. die Vernachlässigung von Transaktionskosten oder die beliebige Teilbarkeit von Wertpapieren, gelten i. d. R. nicht für Produkte, Kundengruppen oder regionale Märkte.

7.2.3 Passive Strategien der Risikosteuerung

Zu den passiven Strategien der Risikosteuerung gehören die Risikolimitierung, die Risikoüberwälzung bzw. -transfer und die Risikovorsorge.

Risikolimitierung

Durch die Risikolimitierung wird die Höhe des eingegangenen Risikos begrenzt. Hier gibt das Management **Höchstgrenzen** für das Eingehen riskanter Geschäfte oder für Risiken z. B. für bestimmte Organisationseinheiten vor. Wenn die Limite erreicht sind, dürfen keine weiteren Risiken eingegangen bzw. müssen Risikosenkungsmaßnahmen ergriffen werden. Die Bemessung von Limiten orientiert sich am vorhandenen Risikodeckungspotenzial. Dabei sind folgende **Limitarten** von Bedeutung (vgl. Wolke, 2008, S. 81 f.):
- **Nominallimite** begrenzen Finanzpositionen, die einem Marktpreisrisiko ausgesetzt sind. Dabei wird nicht die Höhe des eingegangenen Risikos, sondern der Nominalwert eines Vermögensgegenstands und damit indirekt das Risiko begrenzt. Nominallimite werden daher auch als **Volumenslimite** bezeichnet.
- **Stopp-Loss-Limite** bewirken den Verkauf einer Vermögensposition, wenn ein bestimmter Marktpreis über- oder unterschritten und damit ein potenzieller Verlust überschritten wird. Durch Stopp-Loss-Limite wird der Worst-Case-Verlust einer Anlage begrenzt. Außerhalb von Wertpapieranlagen ist die Einsetzbarkeit von Stopp-Loss-Limiten begrenzt, da nicht ganze Produktlinien, Kundengruppen oder Märkte verkauft werden können.
- **Sensitivitätslimite** begrenzt die akzeptable Sensitivität eines Vermögenswertes. Allerdings lassen sich geeignete Sensitivitätsvorgaben nur schwer festlegen. Außerdem handelt es sich um ein relatives Limit, d. h. es erfolgt keine Risikobegrenzung in Geldeinheiten. Daher ist keine Unterlegung des Limits durch Risikodeckungspotenzial möglich.
- **Risikolimite** begrenzen das Risiko und damit den potenziellen Verlust für bestimmte Geschäftsfelder, Vermögenspositionen, Kundengruppen oder Märkte. Risikolimite können z. B. als Value-at-Risk-, Cashflow-at-Risk- oder Earnings-at-Risk-Limite ausgestaltet sein.
- **Szenario-Limite** sind Volumens-, Stopp-Loss- oder Risikolimite für bestimmte Szenarien.

7.2 Strategien der Risikosteuerung

Unter der Risikoüberwälzung versteht man eine faktische oder vertragliche, teilweise oder vollständige **Überwälzung der finanziellen Auswirkungen eines Risikos auf Dritte**. Der Begriff des **Risikotransfers** wird synonym verwendet. Die Eintrittswahrscheinlichkeit und das Schadensausmaß eines Risikos werden durch eine Risikoüberwälzung nicht reduziert. Es wird zwischen einer Risikoüberwälzung auf Versicherungsunternehmen (»insurance risk transfer«) und einer Risikoüberwälzung auf andere Vertragspartner (»non insurance risk transfer«) unterschieden (vgl. auch im Folgenden Diederichs, 2010, S. 192 f.; Rosenkranz/Missler-Behr, 2005, S. 298 ff.).

Risikoüberwälzung

Bei der **Risikoüberwälzung auf Versicherungen** kann der Versicherungsnehmer sein Risiko gegen Zahlungen einer Versicherungsprämie auf ein Versicherungsunternehmen transferieren. Für die Risikosteuerung sind folgende traditionelle Versicherungen relevant (vgl. Gleißner, 2011, S. 186 f.):

- **Sachversicherungen** decken Schäden an Gebäuden, Einrichtungen und Vorräten durch Brand, mutwilliger Beschädigung oder Naturkatastrophen ab. Zu den Sachversicherungen gehören z. B. Feuerversicherungen sowie Versicherungen gegen Sturm, Hagel oder Glasbruch sowie Betriebsunterbrechungsversicherungen.
- **Haftpflichtversicherungen** übernehmen die finanziellen Belastungen aus verursachten Personen- oder Sachschäden bei Dritten, z. B. Kunden oder Besuchern. Beispiele für Haftpflichtversicherungen sind Betriebs-, Produkt- oder Umwelthaftpflichtversicherungen.
- **Technische Versicherungen** decken die Risiken während der Errichtung und des Betriebs technischer Anlagen und Bauwerke ab.
- Durch **Transportversicherungen** werden alle Gefahren versichert, denen die Produkte eines Unternehmens während des Transportes ausgesetzt sind.

Die Höhe der Prämie richtet sich nach der Eintrittswahrscheinlichkeit, dem potenziellen Schadensausmaß, der Selbstbeteiligung des Versicherungsnehmers im Schadensfall und zusätzlichen Sicherungsmaßnahmen durch den Versicherungsnehmer. Wenn beim Versicherungsnehmer ein Schaden auftritt, zahlt die Versicherung eine vertraglich geregelte Entschädigung, übernimmt aber nicht die Wiederherstellung des ungestörten Zustandes beim Versicherungsnehmer. Versicherungen sind für reine Risiken (z. B. Feuer, Sturm etc.) mit einer geringen Eintrittswahrscheinlichkeit und einem katastrophalen Schadensausmaß geeignet, da sie relativ teuer sind. (vgl. Rosenkranz/Missler-Behr, 2005, S. 299; Wolke, 2008, S. 87).

Bei der **Risikoüberwälzung auf andere Vertragspartner** überträgt das Unternehmen auch nicht versicherbare Risiken durch allgemeine oder spezielle Vertragsbedingungen auf Vertragspartner. Der Grad der Überwälzung hängt maßgeblich von der Verhandlungsmacht der Vertragspartner und ggf. einer Überwälzungsprämie ab. Der Risikotransfer auf andere Vertragspartner kommt bei Transport-, Liefer- und Beschaffungsrisiken in Frage, die auf Kunden oder Lieferanten überwälzt werden können. Außerdem können Risiken durch Ter-

7.2 Ansätze und Probleme der Risikosteuerung
Strategien der Risikosteuerung

Risikovorsorge

mingeschäfte auf Partner an Finanz- und Kapitalmärkten übertragen werden (vgl. Schneck, 2010, S. 191 ff.; Wolke, 2008, S. 89 ff.).

Da jedes Unternehmen eine bestimmte Rendite erzielen möchte, muss das Management ein gewisses **Restrisiko tragen**. Diese Haltung wird auch als **Risikoakzeptanz** bezeichnet. Für eintretende Risiken muss entsprechend Risikovorsorge getroffen werden (vgl. auch im Folgenden Wolke, 2008, S. 80; Giebel, 2011, S. 56 ff.; Gleißner, 2011, S. 53). Es stehen diese **Möglichkeiten** der Risikovorsorge zur Verfügung (vgl. Rosenkranz/Missler-Behr, 2005, S. 298):

- **Finanzielle Reservenbildung** über die Bildung von Rücklagen, Wertberichtigungen sowie Rückstellungen. Die Reservebildung erfolgt u. a. aus dem Cashflow bzw. Gewinn, der Auflösung stiller Reserven etc.
- **Personelle Reservenbildung** durch die Ausbildung und Vorhaltung von Reservepersonal für personelle Risiken aus Krankheitsfällen oder Personalfluktuation.
- **Materielle Reservenbildung** z. B. durch zusätzliche Lagerbestände, um Lieferengpässe und Risiken aus Produktionsunterbrechungen auszugleichen.

Die Risikoakzeptanz ist eine sinnvolle Strategie für alle **Kernrisiken** eines Unternehmens, wenn sich diese durch eine geringe Eintrittswahrscheinlichkeit und ein geringes bis mittleres Schadensausmaß auszeichnen. Kernrisiken betreffen den originären Leistungsbereich eines Unternehmens. Zudem ist Risikoakzeptanz sinnvoll, wenn Risiken nur mit unverhältnismäßig hohem Aufwand gesteuert werden können (vgl. Burger/Buchhart, 2002, S. 49 f.; Diederichs, 2010, S. 193 f.; Gleißner, 2011, S. 183).

7.2.4 Strategiemix der Risikosteuerung

Die o. g. Risikostrategien sind für die Steuerung unterschiedlicher Risiken geeignet, wie der nebenstehenden Abbildung 100 zu entnehmen ist

Risiken mit einer hohen Eintrittswahrscheinlichkeit und einem hohen Schadensausmaß sollten generell vermieden werden, da sie zu einer Existenzbedrohung des Unternehmens führen können. Risiken mit einer niedrigen Eintrittswahrscheinlichkeit und einem hohen Schadensausmaß müssen entweder vermieden, vermindert oder an Versicherungen überwälzt werden, da ihr Eintritt ebenfalls die Existenz des Unternehmens gefährden kann. Für Risiken mit einem geringen Schadensausmaß aber einer hohen Eintrittswahrscheinlichkeit können Maßnahmen zur Reduzierung ihrer Eintrittswahrscheinlichkeit abgeleitet werden. Zudem kann versucht werden, das Ausmaß dieser Risiken zu limitieren oder sie an andere Vertragspartner zu transferieren. Außerdem muss für diese Risiken wie auch für Risiken mit niedriger Eintrittswahrscheinlichkeit und geringem Schadensausmaß Risikovorsorge getroffen werden. Die nebenstehende Abbildung 101 verdeutlicht die Vorgehensweise.

Für ein Unternehmen ist in Abhängigkeit von seiner individuellen Risikosituation, seiner Risikotragfähigkeit und seiner gewünschten Risikoperformance

Strategien der Risikosteuerung 7.2

Abb. 100

Eignung verschiedener Risikostrategien

		Schadensausmaß	
		Hoch	**Niedrig**
Eintritts-wahrscheinlichkeit	**Hoch**	Risikovermeidung	Risikoverminderung Risikolimitierung Risikoüberwälzung (andere Vertragspartner) Risikovorsorge
	Niedrig	Risikovermeidung Risikoverminderung Risikoüberwälzung (Versicherung)	Risikovorsorge

Quelle: In Anlehnung an Rosenkranz/Missler-Behr, 2005, S. 279.

Abb. 101

Risikosteuerungsstrategien

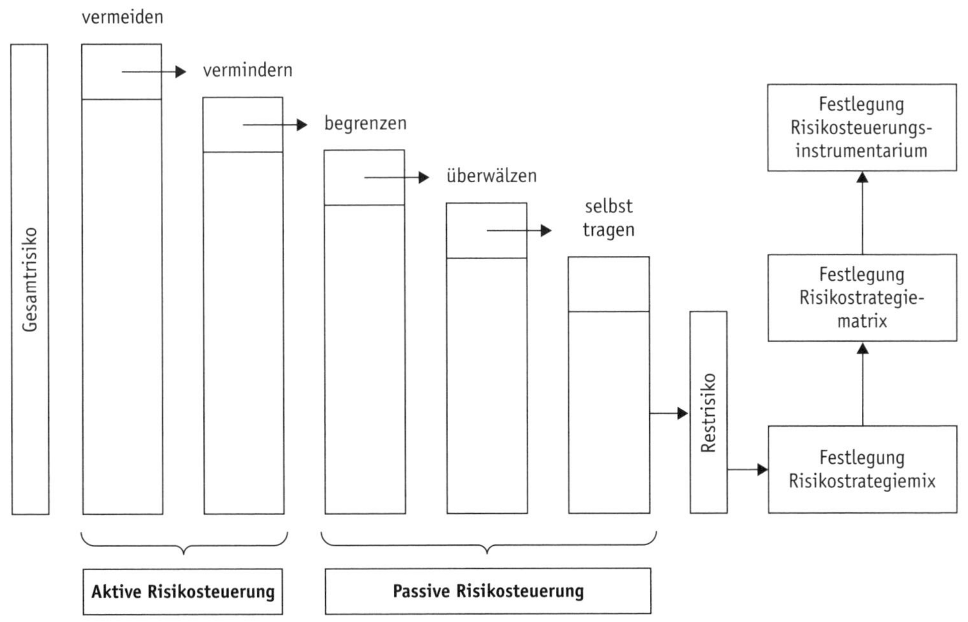

vermeiden
vermindern
begrenzen
überwälzen
selbst tragen

Gesamtrisiko

Restrisiko

Aktive Risikosteuerung
Passive Risikosteuerung

Festlegung Risikosteuerungsinstrumentarium
Festlegung Risikostrategiematrix
Festlegung Risikostrategiemix

Quelle: In Erweiterung von Diederichs, 2010, S. 189.

7.3 Ansätze und Probleme der Risikosteuerung
Instrumente und Maßnahmen zur Risikosteuerung

der Risikostrategiemix festzulegen und durch geeignete Steuerungsmaßnahmen zu konkretisieren.

Zusammenfassung

- Es gibt aktive und passive sowie ursachenbezogene und wirkungsbezogene Strategien der Risikobewältigung.
- Zu den aktiven Risikosteuerungsstrategien gehören die Risikovermeidung und die Risikoverminderung.
- Die Risikolimitierung, die Risikoüberwälzung und die Risikovorsorge sind passive Risikosteuerungsstrategien, da durch die Eintrittswahrscheinlichkeiten und die Schadensausmaße der Risiken nicht verändert werden.
- In Abhängigkeit von der Ist-Risikosituation, der Risikotragfähigkeit, dem geplanten Risiko-Chancen-Profil und der Risikoneigung des Managements ist ein geeigneter Risikostrategiemix auszuwählen.

7.3 Instrumente und Maßnahmen zur Risikosteuerung

7.3.1 Überblick

Der Risikostrategiemix muss durch geeignete Maßnahmen umgesetzt werden. Die Aufgabe des Risikomanagements besteht darin, diese Instrumente und Maßnahmen zu systematisieren, auszuwählen, zu aktualisieren, bedarfsgerecht anzupassen und ggf. zu ergänzen (vgl. Diederichs et al., 2004, S. 194; Diederichs, 2010, S. 197). Aufgrund der Vielfältigkeit der Risiken eines Unternehmens gibt es auch eine unübersehbare Vielzahl an Steuerungsinstrumenten und -maßnahmen, die sich nach unterschiedlichen Kriterien systematisieren lassen (vgl. Abb. 102).

7.3.2 Ausgewählte Instrumente und Maßnahmen zur Risikosteuerung

In diesem Abschnitt werden ausgewählte Instrumente und Maßnahmen zur Steuerung von leistungswirtschaftlichen und finanzwirtschaftlichen Risiken, von Risiken aus Management und Organisation und von externen Risiken vorgestellt.

Steuerung von leistungswirtschaftlichen Risiken

Zu den leistungswirtschaftlichen Risiken gehören Beschaffungs- und Logistikrisiken, Produktionsrisiken sowie Absatz- und Marketingrisiken. Die nebenstehende Abbildung 103 nennt Beispiele für Steuerungsmaßnahmen für ausgewählte leistungswirtschaftliche Risiken.

7.3 Instrumente und Maßnahmen zur Risikosteuerung

Abb. 102

Systematisierung der Instrumente zur Risikosteuerung

Kriterien	Ausprägungen				
Risikosteuerungsstrategie	Instrumente der Risikovermeidung, z. B. Verzicht auf bestimmte Märkte	Instrumente der Risikominderung, z. B. Sprinkleranlagen	Instrumente der Risikobegrenzung, z. B. Limite	Instrumente der Risikoüberwälzung, z. B. Versicherung	Instrumente der Risikovorsorge, z. B. Gewinnrücklagen
gesteuerte Risikokategorie	Instrumente zur Absicherung von leistungswirtschaftlichen Risiken, z. B. Lieferantenaudits zur Absicherung des Beschaffungsrisikos	Instrumente zur Absicherung von finanzwirtschaftlichen Risiken, z. B. Devisentermingeschäfte zur Absicherung von Währungsrisiken	Instrumente zur Absicherung von Risiken aus Management und Organisation, z. B. Sicherheitskonzepte in der IT	Instrumente zur Absicherung von externen Risiken, z. B. Alarmanlagen zur Absicherung des Einbruchsrisikos	
Art der Instrumente	(EDV-) technische Instrumente, z. B. Firewalls	Organisatorisch-personelle Instrumente, z. B. Schulungen	Vertragliche Instrumente, z. B. Haftungsausschlüsse	Finanzielle Instrumente, z. B. Versicherungen	

Der umseitigen Abbildung 103 lässt sich entnehmen, dass zur Steuerung von leistungswirtschaftlichen Risiken vorwiegend vertragliche und organisatorische Steuerungsmaßnahmen ergriffen werden können. Die meisten der Maßnahmen dienen der Risikominderung, in dem entweder die Eintrittswahrscheinlichkeit der Risiken, z. B. durch ein Lieferantenrating, oder das Schadensausmaß, z. B. durch Lagerhaltung, reduziert werden. Teilweise können auch Maßnahmen zur Risikodiversifikation durchgeführt werden, indem z. B. die Abhängigkeiten von Lieferanten oder Kunden durch den Aufbau von Alternativlieferanten, die Erschließung neuer Kundengruppen oder den Risikotransfer an Versicherungen, z. B. Unfallversicherungen, reduziert werden.

Aus der Praxis | **Management der sonstigen Preisrisiken im Bayer Konzern**

▶▶▶ Dem Risikobericht des Bayer Konzerns entnehmen wir:
»Der Bayer-Konzern benötigt signifikante Mengen an petrochemischen Rohstoffen und Energien für die verschiedenen Produktionsprozesse. Die Einkaufspreise für Rohstoffe und Energien können je nach Marktsituation erheblich schwanken. [...] Zur Sicherung der Rohstoffpreise haben wir langfristige Verträge mit verschiedenen Lieferanten abgeschlossen. Das operative Management der Rohstoffpreisrisiken liegt in der Verantwortung der Einkaufsabteilungen der Teilkonzerne und erfolgt im Rahmen von internen, zentral festgelegten Richtlinien und Limits, die einer ständigen Überprüfung unterliegen.«
Quelle: Bayer, 2011, S. 131. ◀◀◀

7.3 Ansätze und Probleme der Risikosteuerung
Instrumente und Maßnahmen zur Risikosteuerung

Abb. 103

Risikobewältigungsmaßnahmen für leistungswirtschaftliche Risiken

Risiko	Steuerungsmaßnahmen
1. Beschaffungs- und Logistikrisiken	
Abhängigkeit von Lieferanten und Zulieferern	▸ Aufbau von Alternativlieferanten ▸ Vertragliche Bindung von Lieferanten ▸ Lieferantenbeobachtung, Lieferantenrating ▸ Rückwärtsintegration
Beschaffungspreisrisiken	▸ Vertragliche Preisfixierung ▸ Preisgleitklauseln in Verträgen mit Kunden ▸ Termingeschäfte für Rohstoffe
2. Produktionsrisiken	
Betriebsunterbrechung durch Maschinenausfall	▸ Wartung, frühzeitige Ersatzinvestitionen ▸ Redundante Auslegung von Maschinen ▸ Alternativproduzenten, Lagerhaltung ▸ Betriebsunterbrechungs-Versicherung
Gewährleistungsrisiken	▸ Maßnahmen der Qualitätssicherung ▸ Schulung des Produktionspersonals ▸ Ausschluss durch vertragliche Gestaltung oder durch AGB
Sachanlageschaden durch Feuer	▸ Präventive Feuerschutzmaßnahmen ▸ Sprinkleranlagen, Feuerschutzwände ▸ Zusätzliche Lagerhaltung ▸ Feuerversicherung
Arbeitsunfälle	▸ Ausbildung, Prävention ▸ Sanitätsdienst ▸ Unfallversicherung
3. Absatz- und Marketingrisiken	
Verdrängungswettbewerb	▸ Auf- und Ausbau von Wettbewerbsvorteilen (Service, Marke, Produktqualität) ▸ Erschließung alternativer Märkte
Abhängigkeit von Großkunden	▸ Vertragliche Bindung ▸ Ausbau von mittleren Kunden und Kleinkunden ▸ »Monitoring« und Rating von Kunden
Absatzmengen- und Absatzpreisschwankungen	▸ Vertragliche Vereinbarungen mit »Key Accounts« ▸ Preis- und Rabattpolitik im Kontext der Planungsrechnung erarbeiten ▸ Reduktion von Fixkosten, um flexibel auf Umsatzschwankungen reagieren zu können

Quelle: In starker Anlehnung an Gleißner, 2011, S. 210f.

Steuerung von finanzwirtschaftlichen Risiken

Zu den finanzwirtschaftlichen Risiken gehören Kapitalbeschaffungs- und -anlagerisiken, Forderungsausfall-, Liquiditäts-, Währungs- und Zinsänderungsrisiken. Abbildung 104 nennt Beispiele für Steuerungsmaßnahmen für ausgewählte finanzwirtschaftliche Risiken.

Die finanziellen Auswirkungen von finanzwirtschaftlichen Risiken sollen durch geeignete Maßnahmen gemindert werden. Neben organisatorischen Maßnahmen können Termingeschäfte zur Absicherung von Preis- und Kursrisiken eingesetzt werden.

Instrumente und Maßnahmen zur Risikosteuerung 7.3

Abb. 104

Risikobewältigungsmaßnahmen für finanzwirtschaftliche Risiken

Risiko	Steuerungsmaßnahmen
1. Kapitalbeschaffungs- und -anlagerisiken	
Wertpapierrisiken	▸ Portfolio-Management (Diversifikation) ▸ Absicherung durch Termingeschäfte
Beteiligungsrisiken	▸ Beteiligungskäufe auf einer sorgfältigen Investitionsrechnung unter Risikoaspekten basieren lassen ▸ Regelmäßige Risikoanalyse in allen Beteiligungen durchführen
Risiken bei Unternehmenskäufen	▸ Sorgfältige Investitionsrechnungen und »Due Dilligence« ▸ Integration der Unternehmen in das RMS
2. Forderungsausfallrisiken	
Bonitäts- und Adressenausfälle (Forderungsverluste)	▸ Forderungsabtretung/Factoring ▸ Rating von Hauptkunden ▸ Forderungslimite ▸ Kreditversicherung
3. Liquiditätsrisiken	
Finanzielle Instabilität und Liquiditätsengpässe	▸ Kreditlinien von Banken sichern ▸ Bedingte Kapitalerhöhung ▸ Freisetzung nicht betriebsnotwendigen Vermögens beim Abbau von Forderungen und Vorräten
4. Währungs- und Zinsänderungsrisiken	
Zins- und Währungsschwankungen	▸ Natürliche Gegenpositionen im Unternehmen nutzen (z. B. Einkauf im Fremdwährungsmarkt) ▸ Devisentermingeschäfte ▸ Zinsderivate ▸ Zins-Obergrenzen vereinbaren (Caps)

Quelle: In Anlehnung an Gleißner, 2011, S. 211.

Zu den Risiken aus Management und Organisation gehören Führungs-, Organisations-, Personal-, FuE-, IT und Rechtsrisiken. Die umseitige Abbildung 105 nennt Beispiele für Steuerungsmaßnahmen für ausgewählte Risiken aus Management und Organisation.

Steuerung von Risiken aus Management und Organisation

Zur Steuerung von Risiken aus Management und Organisation steht eine große Vielfalt von vor allem organisatorischen und vertraglichen Instrumenten und Maßnahmen zur Verfügung, die sich nicht unbedingt originär dem Risikomanagement zuordnen lassen. Für IT-Risiken sind zudem technische Sicherungsmaßnahmen relevant. Die Maßnahmen und Instrumente reduzieren vor allem die Eintrittswahrscheinlichkeiten und Schadensausmaße der betrachteten Risiken und lassen sich daher primär der Risikoverminderung zuordnen.

Zu den externen Risiken gehören allgemeine Marktrisiken, politische und legislative Risiken, Risiken der natürlichen Umwelt und Risiken der soziokulturellen Umwelt. Abbildung 106 nennt Beispiele für Steuerungsmaßnahmen für ausgewählte externe Risiken.

Steuerung von externen Risiken

Abb. 105

Risikobewältigungsmaßnahmen für Risiken aus Management und Organisation

Risiko	Steuerungsmaßnahmen
1. Führungsrisiken	
Risiken aus Betriebsklima und Führungsstil, Demotivation	▸ Beobachtung wichtiger Kenngrößen für das Betriebsklima (Frühwarnsystem) ▸ Entwicklung eines Leitbilds und einer Unternehmenskultur ▸ Managementschulungen ▸ Entwicklung von Führungsgrundsätzen
2. Organisationsrisiken	
Risiken aus der Organisationsstruktur	▸ Regelmäßige Überprüfung der Organisationsstrategie (»structure follows strategy«) ▸ Genehmigungsregelungen ▸ Stellen- und Funktionsbeschreibungen ▸ Geschäftsordnung und Satzungen ▸ Prozessmanagement ▸ Trennung von Ausführungs- und Kontrollfunktionen
3. Personalrisiken	
Untreue/Fraud	▸ Aufbau und Weiterentwicklung Interner Kontrollsysteme
Ausfall von Schlüsselpersonen	▸ Dokumentation und Transfer des Wissens von Schlüsselpersonen ▸ Personalrotation und Stellvertretung
Offene Stellen	▸ Rekrutierungsmaßnahmen ▸ Personalentwicklungsprogramme
4. FuE-Risiken	
fehlende Innovationen	▸ Systematische Marktanalyse, Marktforschung
5. IT-Risiken	
IT-Ausfallrisiken	▸ IT-Richtlinie ▸ Redundante Auslegung wichtiger Teile, Back-up-Systeme
Risiken in der Datensicherheit	▸ Datenschutzkonzept, Datenbeauftragter ▸ Sicherheitskonzepte und Notfallpläne
6. Rechtsrisiken	
Allgemeine Haftpflichtrisiken	▸ Versicherungslösungen ▸ Vertragliche Gestaltung von AGB und sonstigen Verträgen
Produkthaftung	▸ Versicherung ▸ Qualitätskontrollen ▸ Vertragliche Gestaltung von AGB und sonstigen Verträgen ▸ Ausstieg aus Märkten mit unüberschaubaren Haftungsrisiken (z. B. USA)
Vertragsunsicherheiten und Mängel in AGB	▸ Regelmäßige juristische Prüfung von AGB ▸ Klare interne Regelungen bei der Vertragsgestaltung

Quelle: In Anlehnung an Gleißner, 2011, S. 212 f.

Abb. 106

Risikobewältigungsmaßnahmen für externe Risiken

Risiko	Steuerungsmaßnahmen
1. Marktrisiken	
Risiko eines Konjunktureinbruchs	▸ Flexibilisierung der Fixkostenstruktur
2. Politische und legislative Risiken	
Gesetzesänderungen und politische Unsicherheiten	▸ Informationsdienste zur Risikoidentifikation ▸ Mitgliedschaft in Verbänden (»Lobbying«)
3. Risiken der natürlichen Umwelt	
Schäden durch Naturkatastrophen	▸ Bauliche Maßnahmen ▸ Versicherungen
4. Risiken der soziokulturellen Umwelt	
Risiken aus gesellschaftlichen Trends	▸ »Monitoring« der relevanten gesellschaftlichen Trends ▸ Berücksichtigung in Umfeld- und Unternehmensanalysen

Quelle: Gleißner, 2011, S. 212 f.

Bei externen Risiken können i. d. R. die Eintrittswahrscheinlichkeiten nicht beeinflusst werden. Vielmehr geht es um die rechtzeitige Identifikation der externen Risiken und die Relevanzbewertung für das Unternehmen. Teilweise können die Folgen externer Risiken durch Versicherungen abgedeckt werden.

Aufgrund ihrer großen Bedeutung werden Termingeschäfte als originäre Instrumente der Risikosteuerung im folgenden Abschnitt erläutert.

7.3.3 Termingeschäfte zur Risikosteuerung

Bei einem Termingeschäft wird zum heutigen Zeitpunkt eine Vereinbarung über das Kauf- oder Verkaufsrecht an einem Wirtschaftsgut (Basisposition) zu einem bereits festgelegten Preis in der Zukunft getroffen. Termingeschäfte zeichnen sich somit durch das zeitliche Auseinanderfallen des heutigen Verpflichtungsgeschäfts und des zukünftigen Erfüllungsgeschäfts aus. Bei Termingeschäften handelt es sich um Derivate, deren Wert aus der Wertentwicklung ihrer Basispositionen abgeleitet wird. Basispositionen sind Finanzpositionen wie Aktien, Devisen, festverzinsliche Wertpapiere, Rohstoffe etc. (vgl. Schneck, 2010, S. 193 ff.). Termingeschäfte lassen sich nach unterschiedlichen Kriterien systematisieren (s. Abbildung 107).

Begriff und Arten von Termingeschäften

Nach dem **Basiswert** (Underlying) können Termingeschäfte auf Handelswaren, z. B. Agrarprodukte oder Rohöl, auf Finanzinstrumente, z. B. Wertpapiere, und auf andere Geschäfte unterschieden werden. Außerdem gibt es unbedingte Termingeschäfte, bei denen für beide Vertragsparteien eine **Erfüllungspflicht** besteht, und bedingte Termingeschäfte, bei denen der Verkäufer eine Erfüllungspflicht und der Käufer ein Ausübungswahlrecht hat. Zu den unbedingten

Abb. 107

Systematisierung von Termingeschäften

Kriterium	Ausprägungen		
Basiswert	Handelswaren (Agrarprodukte, Metalle, Rohöl)	Finanzinstrumente (Wertpapiere, Zinssätze, Devisen, Indices)	sonstige Basiswerte (Katastrophen-, Wetter-, Kreditderivate)
Erfüllungspflicht	unbedingte Termingeschäfte (Futures, Forwards, Swaps)		bedingte Termingeschäfte (Optionen)
Handelsplatz	börslich gehandelte Termingeschäfte		außerbörsliche (OTC) Termingeschäfte

Termingeschäften gehören Futures, Forwards und Swaps. Bedingte Termingeschäfte sind Optionen. Termingeschäfte können über Börsen oder außerbörslich abgewickelt werden. Außerbörsliche Termingeschäfte werden auch als OTC-Geschäfte bezeichnet, wobei OTC für »Over the counter« steht (vgl. Schneck, 2010, S. 191 ff. sowie Wolke, 2008, S. 89 ff.).

Termingeschäfte werden aus unterschiedlichen Motiven getätigt (vgl. Schneck, 2010, S. 196 f.):

- **Spekulation (Trading):** Erwartet ein Spekulant steigende (bzw. fallende) Kurse, kauft (bzw. verkauft) er am Terminmarkt das Handelsobjekt, um es zu einem späteren Zeitpunkt am Kassamarkt teurer verkaufen (bzw. billiger kaufen) zu können. Die Differenz zwischen den Kassa- und Terminmarktpreisen entspricht dem Spekulationsgewinn.
- **Arbitrage**: Arbitrage bezeichnet das Ausnutzen von zeitlichen und räumlichen Preisdifferenzen zwischen Kassa- und Terminmärkten für gleiche Handelsobjekte.

Für Wissbegierige

Terminbörse EUREX

»Eurex ist eine der international führenden Terminbörsen und wird gemeinsam von Deutsche Börse AG und SIX Swiss Exchange betrieben. Eurex bietet über einen offenen und kostengünstigen elektronischen Zugang eine breite Palette internationaler Benchmark-Produkte an und betreibt die liquidesten Rentenmärkte der Welt. Von 700 Standorten auf der ganzen Welt sind Marktteilnehmer an Eurex miteinander verbunden und erzielen ein jährliches Handelsvolumen von weit über 1 Milliarde Kontrakte. Damit ist Eurex der weltweit bevorzugte Handelsplatz für Derivate. Neben dem Betrieb der vollelektronischen Handelsplattform stellt Eurex auch eine automatisierte und integrierte Clearingstelle zur Verfügung. Die Eurex Clearing AG gewährleistet als zentraler Kontrahent die Erfüllung sämtlicher Geschäfte, die an Eurex-Börsen abgeschlossen werden [...]«

Quelle: hwww.eurexchange.com/about_de.html.

7.3 Instrumente und Maßnahmen zur Risikosteuerung

- **Hedging**: Durch Hedging werden Risiken durch bewusstes Eingehen von Gegenpositionen zu bestehenden Kassageschäften abgesichert. Die Strategie des Hedging ist für die Risikosteuerung relevant.

Im Folgenden werden die Einsatzmöglichkeiten von Optionen und Futures zur Risikosteuerung erläutert.

Eine Option ist ein unbedingtes Termingeschäft, d. h. ihr Käufer erwirbt das Recht, aber nicht die Pflicht, den Basiswert (Underlying) zu einem vereinbarten Ausübungspreis innerhalb einer bestimmten Frist oder zu einer bestimmten Fälligkeit vom Verkäufer zu kaufen (Call) oder zu verkaufen (Put). Für dieses Recht zahlt der Käufer eine Optionsprämie an den Verkäufer. Der Kauf einer Option wird auch als Long-Position, der Verkauf als Short- oder Stillhalterposition bezeichnet. Optionen können mögliche Verluste des Basisinstrumentes in der Zukunft ausgleichen. Während der Kauf von standardisierten Optionen i. d. R. durch jedes Unternehmen möglich ist, ist die Übernahme der Stillhalter-Position nur bestimmten Personen innerhalb bestimmter Organisationen (Börsen) gesetzlich erlaubt (vgl. Wolke, 2008, S. 89 f.; Schneck, 2010, S. 198 ff.).

Optionen zur Risikosteuerung

Beispiel Gewinn- und Verlustprofil einer Kaufoption
▸▸▸ Der Käufer einer Kaufoption (C) erwirbt das Recht, einen Basiswert in 3 Monaten zu einem Ausübungspreis (E) von 100 € zu kaufen. Für dieses Recht zahlt er dem Verkäufer der Kaufoption den Optionspreis von 10 €. Liegt der Markt-

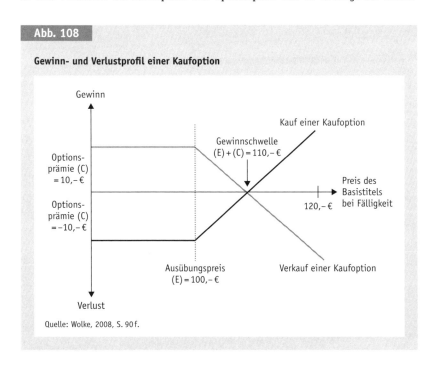

Abb. 108

Gewinn- und Verlustprofil einer Kaufoption

Quelle: Wolke, 2008, S. 90 f.

preis des Basiswerts nach drei Monaten unter dem Ausübungspreis von 100,- €
wird der Käufer die Option nicht ausüben. Sein Verlust besteht in der gezahlten
Optionsprämie, die in diesem Fall dem Gewinn des Verkäufers (Stillhalters) entspricht. Steigt der Marktpreis bei Fälligkeit über den Ausübungspreis, übt der
Käufer die Option aus, da er nun den Basistitel zu einem höheren Preis am
Markt verkaufen kann. Sein Gewinn entspricht dabei dem Marktpreis abzüglich
dem Ausübungspreis und der Optionsprämie. Bei 110,- € ist daher seine Gewinnschwelle erreicht. Für den Verkäufer der Option ergibt sich ein entgegengesetztes Gewinn- und Verlustprofil. ◂◂◂

Der Käufer einer Kaufoption rechnet mit steigenden Preisen für den Basiswert
und möchte sich daher zum jetzigen Zeitpunkt einen bestimmten Preis sichern.
Der Verkäufer rechnet dagegen mit gleichbleibenden bis leicht fallenden Preisen
des Basiswertes und einer Nichtausübung der Option. Im Rahmen der Risikosteuerung sind Kaufoptionen vor allem zur Reduzierung des Beschaffungsrisikos
bei bestimmten Rohstoffen, z. B. Rohöl, relevant. Allerdings sind Optionen aufgrund der Zahlung der Optionsprämie ein relativ teures Steuerungsinstrument.

Beispiel Gewinn- und Verlustprofil einer Verkaufsoption
▸▸▸ Der Käufer einer Verkaufsoption (P) erwirbt das Recht, einen Basiswert in
3 Monaten zu einem Ausübungspreis (E) von 100 € zu verkaufen. Für dieses
Recht zahlt er dem Verkäufer der Kaufoption den Optionspreis von 10 €. Liegt der

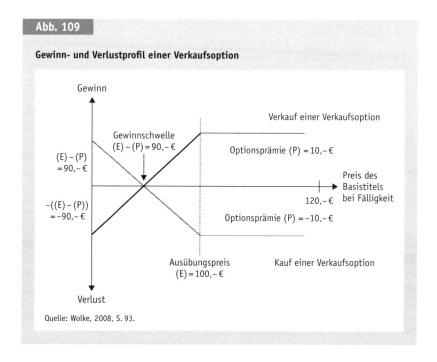

Abb. 109

Gewinn- und Verlustprofil einer Verkaufsoption

Quelle: Wolke, 2008, S. 93.

Marktpreis des Basiswerts nach drei Monaten über dem Ausübungspreis von 100,- € wird der Käufer die Option nicht ausüben. Sein Verlust besteht in der gezahlten Optionsprämie, die in diesem Fall dem Gewinn des Verkäufers (Stillhalters) entspricht. Sinkt der Marktpreis bei Fälligkeit unter den Ausübungspreis, übt der Käufer die Option aus, da er nun den Basistitel zu einem höheren Preis als am Markt verkaufen kann. Bei 90,- € ist seine Gewinnschwelle erreicht. Für den Verkäufer der Option ergibt sich ein entgegengesetztes Gewinn- und Verlustprofil. ◄◄◄

Der Käufer einer Verkaufsoption rechnet mit fallenden Preisen für den Basiswert und möchte sich daher zum jetzigen Zeitpunkt einen bestimmten Preis sichern. Der Verkäufer rechnet dagegen mit gleichbleibenden bis leicht steigenden Preisen des Basiswertes und einer Nichtausübung der Option. Im Rahmen der Risikosteuerung sind Verkaufsoptionen in Industrieunternehmen eher von untergeordneter Bedeutung, da auf deren Produkte i. d. R. keine Optionen abgeschlossen werden können. In Handelsunternehmen können sie zur Reduzierung des Absatzrisikos bei börslich gehandelten Waren eingesetzt werden.

Futures sind unbedingte Termingeschäfte, d. h. hier verpflichten sich beide Parteien zur Ausübung des Termingeschäfts: Der Käufer verpflichtet sich eine vereinbarte Menge eines Basiswertes (Underlying) vom Verkäufer zu einem bestimmten Zeitpunkt zum Terminkurs (Futurepreis) zu kaufen. Der Verkäufer verpflichtet sich gleichzeitig, die vereinbarte Menge des Underlying zum Terminkurs zu liefern. Die tatsächliche Lieferung des Basiswertes wird i. d. R. ausgeschlossen, stattdessen erfolgen Ausgleichszahlungen (Cash Settlement) in Abhängigkeit vom tatsächlichen Marktpreis. Futures sind günstiger als Optionen, da keine Risikoprämie gezahlt wird. Der Käufer eines Futures hat ein auf die Höhe des Terminkurses begrenztes Verlust- und ein unbegrenztes Gewinnpotenzial, der Verkäufer ein auf die Höhe des Terminkurses begrenztes Gewinn- und ein unbegrenztes Verlustpotenzial. Das unbegrenzte Verlustpotenzial erfordert restriktive Auflagen für die Geschäftspartner sowie bestimmte rechtliche und organisatorische Maßnahmen zur Abwicklung von Futures. Für Nichtbanken sind vor allem Devisentermingeschäfte zur Absicherung von Währungsrisiken und Bund Futures zur Absicherung von Zinsänderungsrisiken relevant. Zudem gibt es Futures an Warenterminbörsen für bestimmte Rohstoffe und Agrarprodukte (vgl. Wolke, 2008, S. 96 ff.; Schneck, 2010, S. 222 ff.).

Futures zur Risikosteuerung

Beispiel **Gewinn- und Verlustprofil eines Futures**
▶▶▶ Der Terminkurs eines Basiswerts beträgt 120 €. Der Future wird in 3 Monaten fällig. Liegt der Marktpreis des Basiswerts am Fälligkeitstag über 120 €, macht der Käufer einen Gewinn in Höhe der Differenz. Liegt der Marktpreis unter dem Terminkurs macht er einen Verlust, der aber auf die Höhe des Terminkurses beschränkt bleibt. Für den Verkäufer ergibt sich bei steigenden Marktpreisen sogar die Gefahr eines unbegrenzten Verlusts.

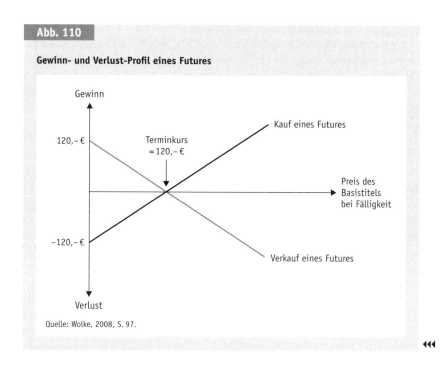

Abb. 110

Gewinn- und Verlust-Profil eines Futures

Quelle: Wolke, 2008, S. 97.

Forwards sind nicht an Börsen gehandelte unbedingte Termingeschäfte und entsprechen in ihrer Wirkung und ihrem Gewinn- und Verlustprofil Futures.

Aus der Praxis **Management von Fremdwährungsrisiken im Siemens Konzern**

▶▶▶ »Siemens hat seit mehreren Jahren ein bewährtes Fremdwährungsmanagementsystem. [...] Konzernweit ist jede Einheit dazu verpflichtet, diese [Richtlinie, Anm. des Verf.] anzuwenden und die jeweilige Nettowährungsposition in einer engen Bandbreite von mindestens 75 % aber nicht mehr als 100 % abzusichern. Zusätzlich stellt diese Richtlinie das Rahmenwerk für die Organisationsstruktur, das für das Fremdwährungsmanagement notwendig ist, zur Verfügung. Es schlägt Sicherungsstrategien vor und definiert die für die Einheiten verfügbaren Sicherungsinstrumente: Forward-Kontrakte, Währungsoptionen sowie Stopp-Loss-Orders.«
Quelle: Siemens, 2011, S. 246. ◀◀◀

7.3.4 Auswahl der Instrumente zur Risikosteuerung

Im Rahmen der Risikosteuerung müssen alle Maßnahmen und Instrumente ständig auf ihre Vollständigkeit, Eignung und Wirksamkeit hin überprüft und ggf. an die aktuelle Risikosituation des Unternehmens angepasst werden. Vor der Auswahl einer neuen Maßnahme ist diese auf Interdependenzen zu anderen Instrumenten und Maßnahmen zu untersuchen. Ansonsten besteht die Gefahr, dass sich die Wirkung zweier gegensätzlicher Maßnahmen neutralisieren. Zudem müssen alle Instrumente einer **Kosten-Nutzen-Analyse** unterzogen werden. Die Durchführung von Risikosteuerungsmaßnahmen verursacht Risikokosten. Der Nutzen ergibt sich aus einer Reduzierung der Schadenskosten aus eingetretenen Risiken. Der optimale Sicherheitsgrad liegt im Minimum der Kostenfunktion der Kosten der Risikosteuerung und der Schadenskosten. Allerdings lassen sich die durch Risikosteuerungsmaßnahmen eingesparten Schadenskosten in der Unternehmenspraxis nur sehr schwer messen (vgl. Diederichs, 2010, S. 197 ff.).

Grundlage einer Kosten-Nutzen-Analyse ist die Bestimmung der Risikokosten, wobei sich Risikokosten i. w. S., die aus der Implementierung eines Risikomanagement-Systems und der laufenden Durchführung des operativen RM-Prozesses resultieren, und Risikokosten i. e. S. für die eigentliche Risikobewältigung unterscheiden lassen (vgl. hierzu auch Gleißner, 2011, S. 195, der Kosten für interne Kontrollsysteme und die RM-Organisation, Kosten für den Risikotransfer, Kosten der Schadensabwicklung und der Deckung eingetretener Schäden und kalkulatorische Kosten des durch Risiken gebundenen Eigenkapitals unterscheidet).

Bestimmung der Risikokosten

Die Risikokosten i. e. S. können anhand des umseitigen Schemas in Abbildung 112 kalkuliert werden.

Abb. 111

Bestandteile der Risikokosten

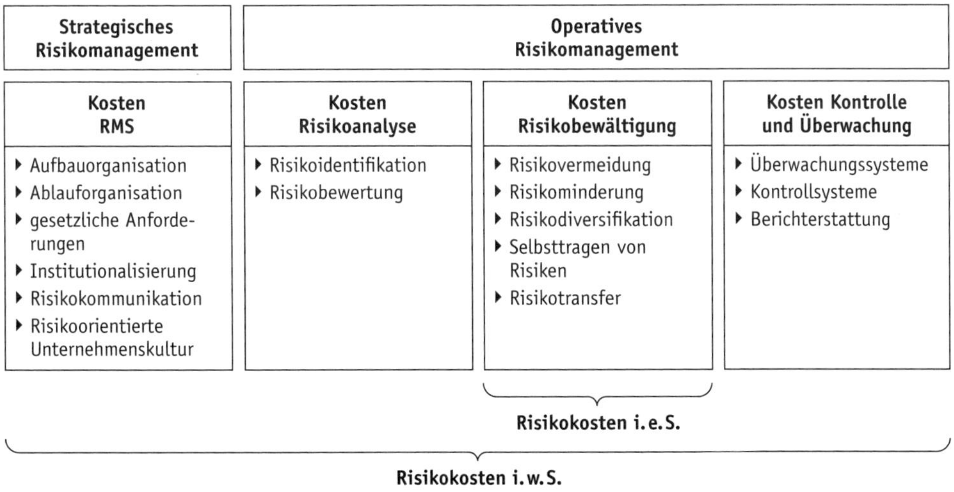

Strategisches Risikomanagement	Operatives Risikomanagement		
Kosten RMS	Kosten Risikoanalyse	Kosten Risikobewältigung	Kosten Kontrolle und Überwachung
▸ Aufbauorganisation ▸ Ablauforganisation ▸ gesetzliche Anforderungen ▸ Institutionalisierung ▸ Risikokommunikation ▸ Risikoorientierte Unternehmenskultur	▸ Risikoidentifikation ▸ Risikobewertung	▸ Risikovermeidung ▸ Risikominderung ▸ Risikodiversifikation ▸ Selbsttragen von Risiken ▸ Risikotransfer	▸ Überwachungssysteme ▸ Kontrollsysteme ▸ Berichterstattung

Risikokosten i. e. S. (Kosten Risikoanalyse + Kosten Risikobewältigung)

Risikokosten i. w. S. (gesamt)

Quelle: Giebeler, 2011, S. 132.

Abb. 112

Zusammensetzung der Risikokosten i. e. S.

	+	Kosten für Risikovermeidung
	+	Kosten für Risikominderung
	+	Kosten für Risikodiversifikation
+	=	**Kosten für aktive Risikobewältigung**
		+ Kosten für Risikotransfer auf eine Versicherung + Kosten für weitere Transferalternativen
	+	= Kosten für Risikotransfer
		+ Schadenkosten für eigene Rechnung + Kapitalkosten
	+	= Kosten für das Selbsttragen
+	=	**Kosten für die passive Risikobewältigung**
=		**Risikokosten i. e. S.**

Quelle: Giebeler, 2011, S. 135.

Bei der Kosten-Nutzen-Analyse müssen sowohl die direkten Kosten einer Maßnahme (Risikokosten i. e. S.) als auch Veränderungen bei den sonstigen Risikokosten berücksichtigt werden. Beispielsweise kann die Risikodiversifikation in andere Märkte Veränderungen in der Aufbauorganisation oder der Risikoberichterstattung erfordern und daher zu steigenden Kosten führen.

7.4 Probleme der Risikosteuerung

Die Risikosteuerung stellt die Unternehmen vor zahlreiche Probleme:
▸ Die enorme Vielfalt möglicher Instrumente und Maßnahmen und ihrer Interdependenzen erschweren einen transparenten und umfassenden Überblick und die Zusammenstellung eines optimalen Maßnahmenportfolios.
▸ Die Maßnahmenauswahl und -umsetzung erfolgt häufig dezentral. Auch diese Vorgehensweise erschwert eine effiziente gesamtunternehmensbezogene Risikosteuerung.
▸ Quantifizierung der Kosten und des Nutzens einzelner Risikosteuerungsmaßnahmen sowie ihrer Interdependenzen ist in der Unternehmenspraxis nur in Ansätzen möglich.

Zusammenfassung

▸ Es gibt eine große Vielzahl unterschiedlicher Instrumente und Maßnahmen zur Risikosteuerung, wobei (EDV-)technische, organisatorisch-personelle, vertragliche und finanzielle Instrumente unterschieden werden können.

- Termingeschäfte können zur Steuerung von Preis-, Währungs- und Zinsänderungsrisiken verwendet werden. Optionen, Futures, Forwards und Swaps gehören zu den Termingeschäften.
- Alle Risikosteuerungsinstrumente und -maßnahmen müssen einer Kosten-Nutzen-Analyse unterzogen und auf ihre Interdependenzen überprüft werden.
- Es gibt zahlreiche Interdependenzen zwischen den einzelnen Steuerungsinstrumenten und -maßnahmen, was die Zusammenstellung eines aus Gesamtunternehmenssicht effektiven und effizienten Maßnahmenportfolios wesentlich erschwert.

7.5 Fallstudie: Risikosteuerung im Volkswagen Konzern

Ausgangssituation:
Die Volkswagen AG ist einer der größten Automobilhersteller weltweit und weist folgende Merkmale auf:
- Hauptsitz des Unternehmens ist Wolfsburg mit Produktions-, Vertriebs- und Servicegesellschaften in aller Welt.
- Das Unternehmen hat rd. 399.400 Mitarbeiter, der Jahresumsatz des Konzerns beträgt 2010 ca. 126,9 Mrd. €.
- 2010 wurden 7,2 Mio. Autos ausgeliefert, was einem Weltmarktanteil von 11,4 % entspricht.
- Der Konzern besitzt neun Marken aus sieben europäischen Ländern: Volkswagen, Audi, SEAT, Skoda, Volkswagen Nutzfahrzeuge, Bentley, Bugatti, Lamborghini und Scania.
- 2010 erzielte der Volkswagen Konzern ein betriebliches Ergebnis von 7,2 Mrd. €; 6,1 % des Umsatzes wurden in Forschung und Entwicklung investiert. Die Aktivierungsquote der Entwicklungskosten betrug ca. 25 %.

(Für weitere Informationen vgl. www.volkswagenag.com/content/vwcorp/content/de/the_group.html).

Problemstellung:
Dem Risikobericht des Volkswagen Konzerns entnehmen Sie u. a. folgende Risiken:
- Gesamtwirtschaftliche Risiken, u. a. aufgrund steigender Energie- und Rohstoffpreise sowie der Schuldenkrise vieler Länder
- Branchenrisiken, z. B. durch einen Preisverfall auf dem Automobilmarkt
- Risiken aus Forschung und Entwicklung durch eine unzureichende Berücksichtigung der Kundenbedürfnisse bei der Produktentwicklung
- Beschaffungsrisiken durch Lieferantenausfälle
- Nachfrageabhängige Risiken, z. B. durch unvorhergesehene Nachfrageänderungen oder Abhängigkeiten von Großkunden
- Qualitätsrisiken durch eine stetig zunehmende Produkt- und Produktionskomplexität

7.5 Ansätze und Probleme der Risikosteuerung
Fallstudie: Risikosteuerung im Volkswagen Konzern

- Personalrisiken durch Know-how-Verlust aufgrund von Fluktuationen und Pensionierungen
- Liquiditätsrisiken durch eine angespannte Lage auf Finanzmärkten
- Währungsrisiken durch die internationale Geschäftstätigkeit des Konzerns
- IT-Risiken z. B. durch den unbefugten Zugriff auf sensible elektronische Unternehmensdaten und -informationen

(Quelle: geschaeftsbericht2010.volkswagenag.com/lagebericht/risikobericht/einzelrisiken.html?cat=m)

1. Welche grundsätzlichen Strategien kann Volkswagen zur Steuerung der o. g. Risiken einsetzen? Wie wirken sich die Risikosteuerungsstrategien auf die Eintrittswahrscheinlichkeit und das Schadensausmaß der Risiken aus?
2. Welche konkreten Risikosteuerungsmaßnahmen und -instrumente könnte Volkswagen ergreifen, um die Strategien umzusetzen?

Lösungsansätze:
Der folgenden Abbildung 113 lassen sich mögliche Steuerungsstrategien, ihre Wirkung auf die zu steuernden Risiken und Beispiele für konkrete Steuerungsmaßnahmen entnehmen.

Abb. 113

Mögliche Risikosteuerungsmaßnahmen für den Volkswagen Konzern

Risiko	Risikostrategie	Wirkung auf Risiko	Instrument/Maßnahme (Beispiele)
Gesamtwirtschaftliche Risiken aufgrund der Schuldenkrise	Risikovorsorge	keine	Bildung finanzieller Reserven, z. B. Erhöhung der Gewinnrücklagen
Branchenrisiken durch einen Preisverfall	Risikoverminderung	Reduzierung des Schadensausmaß	Angebot von zusätzlichen Finanzierungsleistungen zur Kompensation des höheren Preises
Risiken aus Forschung und Entwicklung	Risikoverminderung	Reduzierung von Eintrittswahrscheinlichkeit und Schadensausmaß	Trendanalysen, Kundenbefragungen und Scouting-Aktivitäten, systematisches FuE-Projektcontrolling
Beschaffungsrisiken	Risikoverminderung	Reduzierung von Eintrittswahrscheinlichkeit und Schadensausmaß	Lieferantenbewertung
Nachfrageabhängige Risiken	Risikodiversifikation	Reduzierung des Schadensausmaßes	Erschließung neuer Kundengruppen, insbesondere im gewerblichen Bereich
Qualitätsrisiken	Risikoverminderung	Reduzierung von Eintrittswahrscheinlichkeit und Schadensausmaß	Umsetzung eines systematischen Total Quality Managements
Personalrisiken	Risikoverminderung	Reduzierung von Eintrittswahrscheinlichkeit und Schadensausmaß	intensive und spezifische Qualifizierungsmaßnahmen, Senior-Experten-Einsatz zur Know-how-Weitergabe, Mitarbeiterbindung
Liquiditätsrisiken	Risikovorsorge	keine	Aufbau von Vorhalteliquidität, Bestätigung von Kreditlinien
Währungsrisiken	Risikovermeidung	Ausschaltung des Risikos	Natural Hedging, d. h. Aufbau von Produktionskapazitäten in den wichtigsten Märkten
IT-Risiken	Risikoverminderung	Reduzierung der Eintrittswahrscheinlichkeit	Einsatz von Viren-Scannern, Firewall- und Intrusion-Prevention-Systeme

Wiederholungsfragen zu Kapitel 7

1. Erläutern Sie den Begriff und die Ziele der Risikosteuerung.
2. Inwieweit bilden das Risikotragfähigkeits- und das Risiko-Chancen-Kalkül die Grundlage der Risikosteuerung?
3. Führen Sie das Risikotragfähigkeits- und das Risiko-Chancen-Kalkül für die Vanini GmbH anhand der folgenden Angaben durch:

	Geschäftsbereich 1	Geschäftsbereich 2	Geschäftsbereich 3
Risikokapital	1 Mio. €	1,5 Mio. €	2 Mio. €
CFaR per 31.12.	1,3 Mio. €	1 Mio. €	2 Mio. €
geplantes Nettoergebnis	200 Tsd. €	300 Tsd. €	400 Tsd. €
Ist-Nettoergebnis	300 Tsd. €	200 Tsd. €	350 Tsd. €

4. Wie können Risikosteuerungsstrategien systematisiert werden?
5. Erläutern Sie die Auswirkungen der Risikovermeidung, der Risikodiversifikation und des Risikotransfers auf die Eintrittswahrscheinlichkeit und das Schadensausmaß der gesteuerten Risiken. Für welche Risiken sind diese Steuerungsstrategien geeignet?
6. Die Vanini GmbH weist per 31.12. folgende Ist-Risikosituation auf:
   a. Das Unternehmen macht 60 % seines Umsatzes mit zwei Hauptkunden. Zudem wird befürchtet, dass sich die Zahlungsmoral der Kunden weiter verschlechtert.
   b. 70 % des Umsatzes werden mit Produkten gemacht, die länger als 10 Jahre auf dem Markt sind. Andererseits investiert das Unternehmen rd. 20 % seines Umsatzes in Forschung und Entwicklung.
   c. Für das folgende Jahr werden steigende Preise für die wichtigsten Zulieferprodukte erwartet.
   d. Die Produktionsanlage ist überaltert. Es besteht die Gefahr von Qualitätsmängeln in der Produktion bis zum Ausfall einzelner Maschinen und einer damit verbundenen Betriebsunterbrechung.
   e. Die Belegschaft weist aufgrund einer sehr geringen Fluktuation einen hohen Altersdurchschnitt auf. In den nächsten fünf Jahren werden einige Wissensträger in den Ruhestand gehen.

   Schlagen Sie dem Unternehmen geeignete Strategien und Instrumente zur Risikobewältigung vor.
7. Zeichnen Sie das Gewinn- und Verlustprofil für den Erwerb einer Kaufoption. Der Ausübungspreis beträgt 150 €, der Optionspreis 20 €. Die Laufzeit der Option beträgt drei Monate. Von welchen Erwartungen gegen der Käufer und der Verkäufer der Option aus? Nach drei Monate beträgt der aktuelle Marktpreis des Underlying 155 €. Sollte der Käufer die Option ausüben?
8. Termingeschäfte sind in den letzten Jahren in Verruf geraten, da sie nicht nur zur Risikosteuerung, sondern aus Spekulationsgründen eingesetzt wurden. Diskutieren Sie mögliche Auswirkungen von Termingeschäften auf Agrarmärkten.

7.5 Ansätze und Probleme der Risikosteuerung
Fallstudie: Risikosteuerung im Volkswagen Konzern

9. *Nach welchen Kriterien wählen Sie Maßnahmen zur Risikosteuerung aus?*
10. *Welche Probleme entstehen bei der Kosten-Nutzen-Analyse von Risikosteuerungsmaßnahmen?*
11. *Welche Probleme treten bei der Risikosteuerung auf?*

8 Ansätze und Probleme der Risikoüberwachung

Lernziele

Wenn Sie dieses Kapitel durchgearbeitet haben, können Sie

- den Begriff und die Ziele der Risikoüberwachung erläutern,
- zwischen prozessabhängiger und prozessunabhängiger Überwachung unterscheiden,
- Kontroll- und organisatorische Sicherungsmaßnahmen des Risikomanagements nennen,
- ein Backtesting durchführen,
- Ansätze der prozessunabhängigen Risikoüberwachung durch die Interne Revision und Abschlussprüfer erläutern und
- Probleme der Risikoüberwachung diskutieren.

8.1 Begriff, Ziele und Arten der Risikoüberwachung

Der Begriff der Überwachung ist in der Literatur nicht eindeutig definiert. Küting/Busch (2009, S. 1361) sprechen sogar von einem »Wirrwarr der Überwachungsbegriffe«. So wird im überwachungstheoretischen Ansatz Überwachung weitgehend mit Kontrolle gleichgesetzt, während das Internal-Control-Konzept Überwachung auch als Steuerung begreift (vgl. Hömberg, 2002, S. 1228 ff.). Hier wird der ersten Auffassung gefolgt und Überwachung als **Oberbegriff für Prüfung, Revision und Kontrolle** verwendet.

Überwachung besteht aus allen Prüfungsmaßnahmen, um festzustellen, ob ein System oder ein Prozess einer vorgegebenen Norm oder Anforderungen entsprechen (vgl. Lück, 1998, S. 8). Bezogen auf das Risikomanagement bedeutet dies, dass durch die Risikoüberwachung die Funktionsfähigkeit und die Umsetzung des Risikomanagement-Systems (RMS) regelmäßig durch verschiedene Instanzen überprüft und bei Bedarf angepasst werden müssen. Dabei übernimmt die Risikoüberwachung folgende **Aufgaben** (vgl. Gleißner, 2011, S. 248):

- Überwachung der Einhaltung der relevanten rechtlichen Anforderungen an das Risikomanagement,
- Überwachung der Umsetzung bzw. Einhaltung der Vorschriften des RMS,
- Identifikation von Schwachstellen und Lücken des RMS,
- Ableitung von Verbesserungsansätzen sowie

Begriff und Ziele

8.1 Ansätze und Probleme der Risikoüberwachung
Begriff, Ziele und Arten der Risikoüberwachung

▸ Überwachung der Einhaltung weiterer interner Regelungen zum Risikomanagement, wie dem 4-Augen-Prinzip oder von Kompetenz- und Vertretungsregelungen.

Arten

Bei der Umsetzung der Risikoüberwachung werden prozessabhängige und prozessunabhängige Überwachungsmaßnahmen unterschieden. Die **prozessabhängige Überwachung** erfolgt durch die am Risikomanagement direkt beteiligten Stellen im Unternehmen. Hier können prozessimmanente Kontrollen, z. B. die Überprüfung von Parametern der Risikobewertung oder die Auswertung eingetretener Schadensfälle, und organisatorische Sicherungsmaßnahmen, wie z. B. das 4-Augen-Prinzip unterschieden werden. Eine **prozessunabhängige Überwachung** wird durch nicht direkt am RM-Prozess beteiligte Stellen, wie z. B. die Interne Revision und den Aufsichtsrat, sowie im Rahmen der Jahresabschlussprüfung durch externe Wirtschaftsprüfer durchgeführt (vgl. Brebeck, 2002, S. 2078 f.).

Die Interne Revision gehört wie die prozessabhängigen Kontrollen und die organisatorischen Sicherungsmaßnahmen zum **Internen Überwachungssystem** des Unternehmens (vgl. Kapitel 2.4.2). Zu den Aufgaben des Internen Überwachungssystems gehört die Vermeidung des Eintretens bestehender und potenzieller Risiken (Präventivfunktion) sowie die Prüfung und ggf. Korrektur der Funktionsfähigkeit der Maßnahmen des RMS (Korrekturfunktion) (vgl. Lück et al., 2002, S. 229 f.).

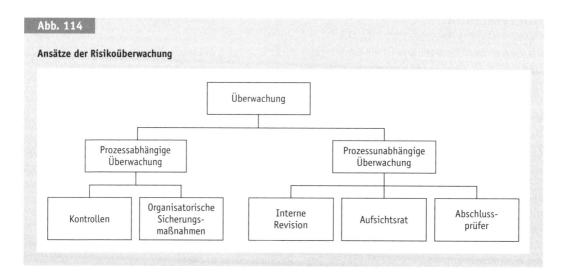

Abb. 114: Ansätze der Risikoüberwachung

Zusammenfassung

▸ Risikoüberwachung umfasst alle Maßnahmen zur Überprüfung, ob das RMS und der operative RM-Prozess den relevanten Normen und Anforderungen entsprechen.
▸ Ziele der Risikoüberwachung sind die Vermeidung von Fehlern, die Identifikation von Schwachstellen und die Ableitung von Verbesserungspotenzialen für das Risikomanagement.
▸ Es wird zwischen einer prozessabhängigen Risikoüberwachung in Form von Kontrollen und organisatorischen Sicherungsmaßnahmen und einer prozessunabhängigen Risikoüberwachung durch die Interne Revision, den Aufsichtsrat und externe Abschlussprüfer unterschieden.

8.2 Ansätze der Risikoüberwachung

8.2.1 Prozessabhängige Risikoüberwachung

Prozessabhängige Überwachungsmaßnahmen werden durch direkt am RM-Prozess beteiligte Stellen, z. B. das Risikocontrolling, durchgeführt. Sie bestehen aus Kontrollen und organisatorischen Sicherungsmaßnahmen (vgl. auch im Folgenden Küting/Busch, 2009, S. S. 1361 ff.).

In Kontrollen werden **Ist-Zustände** eines Systems **mit definierten Soll-Zuständen verglichen** und ggf. vorhandene Abweichungen festgestellt. Für das RMS und den operativen RM-Prozess bedeutet dies, dass deren **Funktionsfähigkeit und Wirksamkeit** laufend durch die für das Risikomanagement zuständigen Stellen überprüft werden muss, um Fehler zu reduzieren und den Prozess und das System permanent weiterzuentwickeln. Dafür werden alle RM-Maßnahmen und die eingetretenen Risiken vollständig und systematisch erfasst, dokumentiert und ausgewertet (vgl. Kremers, 2002, S. 93). Kontrollen können vor, während oder nach der Durchführung der zu kontrollierenden Prozesse von Personen oder durch die IT durchgeführt werden (vgl. Lück, 1998, S. 9 f.).

Kontrollen

Die Verantwortung für die Durchführung und damit auch für die Kontrolle der rechtzeitigen, richtigen und vollständigen Risikoidentifikation und -bewertung liegt bei den operativen Bereichen. Diese müssen z. B. durch die Auswertung von eingetretenen Schäden die **Vollständigkeit der identifizierten Risiken** überprüfen und ggf. weitere Methoden zur Risikoerkennung einsetzen, falls bestimmte Risiken unerkannt geblieben sind. Zudem müssen die operativen Einheiten die **Wirksamkeit** der durchgeführten **Steuerungsmaßnahmen** kontrollieren. Die zentrale Risikomanagement-Stelle, z. B. das Risikocontrolling, stellt den operativen Einheiten Methoden und Annahmen zur Risikoidentifikation und -bewertung zur Verfügung. Daher sind **Prämissen- und Methodenkontrollen** erforderlich, um die Gültigkeit der Risikoparameter und die

Qualität der eingesetzten Instrumente zu überprüfen (vgl. Burger/Buchhart, 2002, S. 52 ff.). Ein Ansatz zur Kontrolle der Zuverlässigkeit von Risikobewertungsverfahren ist das sogenannte **Backtesting**. Durch ein Backtesting wird die statistische Genauigkeit des Value-at-Risk anhand von historischen Daten überprüft. So darf ein Value-at-Risk, der für ein Konfidenzniveau von 95 % ermittelt wurde, bei hinreichender Modellgenauigkeit während eines Betrachtungszeitraums nur an 5 % der untersuchten Tage überschritten werden (vgl. Wolke, 2008, S. 52 ff.). Wird der Value-at-Risk häufiger überschritten, sind die Risikoparameter ggf. mit Sicherheitszuschlägen zu versehen, damit eine Unterschätzung des Risikos vermieden wird. Eine weitere Kontrollmaßnahme ist die **Überwachung der Limiteinhaltung** (für einen Überblick über Kontrollmaßnahmen vgl. Burger/Buchhart, 2002, S. 52 f.; Hübner, 2009, S. 276; Diederichs/Imhof, 2011, S. 173).

Organisatorische Sicherungsmaßnahmen

Zu den prozessabhängigen Überwachungsmaßnahmen zählen auch organisatorische Sicherungsmaßnahmen, die in die Aufbau- und Ablauforganisation integriert werden und ein vorgegebenes Sicherheitsniveau gewährleisten sollen (vgl. Lück, 1998, S. 9 f.). Beispiele sind (vgl. Lück, 1998, S. 10 ff.; Hübner, 2009, S. 276; Diederichs/Imhof, 2011, S. 174):

- Funktionstrennungen, d. h. ein Mitarbeiter sollte nicht alle Phasen eines Geschäftsvorfalls alleine durchführen,
- organisatorische Sicherungsmaßnahmen in der EDV, z. B. Berechtigungskonzepte und Zugriffsbeschränkungen,
- die Einhaltung des 4-Augen-Prinzips und
- Arbeitsanweisungen und Organisationspläne zur Durchführung der einzelnen Aktivitäten des operativen RM-Prozesses.

8.2.2 Prozessunabhängige Risikoüberwachung durch die Interne Revision

Die Interne Revision (IR) ist eine prozessunabhängige Stelle, die innerhalb eines Unternehmens Strukturen und Aktivitäten prüft und beurteilt. Die Notwendigkeit einer Internen Revision ergibt sich aus dem KonTraG. Nach der Gesetzesbegründung zum § 91 Abs. 2 AktG ist der Vorstand einer Aktiengesellschaft verpflichtet, neben einem System zur Risikofrüherkennung auch eine Interne Revision einzurichten.

Tätigkeitsschwerpunkte der Internen Revision sind (vgl. Lück et al., 2002, S. 234; Lück/Unmuth, 2005, S. 15):

- Prüfungen des Finanz- und Rechnungswesens (Financial Auditing),
- Prüfungen im organisatorischen Bereich (Operational Auditing),
- Prüfungen der Managementleistungen (Management Auditing) und
- Beratung und Begutachtung sowie Entwicklung von Verbesserungsvorschlägen (Internal Consulting).

8.2 Ansätze der Risikoüberwachung

Im Rahmen des operativen RM-Prozesses ist die Interne Revision für die prozessunabhängige Überwachung des Risikomanagement-Systems (RMS) zuständig. Sie prüft das RMS in Bezug auf die Kriterien Ordnungsmäßigkeit, Sicherheit, Wirtschaftlichkeit und Zweckmäßigkeit, berichtet über festgestellte Mängel direkt an die Geschäftsleitung und gibt Empfehlungen zur Weiterentwicklung des Systems ab. Allerdings sind Prüfungen des RMS durch die IR an sich nicht zwingend, noch sind bestimmte Zeiträume dafür vorgegeben. Um tätig zu werden, benötigt die Interne Revision letztendlich eine entsprechend spezifizierten Prüfungsauftrag durch die Geschäftsleitung (vgl. auch im Folgenden Lück et al., 2002, S. 233 ff.; Lück/Unmuth, 2005, S. 15; Kajüter, 2008, S. 115).

Prüfungsgrundlagen sind
- rechtliche Anforderungen an das Risikomanagement (vgl. Kapitel 2.3.1),
- der Revisionsstandard Nr. 2 zur Prüfung des Risikomanagements durch die Interne Revision des Instituts für Interne Revision (IIR) und
- unternehmensinterne Richtlinien wie z. B. das Risiko(management)-Handbuch (vgl. Wolf/Runzheimer, 2009, S. 195).

Prüfungsgrundlagen, -ziele und -inhalte

Ziel der Überwachungstätigkeit der Internen Revision ist die **Verbesserung der Effektivität und Effizienz des RMS.** Durch die Prüfungen der Internen Revision soll insbesondere festgestellt werden,
- ob ein zweckmäßiges, von der Unternehmensleitung getragenes und dokumentiertes RMS im Unternehmen existiert,
- ob die Risikosituation in geeigneter Weise kommuniziert und die Ergebnisse des operativen RM-Prozesses, z. B. durch Risikoberichte, adäquat dokumentiert werden,
- ob der operative RM-Prozess kontinuierlich durchgeführt wird,
- ob die tatsächlichen Abläufe des operativen RM-Prozesses den dokumentierten Abläufen entsprechen und
- ob die beschlossenen Maßnahmen auch umgesetzt wurden (vgl. IIR Revisionsstandard Nr. 2; Diederichs et al., 2004, S. 195; Kajüter, 2008, S. 119 f.; Wolf/Runzheimer, 2009, S. 195 f.; Diederich, 2010, S. 232).

Die Prüfungsintensität ist abhängig von der Komplexität der Wertschöpfung, der Unternehmensgröße und der Dynamik der Unternehmensentwicklung (vgl. IIR Revisionsstandard Nr. 2 Tz. 14; Lück/Unmuth, 2005, S. 16).

Grundsätzlich stehen der Internen Revision drei Ansätze zur Prüfung der Leistungsfähigkeit eines RMS zur Verfügung (vgl. Gleißner, 2011, S. 249 f.):
- **System-Tests**, die formale Anforderungen des KonTraG, des DRS 5 oder IDW PS 340 an das RMS prüfen,
- **Output-Tests**, ob die Informationen aus dem RMS an die Entscheidungsträger z. B. den Vorstand oder den Aufsichtsrat einer Aktiengesellschaft, angemessen sind, und
- **Abweichungs-Tests**, die prüfen, ob eingetretene Abweichungen von den geplanten Unternehmenszielen auf bekannte Risiken zurückzuführen sind.

Prüfungsansätze

8.2 Ansätze und Probleme der Risikoüberwachung
Ansätze der Risikoüberwachung

Abb. 115

Prüfung des Risikomanagements durch die Interne Revision

Aufgabe	Erläuterung
Prüfung der Konzeption und der Organisation des Risikomanagement-Systems (RMS)	Untersuchung von Konzeptionsbeschreibungen, Zuständigkeitsregelungen sowie Dokumentationen, z. B. in Risiko(-management)handbüchern, auf Zweckmäßigkeit und Aktualität
Prüfung der vollständigen Erfassung und der Identifikation aller Risiken	z. B. durch Interviews mit Verantwortlichen und Dokumentenanalysen, z. B. von Risikoberichten
Prüfung der Risikoanalyse und Risikobewertung	Prüfung der Zweckmäßigkeit, korrekten und aktuellen Anwendung von Analyse- und Bewertungsverfahren unter besonderer Berücksichtigung von Risikointerdependenzen und -kumulationen
Prüfung der Risikosteuerung und -kontrollen	Prüfung der angemessenen und zeitnahen Umsetzung der beschlossenen Maßnahmen und Kontrollen
Prüfung der Kommunikation der Risiken	Prüfung der Risikoberichterstattung auf Vollständigkeit, Zeitnähe, Zuordnung und Verständlichkeit

Quelle: Eigene Erstellung auf der Grundlage von Diederichs, 2010, S. 233 f.

Bei der Prüfung des RMS durch die Interne Revision handelt es sich vorwiegend um eine **Systemprüfung**, d. h. die Interne Revision prüft nicht einzelne Risiken und ihre Steuerung, sondern die Systemabläufe insgesamt. Dem liegt die Annahme zugrunde, dass wenn das RMS zweckmäßig ist und angemessen umgesetzt wird, die wesentlichen Risiken rechtzeitig identifiziert, bewertet, kommuniziert und gesteuert werden (vgl. Kajüter, 2008, S. 117 f.).

Der Abbildung 115 können konkrete Ansätze bei der Prüfung des RMS durch die Interne Revision entnommen werden.

8.2.3 Prozessunabhängige Risikoüberwachung durch den Aufsichtsrat

Der Aufsichtsrat ist das Kontrollgremium der Eigentümer und der Mitarbeiter und überwacht u. a. die Entscheidungen des Vorstands (vgl. § 111 Abs. 1 AktG). Im Rahmen des Risikomanagements muss er überprüfen, ob die Geschäftsführung adäquate Maßnahmen zur Risikoerkennung und -bewältigung ergriffen und ausreichend dokumentiert hat. Dafür benötigt er umfassende Informationen über das Risikomanagement- und das Überwachungssystem sowie die beabsichtigte Geschäftspolitik bzw. Strategie, die Unternehmensplanung und potenzielle Abweichungen davon, die Rentabilität und die Lage des Unternehmens sowie über Geschäfte mit erheblicher Bedeutung für die Rentabilität und die Liquidität (vgl. § 90 AktG). Diese Informationen werden dem Aufsichtsrat durch den Vorstand und die externen Abschlussprüfer zur Verfügung gestellt. Nach dem Deutschen Corporate Governance Kodex (DCGK) soll der Aufsichtsrat mit dem Vorstand über das RMS des Unternehmens beraten. Außerdem soll er ein Audit Committee einrichten, das sich u.a. mit Aspekten des Risikomanagements befasst.

Der Aufsichtsrat erteilt gemäß § 111 Abs. 2 S. 3 AktG den Auftrag zur Jahresabschlussprüfung an die externen Abschlussprüfer und erhält von diesen nach der Prüfung den Prüfungsbericht gemäß § 321 HGB (vgl. Kremers, 2002, S. 64f.; Gleißner, 2011, S. 248f.).

8.2.4 Prozessunabhängige Risikoüberwachung durch Abschlussprüfer

Eine prozessunabhängige Risikoüberwachung erfolgt auch im Rahmen der **Jahresabschlussprüfung** durch externe Wirtschaftsprüfer. **Prüfungsanlässe** resultieren aus einer gesetzlichen Verpflichtung zur Prüfung für börsennotierte Aktiengesellschaften nach § 317 Abs. 4 HGB, einer freiwilligen vertraglichen Erweiterung der Jahresabschlussprüfung oder aufgrund eines Sonderauftrags (vgl. Brebeck, 2002, S. 2078f.).

Idealerweise erfolgt zunächst die Prüfung des Internen Kontrollsystems (IKS), dann werden die über das IKS hinausgehenden Bestandteile des RMS und dann der Risikobericht als Bestandteil des Lageberichts geprüft (vgl. Hampel et al. 2004, S. 114). Voraussetzung für eine Prüfung ist das Vorliegen einer aktuellen Dokumentation des Risikomanagements, z.B. ein Risiko(management)-Handbuch (vgl. Kremers, 2002, S. 66; Hampel et al., 2004, S. 115).

Im Einzelnen prüft der Abschlussprüfer folgende Bereiche:

- Existenz, Eignung und Funktionsfähigkeit des **Risikofrüherkennungs- und Überwachungssystems** nach § 91 Abs. 2 AktG für börsennotierte Unternehmen. Prüfungsgrundlagen sind § 317 Abs. 4 HGB sowie der Prüfungsstandard IDW PS 340. Zudem ergibt sich eine indirekte Prüfungspflicht durch die anschließende Lageberichtsprüfung, da das RMS die Grundlage für die Risikoberichterstattung bildet (vgl. Brebeck, 2002, S. 2079f.; Hampel et al., 2004, S. 109f.).

- **Risikoberichterstattung im Rahmen des (Konzern-)Lageberichts**. Grundlage der Prüfung des Lageberichts sind die §§ 317, 321 und 322 HGB, der Prüfungsstandard IDW PS 350, der DRS 5, der DRS 15 und der DRÄS 5. So muss der Abschlussprüfer prüfen, ob die Chancen und Risiken der zukünftigen Entwicklung des Unternehmens zutreffend dargestellt sind. Außerdem muss er auf festgestellte bestandsgefährdende Risiken im Bestätigungsvermerk eingehen.

Risikoüberwachung als Bestandteil der Jahresabschlussprüfung

Im Folgenden werden beide Prüfungsbereiche kurz erläutert.

8.2 Ansätze und Probleme der Risikoüberwachung
Ansätze der Risikoüberwachung

Prüfung des RMS

Zunächst muss der Abschlussprüfer eine **Bestandsaufnahme** der getroffenen Maßnahmen durchführen (vgl. auch im Folgenden IDW PS 340 Tz. 24 ff.; Brebeck, 2002, S. 2078 ff.; Kremers, 2002, S. 66 f.; Hampel et al., 2004, S. 116 ff.). Beispielsweise muss er prüfen, ob es eine Risikostrategie und Risikoziele gibt. Grundlage der Bestandsaufnahme ist die Risikomanagement-Dokumentation, weitere Dokumente sowie Interviews mit den für das Risikomanagement zuständigen Mitarbeitern einschließlich der Geschäftsleitung.

Anschließend erfolgt eine **Eignungsprüfung** der Maßnahmen zur Umsetzung eines RMS. Dabei müssen folgende Fragen beantwortet werden:

▸ Wurde ein RMS eingerichtet? Sind alle Systembestandteile eines RMS vorhanden?
▸ Wurden alle bestandsgefährdenden und wesentlichen Risiken vollständig identifiziert?
▸ Sind die Risikobewertungen nachvollziehbar?
▸ Wurden die Ergebnisse der Risikoidentifikation und -bewertung zeitnah kommuniziert?
▸ Erfolgt eine ausreichende Überwachung des RMS?

Die Reaktion des Vorstands auf identifizierte Risiken ist dagegen nicht Gegenstand der Prüfung. Es handelt sich somit nicht um eine Geschäftsführungsprüfung.

Danach führt der Abschlussprüfer eine **Wirksamkeitsanalyse** der durchgeführten Maßnahmen durch. Auf der Grundlage von Einzelfallprüfungen und Stichprobentests versucht der Abschlussprüfer, die Ergebnisse der vorherigen Systemprüfung zu verifizieren. Dabei kann er z. B. Unterlagen zur Risikoerfassung und zur Risikokommunikation analysieren, um zu prüfen, ob die zuständigen Stellen ihre Aufgaben vorgabegemäß durchgeführt haben und ob Risikoinformationen zeitnah und korrekt an die zuständigen Stellen weitergeleitet wurden. Weitere Informationsquellen sind Befragungen der beteiligten Mitarbeiter sowie Prüfungsplanungen und Arbeitspapiere der Internen Revision.

Prüfung des Risikoberichts

Der Risikobericht ist Teil des (Konzern-)Lageberichts. Neben der Prüfung der zutreffenden Darstellung der Chancen und Risiken werden in den Rechnungslegungsstandards DRS 5, DRS 15 und DRÄS 15 inhaltliche Anforderungen an die Gestaltung des Risikoberichts formuliert, die ebenfalls Gegenstand der Prüfung sein können. So müssen die Risiken und ihre Auswirkungen beschrieben, Risikointerdependenzen und Risikokonzentrationen dargestellt und Risikobewältigungsmaßnahmen genannt werden. Dabei dürfen Chancen und Risiken nicht verrechnet werden. Außerdem müssen die Strategie, der Prozess und die Organisation des Risikomanagements erläutert werden (zu den Anforderungen vgl. Kapitel 2.3.1)

Berichterstattung

Der Abschlussprüfer muss das Ergebnis der Lageberichtsprüfung sowie der Prüfung des RMS und von Bereichen mit Verbesserungsbedarf in einem gesonderten Bereich des **Prüfungsberichts** an den Aufsichtsrat darstellen (vgl. § 321 Abs. 4 HGB). Dabei muss er beurteilen, ob das RMS in geeigneter Weise eingerichtet ist und seine Aufgaben erfüllen kann, allerdings muss er das RMS nicht beschreiben.

Der Abschlussprüfer muss außerdem über bestandsgefährdende Risiken (§ 322 Abs. 2 S. 3 HGB), die Angemessenheit der Darstellung der Risiken der künftigen Entwicklung im Lagebericht (vgl. § 322 Abs. 6 S. 2 HGB) und Prüfungsfeststellungen, z. B. ein fehlendes oder nicht funktionsfähiges RMS, im **Bestätigungsvermerk** zum Jahresabschluss berichten. Während der Prüfungsbericht nur für den Aufsichtsrat bestimmt ist, ist der Bestätigungsvermerk auch der allgemeinen Öffentlichkeit zugänglich (vgl. IDW PS 340 Tz. 32 f.; Brebeck, 2002, S. 2085 ff.; Hampel et al., 2004, S. 110 sowie S. 118).

Es gibt zahlreiche Überschneidungen zwischen den Prüfungen des externen Abschlussprüfers und der Internen Revision, sodass eine enge Abstimmung und Zusammenarbeit sowie ein Informationsaustausch zwischen beiden Instanzen zur Vermeidung von Doppelarbeiten notwendig ist (vgl. Kajüter, 2008, S. 121 f.; Diederichs, 2010, S. 234). Die Prüfung der Abschlussprüfer sollte dabei auf den Prüfungen der Internen Revision aufsetzen. Dafür muss die Interne Revision besondere qualitative Anforderungen erfüllen (vgl. IIR Revisionsstandard Nr. 1, Tz. 5 f. und Tz. 12).

Zusammenarbeit zwischen interner und externer Überwachung

Aus der Praxis **Risikoüberwachung im Bayer Konzern**

▶▶▶ Die Bedeutung der Risikoüberwachung in der Unternehmenspraxis lässt sich u. a. dem Risikobericht des Bayer Konzerns im Konzernlagebericht entnehmen: »Die Wirksamkeit des Risikomanagement-Systems wird in regelmäßigen Abständen von der Konzernrevision geprüft. Dabei folgt die Prüfungsplanung der Konzernrevision einem risikobasierten Ansatz. Darüber hinaus beurteilt der Abschlussprüfer im Rahmen seiner Jahresabschlussprüfung das Risikofrüherkennungssystem und erstattet Konzernvorstand und Aufsichtsrat regelmäßig hierüber Bericht. Die Erkenntnisse aus diesen Prüfungen finden in einem kontinuierlichem Prozess zur Verbesserung unseres Risikomanagement-Systems Berücksichtigung. Der Aufsichtsrat, insbesondere der Prüfungsausschuss, überwacht das Risikomanagement-System.«
Quelle: Bayer, 2011, S. 123. ◀◀◀

Zusammenfassung

▸ Eine prozessabhängige Risikoüberwachung erfolgt durch Kontrollen, z. B. Vollständigkeitsprüfungen der identifizierten Risiken, Methoden- oder Limitkontrollen, und organisatorische Sicherungsmaßnahmen.
▸ Die interne prozessunabhängige Risikoüberwachung wird durch die Interne Revision und ggf. den Aufsichtsrat durchgeführt. Die Interne Revision prüft die Existenz und Zweckmäßigkeit des RMS und seine tatsächliche Umsetzung im Rahmen des operativen RM-Prozesses.

> Die externe prozessunabhängige Risikoüberwachung erfolgt durch externe Wirtschaftsprüfer. Im Rahmen der Jahresabschlussprüfung werden die Existenz, die Eignung und die Funktionsfähigkeit des RMS nach § 91 Abs. AktG und die zutreffende Darstellung der Chancen und Risiken im Risikobericht geprüft.

8.3 Probleme der Risikoüberwachung

In der Literatur werden einige Probleme der Risikoüberwachung genannt (vgl. Kremers, 2002, S. 66 f.; Gleißener, 2011, S. 253):
> Häufig ist das Risikomanagement-System nur **unzureichend dokumentiert** oder die vorhandene Dokumentation ist nicht mehr aktuell. Der prozessunabhängigen Risikoüberwachung fehlt dann die Prüfungsgrundlage.
> Die prozessunabhängige Risikoüberwachung impliziert eine System- oder Funktionsprüfung, aber **keine Prüfung der tatsächlichen Risikosituation** des Unternehmens. Es besteht daher die Gefahr, dass Unternehmenskrisen durch die Risikoüberwachung nicht erkannt werden, wenn sie ihre Ursache nicht in einem unzureichenden RMS haben.
> Die Prüfung des RMS erfolgt häufig **isoliert**, d. h. das RMS wird als eigenständiges, unabhängiges System und nicht im Zusammenhang mit bestehenden Organisations-, Controlling-, Planungs- und Reportingsystemen geprüft. Zur Beurteilung der Zweckmäßigkeit ist aber eine integrierte Betrachtung notwendig.
> Zudem werden eine **fehlende Schwerpunktsetzung**, ein **hoher bürokratischer Aufwand** und eine zu stark **durch formale Aspekte geprägte** Prüfung des RMS beklagt. Qualitative Aspekte, wie z. B. die Einbindung der Mitarbeiter in das Risikomanagement oder die Existenz einer angemessenen Risikokultur, sind trotz ihrer großen Bedeutung oft nicht Gegenstand von Prüfungen.
> Die externe Überwachung durch Abschlussprüfer beschränkt sich auf **bestandsgefährdende bzw. wesentliche Risiken** sowie auf die Prüfung der Angemessenheit des Systems in Bezug auf diese Risiken. Allerdings sind für die Unternehmensentwicklung auch nicht wesentliche Risiken von großer Bedeutung, da diese sich in ihrer Wirkung verstärken können.

8.4 Fallstudie: Backtesting des Value-at-Risk der Bayer Aktie

Ausgangssituation:
Per 23.09.2011 haben Sie auf der Grundlage des Varianz-Kovarianz-Ansatzes und der historischen Simulation den Value-at-Risk der Bayer Aktie für ein Konfidenzniveau von 95 % und eine Haltedauer von einem Tag bestimmt. Die dafür notwendigen Risikoparameter, insbesondere die durchschnittliche Tagesrendite

8.4 Fallstudie: Backtesting des Value-at-Risk der Bayer Aktie

von −0,40 %, die Standardabweichung der Tagesrenditen von 2,30 % und das 95 %-Quantil der stetigen Tagesrenditen von −4,90 % haben Sie über einen historischen Stützzeitraum vom 12.05. bis zum 23.09.2011 ermittelt.

Problemstellung:
1. Im Rahmen der Risikokontrolle möchten Sie die Zuverlässigkeit der obigen Value-at-Risk-Berechnung für den Varianz-Kovarianz-Ansatz und die historische Simulation durch ein Backtesting überprüfen. Wie gehen Sie vor?
2. Welche Probleme entstehen beim Backtesting?

Lösungsansätze:
1. Ein Verfahren zur Überprüfung der Zuverlässigkeit von Risikoparametern und VaR-Berechnungen ist das sogenannte **Backtesting**. Durch ein Backtesting wird die statistische Genauigkeit von Risikoparametern und VaR-Verfahren auf der Grundlage historischer Daten überprüft, wobei der Prüfungszeitraum und der Stützzeitraum nicht übereinstimmen. So darf ein Value-at-Risk-Wert, der für ein Konfidenzniveau von 95 % ermittelt wurde, bei hinreichender Modellgenauigkeit und Parameterqualität an 95 % der Tage des Prüfungszeitraums nicht unterschritten werden (vgl. auch im Folgenden Wolke, 2008, S. 52 ff.).

Für den Prüfungszeitraum vom 23.09. bis zum 12.12.2011 wurde für die Bayer Aktie für jeden Tag zunächst der jeweilige Value-at-Risk mittels Varianz-Kovarianz-Ansatz auf der Grundlage der obigen Risikoparameter bestimmt. Anschließend wurde die tatsächliche tägliche Kursänderung der Aktie für jeden Tag des Prüfungszeitraums errechnet.

Bei einer hohen Qualität der Risikobewertung darf der Value-at-Risk max. an 2 Tagen im o. g. Prüfungszeitraum durch die tatsächliche Wertänderung unterschritten werden. Insgesamt umfasst der Prüfungszeitraum 56 Tage. 5 % dieser 56 Tage betragen 2,8 Tage, die dann auf zwei Tage abgerundet werden. Tatsächlich wird der Value-at-Risk nur an einem Tag während des Prüfungszeitraums unterschritten. Die Qualität der Risikobewertung mittels Varianz-Kovarianz-Ansatz ist somit gegeben.

Abb. 116

Backtesting des Value-at-Risk der Bayer Aktie (Varianz-Kovarianz-Ansatz)

Datum	Schlusskurs in €	Kursänderung in €	VaR 95 %, 1 Tag Haltedauer in €	Differenz Kursänderung − VaR in €
12.12.2011	45,82	−1,56	1,98	0,42
09.12.2011	47,38	0,91	1,94	2,84
08.12.2011	46,47	−0,70	1,97	1,26
…	…	…	…	…
23.09.2011	39,42			

8.4 Ansätze und Probleme der Risikoüberwachung
Fallstudie: Backtesting des Value-at-Risk der Bayer Aktie

Abb. 117

Backtesting des Value-at-Risk der Bayer Aktie (historische Simulation)

Datum	Schlusskurs in €	Kursänderung in €	VaR 95 %, 1 Tag Haltedauer in €	Differenz Kursänderung – VaR in €
12.12.2011	45,82	–1,56	2,32	0,77
09.12.2011	47,38	0,91	2,28	3,18
08.12.2011	46,47	–0,70	2,31	1,61
...				
23.09.2011	39,42			

Anschließend überprüfen Sie die Qualität der historischen Simulation. Auch hierfür ermitteln Sie den Value-at-Risk durch Multiplikation des jeweiligen Schlusskurses mit dem 5 %-Quantil und vergleichen diesen mit den tatsächlichen Kursänderungen. Auch hier darf der Value-at-Risk nur an zwei Tagen während des Prüfungszeitraums unterschritten werden.

Der Value-at-Risk wird nur an einem Tag während des Prüfungszeitraums unterschritten. Die Qualität der Risikobewertung mittels historischer Simulation ist ebenfalls gegeben.

2. Das Backtesting erlaubt zwar eine Aussage über die historische Zuverlässigkeit einer Risikobewertung, bewertet allerdings nicht die Höhe und die Verteilung der Überschreitungen des Value-at-Risk. Zudem erlaubt das Backtesting keine Aussage über die zukünftige Zuverlässigkeit des Bewertungsverfahrens.

Wiederholungsfragen zu Kapitel 8

1. Welche Aufgaben hat die Risikoüberwachung?
2. Welche Arten der Risikoüberwachung werden unterschieden?
3. Nennen und erläutern Sie vier ausgewählte Kontrollmaßnahmen der prozessabhängigen Risikoüberwachung.
4. Führen Sie ein Backtesting des Value-at-Risks der Volkswagen Aktie und der Beiersdorf Aktie durch. Verwenden Sie folgende Risikoparameter, die über den historischen Stützzeitraum vom 12.05. bis zum 23.09.2011 ermittelt wurden:

	Mittelwert der Tagesrenditen	Standardabweichung des Tagesrendite	5 %-Quantil
Volkswagen Aktie	–0,22 %	2,71 %	–5,59 %
Beiersdorf Aktie	–0,14 %	1,13 %	–2,37 %

Berechnen Sie den VaR für eine Haltedauer von einem Tag und ein Konfidenzniveau von 95 % mittels Varianz-Kovarianz-Ansatz und mittels historischer Simulation. Verwenden Sie den Prüfungszeitraum vom 23.09. bis zum 12.12.2011.
Nutzen Sie den Datensatz aus dem Downloadbereich des Lehrbuchs.

5. Auf welchen Prüfungsgrundlagen erfolgt eine Prüfung des RMS durch die Interne Revision?
6. Auf welchen Prüfungsgrundlagen erfolgt eine Prüfung des RMS im Rahmen der Jahresabschlussprüfung? Erläutern Sie kurz die beiden Prüfungsbereiche.
7. 2004 wurde ein RMS in der Vanini GmbH mit folgenden Merkmalen eingeführt:
   ▸ *Die Geschäftsführer der Tochtergesellschaften der Vanini GmbH erheben einmal jährlich ihre Risiken und bewerten diese anhand von Eintrittswahrscheinlichkeit und Schadensausmaß.*
   ▸ *Als Risiken werden alle bestandsgefährdenen Entwicklungen für das Unternehmen verstanden.*
   ▸ *Um die Individualität der Tochtergesellschaften zu berücksichtigen, werden keine Risikokategorien oder Messvorschriften für die Risikobewertung vorgegeben.*
   ▸ *Alle identifizierten und bewerteten Risiken werden an das Zentralcontrolling der Vanini GmbH weitergeleitet, das die Risiken in einem Risikoinventar aggregiert, zu einem Gesamtrisiko addiert, einen Risikobericht für die Geschäftsführung erstellt und Maßnahmenvorschläge zur Risikosteuerung ableitet.*
   ▸ *Ein Risikohandbuch existiert nicht.*
   ▸ *Eine Auswertung historischer Schadensfälle oder von Soll-Ist-Abweichungen in der Unternehmensplanung findet nicht statt.*
   ▸ *Auf die Darstellung der Risikolage im Jahresabschluss z. B. in Form eines Risikoberichts wird verzichtet.*

   Versetzen Sie sich in die Lage der Internen Revision und prüfen Sie das RMS anhand der Kriterien Ordnungsmäßigkeit und Zweckmäßigkeit.
8. Welche Probleme treten bei der Risikoüberwachung auf? Entwickeln Sie jeweils einen Lösungsvorschlag für jedes von Ihnen genannte Problem!

9 Weiterführende Fragen des Risikomanagements

> **Lernziele**
>
> Wenn Sie dieses Kapitel durchgearbeitet haben, können Sie
>
> ▶ den Begriff, die Ziele und die Gestaltungsprinzipien der Organisation des Risikomanagements erläutern,
>
> ▶ zwischen dem Integrations- und dem Separationsansatz der Organisation des Risikomanagements unterscheiden,
>
> ▶ die verschiedenen Aufgabenträger des Risikomanagements und ihre Aufgaben nennen sowie ihre Zusammenarbeit beschreiben,
>
> ▶ Funktionen und Inhalte eines Risiko(-management)handbuchs erläutern,
>
> ▶ Nutzen und Möglichkeiten einer IT-Unterstützung des Risikomanagements beschreiben und
>
> ▶ zukünftige Herausforderungen des Risikomanagements erklären.

9.1 Organisation des Risikomanagements

9.1.1 Begriff, Ziele und Gestaltungsprinzipien der Organisation des Risikomanagements

Die Organisation des Risikomanagements gehört zum strategischen Rahmen des Risikomanagements und ist daher Aufgabe der Geschäftsleitung. Zum besseren Verständnis wird dieser Aufgabenbereich jedoch nicht im 3. Kapitel, sondern erst jetzt nach der Beschreibung der Aktivitäten und Instrumente des operativen Risikomanagement-Prozesses erläutert.

Definition und Ziele

Es wird zwischen der Aufbau- und der Ablauforganisation des Risikomanagements unterschieden. Bei der **Aufbauorganisation** werden die Aufgaben eines Unternehmens bestimmten Aufgabenträgern (Stellen) zugewiesen. Mehrere Stellen werden dann nach bestimmten Kriterien zu Abteilungen und mehrere Abteilungen zu Unternehmensbereichen zusammengefasst. Zudem sind die Stellen mit den für die Aufgabenerfüllung notwendigen Kompetenzen auszustatten. Die **Ablauforganisation** regelt den sachlichen, zeitlichen, personellen und räumlichen Ablauf der Aufgabenerfüllung. Überträgt man diese Überlegungen auf die Organisation des Risikomanagements, kommt man zu folgender Definition:

9.1 Weiterführende Fragen des Risikomanagements
Organisation des Risikomanagements

> Die **Aufbauorganisation** des Risikomanagements teilt die RM-Aufgaben bestimmten Aufgabenträgern (Stellen) innerhalb und außerhalb des Unternehmens zu und versieht diese Stellen mit den notwendigen Kompetenzen. Die Ablauforganisation setzt die RM-Aufgaben in eine sachlich, personell und zeitlich sinnvolle Abfolge zueinander (operativer Risikomanagement-Prozess). Das Ziel der Aufbau- und Ablauforganisation des Risikomanagements ist die Verbesserung der Effektivität und der Effizienz des Risikomanagements durch eine optimale Arbeitsteilung zwischen den Aufgabenträgern.

Unter dem Begriff RM-Organisation werden nur Aspekte der formalen Organisation betrachtet. Informale Strukturen gehören zur Risikokultur (vgl. Kapitel 3.2).

Das Ziel der **Verbesserung der Effektivität und Effizienz des Risikomanagements** wird von Diederichs (2010, S. 204) durch folgende Aufgaben weiter konkretisiert:
- Die RM-Organisation soll zur Entwicklung einer adäquaten Risikokultur im Unternehmen beitragen.
- Die RM-Organisation soll die frühzeitige Risikoidentifikation in allen Unternehmensbereichen unterstützen.
- Die RM-Organisation koordiniert den operativen Risikomanagement-Prozess.
- Die RM-Organisation erhöht die Flexibilität des Risikomanagements und trägt damit zur Existenzsicherung des Unternehmens bei.

Gestaltungsprinzipien der RM-Organisation

Folgende Aspekte sind bei der Gestaltung der RM-Organisation zu beachten (vgl. Diederichs, 2010, S. 204 ff.):
- **Institutionalisierung des Risikomanagements**: Hier geht es um die Frage, ob das Risikomanagement in die vorhandene Primärorganisation integriert wird oder ob eigenständige Stellen für das Risikomanagement geschaffen werden (Integration versus Separation).
- **Zuordnung von RM-Aufgaben**: Die Aufgaben des operativen RM-Prozesses müssen bestimmten Aufgabenträgern (Stellen) zugeordnet werden. Außerdem müssen die RM-Aufgaben von den Aufgaben anderer Bereiche, z. B. des Controllings, abgegrenzt werden und die RM-Stellen die notwendigen Kompetenzen zur Aufgabenerfüllung erhalten.
- **Einordnung in die Unternehmenshierarchie**: Hier müssen der Zentralisierungsgrad und die hierarchische Einbindung des Risikomanagements festgelegt werden.

Die einzelnen Aspekte werden im Folgenden vertieft.

Integration versus Separation des Risikomanagements

Unter der **Integration** des Risikomanagements wird die **Übernahme von RM-Aufgaben durch bestehende Stellen** verstanden. In der Reinform werden keine gesonderten RM-Stellen geschaffen, sondern die vorhandenen Tätigkeitsfelder bestehender Stellen erweitert. Voraussetzung ist, dass die vorhandenen Stellen fachlich und zeitlich in der Lage sind, Aufgaben des Risikomanagements zu übernehmen und diese auch in einem inhaltlich sinnvollen Zusammenhang

Abb. 118

Vor- und Nachteile der Integration und der Separation des Risikomanagements

	Integrationslösung	Separationslösung
Vorteile	▸ Verbindung von Sach- und Risikoentscheidungen ▸ bessere Risikoidentifikation, da die operativen Einheiten ihre Risiken am besten kennen ▸ kostengünstig, da keine parallele Organisationsstruktur aufgebaut wird	▸ hohe Priorisierung der RM-Aufgaben ▸ Entlastung der operativen Einheiten ▸ Aufbau methodischer Kenntnisse und Spezialwissen möglich ▸ Sicherstellung einer einheitlichen Durchführung des RM
Nachteile	▸ Fehlen eines institutionalisierten und unabhängigen RM ▸ Überlastung der dezentralen Einheiten ▸ Gefahr des Übersehens wichtiger Risiken, da das RM im operativen Tagesgeschäft nicht genug beachtet wird	▸ fehlender Einblick in Prozesse und Risiken der operativen Einheiten ▸ kein Aufbau von Fach- und Methodenwissen zum RM in den operativen Einheiten ▸ Gefahr von Doppelarbeiten ▸ Koordinationsprobleme zwischen den dezentralen Einheiten und den RM-Stellen

zu den eigentlichen Tätigkeiten der Stelle stehen. Bei der **Separation** wird mindestens eine **eigenständige RM-Stelle** implementiert, die Risikoaufgaben übernimmt. Sach- und Risikoentscheidungen werden hier getrennt (vgl. auch im Folgenden Burger/Buchhart, 2002, S. 266 ff.; Kremers, 2002, S. 96 f.; Wolf/Runzheimer, 2009, S. 171; Schneck, 2010, S. 81 f.; Diederichs, 2010, S. 208 ff.). Die Abbildung 118 fasst wesentliche Vor- und Nachteile der Integration bzw. Separation des Risikomanagements zusammen:

Sowohl die Integrations- wie auch die Separationslösung weisen zahlreiche Vor- und Nachteile auf. Daher gibt es in der Praxis häufig **Mischformen**, d. h. RM-Aufgaben werden sowohl von Stellen der Primärorganisation als auch von speziellen RM-Stellen übernommen.

Nach der Entscheidung über das Ausmaß der Institutionalisierung und der Integration der RM-Aufgaben in die Primärorganisation, stellt sich die Frage nach einer möglichen **Aufgabenteilung im Risikomanagement**. Werden RM-Aufgaben von Stellen innerhalb der Primärorganisation und von speziellen RM-Stellen übernommen, muss über eine sinnvolle Aufgabenabgrenzung nachgedacht werden.

Zuordnung von RM-Aufgaben

Risiken können in den Unternehmenseinheiten identifiziert, bewertet und gesteuert werden, in denen sie entstehen (**Verursachungsprinzip**). So können z. B. finanzwirtschaftliche Risiken im Finanzmanagement und leistungswirtschaftliche Risiken in den operativen Geschäftseinheiten, die die Produkte oder Dienstleistungen erstellen und vertreiben, identifiziert, bewertet und gesteuert werden. Allerdings lassen sich Risiken nicht immer eindeutig bestimmten Organisationseinheiten zuordnen. Beispielsweise wird eine Erhöhung des Zinsaufwands für Kontokorrentkredite durch die Finanzierung von Betriebsmitteln und damit letztendlich durch die Produktion verursacht. Die Steuerung des Zinsänderungsrisikos erfolgt dagegen im Finanzmanagement.

Da im Risikomanagement komplexe Methoden und Instrumente eingesetzt werden, ist auch eine Zuordnung von RM-Aufgaben zu Stellen mit entsprechenden Methoden und Kompetenzen denkbar **(Steuerungsprinzip)** (vgl. Wolke, 2008, S. 242 ff.). Letztendlich erfolgt eine Zuordnung von RM-Aufgaben zu bestimmten Stellen häufig unter Beachtung beider Prinzipien.

Für die **Risikoidentifikation, -bewertung und -steuerung** ist i. d. R. ein spezifisches Geschäfts- bzw. Bereichsverständnis notwendig. Daher werden diese Aufgaben oft innerhalb der Primärorganisation von den operativen Unternehmenseinheiten übernommen. Für die einzelnen Risiken werden dort dezentrale Risikoverantwortliche **(Risk Owner)** benannt. Die Risikobewertung erfordert zudem eine spezifische Methodenkompetenz, weshalb die Risk Owner von speziellen RM-Stellen, wie einem Risikomanager oder dem Risikocontrolling, bei der Bewertung unterstützt werden. Die **zentralen RM-Stellen** sind darüber hinaus für die Koordination der Tätigkeiten der dezentralen Stellen, die Risikoaggregation, die Risikoberichterstattung und die Dokumentation des Risikomanagements zuständig. RM-Aufgaben werden außerdem von der Geschäftsführung, die den strategischen Rahmen des Risikomanagements setzt und für das Management strategischer Risiken verantwortlich ist, und internen und externen Kontrollinstanzen, die für die Überwachung des operativen RM-Prozesses und des Risikomanagement-Systems zuständig sind, übernommen. In den folgenden Abschnitten werden typische Aufgabenträger und ihre Aufgaben im Rahmen des Risikomanagements vorgestellt.

Einordnung in die Unternehmenshierarchie

Bei einer **vollständigen Zentralisierung** übernimmt eine zentrale Organisationseinheit alle Aufgaben des Risikomanagements. Bei einer **vollständigen Dezentralisierung** werden alle RM-Aufgaben in den dezentralen Unternehmenseinheiten durchgeführt. Im Extremfall ist dann jeder Mitarbeiter auch Risikomanager (vgl. auch im Folgenden Kremers, 2002, S. 97 f.; Wolf/Runzheimer, 2009, S. 104; Schneck, 2010, S. 82 f.; Diederichs, 2010, S. 205 ff.). Beide Lösungen haben Vor- und Nachteile, sodass in der Praxis auch hier häufig Mischformen vorliegen, d. h. die operativen Einheiten sind bis zu einem bestimmten Ausmaß selbst für ihr Risikomanagement verantwortlich und werden dabei durch eine zentrale RM-Einheit koordiniert.

Kontextfaktoren der RM-Organisation

Für die Gestaltung der RM-Funktion gibt es keinen allgemeingültigen Ansatz für alle Unternehmen. Vielmehr beeinflussen zahlreiche **Kontextfaktoren** die Gestaltung der RM-Organisation (vgl. Burger/Buchhart, 2002, S. 261; Wolf/Runzheimer, 2009, S. 104 und S. 171):

▸ Eine **dezentrale RM-Organisation** ist eher für Unternehmen,
  – die in einer dynamischen Unternehmensumwelt agieren,
  – relativ groß sind und
  – komplexe Strukturen aufweisen,

  geeignet, da eine dezentrale Organisationsform die Handlungsflexibilität und die Reaktionsschnelligkeit des Risikomanagements erhöht.

Abb. 119

Vor- und Nachteile der Zentralisierung bzw. Dezentralisierung des Risikomanagements

	Zentralisierung	Dezentralisierung
Vorteile	▸ Vermeidung von Doppelarbeiten ▸ Übernahme der Koordinationsfunktion ▸ Aufbau von Spezialwissen möglich ▸ Ganzheitliche, unternehmensübergreifende Risikosteuerung unter Nutzung von Synergieeffekten	▸ höhere Sachkompetenz für die Risikoidentifikation und -steuerung ▸ höhere Motivation der Mitarbeiter ▸ Förderung der Risikokultur ▸ Schnellere und flexiblere Reaktion möglich
Nachteile	▸ Verlängerung der Informations-, Kommunikations- und Entscheidungswege ▸ Gefahr, dass das Wissen der dezentralen Einheiten nicht genutzt wird	▸ Gefahr von Doppelarbeiten ▸ keine Identifikation von prozess- oder bereichsübergreifenden Risiken ▸ Vernachlässigung der Koordination des Risikomanagements

▸ Eine **zentrale RM-Organisation** ist eher für Unternehmen
  - mit einer relativ geringen Umweltdynamik,
  - einer geringen Unternehmensgröße und
  - wenig komplexen Strukturen geeignet,
  da das zentrale Risikomanagement dann alle Risiken zeitnah erkennen und steuern und gleichzeitig Effizienzgewinne bei der Risikosteuerung realisieren kann.
▸ Die **Integration des Risikomanagements** in die Primärorganisation ist eher für Unternehmen mit
  - einer höheren Risikobereitschaft der Unternehmensführung,
  - einem hohen Risikobewusstsein der Mitarbeiter und
  - einer höheren Qualität der vorhandenen Planungs-, Steuerungs- und Kontrollinstrumente geeignet, da hier das notwendige Know-how und die notwendige Infrastruktur für das Risikomanagement dezentral vorhanden sind.
▸ Die **Separation des Risikomanagements** ist eher für Unternehmen mit
  - einer höheren Risikoaversion der Geschäftsleitung,
  - einem geringen Risikobewusstsein der Mitarbeiter und
  - einer geringeren Qualität der vorhandenen Instrumente der Unternehmenssteuerung sinnvoll.
▸ Kleinere Unternehmen können sich häufig keine separate RM-Stelle leisten. Für sie ist das Integrationskonzept aus **Kostengründen** vorzuziehen. Die Separation des Risikomanagements ist eher für größere Unternehmen möglich.

9.1.2 Aufgabenträger der RM-Organisation

Die obigen Ausführungen verdeutlichen, dass das Risikomanagement im Unternehmen nur arbeitsteilig erfolgen kann und keinesfalls die ausschließliche Aufgabe eines zentralen Risikomanagers ist. Im Folgenden werden die Aufgaben der einzelnen Aufgabenträger des Risikomanagements näher erläutert. Dabei wird auf die Beschreibung der Aufgaben der Unternehmensleitung verzichtet, da diese schon ausführlich in Kapitel 3 dargestellt wurden.

Operative Einheiten

Die Risiken eines Unternehmens entstehen überwiegend in seinen organisatorischen Teilbereichen. Daher haben die Mitarbeiter in den operativen Einheiten Informationsvorteile bei der Identifikation und Bewertung ihrer Risiken sowie bei der Entwicklung von adäquaten Steuerungsmaßnahmen. Eine dezentrale Risikoidentifikation gewährleistet die Vollständigkeit der identifizierten Risiken, vor allem in komplexeren Unternehmensstrukturen. Zudem schafft ein dezentrales Risikomanagement ein höheres Risikobewusstsein bei den Mitarbeitern. Daher sind die Mitarbeiter der operativen Bereiche für die Erfassung von Risiken, die sie unmittelbar betreffen, verantwortlich. Außerdem führen sie eine Analyse und Bewertung ihrer Risiken unter Berücksichtigung der durch die zentrale RM-Einheit vorgegebenen Methoden und Verfahren durch, berichten diese Risiken an ihre Bereichsführung und die zentrale RM-Einheit und machen Vorschläge für Steuerungsmaßnahmen. Um die Verantwortung organisatorisch zu verankern, werden für die einzelnen Risiken Verantwortliche – sogenannte **Risk Owner** – eingesetzt (vgl. Burger/Buchhart, 2002, S. 262; Diederichs, 2010, S. 215; Gleißner, 2011, S. 247 f.).

Zentrale RM-Einheiten

Die Einrichtung einer zentralen Risikomanagement (RM)-Einheit ist in Unternehmen ab einer bestimmten Größe zweckmäßig, um die Durchführung des RM-Prozesses in den operativen Einheiten zu koordinieren. Die zentrale RM-Einheit kann je nach Unternehmensgröße aus einem einzelnen **Risikomanager**, einem **RM-Beauftragten** oder einer **RM-Abteilung** bestehen. Teilweise wird auch empfohlen, die Aufgaben des zentralen Risikomanagements im **(Risiko-)Controlling** anzusiedeln, um die Planung, die Budgetierung und das Risikomanagement eines Unternehmens zu integrieren. Dies entspricht auch dem im RM-Standard ONR 49001 empfohlenen Ansatz eines integrierten RMS (vgl. Gleißner/Kalwait, 2010, S. 29 ff.).

Die zentrale RM-Einheit ist i.d.R. als **Stabsfunktion** organisiert und ausschließlich der Geschäftsführung gegenüber rechenschaftspflichtig. Ihr Aufgabenspektrum ist heterogen und reicht von der Koordination der Aktivitäten des operativen RM-Prozesses über die fachliche und methodische Unterstützung der operativen Einheiten, die Dokumentation des RMS und die Risikoberichterstattung bis zur Beratung des Managements, insbesondere der Geschäftsleitung (vgl. Kremers, 2002, S. 198 ff.; Diederichs et al., 2004, S. 195; Diederichs, 2010, S. 218 f.).

Die Aufgaben des zentralen Risikomanagements können auch von mehreren Stellen übernommen werden. So kann beispielsweise das zentrale RM die methodische Unterstützung und die Koordination des operativen RM-Prozesses übernehmen, während das zentrale Risikocontrolling für die Risikoberichterstattung zuständig ist.

Je nach Unternehmensgröße, -struktur und Umweltdynamik sind auch dezentrale RM-Beauftragte sinnvoll. Die **dezentralen RM-Beauftragten** unterstützen die operativen Bereiche fachlich und methodisch bei der Risikoidentifikation und -bewertung und koordinieren die Umsetzung des Risikomanagements. Zudem übernehmen sie eine Schnittstellenfunktion zur zentralen RM-Einheit und sind Mitglieder im zentralen Risikomanagement-Ausschuss (RMA). Die Aufgaben der dezentralen RM-Einheiten können wiederum vom dezentralen (Risiko-)Controlling übernommen werden.

Dezentrale RM-Einheiten

Die Einordnung des zentralen und des dezentralen Risikomanagements in die Aufbauorganisation des Unternehmens lässt sich der folgenden Abbildung 120 entnehmen.

Der **Risikomanagement-Ausschuss (RMA)** ist ein hierarchieübergreifendes, interdisziplinäres Gremium. Er sichert durch die Vorgabe von unternehmensweiten Richtlinien den ganzheitlichen und bereichsübergreifenden Blick auf das Risikomanagement. Der RMA hat folgende **Aufgaben** (vgl. Diederichs, 2010, S. 215):

Risikomanagement-Ausschuss

▸ Entscheidungsvorbereitung durch Alternativenauswahl und Handlungsempfehlungen,
▸ Gestaltung, Weiterentwicklung und Anpassung aller Systemkomponenten des RMS,
▸ Unterstützung der operativen Einheiten bei der Durchführung des RM-Prozesses,

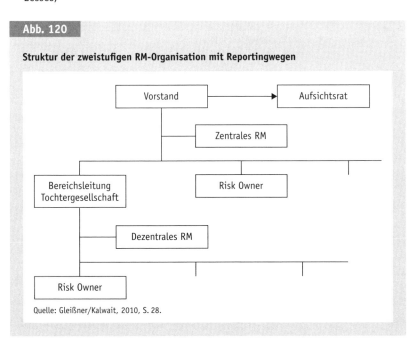

Abb. 120

Struktur der zweistufigen RM-Organisation mit Reportingwegen

Quelle: Gleißner/Kalwait, 2010, S. 28.

9.1 Weiterführende Fragen des Risikomanagements
Organisation des Risikomanagements

- Entwicklung, Modifikation, Verbesserung sowie Abstimmung risikosteuernder Maßnahmen und Regulative und
- Koordination und Überwachung der Beschlüsse und Maßnahmen.

Seine Zusammensetzung ist Abbildung 121 zu entnehmen.

Chief Risk Officer

Das Risikomanagement erhält eine größere Bedeutung, wenn auch in der Geschäftsleitung ein RM-Beauftragter benannt wird. In der anglo-amerikanischen Literatur wird auch die Bezeichnung **Chief Risk Officer (CRO)** verwendet, wobei die Position teilweise auch direkt unterhalb der Geschäftsführung aufgehängt wird (vgl. auch im Folgenden Lee/Shimpi, 2005, S. 34 ff.; Mikes, 2010, S. 71 ff.). Der Chief Risk Officer ist gesamtverantwortlich für das RMS, benennt Risikomanager, Risikocontroller und Risk Owner, legt die grundlegenden RM-Methoden fest, entscheidet über besonders wichtige Risikobewältigungsmaßnahmen und vertritt Fragen des Risikomanagements im Führungsgremium. Neben analytisch-methodischen Fähigkeiten muss er über umfassende kommuni-

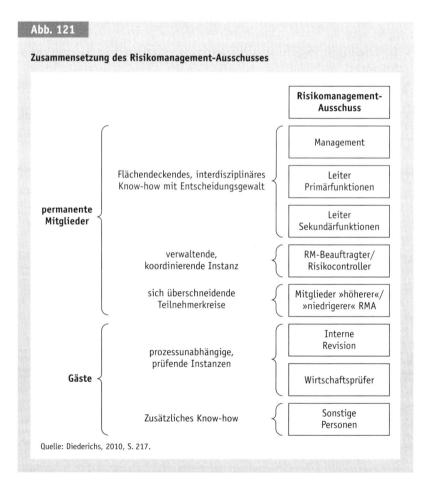

Abb. 121 Zusammensetzung des Risikomanagement-Ausschusses

Quelle: Diederichs, 2010, S. 217.

9.1 Organisation des Risikomanagements

kative Kompetenzen verfügen. Allerdings darf durch die Einrichtung eines CRO die Gesamtverantwortung aller Mitglieder der Geschäftsführung bzw. des Vorstands für das Risikomanagement nicht in Frage gestellt werden (vgl. Gleißner, 2011, S. 247. Ein Praxisbeispiel findet sich bei Aabo et al., 2005, S. 18 ff.).

Die Aktivitäten des operativen RM-Prozesses und die Funktionsfähigkeit des Risikomanagement-Systems müssen ständig durch interne und externe Kontrollinstanzen überwacht werden. Zu den internen Kontrollinstanzen gehören u. a. prozessabhängige Bereiche wie **die zentrale RM-Einheit** oder das (Risiko-)Controlling und prozessunabhängige Instanzen wie die **Interne Revision** oder der **Aufsichtsrat**, zu den externen Kontrollinstanzen zählen die **Jahresabschlussprüfer**. Die Interne Revision ist direkt der Unternehmensleitung unterstellt und überwacht die Angemessenheit, die Effektivität und die Effizienz des RMS. Der Aufsichtsrat ist eine von unternehmensinternen Institutionen unabhängige Kontrollinstanz und überprüft, ob die Unternehmensleitung ein Risikofrüherkennungssystem im Sinne des KonTraG eingerichtet hat. Dabei greift der Aufsichtsrat auf die Prüfungsergebnisse der externen Abschlussprüfer zurück. Die externen Abschlussprüfer bilden ebenfalls eine unabhängige Kontrollinstanz, die sowohl eine Systemprüfung des RMS durchführen als auch die Daten des Jahresabschlusses insbesondere des Lageberichts prüfen (vgl. Burger/Buchhart, 2002, S. 277 f.). Die Zusammenarbeit der verschiedenen Kontrollinstanzen bei der Überwachung lässt sich der folgenden Abbildung 122 entnehmen.

Da es zahlreiche Überschneidungen der Aufgaben von prozessabhängiger, prozessunabhängiger und unternehmensexterner Überwachung gibt, ist eine intensive Zusammenarbeit der Kontrollinstanzen mit einem umfassendem In-

Interne und externe Kontrollinstanzen

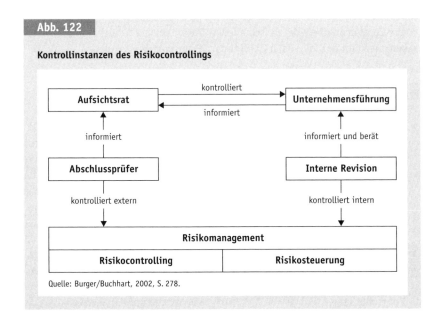

Abb. 122

Kontrollinstanzen des Risikocontrollings

Quelle: Burger/Buchhart, 2002, S. 278.

9.1 Weiterführende Fragen des Risikomanagements
Organisation des Risikomanagements

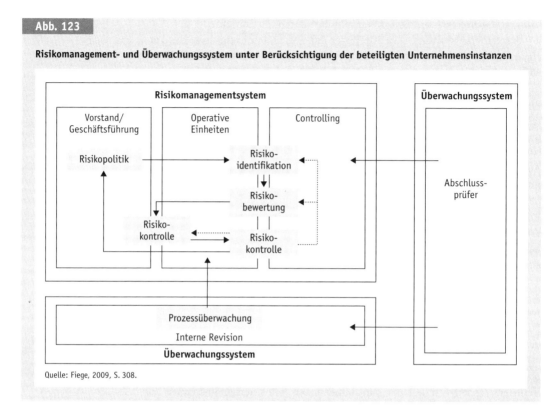

Abb. 123

Risikomanagement- und Überwachungssystem unter Berücksichtigung der beteiligten Unternehmensinstanzen

Quelle: Fiege, 2009, S. 308.

Zusammenarbeit zwischen den Aufgabenträgern

formationsaustausch erforderlich (vgl. auch im Folgenden Diederichs et al., 2004, S. 195 f.; Diederichs, 2010, S. 231 f. Vgl. auch Kapitel 8).

Die Zusammenarbeit der verschiedenen Unternehmensbereiche im Risikomanagement kann der folgenden Abbildung 123 entnommen werden.

Zusammenfassung

▸ Die Aufbauorganisation des RM teilt die RM-Aufgaben und die zu ihrer Erledigung notwendigen Kompetenzen bestimmten Aufgabenträgern (Stellen) zu. Die Ablauforganisation setzt die Aufgaben in eine sachlich, zeitlich, personal und räumlich sinnvolle Beziehung zueinander. Die Aufbau- und die Ablauforganisation dienen der effektiven und effizienten Umsetzung des operativen RM-Prozesses.
▸ Im Rahmen der Aufbauorganisation werden die Institutionalisierung und der Zentralisierungsgrad des Risikomanagements festgelegt.
▸ Risikomanagement erfolgt im Unternehmen arbeitsteilig. Mögliche Aufgabenträger sind die Geschäftsleitung, Mitarbeiter der operativen Einheiten, die zentralen (und dezentralen) RM-Einheiten sowie interne und externe Kontrollorgane.

9.2 Weitere Aspekte des Risikomanagements

9.2.1 Risiko(-management)handbuch

Im Risiko(-management)handbuch (RM-Handbuch) werden die Rahmenbedingungen, Prozesse und Strukturen des Risikomanagement-Systems (RMS) eines Unternehmens dokumentiert. Das RM-Handbuch wird auch als **Risikomanagement-Richtlinie** bezeichnet (vgl. Diederichs, 2010, S. 219 ff.). Es wird von der zentralen Risikomanagement-Stelle erstellt und durch die Geschäftsleitung verabschiedet. Das Vorliegen eines RM-Handbuchs ist eine wesentliche Voraussetzung für die Funktionsfähigkeit komplexer Systeme wie dem RMS (vgl. auch im Folgenden Diederichs et al., 2004, S. 196 f.; Wolf/Runzheimer, 2009, S. 188 ff.; Gleißner, 2011, S. 241 ff.).

Das RM-Handbuch hat zahlreiche Funktionen. Die **Geschäftsleitung** formuliert im RM-Handbuch wesentliche Aussagen zum strategischen Rahmen des Risikomanagements sowie zum operativen RM-Prozess, die für die Mitarbeiter und die Kontrollinstanzen des Unternehmens **Richtliniencharakter** haben und somit eine **Steuerungsfunktion** ausüben. Zudem dient das RM-Handbuch als Nachweis, dass die Geschäftsleitung der gesetzlichen Forderung nach Einrichtung eines RMS nachgekommen ist. Für die operativen Einheiten hat das RM-Handbuch eine **Informationsfunktion** in Bezug auf die Risikoziele, das angestrebte Risikoverhalten, formale Vorgaben zum operativen RM-Prozess wie z. B. Risikolimite, Aufgaben- und Verantwortungsbereiche im Risikomanagement sowie den Geltungsbereich des Handbuchs. Die operativen Einheiten müssen die Vorgaben des RM-Handbuchs umsetzen. Außerdem ist das RM-Handbuch **Grundlage für die Prüfung des RMS** durch interne und externe Überwachungsorgane (vgl. Wolf/Runzheimer, 2009, S. 188 f.; Diederichs, 2010, S. 220).

Funktionen des RM-Handbuchs

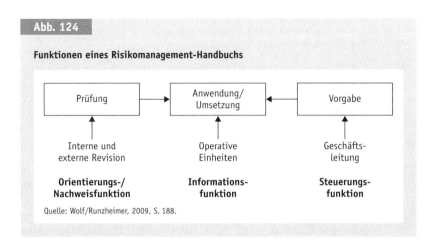

Abb. 124

Funktionen eines Risikomanagement-Handbuchs

Quelle: Wolf/Runzheimer, 2009, S. 188.

9.2 Weiterführende Fragen des Risikomanagements
Weitere Aspekte des Risikomanagements

Abb. 125

Mögliche Inhalte des RM-Handbuchs

Kapitel	Inhalte
1. Einleitung	▸ Allgemeine Erläuterungen zu Zielen, Aufbau, Verwendung, Änderung und Pflege des Handbuchs
2. Grundlagen	▸ Ziele und Aufbau des RMS ▸ Gesetzliche und betriebswirtschaftliche Anforderungen ▸ Bestimmung der Begriffe Risiko, Risikomanagement und RMS ▸ Ableitung eines Risikokatalogs
3. Strategischer Rahmen des RMS	▸ Ableitung einer Risikostrategie, risikopolitischer Grundsätze und Risikoziele ▸ Eckpunkte der Risikokultur ▸ Bestimmung des Risikodeckungspotenzials ▸ Risikotragfähigkeitskalkül und Ableitung von Risikolimiten
4. Elemente eines RMS	▸ Ziele und Aufgaben ▸ Aufbau (Frühwarnsystem, Interne Revision, Controlling) ▸ Operativer RM-Prozess
5. Organisation des RM	▸ Aufbauorganisation: Festlegung der beteiligten Stellen ▸ Zuweisung von Aufgaben, Verantwortungen und Kompetenzen zu den einzelnen Stellen ▸ Stellenbeschreibungen
6. Operativer RM-Prozess	▸ Ablauf der Risikoidentifikation, -bewertung, -berichterstattung, -steuerung und -überwachung ▸ Eingesetzte Instrumente und Methoden, Festlegung des Ablaufs, Dokumentation und Begründung sämtlicher Schritte sowie gesetzter Prämissen
7. Geltungsbereich	▸ Zeitlich ▸ Organisatorisch
8. Anhang (Beispiele)	▸ Verfahrensanweisungen ▸ Risikoidentifikationsbögen ▸ Risikoberichte

Quelle: Diederichs et al., 2004, S. 197; Schmitz/Wehrheim, 2006, S. 146; Wolf/Runzheimer, 2009, S. 189 ff.; Gleißner/Kalwait, 2010, S. 27 f.

Inhalte des RM-Handbuchs

Abbildung 125 lassen sich mögliche Inhalte eines RM-Handbuchs entnehmen. Für die Funktionsfähigkeit des RM-Handbuchs ist seine regelmäßige Überarbeitung und Aktualisierung zwingend notwendig (vgl. Diederichs, 2010, S. 221).

Aus der Praxis — **Aktualisierung der Risikodokumentation bei VW**

▸▸▸ Dem Risikobericht der Volkswagen AG ist zu entnehmen:
»Die fortlaufende Aktualisierung der Risikodokumentation wird zentral von dem 2010 eingerichteten Bereich »Governance, Risk und Compliance« in Abstimmung mit der Konzern-Revision koordiniert. [...] Die ablauforganisatorischen Regelungen, Richtlinien und Anweisungen sowie Beschreibungen sind systematisch niedergelegt und zum größten Teil online verfügbar. Die Einhaltung dieser Regelungen stellen interne Kontrollen durch die Leiter der Organi-

sationseinheiten Konzern-Revision, Qualitätssicherung, Konzern-Treasury sowie Marken- und Konzern-Controlling sicher.«
Quelle: Volkswagen, 2011, S. 206. ◀◀

Zusammenfassung

▸ Im Risiko(-management)handbuch werden Rahmenbedingungen, Prozesse und Strukturen des Risikomanagement-Systems eines Unternehmens dokumentiert.
▸ Die zentrale RM-Einheit ist für die Erstellung und Überarbeitung des RM-Handbuchs verantwortlich.
▸ Das RM-Handbuch hat eine Orientierungs-, Nachweis-, Informations- und Steuerungsfunktion.

9.2.2 IT-Unterstützung des Risikomanagements

Die bisherigen Ausführungen illustrieren die Komplexität eines dezentral organisierten Risikomanagements, das vor allem in internationalen Großunternehmen nur durch eine umfassende IT-Unterstützung effektiv und effizient umgesetzt werden kann. Insbesondere die Versorgung der Entscheidungsträger mit risikorelevanten Informationen erfordert ein sogenanntes **Risikomanagement-Informationssystem**, das wie folgt definiert werden kann (Gleißner, 2011, S. 268):

Begriffsabgrenzung

»Ein **Risikomanagement-Informationssystem (RMIS)** ist ein IT-gestütztes, daten-, methoden- und modellorientiertes Entscheidungsunterstützungssystem für das Risikomanagement.« Durch das RMIS werden Entscheidungsträger aktuell mit risikoorientierten Informationen versorgt und somit bei ihrer Entscheidungsfindung unterstützt. Das RMIS erfasst und verarbeitet sowohl interne Daten aus den betrieblichen Informationssystemen, z. B. dem externen Rechnungswesen, als auch externe Daten, z. B. aus öffentlich zugänglichen Datenbanken.

Der **Nutzen eines RMIS** besteht aus (vgl. Gleißner/Romeike, 2005, S. 160 f.):
▸ einer Erhöhung der Transparenz über die Risikosituation des Unternehmens,
▸ einer umfangreicheren und aktuelleren Bereitstellung von risikorelevanten Informationen,
▸ einer Reduzierung potenzieller Fehlerquellen bei der Informationsversorgung,
▸ einer besseren Akzeptanz des Risikomanagements,
▸ einer größeren Entscheidungsqualität und einer Beschleunigung von Entscheidungsprozessen aufgrund der besseren Datenaufbereitung.

9.2 Weiterführende Fragen des Risikomanagements
Weitere Aspekte des Risikomanagements

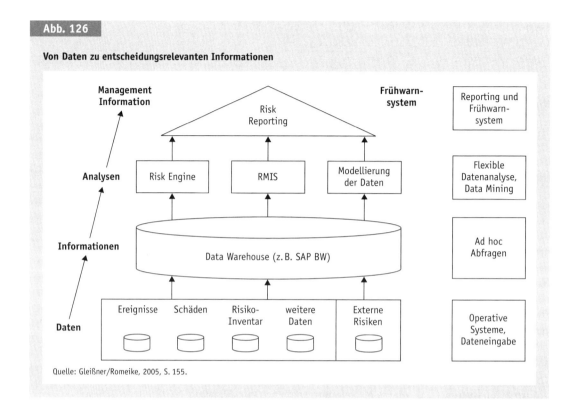

Abb. 126: Von Daten zu entscheidungsrelevanten Informationen
Quelle: Gleißner/Romeike, 2005, S. 155.

Aufbau

Der Aufbau eines IT-gestützten Risikomanagements lässt sich der Abbildung 126 entnehmen.

Zunächst müssen die Daten über einzelne interne und externe Risiken, Schäden aus der Vergangenheit etc. aus den operativen Systemen in einem Data Warehouse gesammelt werden. Das Data Warehouse steht für Ad-hoc-Abfragen und Risiko-Auswertungen zur Verfügung, bildet aber auch die Grundlage für mögliche Simulationsverfahren oder ein RMIS, die die Durchführung von Risikoanalysen und die Ableitung entsprechender Risikoberichte unterstützen.

Anforderungen an ein RMIS

Ein IT-gestütztes Risikomanagement muss folgende **Anforderungen** erfüllen (vgl. Gleißner, 2011, S. 269 ff.; für eine detaillierte Übersicht über die verschiedenen Anforderungen vgl. Anhang Kapitel 10.2):

- Unterstützung aller Phasen des operativen RM-Prozesses, um eine integrative Sichtweise auf die Risikosituation und das Risikomanagement zu ermöglichen,
- Integration des RMIS in die IT-Landschaft des Unternehmens und Definition von Datenschnittstellen, z. B. zum Rechnungswesen, und von Kommunikationsschnittstellen,
- Flexibilität des Aufbaus, um das RMIS an geänderte Umwelt- und Unternehmensbedingungen anpassen zu können, und

Weitere Aspekte des Risikomanagements 9.2

Abb. 127

Aufgaben einer IT-Unterstützung des Risikomanagements

Aufgaben

1. Schritt: Risikoidentifikation
- Bereitstellung flexibler Risikokataloge zur Risikoerfassung
- Bereitstellung von Instrumenten wie Checklisten, Wahrscheinlichkeitsberechnungen sowie Methoden zur Risikobeschreibung (mittels Wahrscheinlichkeitsverteilungen)
- Abbildung möglicher Ursache-Wirkungs-Beziehungen sowie Korrelationen zwischen Einzelrisiken
- Dokumentation der Strukturdaten der identifizierten Risiken in einem Risikoinventar oder einer Risikomatrix

2. Schritt: Risikobewertung und Aggregation
- Möglichkeit einer qualitativen und einer quantitativen Risikobewertung
- Bereitstellung von Instrumenten wie Fehlerbaum- und Störfallablaufanalysen, Szenarioanalysen, Sensitivitätsanalysen, At-Risk-Berechnungen und Scoring-Modellen
- Bereitstellungen von Simulationen
- Möglichkeit der Risikoaggregation z. B. durch Monte-Carlo-Analysen unter Berücksichtigung von Risikointerdependenzen
- Ermittlung der zukünftigen Gewinn-, Liquiditäts- und Eigenkapitalauswirkungen schlagend werdender Risiken
- Dokumentation der Risikobewertung in einem bewerteten Risikoinventar

3. Schritt: Prozess der Risikosteuerung und -kontrolle (Risikobewältigung)
- What-if-Simulation der Wirkungen von Risikosteuerungsmaßnahmen auf die ausgewählten Risikomaße und Unternehmensziele
- Durchführung von Risikofinanzierungsanalysen
- Erfassung und Dokumentation der durchgeführten Maßnahmen

4. Schritt: Risikoüberwachung, Abweichungsanalyse und Risikoreporting
- Zuordnung eines Verantwortlichen für jedes Risiko (Risk Owner)
- Dokumentation aller Maßnahmen der Risikoüberwachung
- Überwachung von Früherkennungsindikatoren
- Festlegung von Autorisierungs- und Zugangsregelungen
- Durchführung von Abweichungsanalysen zur Überprüfung der Wirksamkeit der durchgeführten Steuerungsmaßnahmen
- Unterstützung eines flexiblen Standardreportings, eines Bedarfsreportings und eines Ad-hoc-Reportings

Quelle: Eigene Erstellung in Anlehnung an Gleißner/Romeike, 2005, S. 155 ff.

- Modellierung und Simulation von Szenarien sowie Verarbeitung von Wahrscheinlichkeitsverteilungen, um die Risiken des Unternehmens angemessen abbilden zu können.

Durch ein IT-gestütztes Risikomanagement werden alle Phasen des operativen RM-Prozesses verbessert.

Derzeit wird eine Vielzahl von Softwarelösungen zur IT-Unterstützung des Risikomanagements angeboten, die sich nach dem Umfang ihrer Unterstützung des operativen Risikomanagement-Prozesses (Management Power) und ihren analytischen Stärken in eine Produktmatrix einordnen lässt (s. Abbildung 128).

Software für das Risikomanagement

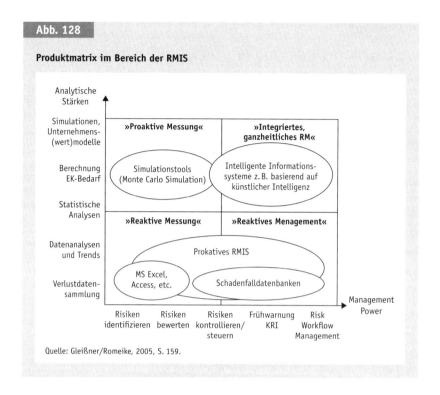

Abb. 128

Produktmatrix im Bereich der RMIS

Quelle: Gleißner/Romeike, 2005, S. 159.

Insgesamt lassen sich die Softwarelösungen in **drei Gruppen** unterteilen (vgl. Gleißner/Romeike, 2005, S. 159 f.):

1. **Standardsoftware**, die auch für das Risikomanagement eingesetzt werden kann, z. B. MS-Word, MS-Access oder MS-Excel ggf. mit zusätzlichen Erweiterungen z. B. zur Abbildung von Risiken durch Verteilungsfunktionen oder zur Durchführung von Simulationsrechnungen.
2. **Standardisierte Spezialsoftware für das Risikomanagement**, die entweder ausschließlich den Risikomanagement-Prozess unterstützen oder sowohl Risikomanagement-Aspekte wie auch das Rating abbilden.
3. **Integrierte Business-Intelligence-Lösungen mit Risikomanagement**, die vollständig in die IT-gestützte Unternehmenssteuerung integriert werden können und somit Risikomanagement und Unternehmensplanung verzahnen.

Die erste Lösung ist sehr flexibel und kostengünstig, unterstützt aber kein integriertes Risikomanagement und ist daher vor allem für kleine und mittlere Unternehmen geeignet. Die zweite Lösung ist ebenfalls noch sehr kostengünstig, aber weniger flexibel als eine integrierte Business-Intelligence-Lösung. Zudem unterstützt auch die zweite Lösung nicht die Integration von Risikomanagement und Unternehmenssteuerung.

Zusammenfassung

- Ein RMIS ist ein IT-gestütztes, daten-, methoden- und modellorientiertes Entscheidungsunterstützungssystem für das Risikomanagement.
- Durch das RMIS werden Regelungen zum operativen Risikomanagement dokumentiert, Ergebnisse der Risikoüberwachung ausgewertet, das Berichtswesen abgebildet und die Risiken über die Unternehmensebene aggregiert.
- Es werden drei Gruppen von Softwarelösungen für das Risikomanagement unterschieden: Standardsoftware wie MS-Excel, Spezialsoftware und integrierte Business-Intelligence-Lösungen.

9.2.3 Zukünftige Entwicklungen des Risikomanagements

Insbesondere in der Finanz- und Wirtschaftskrise wurde die Funktionsfähigkeit existierender Risikomanagement-Systeme kritisch evaluiert. Dabei wurden folgende Schwachpunkte herausgearbeitet, die gleichzeitig Ansatzpunkte für eine Weiterentwicklung des Risikomanagements sind (vgl. Brühwiler/Romeike, 2010, S. 187 ff.):

- **Schwächen bei der Risikobeurteilung**: Risiken werden häufig zu wenig systematisch identifiziert und nur unbefriedigend quantifiziert, d. h. anstelle von quantitativen Risikomaßen wie der Eintrittswahrscheinlichkeit und dem Schadensausmaß werden in vielen Unternehmen nur sehr einfache qualitative Risikobeschreibungen vorgenommen. Auf den Einsatz stochastischer Methoden sowie die Messung von Risikointerdependenzen wird oft verzichtet. Zudem wird das strategische Risikomanagement, d. h. die Analyse der langfristigen Erfolgsfaktoren des Unternehmens, vernachlässigt.
- **Fehlen von Risikoaggregationsverfahren**: Die Risikoaggregation soll einerseits aufzeigen, in welchen risikobedingten Streuungsbändern sich die Unternehmensziele, wie z. B. der Cashflow, vermutlich bewegen. Andererseits ist die Risikoaggregation die Grundlage für die Überprüfung der Risikotragfähigkeit und die Allokation von Risikodeckungspotenzial sowie für eine gezielte Beeinflussung des Unternehmensratings.
- **Fehlende Integration des Risikomanagements in die Unternehmensplanung und das Controlling**: Risiken führen zu einer Abweichung der tatsächlichen von den geplanten Unternehmensergebnissen. Daher muss das Risikomanagement in die Unternehmensplanung und das Controlling integriert werden.
- **Überbürokratische Organisation des Risikomanagement-Systems**: Das RMS sollte die vorhandenen Organisations- und Berichtsstrukturen des Unternehmens nutzen. Die KonTraG-basierte Umsetzung vieler RMS in der Praxis führte oft zu einem sehr hohen bürokratischem Aufwand, da die Vollständigkeit bei der Risikoidentifikation und -bewertung im Mittelpunkt der Bemühungen stand. RMS haben vielfach einen eher statischen Charakter; dynamische Frühaufklärungssysteme zur frühzeitigen Identifikation z. B. einer negativen Umsatzentwicklung sind eher die Ausnahme.

- **Defizite bei der Risikobewältigung**: Maßnahmen der Risikobewältigung beschränken sich in vielen Unternehmen auf Versicherungen. Tatsächliches Ziel sollte dagegen die Optimierung des Chancen-Risiko-Profils sein. Außerdem sind die Risikokosten von Steuerungsmaßnahmen häufig nicht bekannt.
- **Defizite im Umgang mit Managementrisiken**: Viele Risiken sind letztendlich auf ein Fehlverhalten von Menschen zurückzuführen. Unter den personenbezogenen, operationellen Risiken haben die Managementrisiken die größte Bedeutung. Dieser Typ von Risiken kennzeichnet die Möglichkeit, dass die Unternehmensführung grundlegende strategische Fehlentscheidungen trifft, da nicht alle vorhandenen Informationen zielorientiert ausgewertet werden.
- **Zunehmende gesetzliche Regelungsdichte**: Die Zahl der gesetzlichen Anforderungen hat sich in den letzten Jahren stark erhöht, konnte jedoch Unternehmenskrisen und -zusammenbrüche nicht verhindern. Stattdessen hat die Regelungsdichte teilweise zu einer höheren Bürokratisierung und geringeren Transparenz des Risikomanagements, einer erhöhten Unsicherheit bei den Mitarbeitern und zu hohem Aufwand für Compliance etc. geführt (vgl. Rechkemmer, 2009, S. 11).

9.3 Fallstudie: Organisation des Risikomanagements im Lufthansa Konzern

Ausgangssituation:
Die Lufthansa ist ein weltweit operierendes Luftverkehrsunternehmen mit folgenden Merkmalen (für weitere Informationen vgl. www.lufthansa.com):
- Hauptsitz ist Frankfurt am Main. Das Unternehmen hat über 400 nationale und internationale Tochtergesellschaften und Beteiligungen.
- Das Unternehmen hatte 2010 117.066 Mitarbeiter weltweit und erzielte einen Konzernumsatz von 27,3 Mrd. €. Das operative Jahresergebnis betrug 876 Mio. €.
- Das Unternehmen hat seine geschäftlichen Aktivitäten in fünf Geschäftsfelder gegliedert: Passage, Logistik, Technik, IT Services und Catering.

Der Konzern verfügt über die in Abbildung 129 dargestellte grobe Aufbauorganisation.

Problemstellung:
1. Wie könnte eine Aufbauorganisation für das Risikomanagement im Lufthansa Konzern aussehen?
2. Welche Aufgaben sollten die einzelnen Aufgabenträger übernehmen?

Lösungsansätze:
1. Dem Risikobericht der Lufthansa AG lässt sich folgende Aufbauorganisation des Risikomanagements entnehmen (siehe Abbildung 130).

9.3 Fallstudie: Organisation des Risikomanagements im Lufthansa Konzern

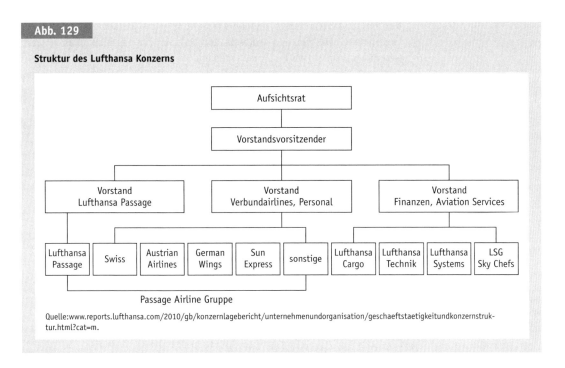

Abb. 129

Struktur des Lufthansa Konzerns

Quelle: www.reports.lufthansa.com/2010/gb/konzernlagebericht/unternehmenundorganisation/geschaeftstaetigkeitundkonzernstruktur.html?cat=m.

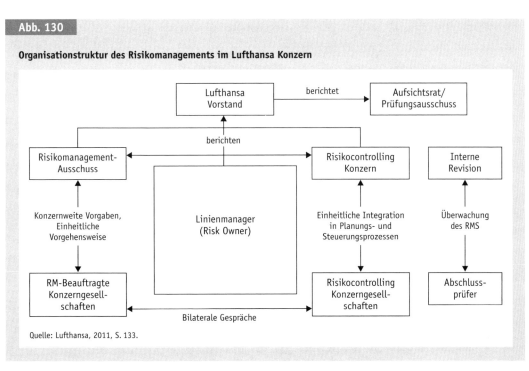

Abb. 130

Organisationstruktur des Risikomanagements im Lufthansa Konzern

Quelle: Lufthansa, 2011, S. 133.

9.3 Weiterführende Fragen des Risikomanagements
Fallstudie: Organisation des Risikomanagements im Lufthansa Konzern

Der Vorstand berichtet an den Aufsichtsrat über die Risikosituation des Unternehmens und gibt den strategischen Rahmen für das Risikomanagement vor. Für das operative Risikomanagement sind Risk Owner in den Unternehmensbereichen und Tochtergesellschaften verantwortlich. Sie berichten außerdem dem Vorstand über die Risikosituation in den Geschäftsbereichen. Die Risk Owner werden methodisch durch dezentrale RM-Beauftragte unterstützt; Risikoinformationen werden vom dezentralen Risikocontrolling in die Planungs- und Steuerungsprozesse einbezogen. Die dezentralen RM-Beauftragten bilden den RM-Ausschuss, der konzernweite Vorgaben für das Risikomanagement erlässt und somit die einheitliche Vorgehensweise beim Risikomanagement sicherstellt. Aufgrund der Größe des Lufthansa Konzerns und

Abb. 131

Verantwortlichkeiten innerhalb der Risikomanagement-Organisation

Organisationseinheit	Aufgaben innerhalb der Risikomanagement-Organisation
Vorstand	▸ Übernahme der Gesamtverantwortung für die Einführung und den laufenden Betrieb des RMS ▸ Festlegung der Rahmenbedingungen für das Risikomanagement ▸ Festlegung der Risikostrategie und der Risikoziele ▸ Schaffung einer unternehmensweiten Risikokultur ▸ Risikosteuerung
Risk Owner	▸ Identifikation und Bewertung der bereichsspezifischen Risiken ▸ Kommunikation der identifizierten Risiken ▸ Ableitung und Umsetzung von Steuerungsmaßnahmen
Risikomanagementausschuss	▸ Schaffung von Voraussetzungen für die gesamtunternehmensbezogene Risikosteuerung ▸ Verabschiedung konzernweiter Vorgaben für ein einheitliches Risikomanagement ▸ Laufende Weiterentwicklung des Risikomanagements ▸ Koordination und Überwachung der Beschlüsse und Durchführung der Steuerungsmaßnahmen
Dezentrale RM-Beauftragte	▸ Methodische Unterstützung der Risk Owner bei der Risikoidentifikation und -bewertung
Zentrales Risikocontrolling	▸ Koordination des operativen Risikomanagement-Prozesses ▸ Zentrale Informationsversorgung im laufenden Risikomanagement-Prozess ▸ Zentrale Koordination von Planung, Kontrolle und Informationsversorgung ▸ Dokumentation des Risikomanagements
Dezentrales Risikocontrolling	▸ Dezentrale Informationsversorgung im laufenden Risikomanagement-Prozess ▸ Dezentrale Koordination von Planung, Kontrolle und Informationsversorgung ▸ Abstimmung mit dem zentralen Risikocontrolling
Interne Revision und Abschlussprüfer	▸ Überwachung der Aktivitäten des Risikomanagement-Prozesses ▸ Überwachung der Funktionsfähigkeit des RMS

Quelle: Eigene Erstellung auf der Basis von Burger/Buchhart, 2002, S. 262; Diederichs, 2004, S. 212 ff.

der Heterogenität der verschiedenen Geschäftsbereiche ist die Einrichtung einer zentralen RM-Einheit in Gestalt des zentralen Risikocontrollings zur Koordination des Risikomanagements und die einheitliche Integration in die Planungs- und Steuerungsprozesse notwendig. Die Überwachung des RMS erfolgt im Lufthansa Konzern durch die Interne Revision und den Abschlussprüfer.
2. Der nebenstehenden Abbildung 131 sind mögliche Aufgaben der verschiedenen Aufgabenträger im Lufthansa Konzern zu entnehmen.

Wiederholungsfragen zu Kapitel 9

1. Erläutern Sie den Begriff und die Ziele der Risikomanagement-Organisation!
2. Welche Gestaltungsaspekte sind bei der Implementierung einer RM-Organisation zu beachten?
3. Skizzieren Sie eine mögliche Aufbauorganisation für die Vanini GmbH und begründen Sie Ihre Entscheidung.
4. Welche Aufgabenträger sind am Risikomanagement beteiligt? Welche RM-Aufgaben übernehmen sie?
5. Die Vanini GmbH hat ihr Risikomanagement-System nicht dokumentiert. Überzeugen Sie die Geschäftsführung von der Notwendigkeit eines Risiko(-management)-Handbuchs!
6. Was ist ein Risikomanagement-Informationssystem (RMIS)?
7. Wie ist die IT-Unterstützung des Risikomanagements in einem Unternehmen aufgebaut?
8. Welche Softwarelösungen gibt es für ein RMIS? Welche Lösung würden Sie der Vanini GmbH empfehlen? Begründen Sie Ihre Empfehlung!

10 Anhang

10.1 Prüfungshandlungen der Internen Revision nach dem IIR-Revisionsstandard Nr. 2

Prüfungshandlungen nach IIR Revisionsstandard Nr. 2
1. Prüfung der Konzeption und der Organisation des RMS (Tz. 15–16)
▸ Klare Konzeptbeschreibung und eindeutige Regelungen hinsichtlich Zuständigkeiten und Dokumentation für alle Unternehmensebenen vorhanden? ▸ Zentraler Risikomanager für Koordination und Unterstützung des operativen RM-Prozess implementiert? ▸ Risiko(management)-Handbuch oder -Richtlinie vorhanden?
2. Prüfung der vollständigen Erfassung und Identifikation aller Risiken (Tz. 17–22)
▸ Alle wesentlichen Risiken erfasst (Vollständigkeit)? ▸ Alle Unternehmensbereiche und -prozesse in die Risikoidentifikation einbezogen?
3. Beurteilung der Risikoanalyse und der Risikobewertung (Tz. 23–25)
▸ Qualitative Beurteilung oder quantitative Bewertung der Risiken durchgeführt? ▸ Bewertungssystem plausibel (Stichprobenprüfung)? ▸ Kumulationen und Interdependenzen von Risiken beachtet? ▸ Aktualität der Bewertungen gegeben?
4. Prüfung der Realisierung und Zweckmäßigkeit der Maßnahmen zur Risikosteuerung und der Einhaltung der integrierten Kontrollen (Tz. 26–28)
▸ Beschlossene Steuerungsmaßnahmen zweckmäßig und tatsächlich umgesetzt? ▸ Integrierte Kontrollen, z.B. Funktionstrennungen, eingehalten? ▸ Frühindikatoren, Meldewege und -schwellen, Verantwortlichkeiten und angemessene Dokumentation vorhanden?
5. Prüfung der Kommunikation von Risiken (Tz. 29–30)
▸ Wesentlichkeitsgrenzen für jede Berichtsebene definiert? ▸ Ad-hoc-Berichterstattung für bestandsgefährdende und wesentliche Risiken implementiert? ▸ Vollständigkeit, Zeitnähe, Verantwortlichkeiten und Verständlichkeiten der festgelegten Informationsflüsse und Regelungen gegeben?

10.2 Anforderungen an ein RMIS

Die betriebswirtschaftlichen, methodischen, technischen und sonstigen Anforderungen an ein RMIS lassen sich der folgenden Auflistung entnehmen:

Betriebswirtschaftliche und methodische Anforderungen

- Erstellung eines Risikoinventars als Gesamtübersicht der Risiken
- Priorisierung von Risiken (z. B. nach Relevanz)
- Zuordnung eines für die Überwachung zuständigen Risikoverantwortlichen (Risk Owner)
- Zuordnung der wichtigsten organisatorischen Regelungen – speziell zur Risikoüberwachung (z. B. Überwachungsturnus etc.)
- Strukturierte Erfassung sämtlicher wesentlicher Risikobewältigungsmaßnahmen (z. B. auch sämtliche Versicherungen)
- Zuordnung von Risikobewältigungsmaßnahmen zu jedem Risiko, die die Möglichkeiten für die Verminderung oder den Transfer dieses Risikos beschreiben (Maßnahmencontrolling)
- Flexibilität hinsichtlich der Art der quantitativen Beschreibung von Risiken (z. B. mittels Normalverteilung oder nach Schadenshöhe und Eintrittswahrscheinlichkeit)
- Zuordnung von Risiken zur Unternehmensplanung (»Welche Planabweichungen werden durch die Risiken verursacht?«)
- Funktionale Abbildung von Risikokorrelation und Berücksichtigung bei Simulationen
- Ermittlung der aggregierten Auswirkungen aller Risiken auf die Zielgrößen des Unternehmens durch Simulation
- Berechnung des Eigenkapital- und Liquiditätsbedarfs, anderer Risikomaße sowie eines risikoadjustierten Kapitalkostensatzes für eine wertorientierte Unternehmensführung
- Nutzung von Risikoinformationen, z. B. für Investitionsrechnung, Ratingprognosen etc.

Technische Anforderungen

- Möglichkeit der Abbildung von Konzernstrukturen
- System-Logiken zur Abbildung von Workflows (Arbeitsprozesse)
- Verfügbarkeit von aktuellen Daten
- Schnittstellen für Datenimport und -export
- Bereitstellung eines dezentralen und anwenderorientierten Risikoreportings
- Revisionssichere Aufzeichnung der Datenhistorie sämtlicher Risiken und Risikoüberwachungstätigkeiten
- Autorisierungs- und Datenschutzkonzepte

Investitionssicherheit, Service und Kosten

- Stabilität, Innovationskraft und zukünftige Strategie des Softwareanbieters
- Referenzkunden
- Kosten für Lizenzen
- Customizing
- Einführung, Schulung, Wartung

Quelle: Gleißner/Romeike, 2005, S. 161.

11 Literaturverzeichnis

Aabo, T./Fraser, J. R. S./Simkins, B. J. (2005). The Rise and Evolution of Chief Risk Officer: Enterprise Risk Management at Hydro One. In: Journal of Applied Corporate Finance, Vol. 17, No. 3, S. 18–31.

Asel, J./Posch, A./Speckenbacher, G. (2010). Der Finanzbereich in Krisenzeiten: Vom Performance Management zum integrierten Performance-Risk Management. In: Zeitschrift für Controlling & Management zfcm, 54. Jg., Sonderheft Nr. 2, S. 60–67.

Ballwieser, W. (2009). Controlling und Risikomanagement. In: P. Hommelhoff/K. J. Hopt/A. v. Werder (Hrsg.). Handbuch Corporate Governance: Leitung und Überwachung börsennotierter Unternehmen in der Rechts- und Wirtschaftspraxis, 2. Aufl., Stuttgart, S. 447–462.

Bartram, S. (2000). Finanzwirtschaftliches Risiko, Exposure und Risikomanagement von Industrie- und Handelsunternehmen. In: Wirtschaftswissenschaftliches Studium, 29. Jg., Nr. 5, S. 242–249.

BASF (2011). BASF Konzern Geschäftsbericht 2010, o.O.

Baum, H.-G./Coenenberg, A. G./Günther, T. (2007). Strategisches Controlling, 4. Aufl., Stuttgart.

Bayer (2011). Bayer Konzern Geschäftsbericht 2010, o.O.

Behrends, T. (2003). Organisationskultur. In: Martin, A. (Hrsg.). Organizational Behaviour – Verhalten in Organisationen, Stuttgart, S. 241–261.

Berger, T./Gleißner, W. (2007). Risikosituation und Stand des Risikomanagements aus Sicht der Geschäftsberichterstattung: Ergebnisse einer empirischen Studie im Überblick. In: Zeitschrift für Corporate Governance ZCG, 2. Jg., Nr. 2, S. 62–68.

Bitkom (2009). Pressinformation vom 8.10.2009: Internet-Kriminelle weiten Aktivitäten aus. In: http://www.bitkom.org/files/documents/BITKOM_BKA_Presseinfo_IT-Kriminalitaet_08_10_2009.pdf (heruntergeladen am 24.10.2011).

Bleuel, H.-H. (2006). Monte-Carlo-Analysen im Risikomanagement mittels Software-Erweiterungen zu MS-Excel dargestellt am Fallbeispiel der Unternehmensplanung. In: Controlling, 18. Jg., Nr. 7, S. 371–378.

Bortz, J. (2005). Statistik für Human- und Sozialwissenschaftlicher, 6. Aufl., Heidelberg.

Bortz, J./Döring, N. (2002). Forschungsmethoden und Evaluation für Human- und Sozialwissenschaftler, 3. Aufl., Berlin.

Brebeck, F. (2002). Risikomanagementsytem, Prüfung. In: W. Ballwieser/A. G. Coenenberg/K. von Wysocki (Hrsg.). Handwörterbuch der Rechnungslegung und Prüfung, 3. Aufl., Stuttgart, S. 2071–2088.

Brooks, D. W. (2010). Creating a Risk-Aware Culture. In: J. Fraser/B. J. Simkins (Hrsg.). Enterprise Risk Management, Hoboken/New Jersey, S. 87–95.
Brühwiler, B. (2008). ISO/DIS 31000 und ONR 49000:2008: Neue Standards im Risikomanagement. In: MQ – Management und Qualität, S. 26–27.
Brühwiler, B. (2007). Risikomanagement als Führungsaufgabe – Unter Berücksichtigung der neuesten internationalen Standardisierung, 2. Aufl., Bern.
Brühwiler, B./Romeike, F. (2010). Praxisleitfaden Risikomanagement: ISO 31000 und ONR 49000 sicher anwenden, Berlin.
Bündnis Entwicklung hilft (2011). WeltRisikoBericht 2011. In: http://www.weltrisikobericht.de/uploads/media/WeltRisikoBericht-2011.pdf (heruntergeladen am 24.10.2011).
Burger, A./Buchhart, A. (2002). Risiko-Controlling, München/Wien.
Collier, P. M./Berry, A. J./Burke, G. T. (2007). Risk and Management Accounting: Best practice guidelines for enterprise-wide internal control procedures, Oxford.
CRED (2011). 2010 disasters in numbers. In: http://cred.be/sites/default/files/PressConference2010.pdf (Heruntergeladen am 24.10.2011).
Culp, C. L./Miller, M. H./Neves, A. M. P. (2008). Value at Risk – Uses and Abuses. In: D. H. Chew (Ed.). Corporate Risk Management, New York, S. 162–183.
Deal, T. E./Kennedy, A. A. (1982). Corporate Cultures. The Rites and Ritual of Corporate Life, Reading/Mass.
Denk, R./Exner-Merkelt, K./Ruthner, R. (2006). Risikomanagement im Unternehmen – Ein Überblick. In: Wirtschaft und Management, 3. Jg., Nr. 4, S. 9–39.
Deutsche Bundesbank (2010). »Range of Practice« zur Sicherung der Risikotragfähigkeit bei deutschen Kreditinstituten, Frankfurt a. M.
Diederichs, M. (2010). Risikomanagement und Risikocontrolling: Risikocontrolling – ein integrierter Bestandteil einer modernen Risikomanagement-Konzeption, 2. Aufl., München.
Diederichs, M. (2006). Risikoberichterstattung. In: Controlling, 18. Jg., Nr. 7, S. 387–390.
Diederichs, M./Eberenz, R./Eickmann, O. (2009). Risikomanagement bei der Beiersdorf AG. In: Controlling, 21. Jg., Nr. 4/5, S. 265–272.
Diederichs, M./Form, S./Reichmann, T. (2004). Standard zum Risikomanagement – Arbeitskreis Risikomanagement. In: Controlling, 16. Jg., Nr. 4/5, S. 189–198.
Diederichs, M./Imhof, M. (2011). Corporate Governance und Controlling: Die Gestaltung des rechnungslegungsbezogenen Internen Kontrollsystems der Beiersdorf AG. In: Controlling, 23. Jg., Nr. 3, S. 172–177.
Dobler, M. (2010). Zum Verständnis von Prognose- und Risikoberichterstattung zwischen Finanzkrise und Bilanzrechtsmodernisierung. In: Zeitschrift für Controlling & Management zfcm, 54. Jg., Sonderheft Nr. 3, S. 98–104.

Dreber, A./Gerdes, C./Gränsmark, P. (2010). Beauty Queens and Battling Knights: Risk Taking and Attractiveness in Chess, Discussion Paper No. 5314 IZA Bonn. http://ftp.iza.org/dp5314.pdf (Heruntergeladen am 26.09.2011).

Eberenz, R. (2010). »Das Denken in Szenarien wird immer wichtiger.«. In: Zeitschrift für Controlling & Management zfcm, 54. Jg., Sonderheft Nr. 1, S. 60–61.

Ehrmann, H. (2005). Kompakt Training Risikomanagement, Rating-Basel II, Ludwigshafen/Kiehl.

Eisenführ, F./Weber, M./Langer, T. (2010). Rationales Entscheiden, 5. Aufl., Berlin.

Elfgen, R. (2002a). Implementierung von Risikocontrolling-Systemen. In: R. Hölscher/R. Elfgen (Hrsg). Herausforderung Risikomanagement: Identifikation, Bewertung und Steuerung industrieller Risiken, Wiesbaden, S. 313–320.

Elfen, R. (2002b). Aufgaben und Instrumente des strategischen Risikomanagements. In: R. Hölscher/R. Elfgen (Hrsg). Herausforderung Risikomanagement: Identifikation, Bewertung und Steuerung industrieller Risiken, Wiesbaden, S. 205–223.

Ernst & Young (2011). Von der Krise zu einer neuen Risikokultur?, 2. Aufl., Frankfurt a. M.

Ernst & Young (2009). Business Risk Report 2009: Die 10 größten Unternehmensrisiken, o.O.

Ernst & Young (2005). Ernst & Young Best Practice Survey »Risikomanagement 2005«, o. O.

Ettmüller, K. (2003). Risikomanagement in der BASF-Gruppe: Rechtliche Grundlagen, praktische Ausgestaltung und Prüfung. In: Controlling, 15. Jg., Nr. 12, S. 689–697.

Färber, N./Wagner, T. M. (2005). Adaption des internen Kontrollsystems an die Anforderungen des Sarbanes-Oxley Act. In: Controlling, 17. Jg., Nr. 3, S. 155–161.

Fendel, R./Frenkel, M. (2009). Die Subprime-Krise 2007/08: Ursachen, Auswirkungen und Lehren. In: Wirtschaftswissenschaftliches Studium, 38. Jg., Nr. 2, S. 78–85.

Fiege, S. (2009). Risikomanagement und KonTraG. In: M. Reimer/S. Fiege (Hrsg.). Perspektiven des Strategischen Controllings, Wiesbaden, S. 301–312.

Fischer, T. M./Vielmeyer, U. (2004). Informationsversorgung im Risikocontrolling durch risikoorientierte Unternehmenspublizität – Ergebnisse einer empirischen Studie. In: Zeitschrift für Controlling und Management zfcm, 48. Jg., Sonderheft 3, S. 120–132.

Form, S. (2005). Chancen- und Risiko-Controlling: Erklärungsansatz zur Wirkungsweise von Chancen und Risiken im Controlling sowie dem unternehmensspezifischen Aufbau seiner Instrumente, Frankfurt a. M.

Gampenrieder, P./Greiner, M. (2002). Risikomanagement als gesetzliche Forderung an mittelständische Unternehmen. In: krp-Kostenrechnungspraxis, 46. Jg., Nr. 5, S. 283–289.

11 Literaturverzeichnis

Gastmeyer, H./Vanini, U. (2008). Integration der betrieblichen Gefahrenabwehr in das Risikomanagement. In: Controller Magazin, 33. Jg., September/Oktober, S. 43–50.

Gebhardt, G. (2002). Risikocontrolling. In: H.-U. Küpper/A. Wagenhofer (Hrsg.). Handwörterbuch Unternehmensrechnung und Controlling, 4. Aufl., Stuttgart, S. 1713–1726.

Gerpott, T. J./Hoffmann, A. P. (2008). Risikomanagement in Unternehmen. In: Wirtschaftswissenschaftliches Studium, 37. Jg., Nr. 1, S. 7–13.

Geschka, H. (1986). Kreativitätstechniken. In: E. Staudt (Hrsg). Das Management von Innovationen, Frankfurt am Main, S. 147–160.

Giebel, S. P. (2011). Optimierung der passiven Risikobewältigung – Integration von Selbsttragen und Risikotransfer im Rahmen des industriellen Risikomanagements, Aachen.

Giebeler, R./Jaspers, P. (2010). Reform des Risikomanagements und internen Kontrollsystems durch das BilMoG, Hamburg.

Gleißner, W. (2011). Grundlagen des Risikomanagements im Unternehmen: Controlling, Unternehmensstrategie und wertorientiertes Management, 2. Aufl., München.

Gleißner, W. (2008a). Risikocontrolling und strategisches Risikomanagement (Teil 1) – Warum Risikocontrolling wichtig ist! In: Controller Magazin, 33. Jg., Juli/August, S. 35–42.

Gleißner, W. (2008b). Risikocontrolling und strategisches Risikomanagement (Teil 2). In: Controller Magazin, 33. Jg., September/Oktober, S. 38–42.

Gleißner, W. (2008c). Erwartungstreue Planung und Planungssicherheit. In: Controlling, 20. Jg., Nr. 2, S. 81–87.

Gleißner, W./Grundmann, T. (2003). Stochastische Planung. In: Controlling, 15. Jg., Nr. 9, S. 459–465.

Gleißner, W./Kalwait, R. (2010). Integration von Risikomanagement und Controlling. In: Controller Magazin, 35. Jg., Juli/August, S. 23–33.

Gleißner, W./Mott, B. P. (2008). Risikomanagement auf dem Prüfstand: Nutzen, Qualität und Herausforderungen in der Zukunft. In: Zeitschrift für Risk, Fraud & Governance ZRFG, 3. Jg., Nr. 2, S. 53–63.

Gleißner, W./Romeike, F. (2010). Finanzmarktkrise – Risikoblindheit und Methodikschwächen. In: B. Brühwiler/F. Romeike (Hrsg.). Praxisleitfaden Risikomanagement: ISO 31000 und ONR 49000 sicher anwenden, Berlin, S. 23–36.

Gleißner, W./Romeike, F. (2005). Anforderungen an die Softwareunterstützung für das Risikomanagement. In: Zeitschrift für Controlling & Management zfcm, 49. Jg., Nr. 2, S. 154–164.

Gleißner, W./Winter, P. (2008). Der Risikomanagement-Prozess als Problemlösungsprozess – eine verhaltenswissenschaftliche Perspektive. In: V. Lingnau (Hrsg.). Die Rolle des Controllers im Mittelstand: Funktionale, institutionale und instrumentelle Ausgestaltung, Lohmar, S. 221–244.

Gössi, M./Hortmann, S. (2007). Risikotragfähigkeit wird Kernelement der Banksteuerung – Umsetzung von Risikoplanung, Kapitalallokation und Risikolimitierung. In: Der Schweizer Treuhänder, 81. Jg., Nr. 8, S. 551–556.

Gutmannsthal-Krizanits, H. (1994). Risikomanagement von Anlagenprojekten – Analyse, Gestaltung und Controlling aus Contractor-Sicht, Wiesbaden.

Hager, P. (o. J.). Risikotragfähigkeit als tragende Säule des Going-Concern-Gedankens. In: www.risknet.de/479.html (Heruntergeladen am 20.10.2011).

Hahn, D./Krystek, U. (2000). Früherkennungssysteme und KonTraG. In: D. Dörner/P. Horvàth/H. Kagermann (Hrsg.). Praxis des Risikomanagements: Grundlagen, Kategorien, branchenspezifische und strukturelle Aspekte, Stuttgart, S. 73–97.

Hampel, V./Lueger, M./Roth, U. (2004). Risikocontrolling aus Sicht des Abschlussprüfers. In: Zeitschrift für Controlling & Management zfcm, 48 Jg., Sonderheft Nr. 3, S. 108–119.

Hauschild, R. J. (2009). Angaben zum internen Kontroll- und Risikomanagement-System im Lage- und Konzernlagebericht ausgewählter Unternehmen gemäß Bilanzrechtsmodernisierungsgesetz (BilMoG). In: C.-U. Behrens/G. Hilligweg/M. Kirspel (Hrsg.). Diskussionsbeiträge aus dem Labor für Volkswirtschaftslehre Nr. 31, Fachhochschule Wilhelmshaven/Oldenburg/Elsfleth, Wilhelmshaven.

Heinen, E. (1987). Unternehmenskultur: Perspektiven für Wissenschaft und Praxis, München/Wien.

Heinzelbecker, K. (2007). Zukunfts-Controlling mit Trendforschung und Szenarien. In: Zeitschrift für Controlling & Management zfcm, 51. Jg., Sonderheft Nr. 2, S. 60–65.

Helten, E./Hartung, T. (2002). Instrumente und Modelle zur Bewertung industrieller Risiken. In: R. Hölscher/R. Elfgen (Hrsg.). Herausforderung Risikomanagement: Identifikation, Bewertung und Steuerung industrieller Risiken, Wiesbaden, S. 255–271.

Henle, W. (2009). Controlling und Risikomanagement – Die Quantifizierung der Risiken erfordert neue Regeln der Zusammenarbeit. In: Zeitschrift für Controlling & Management zfcm, 53. Jg., Nr. 3, S. 182–186.

Herzhoff, M. (2009). Zum Zusammenspiel von Frühaufklärung und Szenariotechnik. In: M. Reimer/S. Fiege (Hrsg.). Perspektiven des Strategischen Controllings, Wiesbaden, S. 273–280.

Hochhold, S./Rudolph, B. (2009). Principal-Agent-Theorie. In: M. Schwaiger/A. Meyer (Hrsg.). Theorien und Methoden der Betriebswirtschaft – Handbuch für Wissenschaftler und Studierende, München, S. 131–146.

Hofstede, G. (2001). Culture's Consequences: Comparing Values, Behaviors, Institutions, and Organizations across Nations, Thousand Oakes/Kanada.

Höhne, E. (2009). Kontingenztheorie. In: M. Schwaiger/A. Meyer (Hrsg.). Theorien und Methoden der Betriebswirtschaft – Handbuch für Wissenschaftler und Studierende, München, S. 83–96.

Hoitsch, H.-J./Winter, P. (2004). Die Cashflow at Risk-Methode als Instrument eines integriert-holistischen Risikomanagements. In: Zeitschrift für Controlling & Management zfcm, 48. Jg., Nr. 4, S. 235–246.

Hoitsch, H.-J./Winter, P./Bächle, R. (2005). Risikokultur und risikopolitische Grundsätze: Strukturierungsvorschläge und empirische Ergebnisse. In: Zeitschrift für Controlling & Management zfcm, 49. Jg., Nr. 2, S. 125–133.

Holmström, B. (1982). Moral Hazard in Teams. In: The Bell Journal of Economics, Vol. 13 No. 2, S. 324–340.

Hölscher, R./Giebel, S./Karrenbauer, U. (2007). Stand und Entwicklungstendenzen des industriellen Risikomanagements: Ergebnisse einer aktuellen Studie der Technischen Universität Kaiserslautern. In: Zeitschrift für Risk, Fraud & Governance zrfg, 2. Jg., Nr. 2, S. 5–14.

Hölscher, R./Giebel, S./Karrenbauer, U. (2006). Stand und Entwicklungstendenzen des industriellen Risikomanagements: Ergebnisse einer aktuellen Studie der Technischen Universität Kaiserslautern. In: Zeitschrift für Risk, Fraud & Governance zrfg, 1. Jg., Nr. 1, S. 149–154.

Hölscher, R. (2002). Von der Versicherung zur integrativen Risikobewältigung: Die Konzeption eines modernen Risikomanagements. In: R. Hölscher/R. Elfgen (Hrsg.). Herausforderung Risikomanagement – Identifikation, Bewertung und Steuerung industrieller Risiken, Wiesbaden, S. 3–31.

Hömberg, R. (2002). Internes Kontrollsystem. In: W. Ballwieser/A. G. Coenenberg/K. von Wysocki (Hrsg.). Handwörterbuch der Rechnungslegung und Prüfung, 3. Aufl., Stuttgart, S. 1228–1237.

Hornung, K.-H./Reichmann, T./Form, S. (2000). Risikomanagement. Teil II: Wertorientierung und KonTraG als Determinaten des Risikomanagements der metallgesellschaft ag. In: Controlling, 12. Jg., Nr. 3, S. 153–161.

Horvàth, P. (2009). Controlling, 11. Aufl., München.

Horvàth, P./Gleich, R. (2000). Controlling als Teil des Risikomanagements. In: D. Dörner/P. Horvàth/H. Kagermann (Hrsg.). Praxis des Risikomanagements: Grundlagen, branchenspezifische und strukturelle Aspekte, Stuttgart, S. 99–126.

Hübner, S. (2009). Internes Kontrollsystem (IKS). In: Controlling, 21. Jg., Nr. 4/5, S. 276–278.

Hungenberg, H. (2011). Strategisches Management in Unternehmen: Ziele – Prozesse – Verfahren, 6. Aufl., Wiesbaden.

Jensen, M./Meckling, W. (1976). Theory of the Firm: Managerial Behaviour, Agency Costs and Ownership Structure. In: Journal of Financial Economics, Vol. 3, No. 4, S. 305–306.

Kahneman, D./Tversky, A. (1979). Prospect Theory: An Analysis of Decision under Risk. In: Econometrica, Vol. 47, No. 2, S. 263–292.

Kajüter, P. (2009a). Konzernweites Risikomanagement – Konzeptionelle Grundlagen und empirische Befunde. In: M. Reimer/S. Fiege (Hrsg.). Perspektiven des Strategischen Controllings, Wiesbaden, S. 313–328.

Kajüter, P. (2009b). Risikomanagement als Controllingaufgabe im Rahmen der Corporate Governance. In: A. Wagenhofer (Hrsg.). Controlling und Corporate

Governance-Anforderungen – Verbindung, Maßnahmen, Umsetzung, Berlin, S. 109–130.
Kajüter, P. (2008). Rolle der Internen Revision im Risikomanagement-System. In: C.-C. Freidank/V. H. Peemöller (Hrsg.). Corporate Governance und Interne Revision – Handbuch für die Neuausrichtung des Internal Auditings, Berlin, S. 109–126.
Kajüter, P. (2004). Die Regulierung des Risikomanagements im internationalen Vergleich. In: Zeitschrift für Controlling & Management zfcm, 48. Jg., Sonderheft Nr. 3, S. 12–25.
Kalwait, R. (2008). Rechtliche Grundlagen im Risikomanagement. In: R. Kalwait/R. Meyer/F. Romeike/O. Schellenberger/R. Erben (Hrsg.). Risikomanagement in der Unternehmensführung: Wertgenerierung durch chancen- und kompetenzorientiertes Management, Weinheim, S. 93–152.
Keitsch, D. (2004). Risikomanagement, 2. Aufl., Stuttgart.
Kimpel, R./Lissen, N./Offerhaus, J. (2009). Risikomanagement-Standards – Beschleuniger oder Bremser einer wert- und risikoorientierten Unternehmenssteuerung. In: R. Kalwait (Hrsg.). Wert- und Risikoorientierte Unternehmenssteuerung, Duisburg, S. 65–84.
Knuppertz, T./Ahlrichs (o. J.). Prozessorientiertes Risikomanagement. ICV-Controller-Statements, Gauting.
KPMG (1998). Integriertes Risikomanagement, o.O.
Krause, L./Borens, D. (2009). Strategisches Risikomanagement nach ISO 31000 »Was Du auch immer tust, tue es klug und denke daran, wie es ausgeht« – Teil 1. In: Zeitschrift für Risk, Fraud & Governance ZRFG, 4. Jg., Nr. 4, S. 180–186.
Kremers, M. (2002). Risikoübernahme in Industrieunternehmen, Sternenfels.
Kruschwitz, L./Husmann, S. (2010). Finanzierung und Investition, 6. Aufl., München.
Krystek, U. (2007). Strategische Früherkennung. In: Zeitschrift für Controlling & Management zfcm, 51. Jg., Sonderheft Nr. 2, S. 50–58.
Krystek, U. (2003). Bedeutung der Früherkennung für Unternehmensplanung und Kontrolle. In: P. Horvàth/R. Gleich (Hrsg.). Neugestaltung der Unternehmensplanung – Innovative Konzepte und erfolgreiche Praxislösungen, Stuttgart, S. 121–148.
Krystek, U./Herzhoff, M. (2006). Szenario-Technik und Frühaufklärung: Anwendungsstand und Integrationspotenzial. In: Zeitschrift für Controlling & Management zfcm, 50. Jg., Nr. 5, S. 305–310.
Küpper, H.-U. (2004). Notwendigkeit der theoretischen Fundierung des Controlling. In: E. Scherm/G. Pietsch (Hrsg.). Controlling: Theorien und Konzeptionen, München, S. 24–40.
Kürsten, W. (2009). Wozu und für wen Risikomanagement. In: K. Schäfer/H.-P. Burghof/L. Johanning/H. F. Wagner/S. Rodt (Hrsg.). Risikomanagement und kapitalmarktorientierte Finanzierung, Frankfurt a. M., S. 199–207.
Kürsten, W./Straßberger, M. (2004). Risikomessung, Risikomaße und Value-at-Risk. In: Das Wirtschaftsstudium, 33. Jg., Nr. 2, S. 202–207.

Küting, K.-H./Busch, J. (2009). Zum Wirrwarr der Überwachungsbegriffe. In: Der Betrieb, 62. Jg., Nr. 26, S. 1361–1367.

Lang, M. (2009). Normative Entscheidungstheorie. In: M. Schwaiger/A. Meyer (Hrsg.). Theorien und Methoden der Betriebswirtschaft – Handbuch für Wissenschaftler und Studierende, München, S. 161–176.

Langer, A./Rogowski, W. (2009). Deskriptive Entscheidungstheorie. In: M. Schwaiger/A. Meyer (Hrsg.). Theorien und Methoden der Betriebswirtschaft – Handbuch für Wissenschaftler und Studierende, München, S. 177–192.

Lee, C. R./Shimpi, P. (2005). The Chief Risk Officer: What does it look like and do you get there? In: Risk Management Magazine, September, S. 34–38.

Leidinger, B. J. G. (2002). Risikoidentifikation und Maßnahmensteuerung im Rahmen des operativen Risikomanagements. In: R. Hölscher/R. Elfgen (Hrsg.). Herausforderung Risikomanagement: Identifikation, Bewertung und Steuerung industrieller Risiken, Wiesbaden, S. 239–254.

Lintner, J. (1965). The Valuation of Risk Assets and the Selection of Risky Investments in Stock Portfolios and Capital Budgets. In: The Review of Economics and Statistics, S. 13–37.

Lorenz, M. (2006). Rechtliche Grundlagen des Risikomanagements. In: Zeitschrift für Risk, Fraud & Governance zrfg 1. Jg., Nr. 1, S. 5–10.

Lück, W. (2001). Lexikon der internen Revision. München.

Lück, W. (1998). Elemente eines Risiko-Managementsystems. In: Der Betrieb, 51. Jg., Nr. 1/2, S. 8–14.

Lück, W./Henke, M./Gaenslen, P. (2002). Die interne Revision und das interne Überwachungssystem vor dem Hintergrund eines integrierten Risikomanagements. In: R. Hölscher/R. Elfgen (Hrsg.). Herausforderung Risikomanagement: Identifikation, Bewertung und Steuerung industrieller Risiken, Wiesbaden, S. 225–238.

Lück, W./Unmuth, A. (2005). Interne Revision (IR) und Risikomanagement. In: W. Lück (Hrsg.). Zentrale Tätigkeitsbereiche der Internen Revision: Aktuelle und zukünftige Schwerpunkte erfolgreicher Revisionsarbeit, Berlin, S. 12–32.

Lufthansa (2011). Lufthansa Konzern Geschäftsbericht 2010, o.O.

Lutter, M. (2009). Deutscher Corporate Governance Kodex. In: P. Hommelhoff/K. J. Hopt/A. v. Werder (Hrsg.). Handbuch Corporate Governance: Leitung und Überwachung börsennotierter Unternehmen in der Rechts- und Wirtschaftspraxis, 2. Aufl., Stuttgart, S. 123–136.

Mallien, J. (2011). Schöne Frauen verleiten Männer zum Risiko. In: www.zeit.de/wirtschaft/2011-02/oekonomie-schach-maenner-frauen (heruntergeladen am 26.09.2011).

Markowitz, H. M. (1959). Portfolio Selection: Efficient Diversification of Investments, New York.

Markowitz, H.M, (1952). Portfolio Selection. In: Journal of Finance, Vol. 7, S. 77–91.

Mayer, B./Pfeiffer, T./Reichel, A. (2005). Zu Anforderungen und Ausgestaltungsprinzipien von Anreizsystemen aus agencytheoretischer Sicht. In: Betriebswirtschaftliche Forschung und Praxis, 57. Jg., Nr. 1, S. 12–29.

Meyer, R. (2008a). Die Entwicklung des betriebswirtschaftlichen Risiko- und Chancenmanagements. In: R. Kalwait/R. Meyer/F. Romeike/O. Schellenberger/R. Erben (Hrsg.). Risikomanagement in der Unternehmensführung: Wertgenerierung durch chancen- und kompetenzorientiertes Management, Weinheim, S. 23–60.

Meyer, R. (2008b). Chancen/Risikomanagement- und Controlling-Organisation. In: R. Kalwait/R. Meyer/F. Romeike/O. Schellenberger/R. Erben (Hrsg.). Risikomanagement in der Unternehmensführung: Wertgenerierung durch chancen- und kompetenzorientiertes Management, Weinheim, S. 337–364.

Mikes, A. (2010). Becoming the Lamp Bearer – The Emerging Roles of the Chief Risk Officer. In: J. Fraser/B.J. Simkins (Hrsg.). Enterprise Risk Management, Hoboken/New Jersey, S. 71–85.

Mikes, A. (2009). Risk management and calculative cultures. In: Management Accounting Research, 20 Jg., S. 18–40.

Mikus, B. (2001). Risiken und Risikomanagement – ein Überblick. In: U. Götze/K. Henselmann/B. Mikus (Hrsg.). Risikomanagement, Heidelberg, S. 3–28.

Mossin, J. (1966). Equilibrium in a Capital Asset Market. In: Econometrica, Vol. 34, S. 768–783.

Müller, S. (2007). Risikomanagement-System. In: C.-C. Freidank/J. Tesch (Hrsg.). Vahlens großes Auditing Lexikon, München, S. 1181–1183.

Müller-Stewens, G./Müller, A. (2009). Strategic Foresight – Trend- und Zukunftsforschung als Strategieinstrument. In: M. Reimer/S. Fiege (Hrsg.). Perspektiven des Strategischen Controllings, Wiesbaden, S. 239–257.

Neuhaus, C./Minx, E. (2009). Die Zukunft ist anders – Extrapolation und Konstanzannahmen als Instrumente und Fallstricke der Zukunftsschau. In: M. Reimer/S. Fiege (Hrsg.). Perspektiven des Strategischen Controllings, Wiesbaden, S. 230–237.

Neuy, M. (2011). Standardisierung des Risikomanagements – Erfahrungsbericht von der Einführung eines zertifizierten Risikomanagement-Systems. In: Zeitschrift für Risk, Fraud & Governance zrfg, 6. Jg., Nr. 1, S. 36–40.

Pott, C./Wömpener, A. (2007). Zur Wirksamkeit der Regulierung interner Kontrollsysteme – empirische Ergebnisse der Wirkung des KonTraG. In: Zeitschrift für Planung & Unternehmenssteuerung, 18. Jg., S. 407–425.

Rau-Bredow, H. (2001). Überwachung von Marktpreisrisiken durch Value at Risk. In: Wirtschaftswissenschaftliches Studium, 30. Jg., Nr. 6, S. 315–319.

Rechkemmer, K. (2009). Risikomanagement: Erfolgsfaktor Unternehmens-Klima. Ein neues Überwachungs- und Steuerungskonzept für Vorstand und Aufsichtsrat. In: Zeitschrift für Risk, Fraud & Governance zrfg 4. Jg., Nr. 1, S. 11–14.

Rehker, M./Benzinger, C. (2010). Erfolgsfaktor Risikokultur. In: F. Keuper/ M. Schomann/D. Horn (Hrsg.). Modernes Finanz- und Versicherungsmanagement, Berlin, S. 303–321.
Reichmann, T. (2006). Controlling mit Kennzahlen und Management-Tools – Die systemgestützte Controlling-Konzeption, 7. Aufl., München.
Romeike, F./Finke, R. (2003). Erfolgsfaktor Risikomanagement: Chance für Industrie und Handel, Lessons learnt, Methoden, Checklisten und Implementierung, Wiesbaden.
Rosenkranz, F./Missler-Behr, M. (2005). Unternehmensrisiken erkennen und managen: Einführung in die quantitative Planung. Berlin.
Rudolf, M. (2000). Monte Carlo Simulation im Risikomanagement. In: Wirtschaftswissenschaftliches Studium, 29. Jg., Nr. 7, S. 381–387.
Rudolph, B. (2008). Lehren aus den Ursachen und dem Verlauf der internationalen Finanzkrise. In: Zeitschrift für betriebswirtschaftliche Forschung zfbf, 60. Jg., S. 713–741.
Schellenberger, O. (2008). Ausgewählte Methoden des Risikomanagements. In: R. Kalwait/R. Meyer/F. Romeike/O. Schellenberger/R. Erben (Hrsg.). Risikomanagement in der Unternehmensführung: Wertgenerierung durch chancen- und kompetenzorientiertes Management, Weinheim, S. 365–395.
Schierenbeck, H. (2003). Ertragsorientiertes Bankmanagement Bd. 2: Risiko-Controlling und integrierte Rendite-Risikosteuerung, 8. Aufl., Wiesbaden.
Schmitz, T./Wehrheim, M. (2006). Risikomanagement: Grundlagen, Theorie, Praxis, Stuttgart.
Schneck, O. (2010). Risikomanagement: Grundlagen, Instrumente, Fallbeispiele, Weinheim.
Sharpe, W. F. (1970). Portfolio Theory and Capital Markets, New York.
Sharpe, W. F. (1964). Capital asset prices: a theory of market equilibrium under conditions of risk. In: Journal of Finance, Vol. 19, S. 425–442.
Siemens (2011). Siemens Konzern Geschäftsbericht 2010, o.O.
Sliwka, D. (2003). Anreize, Motivationsverdrängung und Prinzipal-Agenten-Theorie. In: Die Betriebswirtschaft DBW, 63. Jg., Nr. 3, S. 293–308.
Steiner, M./Bruns, B. (2002). Wertpapier-Management: Professionelle Wertpapieranalyse und Portfoliostrukturierung, 8. Aufl., Stuttgart.
Straßberger, M. (2004). Marktrisikomodelle. In. Das Wirtschaftsstudium, 33. Jg., Nr. 6, S. 765–770.
Tallau, C. (2011). Limitationen der Monte-Carlo-Simulation beim Management leistungswirtschaftlicher Risiken. In: Controller Magazin, 36. Jg., Januar/ Februar, S. 85–88.
Thommen, J.-P./Achleitner, A.-K. (2009). Allgemeine Betriebswirtschaftslehre: Umfassende Einführung aus managementorientierter Sicht, 6. Aufl., Wiesbaden.
Töpfer, A. (2009). Krisenmanagement: Verlauf, Bewältigung und Prävention von Krisen. In: Wirtschaftswissenschaftliches Studium, 38. Jg., Nr. 4, S. 180–187.

Troßmann, E./Baumeister, A. (2004). Risikocontrolling in kleinen und mittleren Unternehmungen mit Auftragsfertigung. In: Zeitschrift für Controlling & Management zfcm, 48. Jg., Sonderheft Nr. 3, S. 74–85.
Tversky, A./Kahneman, D. (1974). Judgement under Uncertainty: Heuristics and Biases. In: Science, Vol. 185, No. 4147, S. 1124–1131.
Vanini, U. (2009). Controlling, Stuttgart.
Vanini, U. (2006). Methoden der Risikomessung. In: Das Wirtschaftsstudium, 35. Jg., Nr. 6, S. 785–790.
Vanini, U. (2005). Methoden der Risikoidentifikation. In: Das Wirtschaftsstudium, 34. Jg., Nr. 8–9, S. 1028–1032.
Vanini, U./Moormann, K. (2010). Ableitung eines Risikokatalogs für das Unternehmen Dräger. In: Controller Magazin, 35. Jg., November/Dezember, S. 16–21.
Vanini, U./Weinstock, M. (2006). Ansätze und Probleme der Risikoinventur bei der HSH N Real Estate AG. In: Controlling, 18. Jg., Nr. 7, S. 379–385.
Vanini, U./Weinstock, M./Ziegler, R. (2007). Integrierte Chancen- und Risikosteuerung im HSH Real Estate Konzern. In: Controlling, 19. Jg., Nr. 7, S. 383–392.
Volkswagen (2011). Volkswagen Konzern Geschäftsbericht, o.O.
Von Hohnhorst, G. (2002). Anforderungen an das Risikomanagement nach dem KonTraG. In: R. Hölscher/R. Elfgen (Hrsg.). Herausforderung Risikomanagement: Identifikation, Bewertung und Steuerung industrieller Risiken, Wiesbaden, S. 91–108.
V. Werder, A. (2009). Ökonomische Grundfragen der Corporate Governance. In: P. Hommelhoff/K. J. Hopt/A. v. Werder (Hrsg.). Handbuch Corporate Governance: Leitung und Überwachung börsennotierter Unternehmen in der Rechts- und Wirtschaftspraxis, 2. Aufl., Stuttgart, S. 3–38.
Wall, F. (2001). Betriebswirtschaftliches Risikomanagement im Lichte des KonTraG. In: K. W. Lange/F. Wall (Hrsg.). Risikomanagement nach dem KonTraG: Aufgaben und Chancen aus betriebswirtschaftlicher und juristischer Sicht, München, S. 207–235.
Weber, J./Schäffer, U. (2011). Einführung in das Controlling, 13. Aufl., Stuttgart.
Wenig, C. (2009). Die Prospect-Theorie. In: M. Schwaiger/A. Meyer (Hrsg.). Theorien und Methoden der Betriebswirtschaft – Handbuch für Wissenschaftler und Studierende, München, S. 193–206.
Winter, P. (2008). Der Controller als Risikomanager? Die Rolle von Controllern beim Unternehmensrisikomanagement. In: V. Lingnau (Hrsg.). Die Rolle des Controllers im Mittelstand: Funktionale, institutionale und instrumentelle Ausgestaltung, Lohmar, S. 71–92.
Winter, P. (2007a). Risikocontrolling in Nicht-Finanzunternehmen: Begriffe, Konzeptionen und Praxis. In: Wirtschaftswissenschaftliches Studium, 36. Jg., Nr. 1, S. 25–30.
Winter, P. (2007b). Risikomanagement-Standards als Leitfaden für formalisierte Unternehmens-Risikomanagement-Systeme – Überblick und Bewer-

tung. In: Zeitschrift für Risk, Fraud & Governance zrfg, 2. Jg., Nr. 4, S. 149–155.

Winter, P. (2007c). Risikocontrolling in Nicht-Finanzunternehmen – Entwicklung einer tragfähigen Risikocontrolling-Konzeption und Vorschlag zur Gestaltung einer Risikorechnung, Lohmar.

Withus, K.-H. (2010). Genormtes Risikomanagement – Die neue ISO Norm 31000 zu Grundsätzen und Richtlinien für Risikomanagement. In: Zeitschrift für Risk, Fraud & Governance zrfg, 5. Jg., Nr. 4, S. 174–180.

Withus, K.-H. (2009). Neue Anforderungen nach BilMoG zur Beschreibung der wesentlichen Merkmale des Internen Kontroll- und Risikomanagement-Systems im Lagebericht kapitalmarktorientierter Unternehmen. In: Zeitschrift für internationale und kapitalmarktorientierte Rechnungslegung, 9. Jg., Nr. 7–8, S. 440–451.

Wolf, K. (2004). Risikomanagement gemäß den Anforderungen des KonTraG bei Daimler Chrysler. In: Controlling, 14. Jg., Nr. 4/5, S. 211 – 216.

Wolf, K./Runzheimer, B. (2009). Risikomanagement und KontraG – Konzeption und Implementierung, 5. Aufl., Wiesbaden.

Wolke, T. (2008). Risikomanagement, 2. Aufl., München.

World Economic Forum (2011). Global Risks 2011 Sixth Edition: An Initiative of the Risk Response Network, Genf.

Zimbardo, P. G./Gerrig, R. J. (1999). Psychologie, 7. Aufl., Berlin.

Gesetze und Standards

Austria Standards Institute (2010a). ONR 49000: Risikomanagement für Organisationen und Systeme: Begriffs und Grundlagen – Umsetzung von ISO 31000 in die Praxis, o.O.

Austria Standards Institute (2010b). ONR 49001: Risikomanagement für Organisationen und Systeme: Risikomanagement – Umsetzung von ISO 31000 in die Praxis, o.O.

Austria Standards Institute (2010c). ONR 49002-1: Risikomanagement für Organisationen und Systeme: Teil 1: Leitfaden für die Einbettung des Risikomanagement-Systems ins Managementsystem – Umsetzung von ISO 31000 in die Praxis, o.O.

Austria Standards Institute (2010d). ONR 49002-2: Risikomanagement für Organisationen und Systeme: Teil 2: Leitfaden für die Methoden der Risikobeteiligung – Umsetzung von ISO 31000 in die Praxis, o.O.

Austria Standards Institute (2010e). ONR 49002-3: Risikomanagement für Organisationen und Systeme: Teil 3: Leitfaden für das Notfall-, Krisen- und Kontinuitätsmanagement – Umsetzung von ISO 31000 in die Praxis, o.O.

Austria Standards Institute (2010f). ONR 49003: Risikomanagement für Organisationen und Systeme: Anforderungen an die Qualifikation des Risikomanagers – Umsetzung von ISO 31000 in die Praxis, o.O.

Bundestag-Drucksache 13/9712 vom 28.01.1998: Entwurf eines Gesetzes zur Kontrolle und Transparenz im Unternehmensbereich. Gesetzentwurf der Bundesregierung, Allgemeine Begründung zum KonTraG.

Literaturverzeichnis

Bundesrat-Drucksache 344/08 vom 23.05.2001: Entwurf eines Gesetzes zur Modernisierung des Bilanzrechts (Bilanzrechtsmodernisierungsgesetz – BilMoG).
COSO (2004a). Enterprise Risk Management – Integrated Framework: Executive Summary Framework, Durham.
COSO (2004b). Enterprise Risk Management – Integrated Framework: Application Techniques, Durham.
Deutscher Corporate Governance Kodex (2006). Deutscher Korporate Governance Kodex in der Fassung vom 12. Juni 2006. http://www.corporate-governance-code.de/ger/download/D_CorGov_Endfassung_Juni_2006.pdf (Heruntergeladen am 10.05.07).
Deutscher Standardisierungsrat (2009). Deutscher Rechnungslegungs Änderungsstandard Nr. 5 (E-DRÄS 5). In: http://www.standardsetter.de/drsc/docs/press_releases/090911_E-DRAES_5.pdf (Heruntergeladen am 14.09.2011).
Deutscher Standardisierungsrat (2004). Deutscher Rechnungslegungsstandard Nr. 15 Lageberichterstattung (DRS 15) vom 7.12.2004 in der Neufassung vom 5.1.2010.
Deutscher Standardisierungsrat (2001). Deutscher Rechnungslegungsstandard Nr. 5 (DRS 5) vom 28.05.2001 in der Neufassung vom 5.1.2010.
Gesetz zur Kontrolle und Transparenz im Unternehmensbereich (KonTraG) vom 27. April 1998 (BGBl. I Nr. 24, S. 786–794).
Gesetz zur Modernisierung des Bilanzrechts (Bilanzrechtsmodernisierungsgesetz – BilMoG) vom 29.05.2009 (BGBl. I Nr. 27, S. 1102–1139).
Gesetz zur Einführung internationaler Rechnungslegungsstandards und zur Sicherung der Qualität der Abschlussprüfung (Bilanzrechtsreformgesetz –BilReG) vom 4.12.2004 (BGBl. I Nr. 65, S. 3166–3182).
Institut der Wirtschaftsprüfer in Deutschland e.V. (1999). IDW Prüfungsstandard. Die Prüfung des Risikofrüherkennungssystems nach § 317 Abs. 4 HGB (IDW PS 340). In: Wirtschaftsprüfung, 52. Jg., Nr. 16, S. 658–662.
Institut der Wirtschaftsprüfer in Deutschland e.V. (1998). IDW Prüfungsstandard. Prüfung des Lageberichts (IDW PS 350). In: Wirtschaftsprüfung, 51. Jg., Nr. 15, S. 663–666.
Institut für Interne Revision (IIR). (2001a). IIR Revisionsstandard Nr. 1: Zusammenarbeit von Interner Revision und Abschlussprüfer. In: Zeitschrift für die Interne Revision ZIR, 36. Jg., Nr. 1, S. 34–36.
Institut für Interne Revision (IIR). (2001b). IIR Revisionsstandard Nr. 2: Prüfung des Risikomanagements durch die Interne Revision. In: Zeitschrift für Interne Revision ZIR, 36. Jg., Nr. 3, S. 152–155.
ISO (2009). Standard ISO/DIS 31000 Risk management – Principles and guidelines on implementation, o.O.
Standards Australia/Standards New Zealand (2004a). Australian/New Zealand Standard Risk Management AS/NZS 4360: 2004, 3. Aufl., Sydney/Wellington.

11 Literaturverzeichnis

Standards Australia/Standards New Zealand (2004b). Risk Management Guidelines – Companion to AS/NZS 4360: 2004, Sydney/Wellington.
Transparenz- und Publizitätsgesetz (TransPuG) vom 17. Mai 2002 (BGBL I Nr. 50 S. 2681–2687).

Internetquellenverzeichnis (in chronologischer Reihenfolge)
http://www.spiegel.de/thema/airbus/, heruntergeladen am 30.11.2011.
http://www.sueddeutsche.de/digital/2.220/datenklau-bei-sony-hacker-stehlen-millionen-geheime-kundendaten-1.1089569, heruntergeladen am 24.10.2011.
http://www.destatis.de, heruntergeladen am 24.10.2011.
http://www.standardsetter.de/drsc/orga_gasb.html, heruntergeladen am 30.11.2011.
http://www.corporate-governance-code.de, heruntergeladen am 09.10.2011.
http://www.bundesliga.de/de/statistik/vergleich/index.php, heruntergeladen am 09.11.2011.
http://www.tesa.de/company/profile, heruntergeladen am 14.11.2011.
http://www.spiegel.de/wirtschaft/unternehmen/0,1518,726197,00.html, heruntergeladen am 02.11.2011.
http://www.hsh-realestate.com, heruntergeladen am 24.09.2011
http://www.beiersdorf.de, heruntergeladen am 18.10.2011.
http://www.bafin.de/cln_235/nn_1946088/DE/Unternehmen/BankenFinanzdienstleister/Stresstests__2011/stresstest__2011__node.html?__nnn=true, heruntergeladen am 21.11.2011. http://www.bafin.de/nn_722802/SharedDocs/Mitteilungen/DE/Service/PM__2011/pm__110715__eba__stresstest__veroeffentlichung.html, heruntergeladen am 21.11.2011.
http://www.zukunftsinstitut.de/umfragen/umfrage.php?nr=16, heruntergeladen am 22.11.2011.
http://www. spiegel.de/wirtschaft/0,1518,588876,00.html, heruntergeladen am 22.11.2011.
http://geschaeftsbericht.deutsche-bank.de/2011/q1/lagebericht/risikobericht/marktrisikoderhandelsportfoliosohnepostbank.html, heruntergeladen am 24.11.2011.
http://www.dsk-gmbh.de/core/cms/deutsch/unternehmen/profil/, heruntergeladen am 18.11.2011.
http://www.eurexchange.com/about_de.html, heruntergeladen am 20.09.2011.
http://www.volkswagenag.com/content/vwcorp/content/de/the_group.html, heruntergeladen am 15.12.2011.
http://geschaeftsbericht2010.volkswagenag.com/lagebericht/risikobericht/einzelrisiken.html?cat=m., heruntergeladen am 15.12.2011.
http://reports.lufthansa.com/2010/gb/konzernlagebericht/unternehmenundorganisation/geschaeftstaetigkeitundkonzernstruktur.html?cat=m, heruntergeladen am 4.12.2011.

Sachregister

A
Ad-hoc-Berichterstattung 211, 215
Agency-Kosten 74
Ansätze
– verhaltenswissenschaftliche 75
Arbitrage 238
AS/NZS 4360 84 f.
At-Risk-Kennzahl 197
At-Risk-Modelle 181
At-Risk-Verfahren 182
Aufbauorganisation, Def. 264
Aufsichtsrat 254, 271
Ausfalleffektanalyse 142
Ausstrahlungswirkung 30

B
Backtesting 252, 258
Basisszenario 176
Basiswert (Underlying) 237
Begehungen 128
Berichtsempfänger 214 f.
Berichtsfrequenzen 216
Berichtsgestaltung 213 ff.
Berichtsinhalte 213
Berichtssender 214
Berichtszweck 213
Besichtigungen 128
Best-Case-Szenario 176
Beta-Faktor 62
Bilanzrechtsmodernisierungsgesetz (BilMoG) 34, 45
Bilanzrechtsreformgesetz (BilReG) 30
Binomialverteilung 56
Brainstorming 129
Brainwriting 129
Business Risk Modell 192 f.

C
Call 239
Capital-Asset-Pricing-Modell 60 ff.
Cashflow-at-Risk 192
Chancen 8 ff., 10 ff.
Chancen/Risiken-Portfolio 168
Chief Risk Officer (CRO) 270
Controlling
– risikoorientiertes 26
COSO ERM 86 ff.

D
Datenhistorien 198
Delphi-Methode 132
Deutscher Corporate Governance Kodex (DCGK) 32
Deutscher Rechnungslegungsstandard (DRS) 5 31
Deutscher Standardisierungsrat 31
Dichtefunktion 56
Dispositionseffekt 80
Diversifikation 59
Dokumentenanalyse 130
Dreiecksverteilung 57
Deutscher Rechnungslegungsstandard (DRS)15 31

E
Earnings-at-Risk 192
Eintrittswahrscheinlichkeit 9, 54, 65 f., 77, 158
Entscheidungen unter Risiko 67
Entscheidungen unter Ungewissheit 68
Entscheidungstheorie
– präskriptive 64
Ereignisse unter Risiko 65
Erfolgsrisiken 12
Erwartungswert 68
Expertenbefragungen 132
Exposures 174

F
Fehlerbaum 142
Fehlerbaumanalysen (Fault-Tree-Analysis FTA) 142
Fehler-Möglichkeits- und Einflussanalyse (FMEA) 141
Finanz- und Wirtschaftskrise 4
– Ursache 5
Forwards 242
Frühaufklärungssysteme 135, 139
Früherkennungsindikatoren 137, 205
Früherkennungssysteme 28, 134
– Arten 135
– Definition 134
– Frühwarnung nach KonTraG 29
– Generationen 136
Früherkennungssysteme i. S. 135, 137
Frühwarnindikatoren 137 f.
Frühwarnsysteme 28 f., 135, 137
Futures 241

G
Gefahr
– betriebliche 17
Gesamtrisikoposition 198
Gesetz zur Kontrolle und Transparenz im Unternehmensbereich (KonTraG) 2, 27
Grundsätze
– risikopolitische 102, 115 f.

H
Haltedauer 173, 181, 184 f., 192
Hedging 239

I
IDW PS 340 36 ff.
IDW PS 350 37
Indikatoren 137
Indikatormodell 183
Informationsasymmetrien 73
Insolvenzrisiko 3
Interne Revision (IR) 29, 252, 271
Internes Kontrollsystem (IKS) 33 f., 46, 87
– Begriff 45
– Internal-Control-Konzept 46
– überwachungstheoretischer Ansatz 46
ISO/DIS 31000 88 ff.

J
Jahresabschlussprüfer 271
Jahresabschlussprüfung 255 ff.

K
Konfidenzniveau 181, 185
Kontrollen 251
– interne 29
Konzernweite Anwendung 30
Korrelationen 52, 59 f., 160, 185
Kosten-Nutzen-Analyse 243
Kovarianz 52
Kreativitätstechniken 129
Krise 18
Kriterien der Kulturstärke 109
Kulturkonzept 104
Kulturtypen 107

L
Lageberichterstattung 30, 211 f.
Limitarten 228
Liquiditätsrisiken 12

M
Maximalverlust 170, 195
Merkmale 104
Messmodell 159
Mitarbeiterbefragungen 132 f.
Mittelwert 52
Modellrisiko 190–191
Monitoring 140
Monte-Carlo-Simulation 189, 192, 199

N
Normalverteilung 56, 183, 187 f.
Nutzenfunktion 67 f.
Nutzwertanalysen 164

O
ONR 49000 89 f.
Option 239 ff.

P
Portfoliotheorie 58, 227
Prinzipal-Agenten-Theorie 72 ff.
Prozessanalysen 140
Prüfungsansätze 253
Prüfungsgrundlagen 253
Put 239

R
Real-Case-Szenario 118, 176
Risiko, Def. 10
- Aggregation des bewerteten 198
- asymmetrisches 12
- aus Management und Organisation 14
- externes 14
- finanzwirtschaftliches 14
- internes 14
- leistungswirtschaftliches 14
- nicht-quantifizierbares 13
- operatives 13
- qualitatives 14
- quantifizierbares 13
- subjektives 14
- strategisches 12, 13
- symmetrisches 12
- im engeren Sinne 8
- im weiteren Sinne 8
- Risikoarten 12
- ursachenbezogener Risikobegriff 9
- wirkungsbezogener Risikobegriff 9
Risiko(-management)handbuch 273
Risikoaggregation 63, 160
Risikoakzeptanz 230
Risikoanalyse 157

Risikoappetit, Def. 116
Risikoarten 12
Risikobegriff 7, 70
- Arbeitsdefinition 10
- der Unternehmenspraxis 9
- der Wissenschaft 9
- des Gesetzgebers 9
- statistische 10
Risikobericht 216, 256
- externer 216
- interner 213
Risikoberichterstattung, Def. 23, 31, 44, 209 f., 255
- Definition 210
- externe 211
- Instrumente 215
- interne 210
- Probleme 217
Risikobewältigungssystem 28, 39
Risikobewertung, Def. 44, 150
- Anforderungen 160, 210
- Begriff 157
- Definition 158
- Evaluation der Instrumente 195 ff.
- Instrumente 161 ff.
- Probleme 200
- Systematisierung von Instrumenten 161
- Ziele 157–158
Risiko-Chancen-Kalkül 224
Risikochecklisten 130
Risikocontrolling (RC), Def. 23 ff.
- Aufgaben 23
- Definition 24
- Funktionen 23
Risikodeckungsmasse, Def. 116
- Allokation 119
Risikodeckungspotenzial, Def. 102, 116
- erfolgsrechnerisches 117
- finanzielles 117
Risikodefinitionen 7
Risikodiversifikation 58
Risikoerkennung 125
Risikofaktoren 157–158, 164, 174
Risikohandbuch 37, 45, 273 f.
Risikoidentifikation 43
- Anforderungen 126
- Begriff 125
- Bewertungskriterien 125
- Eignung der Instrumente 147
- Einsatzmöglichkeiten der Instrumente 148
- Instrumente 127 ff.

- Probleme 149
- Systematisierung von Instrumenten und Methoden 127
- Ziele 125
Risikointerdependenzen 159, 197–198
Risikoinventar 44, 144
Risikoinventur 44, 125
Risikokatalog 93, 125, 133
Risikoklassifikation 12, 15, 162
Risikokommunikation 209
Risikokultur 42, 101, 104–105, 109, 150
- Aufbau 111
- Funktionen 107
- Merkmale 104 f.
Risikolimitierung 228
Risikomanagement (RM), Def. 20
- Anforderungen 27, 37
- Aufbau eines IT-gestützten 276
- Aufbauorganisation 264
- Aufgaben 20
- Dezentralisierung 267
- Entwicklungsmodelle 20 f.
- gesetzliche Anforderungen 27
- Gründe 2
- Integration versus Separation 264
- IT-Unterstützung 44
- Merkmale 19
- Notwendigkeit 2
- Organisation 263 ff.
- Software 277
- theoretische Fundierung 51 ff.
- Zentralisierung 267
- Ziele 19
- Zukünftige Entwicklungen 279
Risikomanagement und -controlling
- Abgrenzung 25
Risikomanagement-Ausschuss (RMA) 269
Risikomanagement-Informations-system (RMIS), Def. 275
Risikomanagement-Prozess
- operativer 24, 43 f.
Risikomanagement-Richtlinie 273
Risikomanagement-Standards
- Anforderungen 83
- Begriff 83
- Nutzen 83
Risikomanagement-Stelle
- zentrale 215
Risikomanagement-System (RMS), Def. 28, 36, 39

- betriebswirtschaftliche Definition 39
- Bottom-up-Vorgehensweise 48
- Definition 39
- Einflussfaktoren 40
- Erfolg 45
- Implementierung 47
- Kontingenztheoretisches Modell 42
- Legaldefinition 39
- Merkmale 39
- Top-down-Ansatz 47

Risikomaße 169
Risikomessung 157
Risikoneigung 68
- Arten 109
- Einflussfaktoren 110
- Messung 110

Risikoperformance 224
Risikopolitische Grundsätze 115
Risikoportfolios 167
- qualitative 167
- quantitative 168

Risikoprämie 62–63, 68, 74
Risikoquantifizierung 157
Risikoradar 15
Risikoschwelle 168

Risikosteuerung, Def. 44, 223
- aktive Strategien 226
- Begriff 223
- passive Strategien 226
- Probleme 244
- Strategiemix 230
- Strategien 225
- ursachenbezogene Strategien 225
- wirkungsbezogene Strategien 226

Risikostrategie, Def. 43, 101
- Begriff 113 f.

Risikostreuung (Diversifikation) 227
Risikotragfähigkeit, Def. 116, 118, 223
Risikotragfähigkeitskalkül 224 ff.
Risikotransfer 229
Risikoüberwachung 44, 249
- Probleme 258 f.
- prozessabhängige 251
- prozessunabhängige 252, 254–255

Risikoüberwälzung 229
- auf andere Vertragspartner 229
- auf Versicherungen 229

Risikovermeidung 226
Risikoverminderung 227
Risikoworkshops 133
Risikoziele 102

- Ableitung 114
Risk Owner 266, 268
RM-Aufgaben
- Zuordnung 265
RM-Einheit
- dezentrale 269
- zentrale 268
RMIS
- Nutzen 275
RM-Organisation 43
- Aufgabenträger 268
- Gestaltungsprinzipien 264
- Kontextfaktoren 266
RORAC (Return on Risk Adjusted Capital) 224

S
Sachzielrisiken 12
Sarbanes-Oxley Act (SOX) 33
Scanning 140
Schadensausmaß 9
Schadenserwartungswert 197
Schadenspotenzial 159
Scoring-Modelle 164, 199
Sensitivität 173, 193
Sensitivitätsanalysen 174
Sicherungsmaßnahmen
- organisatorische 29, 252
Signale
- schwache 137, 139
Simulation
- historische 187 ff.
Simulationsverfahren, nicht-parametrische 182
Spannweite 171
Spekulation (Trading) 238
Standardabweichung 52, 171
Standard-Berichterstattung 215
Statistik
- Grundlagen der deskriptiven und schließenden 51 ff.
Störfallanalysen 143 f.
Strategisches Risikomanagement
- Aufgaben 101
- Begriff 100
- Ziele 100
Strategisches Risikomanagement, Def. 101
Stressszenario 118, 176
Stützzeitraum 172 f.
SWOT-Analysen 134
Systemanalysen 140
Szenarien 159, 175, 183
Szenarioanalysen 175, 177

- Ablauf 177 f.
Szenario-Methode 191
Szenariotrichter 176

T
Termingeschäfte 234
- Arten 237
- bedingte 237
- Begriff 237
- unbedingte 237
Tornado-Diagramm 172
Transparenz- und Publizitätsgesetz (TransPuG) 33
Trendforschung 175
Trendszenario 176

U
Überwachung
- prozessabhängige 250
- prozessunabhängige 250
- Ziele 249
Überwachungssystem 19, 28–29, 37, 255
- Internes 250
Umweltanalysen 133
Unternehmensanalysen 133 f.
Unternehmenskulturen 104
Unternehmensplanung
- stochastische 180
Urteilsheuristiken 76 ff.

V
Value-at-Risk 173, 181 ff.
- für Portfolios 185
Value-at-Risk-Modell 58, 181 ff.
Varianz-Kovarianz-Ansatz 183
VaR-Verfahren
- analytische Verfahren 182
- Gegenüberstellung 190 f.
- Simulationsverfahren 182
Verlust 16
- erwarteter 170 f.
Volatilität 171 ff.

W
Wahrscheinlichkeitsverteilungen 55
Wertrisiken 12
Werttreiber 174, 202
Werttreiberbäume 174 f., 203
Werttreibermodelle 174 f., 202 f.
Wesentlichkeitsgrenzen 214, 221
Wirtschaftsprüfer
- Anforderungen 36
Worst-Case-Szenario 118, 176